"十三五"国家重点图书出版规划项目 ｜ 丛书主编 侯怀银

本书是国家社会科学基金"十三五"
规划2018年度教育学重点课题"中华
人民共和国教育学史"（课题批准号
A0A180016）的研究成果

共和国
教育学70年

Pedagogy of the
People's Republic of China
for 70 Years

高等教育学卷

侯怀银　王耀伟　著

北京师范大学出版集团
BEIJING NORMAL UNIVERSITY PUBLISHING GROUP
北京师范大学出版社

丛书编委会

丛书主编　侯怀银

编　　委　(以姓氏笔画为序)

马建强　王正青　王有升　王福兰

冯建军　孙　杰　张忠华　郑玉飞

侯怀银　桑宁霞

总　序

　　2019 年系中华人民共和国 70 华诞。站在 70 年的节点，我们需要对中华人民共和国教育学的发展历程进行回顾、反思与展望。据我们目力所及，从中华人民共和国成立至今（截至 2019 年年初），国人引进和自编的教育学著作（包括专著与教材）共计 4700 本，占 20 世纪以来中国教育学著作总量的 80％。其中，国人自编的教育学著作 4300 本，引进外国著作 400 本。新中国成立以来，中国教育学人在 20 世纪上半叶教育学发展的基础上，砥砺前行，取得了非凡的成就，形成了学科发展的经验。时至今日，我们需要梳理新中国成立 70 年来教育学学科建设的成就和经验并寻找其启示，我们更需要系统开展中华人民共和国教育学史的研究，把中华人民共和国教育学史作为中国教育学史研究的重要组成部分。

一、新中国成立 70 年来教育学学科建设的成就

　　新中国成立后，中国教育学人在中国共产党的领导下，自觉以马克思主义为指导思想，着力建设中国教育学。纵观 70 年来中国教育学的建设，主要取得以下五个方面的成就。

（一）由照搬照抄到本土化再到中国教育学的建设取得成效

　　70 年来，中国教育学学科建设取得的最大成就在于中国教育学的提出和建设。

　　新中国教育学的建设是从照搬照抄苏联教育学开始的。叶澜教授认为"引进"是中国教育学从"娘胎"里带来的印记。这就是说 20 世纪上半叶中国教育学的发展是从引进日本、德国、美国等国家的教育学开始的。在引进其他国家教育学的过程中，中国教育学人在 20 世纪 20 年代就注意到仅仅引进其他国家的教育学并不能解决中国教育实际存在的问题，故而提出"教育学中国化"的问题。客观而言，那个时期的中国教育学人在探索解决中国教育实际问题的过程中确实创造了很有品质的教育思想和教育理论。随后的抗日战争和解放战争，使中国教育学人的探索被中断甚至被破坏。新中国成立后，中国教育学并没有在原有的基础上建设，而是直接取法苏联。当时，中国教育学人学习苏联教育学主要是通过译介苏联的教育学教材、邀请苏联教育学和心理学专家来华授课、派遣留学生和专家去苏联学习等途径。1956 年，中苏关系恶化，学习苏联教育学来指导中国的师资培养和教育实践的路径被中断，中国教育学人开始探索中国教育学。这一时期，中国教育学人虽然提出了"中国教育学"，但是具体的做法却是教育学的中国化（中国化的教育学）。

　　中国化的教育学得到研究和发展，其不足之处也得到反思。在"向科学进军"的号召下和"双百方针"的指引下，我国教育学建设者以前所未有的热情，在对学习苏联教育学的经验和教训进行反思的基础上，开始了教育学中国化的初步探索。1957 年《人民教育》7 月号以《为繁荣教育科学创造有利条件》为题，发表了当时一些学者对我国教育科学研究工作的意见。这些意见直指学习苏联经验中的教条主义、机械主义倾向，鲜明地提出了教育学的中国化问题，从方法论的高度对如何建设中国的教育学提出了十分宝贵的意见。曹孚在《新建设》1957 年第 6 期上发表了以《教育学研究中的若干问题》为题的长篇论文，在教育观念上对以凯洛夫主编的《教育学》为代表的苏联教育理论提出了不同寻常的、有力的挑战，从而在教育学中国化的方法论上取得了理论思维上的进展。

　　然而，正当我国教育学研究者充满热情地为建设中国化的教育学科体系而努力探索时，反"右"斗争开始了。在此气氛中，曹孚1957年发表的《教育学研究中的若干问题》一文被错误地批判，作者被迫在《新建设》1958年第2期发表检讨文章。① 这一批判虽然是在内部进行的，但影响也波及全国高等师范院校和教育科研机构。由于反"右"斗争扩大化，高等师范院校一些教师和学者被错误地划成了右派，我国教育学科建设受到严重挫折。1958年至1960年，开始了以贯彻教育与生产劳动相结合为中心的"教育革命"运动，教育学领域开始了"大跃进"，开展了一系列的批判运动。这些在思想和学术领域的批判简单粗暴，压制了在学术上持不同观点的人，打击了很多有真才实学的学者，挫伤了当时教育科学工作者的积极性，严重地影响了我国教育学学科的建设和发展。

　　正是由于反"右"斗争的扩大化和"教育革命"中"左"的浪潮，我国教育学学科体系的建设出现了一种"左"的倾向。这主要表现在教育学的教材建设上出现了一种"教育政策汇编形式"的教育学。1958年4月23日，教育部发出通知，师范学校三年级教育学课原有教材停授，改授有关我国教育方针和政策的内容。② 这一切使"文革"期间教育学教材编写完全成为教育经验政策汇编，成为"语录学"和"政策学"的温床。

　　改革开放之后，中国教育学人再一次提出"中国教育学"，并对"建设具有中国特色的社会主义教育学""中国教育学本土化"的内涵、必然性、方法论和路径等进行了探索。这些研究指导了中国教育学的建设和发展，中国教育学人出版了不少具有中国特色的教育学著作和教材，培养了大批人才。但是，建设具有中国特色的教育学仅

---

① 即《对〈教育学研究中的若干问题〉一文的检讨》，同期还发表了批评曹孚的文章《怎样理解"教育中的继承性问题"》。

② 中央教育科学研究所：《中华人民共和国教育大事记 1949—1982》，219 页，北京，教育科学出版社，1984。

反映在教育学学科建设的局部，还没有反映到教育学的整体建设上来。之所以这样讲，是因为改革开放之后，中国教育学人又开始大量译介国外的教育学成果，一些具有中国特色的教育学著作和教材也吸纳了国外教育学研究成果，但未能完全反映出中国教育实践的需要。

21 世纪初，中国教育学人在反思 20 世纪中国教育学发展的基础上开始建设中国教育学。这一时期，中国教育学人发表并出版了不少反思 20 世纪中国教育学发展的成果，并对建设中国教育学提出了展望。一些反映中国教育实践需求的教育思想和教育理论得以创生，如主体教育思想、新基础教育、情境教育、情感教育、新教育，等等。尤其出现了以叶澜教授创建并持续领导的"生命·实践"教育学派。学派的形成既是教育学理论发展的重要途径，又是教育学理论的丰富性和长久生命力的不竭之源。学派的发展，从深层次上探索了学科发展的内在的可能性空间。从学科发展走向学派的形成，是实现我国教育学发展的有效途径，也是时代的必然要求。只有创建自己的教育学派，形成真正的教育学家，形成一套完整的教育学本土化的逻辑体系和思维方式，中国教育学才真正有可能与国外，尤其是西方的教育学进行对话与交流。

（二）马克思列宁主义、毛泽东思想的指导地位得以确立

学科建设必须有指导思想。在社会主义的中国，教育学学科建设的指导思想是马克思列宁主义、毛泽东思想。新中国成立后，马克思列宁主义、毛泽东思想成为指导社会主义革命和社会主义建设的理论基础，与此相适应，迫切需要确立马克思列宁主义、毛泽东思想在中国教育学建设中的指导地位。马克思列宁主义、毛泽东思想在教育学发展中指导地位的确立是从新中国成立后开始的。这种确立同社会科学其他学科研究领域，如历史学、文学等一样，经历了 7 年的历程（1949－1956 年），也走了同样的道路，即学习、引进和批判相结合。其一，学习马克思列宁主义的基本原理。其二，引

进苏联教育学。诚如曹孚先生指出的那样："马克思列宁主义教育学在短促的几年中，在中国教育学术界奠定了自己统治的地位，这是与教育学方面学习苏联分不开的。"[①]其三，开展对旧教育思想的批判。经过学习、引进和批判，我国教育研究工作者开始从思想上确立马克思列宁主义、毛泽东思想的指导地位，自觉树立辩证唯物主义和历史唯物主义的世界观，"开始用马克思列宁主义的观点去研究教育科学问题……马克思列宁主义观点与理论已经在教育学、心理学、教育史的研究与教学中初步建立了统治的地位"[②]。马克思列宁主义、毛泽东思想在中国教育学建设中指导地位的确立，为中国教育学的重建指明了方向并提供了理论基础。

（三）国外教育学的引进成为中国教育学发展的重要组成部分

70 年来，中国教育学的建设在处理中外关系的过程中，逐渐走出了一条既不是依附又可以相互借鉴的道路。中国教育学的起点是从引进国外教育学开始的。新中国成立后一段时期，中国教育学人又走上了引进国外教育学的道路。这两次引进不是学习借鉴式的引进，而是照搬照抄式的引进。改革开放后，中国教育学人在讨论教育学中国化、本土化和中国教育学建设的过程中，逐渐注意到我们既不能照搬照抄国外教育学（因为照搬照抄解决不了中国教育实践存在的问题），又不能闭门造车、闭关自守，而要开放。这就要处理好教育学建设过程中的中、外问题。通过考察 1949 年以来国外教育学著作和教材的引进情况，我们发现，引进所占比例并不低，尤其是1977 年后，即便是以再建中国教育学为目标，也有近一半的国外教育学著作和教材被引进到国内。教育学研究者在一定程度上已把国外教育学的引进作为再建中国教育学的重要组成部分，已主动学习并借鉴国外教育学的研究成果，注重与国外教育学的发展接轨，其

---

① 瞿葆奎等选编：《曹孚教育论稿》，208 页，上海，华东师范大学出版社，1989。
② 同上书，688 页。

中以美国、苏联、日本为主。然而，对发展中国家教育学的发展成果，我们借鉴和吸收得还不够。1977 年以来国外教育学的译者数量占到整个 20 世纪译者总数的一半以上，这说明在教育学著作和教材的引进上我国已形成相对稳定的翻译队伍，这不仅为国外教育学的研究提供了人员上的保障，而且为形成中外融合的教育学研究队伍奠定了一定基础。

（四）中国教育学的学科群基本形成

70 年的中国教育学发展，促使其分支学科不断出现与发展，仅 1977—2000 年这一阶段就增加了 28 门教育学分支学科，教育学的学科门类基本形成。同时，教育学学科体系也基本形成并初具规模。中国教育学学科体系的建设在改革开放后基本上是沿着正确的轨道进行的，教育研究领域越来越宽广，教育研究成果已成为教育学建设的丰富资源。教育学的理论基础不断得到拓展，我国初步形成了较完备的教育学学科体系，从而结束了作为一门学科的教育学一枝独秀的局面。

教育学既有了综合性的发展，又有了分化性的发展。从其综合性方面来说，教育学同其他有关学科有了紧密的联系，许多边缘性、交叉性和新兴学科相继恢复、产生、充实和发展；从其分化性方面来说，教育学越分越细，作为一门学科的教育学、教育概论、教学论、课程论、德育原理、教育哲学等学科快速发展。我国已初步形成了教育学交叉学科、教育学专门学科与教育学元科学相结合，多种教育学分支学科相继独立的学科发展格局。我国教育学的建设和发展，不仅为有关决策的形成提供了一定的理论依据，为中国的教育教学实践提供了一定的理论指导，在一定程度上促进了学校教育教学质量的提高，而且也起到了一定的理论预测作用，促进了教育事业的繁荣和发展。

特别需要指出的是，教育学元研究的发展为中国教育学学科建设提供了坚实的基础。教育学元研究是对教育学元问题的研究，包括教育学的概念、教育学的性质、教育学的体系、教育学的逻辑起点、教育学的方法论、教育学的价值、教育学的功能、教育学的学科立场、教育学的学科地位、教育学史，等等。

（五）中国教育学的社会建制得到完善

一门学科的社会建制大体包括五个部分：一是学会；二是专业的研究机构；三是各大学的学系；四是图书资料中心；五是学科的专门出版机构。[①] 按照这个标准来看，新中国成立 70 年来，中国教育学的社会建制得到了完善。第一，在学会方面，中国教育学会、中国高等教育学会等成立，在这些学会之下还有若干分会，分会下还设专业委员会。第二，在专业的研究机构方面，国家层面有中国教育科学研究院，各个省市有本省市的教育科学研究院等。第三，在各大学的学系方面，综合院校、师范院校等多设立专门的学院，如教育学部、教育科学学院、教育学院、教师教育学院、教育技术学院等，一些教育学院还设立了各个研究所。第四，在图书资料中心方面，教育学的书籍在各大图书馆有专门的图书分类号。第五，在学科的专门出版机构方面，中国有专门的教育学出版机构，如人民教育出版社、教育科学出版社、高等教育出版社等；一些省市也有教育出版机构，如上海教育出版社、福建教育出版社、山西教育出版社等；一些大学的出版社也出版教育学方面的著作和教材，如北京师范大学出版社、华东师范大学出版社、广西师范大学出版社等。就以上方面而言，新中国成立 70 年来，中国教育学的社会建制得到完善。

二、新中国成立 70 年来教育学学科建设的经验

70 年来，几代中国教育学人就中国教育学的建设取得了诸多成就，形成了一些教育学学科建设的经验，具体来说，在于较好地处理了教育学学科发展中的几对关系。

---

① 费孝通：《略谈中国的社会学》，载《高等教育研究》，1993(4)。

（一）处理好马克思主义哲学与其他哲学流派促进教育学建设的关系

教育学与哲学有着天然的联系。在教育学学科化时，赫尔巴特就是以实践哲学和心理学作为教育学的学科基础的。再往前推，教育学首先是哲学家康德在大学的课堂上开讲的。新中国成立以来，中国教育学的建设以马克思主义为指导取得了辉煌的成就。但是我们需要警惕的是马克思主义不等于马克思主义哲学。马克思主义是我国各项事业建设的指导思想。马克思主义本身包含了马克思主义哲学、政治经济学和科学社会主义。马克思主义哲学是马克思主义的一部分。马克思主义哲学对其他哲学流派不是全盘否定的，其他哲学流派的观点也不是与马克思主义哲学水火不容的。在新中国 70 年教育学学科建设的过程中，有一段时间，我们将教育学的哲学基础完全确立为马克思主义哲学，对其他哲学流派实行全盘拒斥，阻碍了中国教育学的建设。改革开放之后，教育领域思想大解放，其他哲学流派不断译介和传播，教育学的学科建设逐渐兼容并纳各家哲学流派之观点，走上了快速发展的道路。这带给中国教育学人的经验就是处理好马克思主义哲学与其他哲学流派在促进教育学建设过程中的关系。

中国教育学人还需要吸取的经验是避免把马克思列宁主义、毛泽东思想在指导教育学学科建设时绝对化。马克思列宁主义、毛泽东思想是我们进行教育学建设的指导思想，中国教育学的建设必须确立马克思列宁主义、毛泽东思想的指导地位。然而，这并不意味着我们要把马克思列宁主义、毛泽东思想绝对化。在坚持把马克思列宁主义、毛泽东思想作为指导思想的前提下，如何还马克思列宁主义、毛泽东思想"智慧之友"的本来面目，充分发挥马克思列宁主义、毛泽东思想方法论意义上的指导功能，是我国教育学学科建设值得思考并需解决的重要课题。

（二）处理好批判和继承之间的关系

中国教育学的发展，在"文化大革命"的十年遭到严重的破坏和错误的批判。从这个意义上讲，如何正确认识批判的本质和功能，并处理好批判和继承的关系，对于我国教育学的建设和发展至关重要。就批判的本质来看，批判实际上就是分析，批判就是一个一分为二的分解过程。从马克思主义的观点来看，批判也就包含着继承，而继承又不是简单的肯定，是包含在否定中的肯定。从"文革"时期的"批凯"和"批孔"来看，这种"批判"是与马克思主义的批判观相违背的，它背离了批判的本质和功能，割裂了批判和继承的关系。正因为这种"批判"，才导致了对凯洛夫主编的《教育学》和孔子教育思想等的全盘否定，进而对整个教育学的批判否定，这个教训很值得我们吸取。我国教育学的建设必须在认真贯彻"双百方针"的基础上，正确地开展学术批判。我们应把学术批判作为繁荣我国教育学的基础、条件和动力，使其真正地推进我国教育学的建设和发展。

（三）处理好中国教育学建设过程中的中外关系

由于教育学从发生学意义上具有"舶来"的品性，其对国外教育学的"依附"自然难免。不过，纵观 20 世纪中国教育学的发展之路，我们可以欣喜地看到，在教育学的理论建设中，亦步亦趋的成分越来越少，独立创造的因子越来越多。叶澜教授曾在《中国教育学发展世纪问题的审视》一文中提出，政治、意识形态与学科发展的关系问题、教育学发展的"中外"关系问题、教育学的学科性质问题等，这些问题是影响教育学学科发展的根本性问题。[①] 新中国成立 70 年来，中国教育学人在建设教育学学科的过程中，不断地在处理教育学的中外问题。我们曾经有依附、有全面批判，当然，时至今日，我们已放弃了全盘接受和全面否定的态度。研究者多认同立足中国教育现实，寻找本民族与外来教育融会贯通的契合点是实现本土化、摆

---

① 叶澜：《中国教育学发展世纪问题的审视》，载《教育研究》，2004(7)。

脱对西方教育学的依附的根本途径。但也有研究者指出，本土化的过程仍然是对西方的"移植"过程，主要表现在本土化的途径仍然以译介为主，本土化的对象仍以借鉴为主，本土化的教育理论内容更是充斥着西方的思潮和思想。针对这种在认识论和方法论上存在的问题，研究者提出了本土化研究的重点和难点，乃是基于本土问题，研究本土性，寻找结合点，并开展具体研究。① "生命·实践"教育学派在处理教育学学科建设过程中的中外问题方面走出了一条具有特色的道路。该学派立足中国当代社会和教育中的具体问题，寻求中西方思想文化的滋养。

（四）处理好学科体系建设和知识体系构建之间的关系

在我国建立的教育学学科体系中，各学科的发展存在着较严重的不平衡现象。其中有些学科起步较早，已初步形成了较完整的体系；有些学科本身又分为若干分支，学科研究向着更加深入的层次、更加广阔的领域发展，处于成熟或继续发展期；有些学科是近几年才刚刚开始建设，处于汇总材料、构思体系、逐步创建阶段，正为学科体系建设创造条件；有些学科正处于初创阶段，趋于形成。教育学学科领域中的空白点较多，一些分支学科研究者甚少。这种不平衡性在一定程度上影响了教育学的学科建设和发展。我国教育学学科建设的水准不高，学科独立性尚差。一般来讲，教育学学科确认标准有三方面：其一，有明确的研究对象和研究范围，有相对独立的概念、范畴、原理，并正在或已经形成学科结构体系；其二，有专门的研究者、研究活动、学术团体、传播活动、代表作等；其三，该学科的思想、方法已经在教育实践中被应用、被检验，并发挥出特有的功能。② 以这三方面标准来衡量，我国教育学学科体系

---

① 吴黛舒：《繁荣背后的反思：中国的"教育学本土化"》，载《教育理论与实践》，2007（9）。

② 安文铸、贺志宏、陈峰：《教育科学学引论》，17 页，南昌，江西教育出版社，1997。

还不成熟和完善，仅仅初步确立起了应有的门类和框架，在一定程度上尚落后于其他学科的发展。从各门教育学学科建设来看，无论是从深度还是广度来说，都还不能按学科建设的严格原则和标准进行具体规划和落实。在整个科学体系中，教育学学科特别缺乏一整套独特的概念、范畴、命题和研究方法，学科的独立性不强。

之所以出现教育学的分支学科发展不平衡和学科独立性不强的状况，是因为中国教育学人在教育学学科建设过程中还没有处理好学科体系和知识体系之间的关系。我们强调教育学分支学科的繁荣壮大，但在一定程度上忽视了教育学说到底是教育知识的学问。学科建设不能用学科体系取代知识体系。知识体系决定着学科体系的样态，而不是学科体系规范着知识体系。

(五)处理好教育学学科建设和教育研究之间的关系

教育研究是教育学建设和发展的基础和前提。新中国成立初期，我国的教育研究工作，一方面是总结和发展自己的教育实践经验，特别是老解放区的教育实践经验，开创我国的教育研究工作；另一方面是翻译出版苏联教育学方面的研究成果，借鉴苏联的教育研究经验，以指导我国的教育实践。20 世纪 50 年代后期，我国着手建立教育研究机构，并开始进行教育研究的规划工作。20 世纪 60 年代初，我国教育研究机构的建立以及教育研究工作的指导方针和任务的确立，才使我国教育研究工作进入一个初步繁荣和发展期。20 世纪 80 年代后，随着解放思想在教育领域的深入，研究者针对教育学发展问题进行了不同层面、不同领域、不同角度的研究，推进了教育学理论的发展，对教育学理论体系的构建起到了重要作用。

由此可见，教育研究工作直接影响到教育学建设和发展的进程。我国教育学的建设和发展必须切实重视并加强教育研究工作。我们应把教育学的建设和发展置于雄厚的教育研究工作基础之上。

三、新中国成立 70 年来教育学学科建设的启示

通过对 70 年来中国教育学发展的回顾与反思，我们深深感受

到，新时代中国教育学的建设，应以从中国出发的"世界教育学"和
"大教育学"为根本追寻，赋予教育学以中国文化的特色，建设具有
中国特色、中国气派的教育学，它服务中国社会和教育实践的发展，
促进人的发展和社会的全面进步。我们应在对"人"的认识基础上，
探索中国教育运行的特殊规律，形成我们的理论框架、研究方法和
知识体系，处理好教育学发展中的引进和创新的关系、教育学的发
展和教育实践的关系、教育学各分支学科之间的关系，确立教育学
在整个科学体系中的地位，发挥中国教育学学科的系统功能，促进
教育学的繁荣，并推动中国教育学走上世界舞台。为此，我们需要
做到"六个坚持"。

（一）坚持教育学的学科自主

所谓教育学的学科自主，就是教育学研究者创生教育学学科、
教育学理论。教育学虽是"舶来品"，但经过研究者多年的努力，其
亦步亦趋的成分越来越少，独立创造的因子越来越多。因此，我们
可以预料，中国教育学学科建设最终会走上独立创新的康庄大道。
20世纪国外教育学的输入，已经为我们独立地创造自己的教育学准
备了足够丰富的"质料"，依靠中华民族五千年积累的智慧，我们有
理由创造出具有中国特色的教育学学科。这需要教育学界的同仁通
力合作。在此须指出的是，走这样的一条道路，是要摆脱教育学学
科建设中仰人鼻息的窘境，而不是说拒绝对国外先进的教育学的吸
收。在这样一个日益走向全球化的世界，除了无知的妄人之外，任
何人都不会不承认学习他国的优秀理论成分对我们的理论创造的
价值。

我们应在吸收与独立创造之间寻求一种合理平衡，扎根本土实
践与教育传统，把西方的教育学理论作为"质料"来进行审视，以"重
叠共识"为基点，进行理论整合。

我们要坚持教育学的学科自主，需要在教育学的学科建设上树
立大教育学观，改变教育学的学科建设主要局限于学校教育的建设

局面。学校教育应该是教育学研究的重要领域与对象。我们应该对学校教育内在规律做深入细致的分析研究，力争发现与揭示存在于学校教育现象中的普遍规律，通过对学校教育基本原理的探讨，去阐述教育活动的一般原理。但教育学仅仅以学校教育为研究对象，是对人作为完整生命发展主体的一种有意识的忽视，学校教育不是人的教育活动的全部，对学校教育内在规律的分析研究无法全面揭示存在于所有教育现象中的普遍规律，对学校教育基本原理的探讨不能代替对教育一般原理的探讨。因此，新时代中国教育学的建设，不仅要去关注学校教育，而且要超越学校教育，以终身教育为视野，把教育学学科建设拓展到人类教育活动的其他形式，特别要重视社会教育学的学科建设。

我们要坚持教育学的学科自主，更需要在教育学的学科建设上，把中国教育学史作为教育学中的一门基础理论学科去建设，对中国教育学史的学科性质、研究原则和方法等进行深入的思考，以促进中国教育学史的研究。我们需要梳理中国教育学历史发展过程中的重要事实，研究和了解中国教育学发展的全貌，对我国教育学的发展进行整体而深刻的反思，从中探寻出值得借鉴的启示，减少我们在教育学建设和发展中的盲目性，完整地把握已有的认识成果并进行创造性转化，进而提出真正能促进当前我国教育学发展的理论主张并付诸实践，以此促进中国教育学的建设。

（二）坚持教育学的学科自立

坚持教育学学科自立的一个必要前提是强调教育学的独立学术品质。既往的历史告诉我们，学科的意识形态化始终是教育学获得独立性、自主性的一个重要影响因素。我们既需要摆脱对政治的依赖，又需要摆脱对西方的依赖，还需要摆脱对其他相关学科的依赖。在总结历史教训的基础上，以探讨教育学的逻辑起点和教育学本身特有的概念、范畴、体系等为突破口，教育学将会一步步走上一条学科的自主、独立之路，实现学科自立。世界教育学发展的历史告诉我们，任何时代的教育学学科的自主性与独立性的获得，都是需要一定的社会文化条件支撑才能形成并长久存在下去的。教育学学科的独立、自主绝对不是一种普遍化、无条件的存在状态。因此，希望教育学完全摆脱政治、西方和其他学科的影响而实现学科的绝对自立是不可能的，新时代的中国教育学必须处理好与政治、西方和其他相关学科的关系。

新时代的教育学学科建设，特别要处理好教育学和其他相关学科的关系。教育学学术生产具有跨学科生长的特点，教育学知识体系不能脱离任何一门科学，需要其他科学的参与来发展教育理论和教育实践，教育学要借鉴其他学科的最新成果，以求形成促进教育学发展的巨大合力。教育学已与哲学、心理学、社会学、经济学、政治学、管理学、人类学、统计学、文化学、生态学等学科融合而生成了诸多新学科，大大地拓展了教育学可能的发展空间。这就需要我们积极开展跨界协同，打造中国教育学研究的学术共同体。

为了实现教育学的学科自立，我们要特别重视教育学研究方法的研究。教育属于社会现象和社会问题的范畴。教育中的许多问题需要借助科学的方法来研究，进而得出具有普遍性的科学结论。我们要规范并综合运用研究方法，提升中国教育学学科研究的科学性。当前，中国教育学的科学化水平有待进一步提高，我们需要积极引入定性和定量的多元研究方法，提高学科研究的信效度，注重方法运用的规范性，不仅体现出中国教育学研究的世界水准，而且要结合当代社会学科交叉发展的大背景，利用好与社会科学其他学科之间开展交叉研究的有利契机，通过研究手段和研究方法的大力创新，增强自身理论对当代社会复杂教育现象的解释能力，提升对新时代中国教育问题的解决能力以及指导人们教育实践的能力。需要明确的是，在教育学研究方法上我们要鼓励开展教育叙事研究、教育案例研究、教育统计研究等，但教育学以人的发展作为研究的起点和基础必然涉及伦理、价值、意义等层面的具体问题。因而，教育学研究不能简单以"叙事""案例""数据""统计"为标准，试图对教育现象做出深刻的新诠释、新判断和新建构。教育学学科建设必须要以事实为基础、以知识为核心、以思想为归宿。如果我们仅仅以事实为基准，那远离了教育学学科建设的最终目标。

（三）坚持教育学的学科自尊

教育学的学科自尊在于构建起完善的知识体系。从夸美纽斯的《大教学论》问世开始，中外的教育学研究者一直以来的一个理想追求便是构建科学的教育学体系。在当代中国，近年来教育学界的一个响亮声音便是构建科学的并具有中国特色、中国气派的教育学。[①]无论是一般化地呼吁构建科学的教育学体系，还是在特定的语境下呼唤"中国教育学"的创生，其实质都是在为教育学寻求一种确定的、刚性的知识体系。

这种追求如果追溯其哲学基础，可以还原到本质主义的认识论。在本质主义哲学被奉为经典、神圣的教条的年代，教育学理论和建构的确定性、刚性知识体系追求是唯一的努力方向。但是，近年来，随着后现代哲学的风行，鲜活的教育实践对封闭性知识的挑战，本质主义的哲学观在教育学领域受到了越来越多的质疑。作为一种非常有力的挑战，质疑本质主义的声音所持的哲学观往往被称为反本质主义、反普遍主义。可以预见，随着这股与本质主义、普遍主义相逆的思想潮流的涌动，即使教育学体系建构的堤坝不会被冲垮，中国的教育学界也会出现一种可以与教育学体系建构分庭抗礼的理论追求，那就是摆脱非历史的、非语境化的知识生产模式，追求教育学知识生产的历史性、地方性与语境性。教育学研究领域叙事潮流的蔚为壮观，在一定程度上就是这一趋势的反映。

对于这一趋势的出现，不少教育学研究者也许不无深深的忧虑：

---

① 侯怀银、王喜旺：《教育学中国化——一个世纪以来中国学者的探索和梦想》，载《教育科学》，2008(6)。

教育学是否会因此而完全失去其理论底色？事实上，在反本质主义者的头脑中，本质主义的对应词应该是"建构主义"。因为反本质主义给人的感觉是完全否认本质的存在，而建构主义则承认存在本质，只是不承认存在无条件的、绝对的普遍本质，反对对本质进行僵化的、非历史的理解。尤其不赞成在种种关于教育本质的理论中选择一种作为"真正"本质的唯一正确的揭示。在教育这样一个人文、社会世界，不可能存在无条件的、纯粹客观的"本质"，所有的本质都是有条件的，它必然受到社会历史等因素的制约。因此，我们对所谓教育的"本质"，应该采取一种历史的与反思的态度，把所谓教育原理、教育学知识系统事件化、历史化。原理、知识系统的事件化、历史化必然不是完全体系化的，但其丰富的理论内涵依然存在，只是其理论意蕴与特定的社会文化条件结合在一起了，绝不是完全丧失理论品格。

（四）坚持教育学的学科自强

教育学的学科自强主要从自身而言，是教育学学科分化和综合的过程中形成的强大体系。目前的教育学研究虽然出现了一定的分化趋势，但是，这种分化还不够，许多深层、细微的研究对象还有待我们从新的学科视角去发现、认识它们。因此，大范围的学科分化的保持与扩大是必要的。随着学科分化的进一步加剧，一些新的交叉学科、专门学科，如教育环境学、教育物理学等学科，会渐次出现在研究者的视野中。不过，这种大面积的学科分化并不排除在局部发生教育学学科综合的可能。随着学科分化的深入，当在某一层面研究者发现几门学科可以相互融通之时，学科的综合便会发生。只是学科的分化、深入没有达到一定程度的时候，这种学科之间的暗道相通不会被人发现，学科的综合就无从谈起了。

教育学的学科自强体现在教育学不仅要立于学科之林，而且要在中国教育实践中确立其应有的地位。中国教育学是根植于中国教育实践的教育学。我们的眼光既是世界的，又是民族的，我们应该在全球视野基础上，积极地关注、研究和解决中国教育的实际问题，进行基于中国立场、反映中国问题、凸显中国风格、汇聚中国经验的中国教育学建设。中国教育学前行的每一步都必须根植于反映独特国情的中国教育实践，结合新时代政治、经济、文化的变化，结合教育生态的变化，结合教育实践面临的新问题，扎根中国教育实践的沃土，生长出真正的中国教育学。特别值得指出的是，随着人工智能、信息技术的发展，教育变得更加无时不在、无处不在。同时随着技术化向纵深方向发展，信息技术从工具变成教育关系的一部分，教育的目的、内容和形式都在发生着改变，这就导致人机交互可能会在很大程度上改变传统的教育关系模式。基于教育实践活动的时代变化，新时代中国教育学的发展必须扎根新的教育实践，研究教育的新现象和新问题，构建顺应时代发展的新的理论体系，尝试从人工智能时代的研究视角探讨教育与社会、与人、与自然的关系，以发现新的教育基本规律。

（五）坚持教育学的学科自信

教育学的学科自信主要表现在教育学人的自信。首先，就中国教育学与国外教育学的对话方面，中国教育学人是自信的。我国教育学界在一系列重大的教育学理论问题上，有不同的见解和观点，形成了独特的中国风格的教育思想和理论。中国教育学人可以与国外教育学人互通有无、公平对话，而不是依赖国外教育学的发展而发展。其次，中国教育学人对教育学实践的发展是有发言权的。新中国成立 70 年来，中国教育学人依据中国教育实践的发展创造了很多本土的思想和理论，如主体教育、新基础教育、情境教育、生命教育、新教育，等等。再次，中国教育学人在其他学科的学人面前是自信的，因为中国教育学再也不是钱锺书先生笔下的被人瞧不起的学科了。教育学的综合复杂性决定了其与其他学科之间的密切关系。最后，中国教育学人在教育学的学习者面前是自信的。因为中国教育学人可以给学生讲清楚中国教育学，而且讲的是中国的教育学，而不是从其他国家照搬照抄来的教育学。这启示中国教育学人要坚持教育学的学科自信。

（六）坚持教育学的学科自觉

70 年来，中国教育学的发展历程就是一个学科建设从引进、建立到带着自觉的体系意识去建设的过程。从这一发展逻辑顺延，教育学理论建设的体系化是一个必然的路径。只是我们目前的教育学体系化建设，仍然存在着浮躁的不良倾向。我们不能忙于通过引进西方的相关学科或匆忙地移植其他学科以"填补空白""抢占阵地"，而应踏踏实实地对大的学科或某一学科的体系应如何构建进行创造性研究。抛弃浮躁之风，更为从容而扎实地对一个个子学科与大教育学的逻辑起点、建构的内在逻辑、体系构架等问题进行深入研究，将会成为中国教育学研究者未来努力的方向之一。特别需要指出的是，中国教育学不仅要突出"中国"两字，还要在新时代背景下，从人类命运共同体出发，通过缩小与西方之间的"话语逆差"，增强设置国际议题的能力等方式，建成世界一流教育学学科，在学科竞争力和学术话语权上进入世界前列，整体提升国际教育学界对中国原创和中国贡献的显示度、能见度、理解度、接受度、认同度和运用度。中国教育学既要为中国教育实践提供理论指导，又要在国际社会共同关注的教育问题上做出"中国贡献"，在世界教育学知识谱系中增添"中国智慧"，在国际学术标准和规则的制定中发出"中国声音"，最终促进教育学的整体进步。

四、中华人民共和国教育学史的研究价值和本丛书的研究宗旨

站在 70 年的节点，我们很有必要提出"中华人民共和国教育学史"。"中华人民共和国教育学史"这一概念和命题的提出，正是回顾、反思与展望中华人民共和国教育学 70 年发展历程的学术结晶。

中华人民共和国教育学史研究具有独到的学术价值：第一，有助于拓展中国教育学史的研究领域。第二，有助于推进中国教育学的学科发展。教育学史在教育学发展过程中的重要作用越来越凸显。研究中国教育学史既是为了镜鉴于现实，也是为了推动我国教育学术的传承发展。中华人民共和国教育学史，实际上给我们提供了一面镜子，让我们更清楚地认识到，中国教育学人以前做了什么，现在还需要做些什么。我们系统梳理前人之思，有利于进一步明确中国教育学发展方向，推进教育学在中国的建设和发展。第三，有助于中国教育理论的完善和教育改革的推进。第四，有助于推进中国人文社会科学的建设和发展。教育学与人文社会科学各个学科的发展都有着密切联系，中华人民共和国教育学史的研究涉及中国人文社会科学各学科发展史的研究。中华人民共和国教育学史的研究不仅从一个侧面反映出中国人文社会科学的发展历程，而且也有助于推进中国人文社会科学相关领域的探索。

中华人民共和国教育学史研究具有独特的应用价值：第一，有助于推进中国教育系科的改革。教育系科史是本丛书的重要研究内容，通过对中华人民共和国教育学史的研究，一方面可以提供中国教育系科改革的历史经验，另一方面可以推进中国大学教育系科对已有传统的传承创新，形成其发展特色。第二，有助于推进中国教育学教材的系统建设，特别是作为一门学科的教育学教材的建设。第三，有助于整体推进中国目前"双一流"大学建设背景下教育学的学科建设。在当下高校追寻"双一流"的背景下，教育学在大学中如何存在越来越受到重视。一流大学，应该有一流的教育学学科。中华人民共和国教育学史的研究，既有利于我们总结教育学曾经的发展状况，又可为当下教育学发展路径的寻求、学科地位的确立、发展危机的解决，提供基于历史的经验和策略。第四，有助于我们在梳理和总结中华人民共和国教育学史的基础上，让民众更好地认识教育学、走进教育学，提升教育学的社会地位，使教育学不仅成为教师的生命性存在，而且成为一切与教育工作有关的人的生命性存在。

纵观中华人民共和国教育学 70 年研究历程，虽然研究者对中华人民共和国成立以来的教育学分支学科发展史、教材史、课程史等进行了相关研究，但总体上看，研究还不够充分和深入。特别是中华人民共和国教育学史这一主题还未有人研究过，已有研究与之相似的也只是对 20 世纪中国教育学发展的梳理，尚未将 21 世纪初的教育学发展统整融合。21 世纪初的教育学发展有何变化，中华人民共和国的教育学发展至今有何特点，是否形成了自己的一套体系，教育学发展到了何种规模，已有研究都尚未论及。具体来讲，需要进一步探讨、发展或突破的空间主要有以下三个方面。

第一，历史研究需要拓展和深化。已有研究多是在回顾 20 世纪中国教育学史时，将 20 世纪下半叶的中国教育学史以改革开放为界限分为两个阶段进行研究的，但是对中华人民共和国成立以来，特别是 21 世纪初的中国教育学发展史尚未进行专门研究。国人在 20 世纪 20 年代就意识到，仅仅移植国外的教育学并不能解决中国的教育问题。有鉴于此，国人提出教育学中国化、本土化的口号，但是教育学真正的中国化是在中华人民共和国成立之后形成的。因此，我们认为有必要在研究国外教育学的引进及其影响的基础上，对中国教育学的发展历程及其特征进行专门研究，进而对教育学主要分支学科发展史和教育系科发展史进行研究。

第二，预测研究需要巩固和加强。历史研究的一个追求就是要预测未来。教育学在 21 世纪初的中国如何发展，需要根据教育学中国化以来的教育学发展进行前瞻式研究，在此基础上进行科学的预测。我们注意到，已有研究对教育学史进行历史研究的较多，但是对教育学的未来发展趋势进行预测研究的尚显薄弱。有鉴于此，我们认为应该在整理史料、理性反思的基础上进行未来学意义上的研究。

第三，研究方法需要深入理解和诠释。关于中华人民共和国教育学史的研究，最好的研究方法当然是历史研究，但是仅仅用历史研究法研究教育学史远远不够。我们需要突破收集和整理史料的局限，在理解、解释的基础上总结并反思教育学的发展规律。

正是基于中华人民共和国教育学史研究的不足，我们申报了国家社会科学基金"十三五"规划 2018 年度教育学重点课题"中华人民共和国教育学史"，并获立项（课题批准号 AOA180016），本丛书是该课题的结题研究成果之一。感谢全国教育科学规划领导小组办公室对本课题的支持。

中华人民共和国教育学史研究的核心关键词为"中华人民共和国"与"教育学史"，前者指明研究范围，后者明确研究对象。展开中华人民共和国教育学史研究，需要厘清的主题为：教育学史的性质、教育学教材的发展、教育学二级学科的演变、教育学课程的状况及教育学者的相关论争等。

正是在这个基础上，我们本着"为国家著史，为学科立传，为后世留痕"的信念，遵循历史与逻辑相统一的原则，准确定位逻辑主线，注重把握中华人民共和国教育学史与 20 世纪上半叶教育学发展的连续性，注重从学科史切入，并将学科史与思想史相结合，注重对重要的教育学专著、教材等进行深入研究，带着历史的厚重感与时代的责任感，开始了对中华人民共和国教育学史的研究和写作。

本丛书旨在对中华人民共和国成立以来教育学各分支学科的发展进行全方位的研究，梳理各学科 70 年来的发展历程、取得的进展与成就，分析出现的问题与不足，展望未来的建设与发展。本丛书一方面力图"全景式"呈现教育学体系内分支学科知识体系的全貌，另一方面力图"纵深式"探究教育学及其分支学科内在的逻辑理路。研究坚持逻辑与历史相统一、整体与部分相协调、事实与论证相结合的原则。各卷的研究，突出了中国教育学的发展过程，对其形成、特点和争论等进行了必要的讨论，并以此为主线确定了各学科的阶段划分、进展梳理与学科反思。特别是对 70 年来各学科的重要专著、教材和论文进行了梳理和评述，既在书中呈现中国特色社会主义教育学学科的发展状况，又要凸显研究者及其专著、教材和论文对中国特色社会主义教育学形成和发展做出的贡献。需要说明的是，由于各学科的发展现状及已有研究基础不同，因此，承担各卷写作任务的作者根据实际情况采取了相应的撰写方式。对于教育哲学学科、教育社会学学科这两个教育学原理学科下属的分支学科，作者在对学科历史发展做总体性叙述后，据学科理论思想采取专题撰写的方式展开；对于其他二级学科，采取了大体按历史分期的方式叙述。发展阶段的划分尽量按学科内在发展逻辑进行，不拘泥于社会历史分期。

在丛书撰写的过程中，我们提出了研究的要求，明确了三个方面的意识：各学科的 70 年发展史如果是前人没有或少有涉及的，那就要有明确的标杆意识，研究成果应该体现当代中国学者的最高水平；如果学术界已有先期成果，那就要有明确的超越意识，达到新的高度；如果作者曾有过相应成果，那就要有明确的突破意识，寻找新的角度，进行新的思考，突破自己，切忌重复、克隆自己。

具体来讲，本丛书确定了以下八个方面的要求。

第一，丛书各卷研究的时限为 1949—2019 年，不向前后延伸。研究中把握好重大时间节点。有的学科发展考虑到问题本身的连续性，必要时可适当向前延伸，但不宜过多。

第二，丛书各卷的撰述范围限于中华人民共和国内各学科的发展，以中国共产党领导下的教育学发展为主。

第三，不刻意回避教育学发展中的意识形态属性，撰写时不做主观评价，撰写的原则是立足史实、客观叙述。

第四，坚持"以史为主，史论结合"的研究宗旨。研究以史实为依据，在梳理清楚基本事实的基础上，做出准确分析和客观评价。书中所阐述的史实应经得起不同时代不同读者的推敲和质疑，在写作中应避免将历史和现实"比附"。

第五，充分掌握国外教育学学科的发展历史，以及国内外研究的最新动态，使自己的研究有一个高的起点。研究方法上以历史法和文献法为主，兼及访谈和数据分析。

第六，坚持广博与精深的结合。一方面，应立足中华人民共和国 70 年的发展，全方位呈现自己所写学科的发展进程，不宜只介绍某几个方面；另一方面，写作中要抓住重点，对于学科发展的主要方面，着重笔墨、深入研究，避免史料文献的盲目堆积，在撰写中对于还不成熟的资料与推理以不介绍为宜。

第七，梳理学科发展史，既要见人又要见事。对于在学科发展中做出突出贡献的代表人物及其思想，写作时需有体现。

第八，处理好教育学学科发展和教育事业发展的关系，把共和国教育学 70 年的研究与共和国 70 年教育事业发展的研究结合起来。特别是教育学原理、课程与教学论、学前教育学、高等教育学、成人教育学、特殊教育学学科的研究，要处理好学科发展史与基础教育事业、学前教育事业、高等教育事业、成人教育事业、特殊教育事业的关系，要分别以各领域教育事业的发展为基础进行阶段划分、进展梳理和学科反思。

本丛书的出版，对于中国教育学史研究和中国教育学的发展是大事，更是幸事，具有重要的学术价值和现实意义。

从学术价值来看，教育学史越来越凸显其在教育学发展过程中的重要作用。我们开展中国教育学史的研究，既是为了推动教育学术的传承，也是为了在传播中促进教育学的发展。

从现实意义来看，学习和研究教育学的人也需要很好地了解本学科的发展史，明确研究基础和学科定位。本丛书以教育学分支学科为经，以学科发展为纬，其研究成果可为学习、研究教育学的人提供阅读书目和参考资料。

本丛书成书之际，北京师范大学出版社推荐其申请了《"十三五"国家重点图书、音像、电子出版物出版规划》项目，在此表示感谢。

本丛书共 12 卷。总论卷分上、下两卷，由山西大学侯怀银教授等撰写；教育哲学卷由南京师范大学冯建军教授等撰写；课程与教学论卷由山西大学郑玉飞副教授撰写；德育原理卷由江苏大学张忠华教授撰写；教育史学卷由山西大学孙杰教授撰写；教育社会学卷由青岛大学王有升教授撰写；比较教育学卷由西南大学王正青教授撰写；学前教育学卷由山西大学王福兰副教授撰写；高等教育学卷由山西大学侯怀银教授等撰写；成人教育学卷由山西大学桑宁霞教授撰写；特殊教育学卷由南京特殊教育师范学院马建强教授等撰写。

本丛书得以出版，要感谢来自各个高校的专家学者，感谢每一卷的作者，感谢北京师范大学出版社郭兴举、鲍红玉等老师的支持和辛勤工作。由于水平有限，本丛书难免有疏漏，恳请专家和读者批评指正。

侯怀银

2019 年 9 月 26 日

目　录

绪　论

一、问题的提出

20 世纪初，教育学被引进中国后，中国学者就开始了创建并发展中国教育学之路。百余年的努力，既有成就，也有挫折。1949 年前，作为教育学科群总称的教育学包括教育史、教学论等学科，未涉及高等教育学，这与高等教育在西方不称"学科"而多称"领域"有关。因此，我们考察高等教育学学科发展史，须从 1949 年开始。高等教育学作为教育学下的二级学科，自 1949 年中华人民共和国成立后高等教育事业起步，高等教育学学科思想萌芽，至 1984 年高等教育学学科初创，再至如今已成为教育学学科内的一门重要学科。其学科发展历经 70 年风风雨雨，可谓波澜起伏。高等教育学从创建初期的受人质疑，起步艰辛，至一批学者努力探索，成果频出，再至如今的学科建制完善与学科知识高速生产，学科的 70 年发展令人振奋。以史为镜，知往鉴今。我们站在新时代的历史方位下，站在中华人民共和国成立 70 周年的历史节点上，回首高等教育学 70 年来的发展，于学科、于学问、于学者均有大的价值。

研究中华人民共和国成立 70 年来高等教育学学科发展史，是为了实现高等教育学的历史传承与未来发展。自学科思想萌芽始，高等教育学已走过 70 年的历史，多年的学科发展必然造就了一批勇于探索的学科人，形成了系列成果，取得了突出的成就。这些我们能够触碰到的种种成就，已封存在学科发展史之中。每一个有责任感的高等教育学人无不希望能够传承学科的历史，在此基础上寻求学科新的发展。鉴于此，我们开展研究，是为了传承历史，使高等教育学沿着历史留下的优良学科传统，走向具有光明前景的未来。

研究中华人民共和国成立 70 年来的高等教育学学科发展史，是为了推动高等教育学学科建设进程。高等教育学的学科建设，大体包括学科范畴的明确、学科理论的完善、学科制度的建设等方面。对高等教育学学科范畴的研究，涉及这门学科研究什么、在学科门类中的位置、学科性质是什么等问题；对高等教育学学科理论的研究，涉及知识体系的构建、逻辑起点的确定等问题；对高等教育学学科制度的研究，涉及学科研究机构、学科学术组织、学科人才队伍、学科学术交流、学科专业课程构建等问题。我们对高等教育学的学科发展进行历史研究，必然涉及上述方面的发展进程。历史是客观存在的，于高等教育学而言，学科的发展历程虽短，但我们仍能通过历史研究，着眼于学科建设的各方面，探求学科建设中的优势与不足，以此进一步推动学科的建设，实现学科的发展。我们开展高等教育学学科发展史的研究，即在于实现学科的自我完善，增强学科自信，认识当前存在的学科危机，增强学科认同，形成高等教育学的学科文化，使这门学科的底蕴更加深厚，更加具有"学"的品质。

研究中华人民共和国成立 70 年来的高等教育学学科发展史，是为了提升理论水平，指导高等教育实践。关于高等教育理论与高等教育实践的关系，我们认为，高等教育理论来源于高等教育实践，高等教育实践影响高等教育理论的发展；高等教育理论推动高等教育实践的发展，对高等教育实践有指导作用；需要在高等教育理论与高等教育实践之间搭建桥梁，实现二者有机融合，以解决高等教育理论知识如何回到高等教育实践中去，指导高等教育实践的问题。从范畴上讲，教育理论包含教育学理论①，高等教育理论同样如此。高等教育理论包含高等教育学理论。学科理论是学科知识的理论化，是高层次的学科知识，我们开展高等教育学学科发展史的研究，即在于厘清学科知识的生产、发展史，进而对高等教育学发展至今的学科理论进行梳理，并从中探索高等教育学理论的更新与完善，从而密切理论与实践的关系，并试图通过学科发展史这一中介，同时论及高等教育学理论与高等教育实践，使理论回到实践之中，最终以高等教育学理论推动高等教育实践，实现高等教育事业的新发展。

　　研究中华人民共和国成立 70 年来的高等教育学学科发展史，是为了完善中国教育学史研究，建设中国教育学。研究目标有大小之分，研究起点、落脚点有远近之别。就研究目标而言，我们开展高等教育学学科发展史研究，以小观之，在于为高等教育学学科谋事；以大观之，在于为中国教育学做出自身贡献。就研究起点、落脚点而言，我们开展高等教育学学科发展史研究，于近处，起于梳理高等教育学学科发展，落于推动高等教育学学科发展；于远处，起于梳理中国教育学中的高等教育学学科发展，落于以这一二级学科，推动中国教育学的建设与发展。如上所述，我们研究高等教育学学科发展史，要始终为研究问题即"中华人民共和国教育学史研究"服务。以己之力，推动高等教育学发展，是高等教育学人的使命。

二、已有研究成果述评

　　关于高等教育学学科发展的研究，目前已形成一批研究成果。我们开展高等教育学学科发展史的研究，须了解、理解、掌握这批研究成果。有鉴于此，我们将高等教育学的发展分为两部分进行已

---

① 　韩晓飞、侯怀银：《"教育理论"解析》，载《教育理论与实践》，2018(1)。

有研究成果述评。一是关于高等教育学学科发展史的研究，这里注重"发展研究"，不对高等教育学本身进行研究的综述；二是关于高等教育学的研究，这里注重对高等教育学本身开展的研究进行综述，既包括作为一门学科的高等教育学，又包括高等教育学学科群的已有研究。我们期望能在已有研究基础上分析出不足，为本书的研究提供经验启示、方向指引。

（一）高等教育学学科发展史研究

1. 高等教育学学科发展历程研究

据已有资料，当前关于高等教育学学科发展历程的研究、高等教育学学科发展阶段划分的研究较少。潘懋元在全国高等教育学学科建设研讨会上说："有的同志把学科的建设过程分为三个阶段：初创阶段、发展阶段、成熟阶段。"[1]在已有研究中，林金辉在其文章中明确指出："目前（2003 年），高等教育学学科建设处在发展阶段。"[2]李均在《中国高等教育研究史》中，以中国高等教育学学科的建立和发展为主线，以研究范式转换为主要依据，并结合研究重点的转移、标志性事件或成果的产生以及高等教育研究宏观背景的变化等因素，将高等教育研究的发展界定为前学科时期（清末至 1977年）、学科建立时期（1978—1984 年）、规模扩充时期（1985—1991年）、稳步提高时期（1992 年至今）。[3] 该书虽是按高等教育研究阶段划分的，但书中所呈现的高等教育学学科发展与高等教育研究同步进行。祝爱武在 2009 年分析了 30 年来我国高等教育学学科发展的历史轨迹，提出与李均的后三个时期划分相同但阶段表述不同的观点，认为我国高等教育学学科发展分为以学科建立为标志的高等教

　　① 潘懋元：《关于高等教育学学科建设的若干问题——在全国高等教育学学科建设研讨会上的报告》，载《高等教育研究》，1993(2)。
　　② 林金辉：《高等教育学学科建设的基本轨迹及其走向》，载《教育研究》，2003(2)。
　　③ 李均：《中国高等教育研究史》，21～24 页，广州，广东高等教育出版社，2005。

育学学科发展的起步阶段(1978—1984 年)、以学科群形成等为标志
的高等教育学学科发展的拓展阶段(1985—1991 年)和以学科建设、
学科改造为重点的高等教育学学科发展的新进展阶段(1992 年至今)
三个主要发展阶段,呈现出具有中国特色的学科发展态势。① 他还
指出,我国高等教育学学科坚持独立自主的发展道路,呈现出具有
中国特色的学科发展特点:发展路径,由外而内;发展主线,追逐
热点问题;热点追踪,学科体系的探索;研究方法,单学科转向多
学科、跨学科。② 侯怀银在主编的《高等教育学》中将高等教育学在
中国的发展历程划分为萌芽阶段(新中国成立之初至 1977 年)、初创
阶段(1978—1984 年)、成形阶段(1985—1991 年)、发展阶段(1992
年至今)。③

　　从已有研究可看出,研究者们对高等教育学学科发展历程的划
分大体一致,体现出研究者对这一问题的共识。

　　2. 高等教育学教材研究

　　目前鲜有研究者对高等教育学的教材发展史进行研究。有研究
者指出,高等教育学学科体系建设可以分为两个阶段:"第一阶段从
1983 年到 1992 年",属于"经验体系"阶段;"第二阶段从 1993 年至
今",是由"经验体系"向科学的"理论体系"转变的"过渡体系"阶段。
高等教育学教材体系建设在学科认可、概念和方法体系、构建路径、
应用价值、构建策略等方面存在一系列问题。这些问题的出现与高
等教育学的复杂性、高等教育学学科的不成熟有关。为此,我们应
处理好相应的细节问题,并遵循一定的体系建设原则。④

　　还有研究者指出,1983 年,高等教育学取得了合法的学科地位,

　　①　祝爱武:《我国高等教育学学科发展轨迹分析》,载《南通大学学报(教育科学
版)》,2009(3)。
　　②　祝爱武:《我国高等教育学学科发展的特点分析》,载《中国高教研究》,2009(2)。
　　③　侯怀银:《高等教育学》,1~5 页,太原,山西人民出版社,2014。
　　④　雷家彬:《高等教育学教材体系建设的回顾与思考》,载《高等理科教育》,2010(6)。

科学建构高等教育学的理论体系是中国学者一直努力的目标。其教材理论体系的建设历经创建期（1978—1984 年）、第一建设高潮期（1985—1992 年）、第二建设高潮期（1993—1998 年）和深化与反思期（1999 年至今）四个阶段。高等教育学教材建设的基本经验在于：学科地位合法化，有力地促进了高等教育学研究；高等教育学教材理论体系的建构贯串高等教育研究的始终；初步构建了高等教育学教材的知识体系，满足了各种培训和学校开设课程的需要；问题研究促进高等教育学教材知识体系的发展和完善；中国特色的高等教育学教材理论体系初步形成；以开放的视野，共谋高等教育学教材理论体系的建构；高等教育学教材体系日臻分化，产生了类型不同、各具特色的高等教育学教材。高等教育学教材建设现存的问题是：普通教育学理论体系移植痕迹未退，教材内容体系重复多、创新少；学科地位与学科事实存在矛盾；教材内容落后于实践；教材中一些基本理论问题没有实质性的突破；多学科研究高等教育学，使得高等教育学产生"无根"现象。[①]

　　除高等教育学教材的整体发展外，研究者针对部分有代表性的高等教育学著作进行了研究，对其内容体系、意义价值等进行了分析阐述。[②] 例如，李均在《中国高等教育研究史》中，对潘懋元的首部《高等教育学》的编写历程、内容体系、地位与贡献等进行了详细

[①]　张忠华、吴莉：《高等教育学教材建设 30 年：历程、经验与问题》，载《高校教育管理》，2010(1)。

[②]　陈祖兴：《评田建国的〈高等教育学〉》，载《教育评论》，1991(6)；叶信治：《向构建理论体系的高等教育学迈进的新尝试——评王伟廉教授主编的〈高等教育学〉》，载《现代大学教育》，2002(1)；李碧虹：《游刃于形而上下之间——读张楚廷先生〈高等教育学导论〉》，载《大学教育科学》，2011(1)；段慧兰：《有思想的学术 有学术的思想——〈高等教育学导论〉评介》，载《当代教育论坛(综合研究)》，2011(8)；李均：《潘懋元高等教育思想的渊源与中国高等教育学学科的创建——基于我国第一部〈高等教育学〉编写过程及贡献的论述》，载《山东高等教育》，2015(1)；毛鸽：《高等教育组织与管理理论教学探究——评〈高等教育组织与管理〉》，载《教育发展研究》，2016(19)；刘浩源：《高等教育的职能、功能与理念探析——评〈高等教育学导论〉》，载《中国教育学刊》，2017(11)；范红：《我国高等教育学学科的建设与发展——评〈高等教育学(修订版)〉》，载《高教探索》，2017(11)；苏荟、吴玉楠：《以职业能力为导向的专业教学标准之建立——评〈高等教育学导论〉》，载《中国教育学刊》，2017(9)。

的研究。① 杨德广以自身经历讲述了首部《高等教育学》著作的编写过程。② 熊明安等人对田建国的《高等教育学》著作进行了内容分析，并谈了自己的感受。③ 总体而言，涉及教材整体发展史的研究较少，对教材个案的研究较多，且形式多以书评为主，研究多以体系为主，对未来教材的发展规划涉及较少。

3. 高等教育研究机构研究

对高等教育研究机构的研究，多集中在分析现状、提出存在的问题及对策方面，对于高等教育研究机构的发展史涉及较少。有研究者对优秀高等教育研究机构进行数据统计后发现：优秀高等教育研究机构地区分布差异显著；其设置类型、获奖频次与有无学位点、所属高校类型和层次紧密相关。优秀高等教育研究机构作为我国高等教育研究机构中的典型代表，高度重视自身建设，积极采取一系列有效举措进行组织变革和制度创新，呈现出明确的目标定位和发展规划、雄厚的学术力量支持、注重决策咨询服务三方面特征。④

有研究者将高等教育研究机构的发展按 20 世纪 80 年代、20 世纪 90 年代、21 世纪的时间划分分别进行了阐述。⑤ 研究者多针对高校层面的高等教育研究机构进行研究，对地市层面的涉及较少。有研究者指出，我国地方高校的高等教育研究机构主要是在改革开放后逐步发展壮大的。目前，地方高校的高等教育研究机构面临着重视程度不够、经费投入有限、研究队伍不强、研究成果滞后的困

---

① 李均：《中国高等教育研究史》，139 页，广州，广东高等教育出版社，2005。
② 杨德广：《潘懋元教授与我国第一本〈高等教育学〉》，载《高等教育研究》，2008(4)。
③ 熊明安、别必亮：《一次大胆的成功的尝试——读田建国的〈高等教育学〉》，载《山东社会科学》，1991(5)。
④ 李明忠、杨丽娜、李盼盼等：《我国优秀高等教育研究机构的主要特征》，载《高等教育研究》，2018(12)。
⑤ 刘怡：《我国高等教育研究机构的组织转型研究》，博士学位论文，华中科技大学，2017。

境。① 关于高等教育研究机构的改革与发展，研究者所提观点大致相似，包括：加强高等教育研究工作；加大人力、物力和财力投入力度；建立健全有效的教研管理机制等。也有研究者提出：建立有利于促进高等教育研究工作的管理模式；引入能激励高等教育研究工作者的运行机制；形成能够正确处理各种关系，自觉进行自我调节、规范发展的团队精神。高等教育研究机构在发展过程中，在机构内部和人员之间要善于处理好各种关系，保证其健康、顺利地发展。要处理好理论与实践的关系、主角与配角的关系、宏观与微观的关系、社会与学校的关系等。②

4. 高等教育学人才培养研究

(1)高等教育学研究生培养问题研究

综观已有关于高等教育学研究生问题的文献可以发现，目前研究者对这一问题的研究多集中在以下方面：高等教育学硕士研究生培养方案、培养模式、培养目标、培养过程、课程设置、教学改革

① 唐华生、叶怀凡：《地方高校高等教育研究机构的困境与出路》，载《西华大学学报(哲学社会科学版)》，2006(2)。

② 参见何万宁：《高等教育研究机构的定位、职能及其改革思路》，载《辽宁教育研究》，2002(7)；王青、陈亦强：《高等学校高等教育研究机构发展路径的探讨》，载《苏州大学学报(哲学社会科学版)》，2009(4)；吴昊：《高校教育研究机构建设分析》，载《湖南科技学院学报》，2008(3)；蒋华林、李华、杨忠：《论高校高教研究机构的可持续发展》，载《高等建筑教育》，2002(4)；杨树雨：《论我国高等学校高等教育研究机构的发展》，载《大学(研究与评价)》，2007(5)；樊桂清、霍天强：《论我国高校高等教育研究机构的功能定位选择》，载《教育理论与实践》，2011(36)；褚照锋、李明忠：《智库背景下高等教育研究机构的组织特征、职能使命及发展对策》，载《高校教育管理》，2018(5)；刘怡：《我国高等教育研究机构的组织转型研究》，博士学位论文，华中科技大学，2017。

研究①；高等教育学硕士研究生培养中的问题与对策研究②；从个案研究出发，对高等教育学研究生培养的研究③；高等教育学研究生学位论文研究④；中美高等教育学研究生教育比较研究⑤等。研究的对象主要为高等教育学硕士研究生，对博士研究生的研究较少涉及；多就目前的研究生培养进行研究，较少涉及从历史视角出发的研究生培养研究；多就高等教育学专业而谈，较少涉及与其他专业的比较研究；有涉及中、美的比较研究，但是与其他国家的比较研究较少，几近于无。

（2）高等教育学学位点研究

在中国知网中以"高等教育学学位点"为主题或关键词，共检索

①　参见王洪才：《关于应用型研究生培养模式改革的实验报告——基于高等教育学专业两门课程教学改革实践的行动研究》，载《复旦教育论坛》，2010（4）；陈善志、冯建民：《我国高等教育学硕士研究生课程设置比较研究——基于12所高校培养方案的分析》，载《长江师范学院学报》，2018（6）；陈科：《我国高等教育学硕士研究生培养目标研究》，硕士学位论文，西北师范大学，2006；刘琦琪、李飞：《我国高等教育学硕士研究生培养目标简析》，载《文教资料》，2010（6）；刘琦琪、李飞：《浅析我国高等教育学硕士研究生培养模式的建构》，载《教育与考试》，2010（4）；洪源琴：《高等教育学硕士研究生培养模式研究——以H大学为例》，硕士学位论文，华中科技大学，2017。

②　参见黄文伟、周庆、孙丽媛：《全日制高等教育学硕士生培养的困境、原因及解决措施》，载《学位与研究生教育》，2006（8）；孙冬梅、孙蕊林：《全面提升高等教育学硕士研究生培养质量的思考》，载《高等理科教育》，2009（1）；李均：《当前高等教育学硕士研究生教育的三大困境》，载《江苏高教》，2011（1）。

③　参见王德广：《地方高校高等教育学专业硕士研究生课程设置的现状及对策研究——以三峡大学高等教育学专业课程设置为例》，载《三峡大学学报（人文社会科学版）》，2009（S1）；王德广、余红梅：《省属综合性大学高等教育学硕士研究生培养现状与对策》，载《黑龙江高教研究》，2009（7）。

④　参见王中宽：《我国高等教育学硕士学位论文的共词聚类分析》，载《现代教育科学》，2016（9）；赵苁蓉：《2000年以来我国高等教育学博士学位论文文献计量分析》，硕士学位论文，苏州大学，2010。

⑤　参见包水梅：《中美高等教育学硕士研究生培养制度比较研究——基于厦门大学与哈佛大学的案例分析》，载《研究生教育研究》，2013（2）；孙刚成、王莹：《美国硕士研究生教育经验与启示——以高等教育学专业为例》，载《高等理科教育》，2014（4）；魏玉梅：《斯坦福大学高等教育学博士研究生课程体系特点及其启示》，载《比较教育研究》，2015（6）；张蕾娜：《中美高等教育学专业研究生教育比较研究》，硕士学位论文，华中科技大学，2005。

到 8 篇论文，如下所示。

期刊论文：谢桂华，《高等教育学学位点的建设与研究生的培养》，载《中国高教研究》，2002 年第 7 期；罗云、裴怀涛，《论我国高等教育学学位点布局的不均衡性》，载《中国高教研究》，2007 年第 11 期；许艳，《我国高等教育学学位点分布的相关因素分析》，载《河北大学成人教育学院学报》，2008 年第 2 期；车如山、刘文霞，《论我国高等教育学学位点布局的不均衡性》，载《国家教育行政学院学报》，2009 年第 3 期；孙萌、张国芝，《我国高等教育学学位授权点建设的现状、存在问题与建议》，载《内蒙古师范大学学报（教育科学版）》，2016 年第 1 期。

学位论文：黄广荣，《中国高等教育学学位点发展的研究》，广西师范大学 2011 年硕士学位论文；肖莉，《我国高等教育学学位点建设调查研究》，华中科技大学 2013 年硕士学位论文；王一茜，《我国高等教育学学位点布局研究》，河南师范大学 2018 年硕士学位论文。

分析论文内容可知，当前关于高等教育学学位点建设的研究，涉及学位点建设的历史、现状，以及当前学位点建设存在的问题和未来的发展趋势。虽然已有研究数量较少，但是已涵盖高等教育学学位点建设的基本内容。同时，研究中涉及的个案较少，少有具体到某一地区或某一高校的高等教育学学位点建设的历史分析，多是在研究高校高等教育研究机构中涉及相关内容。从个别出发看一般，可以使我们在全面了解这一问题的同时，分析出某高校高等教育学学位点建设的特殊性，以更好地促进学位点的建设。

5. 高等教育学未来建设与发展研究

在高等教育学学科发展方面，研究者的关注点集中在发展动力来源、方向、危机及趋势等方面。有研究者系统总结了高等教育学的发展趋势问题。侯怀银和李艳莉指出，21 世纪初，我国高等教育学在前期奠基和发展的基础上继续稳步提高，学科建制日趋完善，多学科观点被提出并得到深入研究，学科建设继续得到重视，理论与实践关系密切，学科影响持续扩大。高等教育学学科未来发展亟待解决的问题包括：保证高等教育学的学科独立性，处理好学科建设和问题研究的关系，提升高等教育学研究队伍的素养，加强学科建设的本土化和国际合作。21 世纪初，研究者对高等教育学学科建设的探索日益多样化、复杂化，但是很多问题仍未达成共识。我们必须认清这一事实，通过回顾、反思丰富多样的研究成果以及关注、研究复杂的高等教育实践，促进我国高等教育学学科建设日趋发展和完善。① 王洪才指出，高等教育学在近几十年发展中取得了显著成就，不仅确立了稳定的学科地位，形成了一个庞大的研究队伍集群，而且发表了一系列有重要影响的力作，涌现出一批学术精英。但同时仍然面临着许多难题，例如，还缺乏一个公认的学科范式，为研究而研究的现象还比较突出，研究者自我封闭现象还比较严重，受到利益集团的影响在加剧。在未来，高等教育学只有通过更加开放的路线才能解决难题，具体策略是进一步推进高等教育研究走向多元化、个性化和微观化，并通过加强规范化来促进学术共同体建设，促进高等教育学走向新的繁荣。② 胡建华认为，我国高等教育学学科的发展建立在改革开放 40 年来波澜壮阔的高等教育实践基础之上。40 年的高等教育学学科成长首先体现在制度化的建设上，发展了大学中的学科组织，构建了学科人才培养体系，繁荣了学科研究成果发表平台，组建了学科学术共同体机构。加深作为学科"基础建设"的理论研究和提升理论研究水平，始终是高等教育学学科建设的重要内容与努力目标。理论进程集中表现为学科体系的构建、高

① 侯怀银、李艳莉：《21 世纪初高等教育学学科建设的探索》，载《苏州大学学报（教育科学版）》，2014(4)。

② 王洪才：《高等教育学：成就、难题与展望》，载《高校教育管理》，2013(2)。

等教育规律的研究和学科性质的探讨。高等教育学作为一门社会科学，其服务国家的教育发展战略，影响了高等教育的观念更新和高校人才培养改革实践，展现了高等教育学学科研究的应用性特征。面向未来，高等教育学学科建设需要进一步提升理论与研究的解释力、建构力、影响力。①

关于高等教育学学科的未来发展，方泽强指出，在问题域地位方面，应明确人才培养问题域的主导性地位；在知识建构方面，要构建自属的知识体系而不能简单复制教育学；在行政建制方面，应调整该学科作为二级学科的不合理建制；在知识生产方面，要应用新的知识生产模式以加快知识积累。② 他还分析了当前高等教育学学科发展存在的障碍：偏好宏观研究，轻视微观研究；实证研究异化和研究导向误构误判；理论建构方向不明确，重心偏离；研究机构发展目标不清晰，特色缺失。为化解上述发展障碍，高等教育学应采取有效策略：第一，着力于让学术共同体发挥更重要的作用；第二，坚持微观研究与宏观研究同步进行；第三，提倡多元范式研究共存，追求务实的研究；第四，重视并推动基本理论研究；第五，推动研究机构转型发展，鼓励建立学派。③ 侯怀银指出，中国高等教育学要进一步由独立走向成熟，必须处理好学科、学术、学派、学院和学生彼此之间的关系；要强化高等教育学学科的独特地位，强化高等教育学学科建设的中国立场，强化高等教育学学科的学术品质，强化中国高等教育学学派的建设。④

有研究者指出，高等教育学仍然存在着学科身份不清、自信心

---

① 胡建华：《中国高等教育学学科发展 40 年》，载《教育研究》，2018(9)。

② 方泽强：《高等教育学：一门"特殊"的教育学科及其发展》，载《现代教育论丛》，2014(2)。

③ 方泽强：《高等教育学学科的历史争论、建设反思和未来发展》，载《西南交通大学学报(社会科学版)》，2019(1)。

④ 侯怀银：《高等教育学学科未来发展亟待解决的几个问题》，载《中国高教研究》，2016(10)。

不足、学科发展封闭、学科理论研究欠缺等问题，这些问题使高等教育学学科身份危机加深，学科自信心不足。未来高等教育需要克服这些问题，使学科朝更加开放、独立、主动、包容的方向发展。①

　　针对高等教育学所面临的危机，张应强指出，作为学科建制的高等教育学与作为知识体系的高等教育学这两种形态的学科危机的"共振效应"，关系到高等教育学学科生死存亡的危机。高等教育学的成功突围之路在于"再学科化"，即必须在坚持高等教育学学科化发展方向的前提下，致力于学科建制层面的"再学科化"——努力建设高等教育学一级学科，同时要突破一般教育学的视界，促进知识形态高等教育学的"再学科化"。②

　　李均认为，危机是当代人文社会学科的共同境遇。与成熟学科的危机相比，高等教育学的危机主要是制度性危机和生存性危机。高等教育学鲜明的制度依附性特征，可能是造成学科危机频繁发生的根源。从长期发展来看，高等教育学应该通过"再学科化"等途径加强自身的学科理论建设，逐步降低和削弱制度依附性。从近期形势看，解除当下制度性危机的关键是重建两大制度体系，即作为学科存在基础的制度体系和保障学科发展的制度体系。③

　　学界关于学科发展动力机制、模式、指导思想、方法、路径等都有较为丰富的研究成果；在此基础上，对于高等教育学学科发展问题也有专门论述，但仍存在一些可供研究的空间。

　　上述五方面的研究成果，为我们的研究提供了坚实的基础，同时，研究中未涉及的部分将是可以进一步研究的内容。

---

① 　解瑞红：《当前高等教育学学科建设中的不足与展望》，载《复旦教育论坛》，2016(5)。
② 　张应强：《当前我国高等教育学的危机与应对》，载《高等教育研究》，2017(1)。
③ 　李均：《高等教育学如何走出学科发展危机》，载《高等教育研究》，2017(1)。

（二）高等教育学研究

1. 高等教育学元研究

高等教育学元研究包括研究对象、研究方法和知识体系等几个方面的研究。

关于高等教育学研究对象问题的研究，在高等教育学学科创建后始终是一个热点问题，研究者们的观点各异。潘懋元在 1992 年的全国高等教育学学科建设研讨会上提出：“高等教育学还是应当以全日制普通高等教育的本科教育作为它的主要研究对象。”①在随后的学科发展中，学界又逐渐形成了“特殊规律说”“三层次说”“现象说”“多维理解说”等观点。

第一，“特殊规律说”。诸多著作中均论及高等教育学的研究对象是高等教育规律。例如，高等教育学是一门以高等教育为研究对象，以揭示高等专业教育的特殊规律、论述培养专门人才的理论与方法为研究任务的新学科。② 高等教育学在一般教育理论的基础上，专门研究高等教育所特有的矛盾，揭示高等教育发展的客观规律。③ 高等教育学的研究对象既不是泛泛的高等教育，也不是高等教育规律的应用，而是高等教育的特殊矛盾和发展规律。④ 高等教育学的研究对象是高等教育发展规律。这里的规律既指高等教育的内外部各因素之间的关系，也指高等教育学与其他学科之间的关系。⑤

第二，“三层次说”。高等教育学要研究高等教育活动、高等教育事业和高等教育观念三个层次的现象。⑥

---

① 潘懋元：《关于高等教育学学科建设的若干问题——在全国高等教育学学科建设研讨会上的报告》，载《高等教育研究》，1993(2)。

② 潘懋元：《高等教育学(上)》，2 页，北京，人民教育出版社；福州，福建教育出版社，1984。

③ 郑启明、薛天祥：《高等教育学》，5 页，上海，华东师范大学出版社，1985。

④ 胡建华等：《高等教育学新论》，5 页，南京，江苏教育出版社，1995。

⑤ 李晓阳：《高等教育研究：从多学科到跨学科》，载《辽宁教育研究》，2008(10)。

⑥ 林兆其：《高等教育学》，1～2 页，贵阳，贵阳教育出版社，1995。

第三，"现象说"。高等教育学研究对象是指高等教育现象，这一现象具有丰富的内涵。首先，高等教育现象的主体是普通高等本科教育现象；其次，高等教育现象是人才培养、科学研究和社会服务现象的统一；最后，高等教育现象并非该学科所独有，且集"分离与统一、实体与关系"于一体。①

第四，"多维理解说"。高等教育学应当以全日制普通高等教育的本科教育作为它的主要研究对象。高等教育涵盖了人的发展和现实社会的科技、文化、政治、经济等以及未来社会对人才素质的要求，它是复杂、动态的系统，包括各种层次、类型的教育，具有广阔的发展前景。有的研究者据此提出要多维地理解高等教育学的研究对象，因为这既是繁荣和丰富高等教育学理论的动力源泉，也是加速学科成熟的有效途径。②

无论研究者是承续前人提出的观点还是自己提出新观点，他们均认识到正是因为高等教育学研究对象的特殊性，才决定了高等教育学作为一门独立学科的存在。各研究者虽视角不同，观点各异，却充实了高等教育学学科研究对象的观点。我们需要不断地进行思考和整合，以此来促进高等教育学作为一门学科的独特性和科学性。

在研究方法方面，研究者指出，高等教育学学科建设与研究方法息息相关。根据普遍的研究方法，我国高等教育学学科建设的历程可以分为经验总结期、逻辑演绎期、实证期和反思期四个阶段。高等教育学学科建设的每一个阶段所使用的研究方法并非单一的，但每一个阶段都有主流的研究方法，这就决定了以上对高等教育学学科建设历程的划分仅仅勾画的是主要倾向。③

---

① 方泽强：《高等教育学的研究对象和知识体系》，载《现代教育管理》，2015(12)。

② 许庆豫：《对高等教育学对象的再认识》，载《教育评论》，1994(1)。

③ 刘志忠、张琼：《我国高等教育学学科建设的历程与逻辑走向——基于研究方法的视角》，载《高教探索》，2016(8)。

对于高等教育学是否有自己独特的研究方法这一问题，研究者仍未形成统一认识。一些研究者认为高等教育学没有自己独特的研究方法，一些研究者认为高等教育学有自己独特的研究方法。有研究者对高等教育学的研究方法进行了归纳，指出高等教育学的独特研究方法主要有"改造加工说""多学科研究方法说""价值评价说""问题研究说"[①]和"新制度主义方法论"。[②] 多年来，研究者对高等教育学的研究方法进行了深入探索。在这些方法中，研究者比较认同多学科研究方法，并对多学科研究方法进行了较多论证。有研究者指出，未来我国高等教育学研究将会采取定性与定量、本土与外域以及多学科整合的方法[③]；有研究者从复杂性科学角度出发，认为高等教育学学科研究方法应从单一的研究方法走向独特的方法组合[④]；有研究者提出了"混合方法研究"[⑤]；还有研究者指出，高等教育实践的复杂性和高等教育学独特的学科性质要求高等教育学研究采取跨学科研究方法[⑥]；有研究者指出，高等教育学不仅要注重宏观研究方法的运用，还要在微观中见著。在高等教育研究中要注重质的研究方法的应用，这一方法对高等教育学研究有一定的适切性。[⑦]

在高等教育学知识体系方面，研究成果多反映在高等教育学专著中。有研究者以 1983—2015 年我国出版的以"高等教育学"命名的著作为样本，在统计分析的基础上，对我国高等教育学学科理论体系的发展轨迹进行梳理。研究表明，我国高等教育学学科理论体系

---

① 李硕豪、贾永堂：《高等教育学学科研究方法综述》，载《理工高教研究》，2005(6)。

② 文雯：《高等教育学学科建设研究综述》，载《高等教育研究》，2005(6)。

③ 胡钦晓：《我国高等教育学研究方法发展评析》，载《教育与现代化》，2006(4)。

④ 刘小强：《独特对象　独特方法——关于高等教育学学科建设的思考》，载《江苏高教》，2007(1)。

⑤ 田虎伟：《我国高等教育研究的理想范式：混合方法研究》，载《中国高教研究》，2007(7)。

⑥ 李晓阳：《跨学科研究：高等教育学研究范式的必然选择》，载《大学(研究与评价)》，2007(5)。

⑦ 潘懋元：《高等教育学科建设的前瞻与回顾》，载《高等教育研究》，1995(3)。

的发展大致经历了经验体系、知识体系、概念体系的演变过程。我国高等教育学学科理论体系的初创阶段为1983—1994年。我国高等教育学学科理论体系的第一次转型在1995—2001年。我国高等教育学学科理论体系的第二转型从2002年至今。① 有研究者指出，高等教育学理论体系建构方法是多年来讨论的重点。建构方法被视为高等教育学知识体系向理论体系提升的重要影响因素。有研究者归纳了已有研究中提出的建构方式，包括宏观—中观—微观建构论、逻辑起点论、公理化方法论、实践经验论、基本分析单位论。② 在上述建构方法中，逻辑起点论的影响较大，学界似乎在一个时期认为，高等教育学必须寻找到逻辑起点，以建立完整、系统的理论体系。有研究者指出，高等教育学理论体系的建构问题是从高等教育学学科在我国产生之初就备受关注的一个问题，已经出版的高等教育学著作虽然对"体系"都有所涉及，但这些"体系"对所研究对象基本关系的反映不够深入，缺乏内在联系，达不到逻辑自洽的标准，一些基本概念的内涵和外延还存在模糊现象。不少学者在积极地探索高等教育学理论体系的建构方法，并提出了不少有价值的观点，除上述方法外，还包括问题系统论、范畴水平论、方法论角度、三系统论等。③

2. 高等教育学学科群研究

(1)将高等教育学分支学科发展作为研究对象

有研究者指出，中国高等教育学分支学科的发展是伴随着高等教育学这门主干学科的发展而逐步发展起来的。梳理20世纪70年代末以来中国高等教育学分支学科发展的脉络，并按时间顺序可划分为三个发展阶段：初步发展阶段(1978—1984年)、学科群形成阶

段(1985—1995 年)、深入发展阶段(1996 年至今)。①

　　有研究者分析了潘懋元对高等教育学分支学科的贡献：他辩证
地看待学科和研究领域的关系，确立了高等教育学分支学科的地位；
积极倡导多学科研究方法，推动高等教育学分支学科的发展；热情
地为分支学科的专著作序，鼓励学者进行分支学科理论研究；招收
不同学科背景的研究生，培养高等教育学分支学科的骨干力量。分
析潘懋元的相关论述，可以为中国高等教育学分支学科未来的发展
提供以下启示：正确认识分支学科与主干学科的关系；走学科建设
与问题研究并重的道路；在发展中既要重视知识增长也要注重组织
发展。②

　　有研究者指出，高等教育学学科群研究的意义包括：有利于进
一步明确高等教育学的学科地位和学科属性；有利于高等教育学学
科群的综合效应、交叉效应和横向效应的发挥；有利于"学科"与"领
域"、"体系"与"问题"的统合。目前，高等教育学学科群的组建主要
有几种方式：以分支学科的产生方式来组建；以整体与局部来组建；
和其一级学科——教育学的分支学科相对应来组建。③

　　(2)将具体的高等教育学下设的各分支学科作为研究对象

　　有研究者研究了分支学科发展的历程、目前的研究进展及未来
的发展趋势问题，相关研究包括：肖菊梅，《学术史视野中的近代中
国大学教学论学科》，载《高等教育研究》，2016 年第 7 期；何爱霞，
《成人高等教育学研究的发展与展望》，载《职教论坛》，2005 年第 19
期；王莉颖，《成人高等教育学学科建设：进展、问题与前景》，载
《成人教育》，2006 年第 3 期；汪明、张睦楚、庞立场等，《论当前我
国大学教学论研究之多维困境》，载《高等理科教育》，2015 年第 2

①　刘志文：《中国高等教育学分支学科发展的历史脉络》，载《江苏高教》，2007(2)。
②　刘志文：《潘懋元与中国高等教育学分支学科的发展》，载《高等教育研究》，2008(12)。
③　陈玉祥：《略论高等教育学学科群研究的意义及其演进》，载《中国高教研究》，2007(2)。

期；刘路、魏源，《学科建设视角下我国近十年高等教育管理学的研究述评与展望》，载《新疆广播电视大学学报》，2014 年第 3 期；唐世纲，《近十年来我国高等教育管理学的新发展研究》，载《贵州师范大学学报（社会科学版）》，2014 年第 4 期；徐娟，《近 10 年我国高等教育管理学热点问题综述——基于〈高等教育研究〉180 篇相关学术论文的分析》，载《高等理科教育》，2011 年第 6 期；张波，《制约与影响高等教育管理学发展的问题分析》，载《现代大学教育》，2008 年第 6 期；潘懋元，《比较高等教育的产生、发展与问题》，载《上海高教研究》，1991 年第 3 期；张守华、秦宇彤，《中国高等教育管理学学科发展的战略思考》，载《大学教育》，2014 年第 9 期；张波，《我国高等教育管理学学科建设的成就、问题与发展趋势》，载《黑龙江高教研究》，2008 年第 11 期；李庆豪，《高等教育管理学的学科建设：进展与前景》，载《江苏高教》，2004 年第 4 期；李轶芳，《我国高等教育管理学的历史、现状与未来走向》，载《现代大学教育》，2003 年第 6 期；闵维方、丁小浩，《对我国高等教育经济学研究的回顾和展望》，载《高等教育研究》，1999 年第 3 期；陈新，《高等教育心理学研究的发展走向》，载《黑龙江高教研究》，2014 年第 5 期；祁东方、侯怀银，《中国高等教育哲学研究的回顾与展望》，载《河北大学学报（哲学社会科学版）》，2014 年第 5 期。

有研究者研究了分支学科理论建设问题，相关研究包括：刘若泳，《大学教学论的逻辑起点探析》，载《教育与教学研究》，2011 年第 10 期；杨广云，《大学教学论体系的构建——潘懋元学术思想研究之三》，载《高等教育研究》，1997 年第 5 期；池敬铭，《大学教学应以学生为主体——大学教学论的一点探讨》，载《上海高教研究》，1989 年第 2 期；张波，《高等教育管理学：学科构建与价值评判》，载《教育与现代化》，2009 年第 2 期；陈秀兰，《我国高等教育管理学概念体系审视》，载《高教探索》，2007 年第 3 期；赵映川，《高等教

育管理学是一门独立的学科吗》，载《高校教育管理》，2013 年第 4
期；蒋园园，《高等教育管理学术话语构建研究——来自新公共管理
视域的探讨》，载《江苏高教》，2012 年第 5 期；张利荣，《"问题研
究"：高等教育管理学学科建设路径》，载《现代教育管理》，2011 年
第 5 期；孟凡，《从学科属性看中国高等教育管理学学科建设的契
机》，载《江苏高教》，2010 年第 1 期；顾远飞，《高等教育管理学的
学科属性：开放社会科学的视角》，载《黑龙江高教研究》，2009 年第
9 期；窦春玲、韩钟文，《成人教育学科与相关学科的关系研究》，载
《继续教育研究》，2006 年第 5 期；刘海燕，《高等教育管理学理论体
系逻辑起点新探》，载《现代大学教育》，2001 年第 6 期；陈平水、温
海燕，《高等教育经济学逻辑起点探析》，载《山西大学学报（哲学社
会科学版）》，2008 年第 2 期；陈平水、王雪娟，《我国高等教育经济
学理论体系现状研究》，载《教育科学》，2006 年第 2 期。

有研究者研究了引进国外高等教育学分支学科的问题并就高等
教育学分支学科的著作进行了评介，相关研究包括：陈晴，《从学科
建构走向大学教学理论的深化研究——孙泽文新著〈现代大学教学引
论〉评介》，载《沙洋师范高等专科学校学报》，2008 年第 3 期；姚启
和，《中国高等教育史研究中的哲学思维——涂又光教授新作〈中国
高等教育史论〉介绍》，载《高等教育研究》，1998 年第 3 期；辛均庚，
《人本观下的高等教育哲学——读张楚廷〈高等教育哲学〉》，载《现代
教育论丛》，2014 年第 2 期；平和光、傅岩、孙龙存，《张力与平衡：
高等教育哲学的基本问题——读约翰·S. 布鲁贝克的〈高等教育哲
学〉》，载《重庆高教研究》，2014 年第 2 期；李峻，《本土高等教育哲
学的个性特征——读张楚廷教授的〈高等教育哲学〉》，载《高教探
索》，2008 年第 4 期；魏饴，《人本高等教育哲学的诞生与发展——
中美两部〈高等教育哲学〉之比较》，载《高等教育研究》，2005（7）；
黄学茭、陈伟，《〈高等教育哲学〉的方法论启示》，载《高教探索》，

2006 年第 2 期；董轩，《知识生产与社会型态——读〈知识与权力：高等教育政治学新论〉》，载《中国德育》，2009 年第 9 期。

总体来说，对于分支学科的研究，研究成果日益增多，研究角度日益多元。

三、研究思路和方法

（一）研究思路

学科发展史不同于问题研究史、学科建设史。高等教育学学科发展史以高等教育学学科发展演进的全过程，包括历程、进展、问题及反思为研究对象。因此，在做高等教育学学科发展史研究时，须对高等教育学学科发展的历程、发展中的重大事件及重要成就、学科发展的问题及反思做重点阐述。高等教育学学科发展史研究以发展演进时间为经，发展进展为纬，"学科发展成就"这根红线贯串始终。在此基础上，我们就高等教育学的学科发展历程进行梳理，以发现学科发展中蕴含的内在规律；对取得的进展进行研究，以探索学科自身的演进逻辑；就学科发展问题进行反思，以更好地指导高等教育学的未来发展。

（二）研究方法

1. 历史法

历史法是由研究者根据自己的目的，在一定理论的指导下，运用某些手段，通过对史料的搜集、鉴别、分析、评价，对人类历史做出符合逻辑的阐释的方法。[1] 我们所进行的高等教育学学科发展史的研究，就是要对大量的历史文献资料，包括但不限于高等教育学著作编写史料、高等教育研究机构史料、高等教育学学术组织建设与交流史料、高等教育学专业发展史料、高等教育学理论研究史

---

[1]　侯怀银：《教育研究方法》(第 2 版)，77 页，北京，高等教育出版社，2018。

料、高等教育改革与实践史料等，进行搜集、整理、鉴别，进行去伪存真、去粗取精，在掌握基本史实的基础上，对高等教育学发展的历程进行梳理，客观铺陈发展的过程，以描绘出高等教育学 70 年来的发展全貌，在呈现史实的基础上，再进行系统分析，研究高等教育学各阶段发展的背景、动力、目标，将这些内容融于发展进程的阐述中，探寻高等教育学 70 年来不断发展的逻辑，以清晰的线条勾勒出高等教育学的发展全景。

2. 文献法

教育文献具有知识传承与信息传播作用、成果查新作用、理论证据作用。[1] 我们通过文献法进行文献检索，有效搜集信息，并使其为我们研究所用，达到教育研究的目的。我们对高等教育学学科发展史进行研究，需要占有大量文献，通过文献资料的研读，研究前人关于高等教育学的成果，厘清学科发展史，并展开深入分析。通过查阅关于高等教育学的文献资料，本书编制了"高等教育学学科发展大事记"附录，为我们的进一步研究提供了基础。

四、本书结构

本书由六部分组成，对高等教育学学科发展进程的处理方式是以时间顺序呈现，总体而言，"绪论"部分和第五章"高等教育学 70 年来发展的反思与展望"带有总结论述的成分。"绪论"部分是对开展的研究进行说明及对已有成果进行述评，在此基础上开始第一、二、三、四章的具体研究。第五章是在前述章节研究结束后，回顾高等教育学的发展，站在历史节点上进行总结性反思与展望。其余四章分而论述了高等教育学不同阶段的发展状况。

绪论部分叙述了开展高等教育学学科发展史研究的价值与意义，对已有研究成果进行了述评，并介绍了本书的研究思路和方法。

---

[1]　侯怀银：《教育研究方法》（第 2 版），57 页，北京，高等教育出版社，2018。

第一章叙述了 1949—1976 年高等教育学的发展。在此阶段，高等教育理论研究历经曲折，高等教育学学科思想已萌芽，为学科的创建打下了基础，尤其是《高等学校教育学讲义》的编写对高等教育学学科创建具有重要的贡献。

第二章叙述了 1977—1984 年高等教育学的发展。在此阶段，高等教育研究机构的创建、高等教育学学术组织的建立为学科创建提供了良好的客观条件，1984 年首部《高等教育学》的问世标志着高等教育学学科的创立。这一阶段的分支学科也有所发展，并自此阶段开始培养学科人才，研究生培养取得成效。学科创建发展与高等教育实践也存在密切的联系。

第三章叙述了 1985—1991 年高等教育学的发展。此阶段在前一阶段的基础上，学科建设取得进展，体现在著作（含教材）的出版、高等教育研究机构与研究队伍、高等教育学学术组织的建设等方面。此阶段学者逐步着眼于学科理论探讨，分支学科发展更为迅速，人才培养成效卓著，高等教育学与高等教育实践的互动体现在社会发展的方方面面。

第四章叙述了 1992 年至今高等教育学的发展。此阶段除学科建设进程加快外，高等教育学元理论与学科群建设的成果愈加丰富，面对新的发展背景，高等教育学人才培养与时俱进，学术交流更为密切，同时更注重与高等教育实践的配合，取得了系列成就。

第五章为高等教育学发展的反思与展望。此部分在梳理了 1949 年以来高等教育学 70 年发展进程的基础上，提出了高等教育学未来发展亟待解决的几个问题和高等教育学未来发展的具体路径，希望对读者有所启示。

第一章

高等教育学的萌芽阶段
(1949—1976 年)

中华人民共和国成立后，我国高等教育事业处于百废待兴的状态，高等教育发展模式的转型和高等教育的大规模调整对彼时的高等教育理论研究及高等教育学学科思想的萌芽产生了重要影响。以1966 年"文化大革命"的开始为分界线，我们将高等教育学的萌芽阶段分为两个子阶段。第一子阶段为 1949 年至 1966 年上半年，中华人民共和国成立初期，还没有系统形成高等教育学的学科概念，翻译和介绍苏联高等教育经验成为高等教育理论研究的重点，同时，不少高校的教师、干部对高等教育事业发展中的一些问题进行了研究与争论，对高等教育理论的探索、对高等教育学学科创建的理论研究在曲折中前进。第二子阶段为 1966 年下半年至 1976 年，即"文化大革命"时期，这一时期的高等教育事业遭到破坏，高等教育理论研究停滞，高等教育学的创建遭遇严重困难。

第一节　高等教育理论的初步探索
(1949—1966 年)

中华人民共和国成立后，国家各项事业亟待恢复和发展，在高等教育领域，随着我们对苏联经验的学习以及社会主义高等教育体系的建立，研究者一直在对高等教育理论进行探索。

一、学习苏联经验，研究苏联高等教育理论

中华人民共和国成立后，中央人民政府下设教育部。1949 年 12 月，第一次全国教育工作会议在北京召开。会议讨论了如何对旧教育进行有计划、有步骤的改革问题。会议提出："我们采取的是坚决改造，逐步实现的方针。""以老解放区新教育经验为基础，吸收旧教育有用经验，借助苏联经验，建设新民主主义教育。"①高等教育从一开始就全面倒向"苏联模式"，高等教育领域的一系列改革基本上以苏联的经验为基础。在 1949 年前后，为使中国的高等教育尽快调整适应社会主义发展，高等教育界围绕学习苏联经验开展了一系列翻译和研究工作。

在 1949 年翻译出版的介绍苏联高等教育的主要书籍如下。

①东北英文研究会编译，《苏联的大学》，苏南新华书店 1949 年版。该书由东北英文研究会的徐和、周纯、姚周杰、周砚 4 位学者编译，收入了苏联大学教育部部长卡夫达诺夫的文章《新五年计划中的苏联大学》，以及其他苏联学者的文章，包括《苏联大学》《苏联大学教育的方法》《为苏联农业培养二十万专家》《列宁求学的地方》《白天是工人，晚上是学生》《战争时期中的苏联学生》《一个学生们的科学学会》《莫斯科大学生的假日》《我进入大学的道路》《学生伏隆竹夫的一天》，共 11 篇。这是较早的一部介绍苏联高等教育的译著。

②庄季铭译，《苏联教育制度》，开明书店 1949 年版。该书在第九章"高等教育"中专章介绍了苏联的高等教育发展状况。

③江山编译，《论苏联的教育》，苏南新华书店 1949 年版；华中新华书店 1949 年版；关东中苏友好协会 1949 年版。该书将"高等教育"译作"高级教育"，并介绍了"高等学校是苏维埃知识分子的熔炉"

---

① 郝维谦、龙正中：《高等教育史》，69 页，海口，海南出版社，2000。

"高等学校概述""高等技术专门学校""教师深造学院""苏联学位授予一般概况""苏联高等学校的五年计划"6 部分内容，最后介绍了苏联的 3 所高等学校。

④吴清友著，《战后苏联教育新动向》，耕耘出版社 1950 年版。该书在第五部分"苏联的高等教育"中介绍了苏联的高等教育发展状况。

⑤晨光出版公司辑，《苏联大学生活》，晨光出版公司 1949 年版。

1950—1957 年翻译出版的介绍苏联高等教育的主要书籍如下：苏联卡弗达诺夫著，刘君实译的《苏联高等教育》（大众社 1950 年版）；东北教育社的《苏联的高等教育》（新华书店 1950 年版）；东北人民政府文化教育厅教育部编的《苏联高等教育法令选辑》（国立安徽大学政治教育委员会 1950 年编印）；第一次全国高等教育会议秘书处编的《苏联高等学校》（第一次全国高等教育会议秘书处 1950 年编印）；中国人民大学编的《苏联高等学校》（中国人民大学 1950 年编印）；苏联卡弗达诺夫[①]著，高士彦译的《苏联的高等教育》（中央人民政府政务院文化教育委员会 1951 年编印）；教育资料丛刊社辑的《苏联的高等教育》（人民教育出版社 1951 年版）；中央人民政府高等教育部《高等教育通讯》编辑室编的《苏联高等学校的教学方法》（中央人民政府高等教育部高等教育通讯编辑室 1953 年编印）；中南财经学院编的《论高等学校的教学工作》（中南财经学院 1954 年编印）；高等教育部教学指导司编的《论高等学校的科学研究工作》（高等教育出版社 1954 年版）；付克著的《我所看到的苏联高等学校》（时代出版社 1954 年版）；苏联康士坦丁诺夫等编，芮沐等译的《高等学校的讲课方法问题》（五十年代出版社 1955 年版）；苏联康士坦丁诺夫[②]等编，

---

①　该版本译为"卡夫坦诺夫"。
②　该版本译为"康斯坦丁诺夫"。

吴培德等译的《高等学校讲课方法问题》(高等教育出版社 1955 年版)；苏联亚果德金等著，刘金续、方钢译的《苏联高等学校共青团的工作》(中国青年出版社 1955 年版)；哈尔滨工业大学教材资料编译室编，《苏联高等教育四十年(第 1 册)》(哈尔滨工业大学出版社 1957 年版)。

1950 年成立的中国人民大学编印了《苏联高等学校》，内容主要是苏联高校学校管理和教学管理的文件，包括苏联"高等学校的组织与管理""高等学校章程及教学""教学工作之组织"等篇章。同一年，刘君实编译了苏联高等教育部部长卡弗达诺夫的《苏联高等教育》一书，该书收入了卡弗达诺夫的《苏联高等教育》《苏联高等教育的制度》《苏联高等学校》《高等学校的科学和生产的结合》《卫国战争后高等学校的概况》《苏联高等学校章程》共 6 篇文章。

1951 年，为了配合当时的文教建设和进一步满足各地文教工作的需要，政务院文化教育委员会编辑了"文教参考资料"丛刊。高士彦翻译的卡弗达诺夫的《苏联的高等教育》是其中一本。同刘君实的译本相比，该书内容更加全面和充实，分为 14 个专题，全面介绍了苏联高等教育的情况，包括苏联的大学、工艺专门学校和技术专门学校、高等农业教育、高等师范教育、经济学家的培养、73 所高等医科学校、高等艺术学校、高等函授教育、苏联高等学校的教学组织原则、苏联高等学校中社会科学的讲授、苏联高等学校的科学力量、最先进科学的学校、苏联大学生的物质生活状况等各方面内容。这本译著偏重于对苏联高等教育制度的宏观介绍，使人们比较全面地了解苏联高等教育的发展概况和基本制度。

同年，人民教育出版社出版了教育资料丛刊社辑的《苏联的高等教育》。该书选编了部分苏联专家学者的文章，以介绍苏联的高等教育状况，具体包括《苏联高等学校是苏维埃知识分子干部的熔炉》《苏联高等教育的发展》《从苏联高等教育的经验略谈几个问题》《苏联高等教育的组织》《苏联高等学校的教学研究指导组》《爱国主义大学工作者的责任》《苏联大学的公共必修课——政治课》《全力改进高等学校中马克思—列宁基本知识的讲授》《提高教科书的思想内容与科学内容》《苏联高等学校及科学与生产的结合》《苏联高等学校里的生产实习》《苏联大学生的学习生活》《苏联国立莫斯科大学介绍》13 篇文章,并在附录部分介绍了苏联高等教育重要法规,包括《高等学校标准规程》《高等学校教学管理规则》《关于高等学校、高等技术学校及技术学校学生社会活动的整顿》《高等学校教职员服务规程》等内容。这本译著不仅包括宏观制度的介绍,还涉及具体的教学指导的内容,从一个侧面显示出我国已开始着手进行教学改革。

1952 年,我国的高等学校开始学习苏联经验,进行教学改革,包括改变原有系科,重新设置专业;制订全国统一的专业教学计划;制订与教学计划配套的、统一的教学大纲;借用、翻译苏联教材,逐步自编统一教材;增加教学环节,加强教学管理;建立基层教学组织,加强教学工作的计划性;聘请苏联专家到高等学校讲学,指导教学改革等。

与此相适应,高等教育界加大了对苏联高等教育经验介绍的力度。1953 年,高等教育部《高等教育通讯》编辑室编印了《苏联高等学校的教学方法》一书,收入了苏联专家倪克勤、高尔琴柯、杰门节夫、加里宁、A. A. 福民等关于苏联高校教学方法、教研组工作、教学实习、学生成绩、函授教育和夜校教育方面的 5 篇文章。

1954 年,高等教育部教学指导司编写了《论高等学校的科学研究工作》。该书收入了苏联和中国学者关于高校科研工作的 38 篇文章,其中苏联学者的文章占了一半。中南财经学院为开展教学工作,也编印了《论高等学校的教学工作》一书,其中收录了《苏联高等学校教研组的基本任务及工作方法》《教研室是创造性的集体》《教学过程的形式与学生积极性的发展》等苏联专家的多篇教学类文章。

　　1955 年，芮沐等翻译的苏联学者康士坦丁诺夫等编的《高等学校的讲课方法问题》由五十年代出版社出版。该书收入了斯米尔诺夫所写的《列宁和斯大林的讲演对于高等学校教学上的意义》、康士坦丁诺夫所写的《讲课的一般要求——关于格南诺夫斯基和克柳车夫斯基的讲课》、萨维赤所写的《卓越的讲演者和教师季米里耶捷夫》，并附上了斯科莫洛夫斯卡娅的《高等学校讲课方法参考书简目》。同一年，吴培德等也翻译了康士坦丁诺夫的这本书，由高等教育出版社出版，并于 1956 年再版，对当时高等学校的教学改革产生了一定影响。

　　这一阶段，付克在访问并参观苏联高等学校后撰写了《我所看到的苏联高等学校》一书，由时代出版社于 1954 年出版。该书着重介绍苏联高等学校先进的教学方法与经验，对苏联高等学校的发展与成长过程、组织领导、教学与科学研究问题以及教师工作与党的活动等均有所阐述。该书内容提要指出："苏联之所以培养出成千上万的专家和建设人才，显然与其科学的先进方法与经验分不开的。通过这本书的介绍，我们可以又一次地看到和体会到社会主义制度在高等教育方面的优越性。本书可作为我国高等学校学习苏联高等学校先进教学方法与经验的参考。"①

　　除翻译出版苏联的著作和论文集外，1949 年后的《人民日报》《光明日报》《新华月报》《人民教育》等主要的报纸杂志上也有不少介绍苏联高等教育经验的文章，如《苏联高等教育的新成就》《苏联高等教育情况介绍》《苏联高等教育的改革》等。

　　中华人民共和国成立初期，面临着巨大的改造和建设任务。学习苏联教育经验，改革原有的高等教育，作为一项重要的战略措施，其方向是正确的，成绩是主要的。学习苏联教育经验，为我国社会主义高等教育体系的建立提供了重要的参照依据。苏联高等教育有

---

　　①　付克：《我所看到的苏联高等学校》，"内容提要"，北京，时代出版社，1954。

许多长处，也有一些短处和弱点。它最大的缺点是统得太死。例如，强调高度的集中统一，地方特殊性照顾很少，高等学校主动权太少，不利于因地因校地发展和办出特色；没有多学科的综合大学，专门学院的学科过于单一，不利于新学科、新科技的交叉发展；人才培养只注意一种模式，过于呆板划一，实行的是统一专业设置、统一教学计划、统一教学大纲、统一教材，并且统一教学过程，统一教学管理。这种"大一统"的培养模式不但妨碍学生学习主动性、创造性的发挥，而且非常不利于因材施教，培养"拔尖"人才。学术思想也比较僵化，不利于探索争鸣。苏联高等教育的这些缺点，在相当长的时间内都或多或少地对我国高等教育产生了不良的影响。①

　　在学习苏联的过程中，学者们对于学习苏联的经验及出现的问题均发表了自己的看法。中国人民大学副校长胡锡奎在 1954 年中央人民政府高等教育部举行的中国人民大学教学经验讨论会上，对中国人民大学学习苏联经验的情况进行了报告，指出了学习的过程、通过学习所取得成就及今后开展教学工作应注意的几个方面。② 曹未风认为："苏联人民四十年的建设经验是在艰苦斗争的过程中得来的。这是人类历史上的一部分极宝贵的财产。我们今天为了更好地继承它，一定要首先更好地学习它。不但在文学、教育方面是如此，在其它任何一方面，也莫不是如此的。"③

　　张健在其 1955 年的文章中指出，苏联的高等教育建设先进经验帮助我国高等教育工作者逐渐明确了几个方面的问题和做法。随后，他通过列举高校教师思想改造问题、高等学校院系调整问题、高等学校毕业年限和教学计划问题等来具体说明，最后指出了存在的问

---

① 郝维谦、龙正中：《高等教育史》，122 页，海口，海南出版社，2000。
② 胡锡奎：《中国人民大学学习苏联经验的总结——在中央人民政府高等教育部举行的中国人民大学教学经验讨论会上的报告》，载《人民教育》，1954(6)。
③ 曹未风：《更好地向苏联学习》，载《学术月刊》，1957(11)。

题与缺点：只看到苏联先进经验的优越性而忽视中国当前具体情况，因而产生机械搬用、照本宣科的毛病；过分强调中国情况的特殊而不愿意学习和推广苏联先进经验的保守思想；对学习苏联先进经验采取一种极不严肃的官僚主义态度，往往道听途说，自以为是，从而歪曲了苏联的先进经验；还有部分同志对苏联专家产生依赖的思想。因此，需要注意的问题包括：要端正我们学习苏联先进经验的态度，各个学校应当分别总结当时新中国成立 5 年来学习苏联先进经验并与中国实际相结合的成功经验，必须进一步大力贯彻学习苏联先进经验并与中国实际相结合的方针，积极推进我国高等教育的改革，使我国高等学校更好地为国家社会主义建设和社会主义改造事业服务。[①]

1957 年 1 月，高等教育部在北京召开了修订高等工业学校教学计划座谈会，与会代表对学习苏联经验进行了中肯的评价。大家认为，几年来的经验证明，学习苏联先进经验，根本上是正确的，有很大的成绩。同时，也有不少学者提出了在学习苏联经验过程中的一些问题，如学习经验不够深入，在一些问题上有教条主义、形式主义的偏向，不够结合中国实际等。[②] 学者们关于苏联教育经验的思考，推动了高等教育理论的研究。

二、立足中国国情，探讨高等教育理论问题

中华人民共和国成立后，我们"以苏为师"，在学习苏联高等教育经验的基础上，建立起社会主义高等教育体系，对原有高等教育进行了改革。在理论研究方面，学界除翻译介绍苏联的著作外，还编写了一些高等教育方面的著作。据笔者不完全统计，1950—1956 年编写的著作如下：费孝通著的《大学的改造》（上海出版公司 1950

[①]　张健：《略谈高等学校学习苏联先进经验的成就和问题》，载《人民教育》，1955(2)。

[②]　李均：《中国高等教育研究史》，67 页，广州，广东高等教育出版社，2005。

年版），新教育社编的《稳步改革高等教育》（新华书店华东总分店
1950 年版），北方交通大学校部编的《建设人民的高等教育》（1950 年
编印），中南军政委员会教育部编的《高等教育文件及参考资料》
（1950 年编印），华东军政委员会教育部编的《华东高等教育概况》
（1950 年编印），广州市公私立大专院校教师暑期研究会编的《高等教
育参考资料》（1950 年编印），华东军政委员会教育部编的《高等学校
的政治教学工作》（1951 年编印），西南军政委员会文教部编的《高等
教育工作手册》（1952 年编印），广东省人民政府文教厅辑的《高等学
校教师思想改造学习资料》（华南人民出版社 1952 年版），东北商业
专科学校总资料室选辑的《当前高等教育建设的方针》（1953 年编印），
高等教育部教学指导司编的《论高等学校的科学研究工作》（高等教育
出版社 1954 年版），中南财经学院编的《论高等学校的教学工作》
（1954 年编印），张其昀著的《中华民国大学志》（中华文化出版事业委
员会 1954 年版）。

　　1950 年出版的《大学的改造》是由社会学家，时任清华大学校务
委员会委员、副教务长费孝通所写的 11 篇文章汇编而成的。该书主
要是费孝通对中华人民共和国成立之初高等教育如何适应新形势等
问题所做的深入思考的结晶，既是中国高等教育的重要史料，又对
当今高等教育的改革和发展具有一定的借鉴意义。[①] 著作具体包括
《当前大学种种问题》《在大学内设立专业科计划提议》《论考大学》《论
假期》《大学精简节约的标准》《大学的改造》《社会学系怎样改造》《医
疗互助的意义和经验总结》《节约定期折实储蓄的意义》《我们的大课》
《加强大学的民主基础》等文章，还附了《清华大学校务委员会工作总
结初稿》《校务委员会今后工作方针》两篇报告。该书涉及专业课程设
置、大学入学、年限、假期、系科改革等多方面内容。他提出的"大学

[①]　费孝通：《大学的改造》，"出版说明"，北京，商务印书馆，2017。

的新任务是在培养，或是说生产，新民主主义建设工作中足够的干部"①，体现出新中国成立初期高等教育事业鲜明的工作导向。

1950 年 9 月，新教育社编写了《稳步改革高等教育》一书。书中汇编了马叙伦《在第一次全国高等教育会议上的开幕词》《在第一次全国高等教育会议上的闭幕词》，《人民教育》社论文章《全国高等教育会议底成就》，《人民日报》社论文章《稳步改革高等教育，整顿学风》，政务院颁布的《关于高等学校领导关系的决定》，教育部颁布的《关于实施高等学校课程改革的决定》《高等学校暂行规程》《专科学校暂行规程》《私立高等学校管理暂行办法》，《东北人民政府关于目前高等教育工作的决定》，以及 6 篇关于苏联高等教育经验的文章。此书对于学者了解国家政策、进行高等教育理论研究具有积极意义。

《高等教育文件及参考资料》《华东高等教育概况》《高等教育参考资料》《高等教育工作手册》等是由各高教单位编印的学习资料，内容以文件汇编为主，属介绍性质，对宣传国家的高等教育政策、执行中央的高等教育决定具有一定的影响作用。

《高等学校教师思想改造学习资料》收录了一批学者和领导的文章、报告。胡乔木的《文艺工作者为什么要改造思想?》、邓拓的《思想改造必须是自觉的运动》、范文澜的《科学工作者应怎样展开"新我"对"旧我"的斗争》、徐懋庸的《"矛盾论"在思想改造工作中的应用》等文章，既是对知识分子自我教育和思想改造运动的理论研究，也是对高等教育改革的理论研究。书中的文章、报告在一定程度上加快了团结知识分子的步伐，同时推动了对旧的高等教育的改革。

《论高等学校的科学研究工作》和《论高等学校的教学工作》两本著作的突出特点是既收录了苏联专家的文章，又包含了中国学者的文章，做到了在借鉴苏联高等教育教学经验的同时融入中国学者的

---

① 费孝通：《大学的改造》，1 页，上海，上海出版公司，1950。

智慧和思想，在理论研究上发挥了主观能动性，对指导高校科研工作和教学工作具有促进作用。

值得一提的是，1954 年，由张其昀著的《中华民国大学志》出版。该书是对民国时期大学变迁考察的资料性书籍，具有高等教育史研究的成分，在当时高等教育理论研究成果较少的情况下，其学术价值更为突出。

除出版著作外，新中国成立后，我国的新闻报刊事业开始发展，研究者在刊物上发表了一些关于高等教育研究的文章。其中，代表性的刊物是《人民教育》。1950—1956 年《人民教育》所载高等教育研究的文章可分为如下三类。

第一类是对苏联高等教育的介绍和学习苏联的心得启示。例如，付克的《苏联高等学校的教学工作》（1952 年第 10 期），《苏联大学生的文化生活和假期活动》（1953 年第 7 期），陈名南的《苏联的高等函授教育》（1953 年第 3 期），张健的《略谈高等学校学习苏联先进经验的成就和问题》（1955 年第 2 期）等。

第二类是从宏观角度论述对高等教育的看法和介绍经验。例如，霍佩真的《改进综合性大学中文系的几点意见》（1952 年第 4 期），杨镇雄的《高等学校的领导者》（1953 年第 2 期），阳初的《高等学校共青团组织应积极参加青年专家的培养工作》（1953 年第 12 期），张健的《积极发展业余高等教育》（1956 年第 2 期）等。

第三类是对具体某个高校工作的介绍和经验看法。例如，齐一的《中国人民大学的教师的工作》（1951 年第 7 期），承康的《山东师范学院心理学教学应该改进》（1952 年第 3 期），易军的《清华大学教师批判资产阶级思想的经验》（1952 年第 8 期），张禾瑞的《北京师范大学数学系代数教研室集体备课的几点经验》（1955 年第 12 期）等。

据统计，1950—1956 年，研究者在《人民教育》发表高等教育领域的文章共计 120 篇，相较基础教育领域而言，数量不多。其中 51

篇文章是关于高校教学层面的，显示出这一阶段研究者的关注重点在高校教学方面。

《高等教育通讯》由高等教育部①于 1953 年 5 月创办，不定期出版，集中了学者关于高等教育理论研究的成果。

该刊在创刊号中对宗旨、重点等均做了介绍。《关于创刊〈高等教育通讯〉的通知》全文如下。

关于创刊《高等教育通讯》的通知

各级高等教育行政部门　全国各高等学校：

为了公布中央有关高等教育的方针、政策，及时交流和推广全国各高校的教学经验，藉以指导工作，推进教学改革，提高教学质量，我部经中央人民政府政务院文化教育委员会批准，于一九五三年五月六日创刊《高等教育通讯》不定期刊，作为全国各高等学校及各级高等教育行政部门的内部参考资料。《高等教育通讯》在今后一个时期内将以教学改革为中心内容，希全国各高等学校将有关这方面的经验寄交我部，以便选择刊登。目前高等学校教学改革正在进行中，各方面的经验都不一定很成熟，本刊所登有关这方面的稿件亦仅供参考。希全国各高等学校及各级高等教育行政部门注意研究，对有关文件组织讨论，及时向我部提出意见，供给材料，共同努力办好这一刊物。又《高等教育通讯》因系内部参考刊物，所登文件，未经我部同意，不得印发。

中央人民政府高等教育部

一九五三年五月六日②

---

① 1952 年 11 月 15 日，中央人民政府委员会第十九次会议通过决议，成立高等教育部，与教育部分开。高等教育部主管中等技术教育和高等教育。

② 高等教育部：《关于创刊〈高等教育通讯〉的通知》，载《高等教育通讯》，1953 年创刊号。

　　通知中明确提出《高等教育通讯》在今后一个时期内将以教学改革为中心内容。在随后的几年中，如其宗旨所言，该刊物主要刊发教育文件、领导讲话、高校教学经验等。

　　1956 年，《高等教育通讯》改名为《高等教育》，政策、文件内容减少，理论研究有所增加，尤其是学者们对高等教育教学的研究。从 1956 年的《征稿要点》中，我们可以看到其中的变化。

征稿要点

　　本刊下半年以下列问题作为征稿要点，希望大家不拘形式地踊跃供给稿件（如评论、通讯报道、批评、建议、杂文等）。

　　①怎样灵活执行现行教学计划，适当安排课外活动，克服学生学习和生活过分紧张的问题，怎样组织学生自学，怎样加强培养学生独立思考和独立工作能力，有何问题和经验。

　　②怎样在教学中正确地贯彻"百家争鸣"的方针，怎样实现教学大纲的指导性并灵活运用教学大纲。

　　③怎样进一步修订现行的教学计划，对目前专业的分类和培养目标有什么意见，专业面宽些好还是窄些好，怎样安排基础课和专业课的比重，怎样设选修课和加选课，怎样改进和更好地运用各个教学环节。

　　④怎样理解"全面发展、因材施教"的方针，对执行这一方针有何意见和经验。

　　⑤怎样发挥各方面的积极因素和加强思想领导。怎样组织教师进修提高，有何经验。怎样安排教学工作和科学研究工作，有何经验。怎样编写和正确使用教材。

　　⑥几年来我国高等教育工作中，还存在哪些重大问题，怎样改进。怎样克服高等教育中的教条主义倾向，怎样总结我国的高等教育经验（首先是总结几年来的教学改革经验），更好地、创造性地学

习苏联先进经验，同时学习兄弟国家的优良经验，以及批判地吸收资本主义国家的经验。

⑦怎样进一步加强政治思想教育，怎样克服政治理论课教学中的教条主义倾向，以及提高政治理论课的教学质量。

⑧怎样改进高等学校的体育工作。

⑨为了便于高等教育工作者学习苏联先进经验、人民民主国家的经验及吸取其他国家的高等教育经验，欢迎大家参考上述征稿要点，广泛供给译稿；来稿请先经校对，并附原文。

⑩希望高等学校的毕业生及在校学生对上列问题提出意见，踊跃投稿；同时希望各校通讯员也注意反映学生的意见。

高等教育编辑室①

从上述《征稿要点》中，我们看到《高等教育》刊登的内容不仅包括教学研究，还有关于教育方针、政治思想教育、体育、学习苏联经验等多方面的研究。可以说，此时高等教育理论研究已经有了持续从教学改革研究转向全面开展高等教育研究的趋势。《高等教育》刊物的创办，为学者们研究高等教育理论、提出观点、分享经验提供了好的平台，为高等教育事业的发展做出了重要贡献。

关于高等学校教学改革的研究，一直是此阶段学者们关注的重点。我们以《人民教育》为载体进行研究。时任中国人民大学教务部副部长张腾霄 1951 年在《人民教育》发表了多篇介绍中国人民大学的文章，其中有《中国人民大学的教学工作概述》一文。文章涉及中国人民大学的课程介绍与特点、教学过程，以及自己关于如何加强教学效果、提高教学质量的观点。《人民教育》认为该文"有许多方面值得各地借镜，故特发表，供全国高等教育工作者参考"②。

① 高等教育编辑室：《征稿要点》，载《高等教育》，1956(12)。引用时有改动。
② 张腾霄：《中国人民大学的教学工作概述》，载《人民教育》，1951(1)。

　　杨民华 1952 年发表的《高等学校工科拟定教学计划中的问题和经验》一文，将高等教育按四年制本科和二年制专修科分开，论述了苏联的教学计划安排，并结合我国实际，论述了教学计划的编订和执行。①

　　付克 1953 年发表的《高等学校教研组存在的问题及改进的意见》一文，提出教研组对其重要性、性质和任务缺乏认识，单干思想严重妨碍了教研组工作的开展，存在形式主义作风。鉴于以上问题，付克有针对性地提出了解决方案。②

　　曾昭抡 1954 年发表的《在前进中的高等学校教学改革》一文，对高等学校教学改革进行了定义，对教学计划的修订、教学大纲和教材的编写、生产实习工作进行了介绍，并指出教研组的组织建立推动了高等学校的教学改革进展。③

　　除上述文章外，还有多篇文章从不同角度对高等学校教学改革进行研究。

　　《人民教育》在 1954 年开设专栏，刊登了多位学者对师范学院的教学计划的体会和看法，包括萧璋的《对师范学院暂行中国语言文学系教学计划的体会》、柴德赓的《对师范学院暂行历史系教学计划的一些看法》、周廷儒的《我对修订后的师范学院地理系教学计划的一些体会》、董延闿的《对师范学院暂行数学系教学计划的一些认识》、祁开智的《对师范学院物理系新教学计划的体会》、鲁宝重的《对于师范学院暂行化学系教学计划的一点认识》、王焕勋的《对于师范学院暂行教育系教学计划中几个问题的认识》等。学术争鸣有力地推动着高校教学改革的进程。

　　1956 年 5 月，毛泽东提出关于科学和文化工作的"百花齐放，百

①　杨民华：《高等学校工科拟定教学计划中的问题和经验》，载《人民教育》，1952(11)。
②　付克：《高等学校教研组存在的问题及改进的意见》，载《人民教育》，1953(9)。
③　曾昭抡：《在前进中的高等学校教学改革》，载《人民教育》，1954(10)。

家争鸣"方针，激发了学界工作者的研究动力，繁荣了科学文化界的学术研究成果。《高等教育》刊物中的理论研究气息愈发浓厚，学者们针对高等学校教学改革，纷纷发表观点，建言献策。

《高等教育》刊物除组织对"教学中的百家争鸣问题"进行讨论之外，还讨论过"保证教师业务时间问题""如何贯彻'理论联系实际'的教学方针问题""修订教学计划、教学大纲问题"等。其中对"修订教学计划、教学大纲问题"的讨论最为持久，从 1956 年第 14 期开始，一直持续到 1957 年第 3 期，5 期共发表文章 32 篇。[①]

1956 年后，多所高校创办了关于高校教学改革的刊物，通过刊登文件、刊印或转发文章，使高等学校的教师关注这一领域，高等教育事业随之不断前进。随后，由于"左"的思想影响，《高等教育》刊物于 1958 年被迫停办。

这一时期，关于高等学校改革的研究见诸各类刊物，然而并没有形成系统论著，可以认为这一时期，国内的学者仍没有形成系统进行高等教育理论研究的意识。

三、"左"的思想对高等教育理论研究的冲击

1956—1965 年是探索适合中国国情的社会主义建设道路的 10 年。在教育领域，前 5 年是在全面"大跃进"背景下，以贯彻党的教育方针为主要内容的"教育革命"运动阶段。这一时期的高等教育理论研究突出在对方针政策的宣传贯彻上。

1957 年 10 月，全国"大跃进"兴起。1958 年 3 月 3 日，《中共中央关于开展反浪费反保守运动的指示》出台，全民全面"大跃进"兴起。1960 年冬，随着党中央开始纠正农村工作中的"左"倾错误，"大跃进"运动也被停止。在教育领域，1958—1960 年掀起了以"大跃进"为背景，以贯彻党的教育方针为主要内容，全面地、突击性地进行

---

① 　李均：《中国高等教育研究史》，74 页，广州，广东高等教育出版社，2005。

教育改革的群众运动。

1958年春，高等教育的"大跃进"开始。在"反右倾"思想的指引下，"教育革命"出现"左"的倾向。高等学校的群众运动打破了正常的教学秩序，使教学质量大幅下降。

针对"教育革命"暴露出的问题，1959年1月，中共中央召开教育工作会议。会议讨论了贯彻执行教育方针的主要经验和存在的问题，"教育革命"随后出现了反复。1959年9月初，高等教育的"反右倾"斗争开始。1960年1月，中共中央先后转发了《太原市委关于开展技术革新和技术革命运动的决议》《全国总工会党组关于当前技术革新、技术革命情况报告》，此后全国掀起了全民技术革新和技术革命的高潮（即"双革"运动）。高校结合自身情况，开始了新一轮革命运动，至1960年7月基本结束。随后又掀起教育改革的高潮。至12月，"教育革命"结束。

高等教育事业的曲折发展必然会对高等教育理论研究产生相应影响，主要表现在著作出版、刊物发行和文章撰写等几个方面。

在著作出版方面，1957—1960年出版的著作大体分为两类，第一类是对国外高等教育的介绍，包括1957年哈尔滨工业大学教材资料编译室编的《苏联高等教育四十年》、1958年何敬烨编译的《美国各大学及学院》和1959年杜殿坤翻译的苏联高尔采夫斯基和留比琴娜著的《大学生的独立工作》。第二类与"教育革命"有关，包括1957年清华大学新清华编辑委员会编的《捍卫高等教育和科学事业的社会主义方向》、1958年河南省教育厅编的《民办大学典型经验》、1960年江西教育出版社编的《共产主义劳动大学》等。

尤其要注意的是1958年高等教育出版社编辑出版的一套"教育与生产劳动相结合展览会经验交流资料"。这套资料一共60本，分别介绍了华中工学院、北京大学、清华大学、武汉大学、北京钢铁学院、北京石油学院等40多所高等学校和中等专业学校根据"教育

与生产劳动相结合"的方针进行教学改革的经验。这套资料在"教育
与生产劳动相结合展览会"上交流，并在全国发行，对当时的"教育
革命"和教学改革产生了较大的影响。[①]

　　在刊物发行方面，随着"教育革命"在高等学校的深入，"左"的
思想冲击了教育教学活动。高等教育刊物作为思想的传播载体，受
到了严重影响，高校创办的高等教育教学刊物都被迫停办，作为学
者研究高等教育理论的重要载体的《高等教育》于 1958 年停刊。与此
同时，创刊不久，同隶属于高教部的《高等教育译丛》也被迫停办。

　　在文章撰写方面，这一时期，关于教育的文章多为对"教育革
命"的宣传和报道，没有看到隐藏在教育事业发展背后的矛盾，盲目
宣传"教育革命"，对教育发展有害而无益。"大跃进"思想的传播和
文件的下达执行，使高等教育不能按其规律发展，对高等教育事业
造成了不小的损失。可以说这一时期高等教育理论发展近乎停滞
不前。

四、全面调整下高等教育理论的研究与探索

　　由于"左"的错误和急躁冒进，从 1958 年开始的"大跃进"运动给
国家和人民造成了很大的损失。为了纠正"大跃进"运动的错误，
1961 年 1 月，中共八届九中全会召开，会议通过了对国民经济实行
"调整、巩固、充实、提高"的"八字方针"，开始对国民经济进行全
面调整。

　　"八字方针"通过后，全国高等学校都对教学工作予以了重视。
要提高教学质量，首先面对的一大问题是教材的编写。如何编写一
批高质量、符合教学要求的教材，是高等学校开展教材建设工作亟
须解决的问题。

　　1961 年 3 月 22 日，教育部颁布了《关于解决高等学校理科各专

_____

①　李均：《中国高等教育研究史》，84 页，广州，广东高等教育出版社，2005。

业全部课程及工科各类专业基础课程和共同的基础课程的教材问题和计划》，提出了选编理科教材的原则，随后由各省教育行政部门和高等学校负责落实教材的选编工作。

1961 年 4 月 11 日至 25 日，中共中央宣传部同教育部、文化部在北京召开全国高等学校文科和艺术院校教材编选计划会（简称"文科教材会议"），时任中共中央宣传部副部长周扬在会上做了《关于高等学校文科教材选编的意见》的报告。[①] 随后中央开始了文科教材选编计划。

经过一批专家学者的努力，文理科教材建设工作取得成效，所编教材带有中国特色，符合社会主义性质，为人才的培养提供了保障。

从 1961 年开始，国家先后对高等学校及专业设置进行了调整，制定了《教育部直属高等学校暂行工作条例（草案）》（俗称《高校六十条》或《高教六十条》），使高等教育得到充实和提高。《高校六十条》包括总则、教学工作、生产劳动、研究生培养工作、科学研究工作、教师和学生、物质设备和生活管理、思想政治工作、领导制度和行政组织、党的组织和党的工作共十章。《高校六十条》发布后，受到高等学校广大教职工的欢迎和拥护。虽然条例标明主要适用于教育部直属高等学校，但由于它所具有的示范性和普遍指导意义，党中央指示全国的全日制高等学校都来讨论这个文件，并要求各省、直辖市、自治区，各部委对所属高等学校进行调查研究，根据不同学校的情况，规定出适合情况的具体办法。后来试行这个条例的高等学校数逐步增加，影响逐步扩大。[②] 各高等学校在试行这个条例的过程中，正确执行了党的知识分子政策，认真贯彻"百花齐放，百家争鸣"的方针，调动了广大教师的积极性，使他们能够心情舒畅、满

---

① 《中国教育年鉴（1949—1981）》，512 页，北京，中国大百科全书出版社，1984。

② 郝维谦、龙正中：《高等教育史》，206 页，海口，海南出版社，2000。

怀热情地投入教学工作和科学研究工作。有些高等学校注意发挥老教师的专长，让他们开设新课程，积极开展科学研究和各种学术活动，活跃了学校学术气氛，扩大了学生的知识领域，有利于培养学生的创新能力，也有利于青年教师的成长。①

与此同时，党的知识分子政策也开始得到执行。1962 年 3 月 2 日，周恩来在广州由国家科委召开的科学工作会议和文化部、剧协召开的剧本创作座谈会联席大会上，做了《论知识分子问题》的报告②，就知识分子的定义和地位、中国现代知识分子发展的过程、如何团结知识分子及知识分子的自我改造等问题进行了阐释。广州会议在知识分子中引起了强烈反响，会议精神的传达和贯彻有力推动了各个部门和单位正确执行知识分子政策，从而使我国的文化、教育、科学事业在 1962 年以后很快出现了蓬勃发展的新局面。③

1962—1963 年，为贯彻《高校六十条》，教育部召开了高等工业学校教学工作会议和高等学校理科教学工作会议、教育部直属高等学校自然科学研究工作会议、高等学校研究生工作会议、中南和东北地区重点高等学校培养师资问题座谈会，为改进教学工作、提高高等教育人才培养质量做出了贡献。

1963 年，中国人民大学创办"剪报资料图书卡片社"，专门转载和发行各类专题的报刊资料，高等教育是其中一个专题。作为剪报资料的《高等教育》刊物，主要转载当时发表在《人民日报》《光明日报》《红旗》等报刊上有关高等教育的文章、报道和资料。其与 1965 年教育部创办的《高教战线》杂志是 20 世纪 60 年代仅有的两份高等教育专门刊物。④

①　郝维谦、龙正中：《高等教育史》，207 页，海口，海南出版社，2000。
②　《周恩来选集》下卷，353～369 页，北京，人民出版社，1984。
③　郝维谦、龙正中：《高等教育史》，212 页，海口，海南出版社，2000。
④　李均：《中国高等教育研究史》，88 页，广州，广东高等教育出版社，2005。

1964 年后，为推动教育与生产劳动相结合、理论与实践相结合，高等学校开始推行两种劳动制度和两种教育制度，开展半工（农）半读教育试点工作，取得了一定成效。

在全面调整期间，学者们对高等教育理论的研究总体而言不多，从出版的著作和发表的文章来看，研究主要集中在教学领域，此外还有少量关于半工（农）半读教育的研究。

第一，关于高等学校教学理论的研究。

1962 年，教育部制定《关于编写高等工业学校基础课程和基础技术课程教材的几项原则（草案）》，提出了理论与实际相结合、"少而精"、循序渐进等 9 项原则。在关于高等学校教学理论的研究中，学者们重点在"少而精"原则上做了探索。我们仅考察中国知网收录的 1961—1965 年发表的关于"少而精"原则的文章，发现 5 年间共有论文 111 篇，远远超出对其他高等学校教学理论的研究。其中，1964—1965 年的文章量占 5 年总量的 77.48%，说明在这两年，学者们重点对贯彻落实这一原则进行了研究。

在具体研究中，多数研究者结合自己的教学工作谈这一原则的贯彻问题，还有一些研究者对"少而精"原则进行了理论上的研究。有研究者从马克思主义哲学角度论证了"少而精"原则的科学合理性，认为"少而精"原则是一条正确处理教学中主要矛盾与次要矛盾、数量与质量关系的辩证唯物主义的重要原则。[1] 有研究者指出，"少而精"原则有三方面内容：课程门数的"少而精"；每门课程内容的"少而精"；每次讲授内容的"少而精"。[2] 有研究者从心理学的角度分析了要想在课堂教学中很好地贯彻"少而精"原则，除了深入领会党的教育方针和具体的培养目标外，还必须在教材的规律（教材的科学体

---

① 李烈之：《关于"少而精"》，载《江西教育》，1964(9)。

② 李晋森：《在练习中贯彻"少而精"原则的一些粗浅体会》，载《外语教学与研究》，1964(4)。

系或内在逻辑)、学生的知识经验和认识规律(主要指思维发展的水平)、这样的学生学习这样的教材的规律(学习规律)三个方面下功夫。①

潘懋元和王增炳认为,"少而精"是反映教学过程客观规律的教学原则。"少而精"原则反映了教学过程中学生接受知识的数量与质量的对立统一规律,它的意义就是控制数量,提高质量,借控制数量的手段,以达到提高质量的目的。随后他们对"少而精"教学原则、理论联系实际教学原则、系统性与循序渐进教学原则、符合学生接受能力教学原则的关系进行了论述,最后提出贯彻"少而精"教学原则必须在党的领导下,加强教学组织和管理,抓好四个环节:统一思想,提高认识;调查研究;精选教学内容;改进教学方法。②

除对"少而精"原则进行研究外,还有研究者对启发式教学进行了研究,撰写了《在无机化学教学中几种启发式的尝试》《我们是怎样以毛主席思想作指导贯彻启发式教学的》《普通物理习题课贯彻"少而精"和"启发式"教学的几点体会》《运用启发式讲授"资本和剩余价值"一章的一些体会》等文章。

有研究者对高等学校教材建设进行了研究,撰写了一些文章,典型的有《对改革"语言学概论"课的一点看法》《关于高等师范院校公共必修科心理学教材内容问题》《关于编写中国现代文学史教材的几点看法》等。

第二,关于半工(农)半读教育的研究。

与高等学校教学研究形成鲜明对比的是,同样作为高等学校改革重点的半工(农)半读教育,学界对此的研究却很少,在 1965 年的

---

① 杨鸿昌:《试论教学中的"少而精"——学习毛主席的教育思想的体会之一》,载《心理科学通讯》,1964(2)。

② 潘懋元、王增炳:《少而精教学原则初探——高等学校教育专题研究之六》,载《厦门大学学报(社会科学版)》,1964(2)。

报刊中，大多数是对半工（农）半读教育制度的宣传和实施情况介绍，出版的著作也都是介绍性质的，很少涉及这种制度的理论问题。《江西大学学报》在 1965 年刊发《在综合性大学中文系实行半工半读教育制度几个问题的初探》《我校文科由全日制改为半工半读中的若干问题》《半工半读中试行新的教育组织的一些体会》，是为数不多的理论探讨性质的文章。

《在综合性大学中文系实行半工半读教育制度几个问题的初探》中，作者谈到必须正确地处理工读关系，在教学中"旧框框必须彻底地破、反复地破"，"有中心，有配合，各门课拧成一股绳"，"必须抓住自学指导这一环"，"开展教学民主"等。[1]

《我校文科由全日制改为半工半读中的若干问题》提出在全日制大学中，要办好半工半读教育，应充分做好思想条件、劳动和劳动教育、组织干部和基地等几个方面的准备。半工半读高等学校中心是"又工又读，工中有读，读中有工，工读渗透，达到学习、生产、思想三丰收"[2]。

《半工半读中试行新的教育组织的一些体会》提出，级务委员会这一教育组织形式是领导、教师、群众三结合，政治工作、生产劳动、教学工作三结合。它的成立可以加强党对学校基层组织——年级各项工作的具体领导，有益于发动群众做好各项工作，贯彻了党的群众路线的工作方法，大大加强了政治思想工作，使政治思想工作与教学、生产劳动紧密结合，各项工作都出现了生动活泼的良好局面。[3]

1961—1965 年，高等教育事业经过调整得以发展，在高等教育

---

[1]   刘运祺：《在综合性大学中文系实行半工半读教育制度几个问题的初探》，载《江西大学学报》，1965。

[2]   《我校文科由全日制改为半工半读中的若干问题》，载《江西大学学报》，1965。

[3]   赵元庆：《半工半读中试行新的教育组织的一些体会》，载《江西大学学报》，1965。

理论研究中，仍以高等学校教学为主要研究内容，体现出这一时期人们对高等学校的教学组织性质的认识。

1949—1965 年，高等教育事业经历了曲折的发展过程，高等教育理论研究虽然重点始终在高等学校教学，但随着方针政策的出台，高等教育改革实践的探索及理论研究也曾出现转向，但总的方向仍是不断向前的。至"文化大革命"开始，高等教育领域的改革实践活动被破坏，高等教育理论研究欣欣向荣的景象被破坏，创建高等教育学学科的积极因素被破坏，高等教育学学科创建工作迟迟未曾起步。

第二节　高等教育理论研究的停滞(1966—1976 年)

1966 年 5 月 4 日至 26 日，中共中央政治局扩大会议召开，16 日通过了《中国共产党中央委员会通知》(即"五一六通知")，"文化大革命"由此发生。在这 10 年中，高等教育事业遭受严重的挫折和损失，高等教育理论研究陷入停滞。

一、"文化大革命"对高等教育理论研究的影响

1966 年 5 月 25 日，北京大学哲学系率先开始"文化大革命"，此后，全国高校纷纷仿效。高等学校教学和科研等工作基本处于停顿状态，全国各地的教育刊物和大学学报全部停刊，致使中华人民共和国成立后 17 年已经形成的以教学研究为重点的高等教育理论研究工作被迫完全停止。

"文化大革命"中高等教育的文章主要发表在《人民日报》《红旗》等报刊上，主要为当时的"教育革命"服务，作者多数不再是高校教师、干部。这些文章基本没有研究色彩，而是引用一些"最高指示"和马列经典来对"教育革命"进行宣传，对 1949—1966 年的教育路线进行否定和诋毁。如此严重扭曲的高等教育理论研究对高等教育事

业发展毫无益处。

毛泽东在 1968 年 7 月 21 日看了《从上海机床厂看培养工程技术人员的道路》的调查报告后批示:"大学还是要办的,我这里主要说的是理工科大学还要办,但学制要缩短,教育要革命,要无产阶级政治挂帅,走上海机床厂从工人中培养技术人员的道路。要从有实践经验的工人农民中选拔学生,到学校学几年以后,又回到生产实践中去。"

次日,《人民日报》发表了这篇调查报告和编者按语。编者按语说,这个调查报告"提出了学校教育革命的方向"。毛泽东的这段话被称作"七二一指示"。

为贯彻"七二一指示",各地纷纷办起"七二一工人大学",并招收工农兵学员。宣传"七二一工人大学"和工农兵大学生便成为当时高等教育研究的主要内容。代表性的文章有《为创办社会主义理工科大学而奋斗》《从上海机械学院两条路线的斗争看理工科大学的教育革命》《从"赤脚医生"的成长看医学教育革命的方向》等。

全面系统否定新中国成立后 17 年教育工作的结论是在 1971 年 4 月至 7 月召开的全国教育工作会议上正式做出的。在这次会议上,由迟群主持起草,经张春桥、姚文元定稿,炮制出了一份《全国教育工作会议纪要》。该纪要否定了 1949—1966 年的教育工作成绩,抛出所谓"两个估计":其一是对 1949—1966 年教育工作状况的估计,即新中国成立后 17 年在教育方面虽然有一些进步,但是教育制度、教学方针和方法几乎全是旧的一套;其二是对学校教师队伍的大多数的估计,即"大多数是拥护社会主义,愿意为人民服务的,但是世界观基本上是资产阶级的","是资产阶级知识分子"。[①]

该纪要武断地炮制出"两个估计",构成对教育战线和广大教育

①　《全国教育工作会议纪要》,中共中央 1971 年 8 月 13 日批转。

工作者的精神枷锁，严重危害了高等教育事业的发展，是高等教育事业的一场灾难。此后几年直到"文化大革命"结束，对中华人民共和国成立后 17 年教育工作的否定一直都没有停止过。

当时最有代表性的是所谓"朝农经验"的推出。1976 年 1 月 28 日，中共朝阳地委召开学习"朝农经验"广播大会，会上播报了《十个对着干》的报告。《十个对着干》将"朝农经验"做了全面、系统概括。①旧农大是资产阶级知识分子统治，新农大就必须加强工人阶级的领导。②旧农大集中在城市里，新农大分散办在农村。③旧农大搞"学而优则仕"，新农大实行"社来社去"，培养有社会主义觉悟的、有文化的新农民。④旧农大搞"智育第一"，新农大首先办成无产阶级政治大学。⑤旧农大极力标榜"正规化"，新农大坚持半工半读、勤工俭学。⑥旧农大搞"三中心""老三段"，新农大建立以科研、生产带动教学的"三结合"新体制。⑦旧农大高楼深院、与世隔绝，新农大坚持同三大革命运动息息相通。⑧旧农大是少数人享受教育特权的"小宝塔"，新农大越办越大、越办越向下，使广大群众都有机会受教育。⑨旧农大只让学生受奴化，新农大充分发挥工农兵学员"上、管、改"的作用。⑩旧农大教师脱离工农，新农大坚持教师同工农相结合，努力建立一支无产阶级的教师队伍。①

"朝农经验"一经推出，便得到大规模宣传，具有典型性的包括《人民日报》《新华日报》的报道，以及各地出版的论文集。

1975 年，邓小平主持中央日常工作后，鲜明地采取了整顿的措施，着手解决"文化大革命"造成的包括高等教育在内的各条战线的混乱。在全面整顿取得明显效果时，"反击右倾翻案风"运动开始了，使邓小平领导的全面整顿被迫中止，高等教育事业发展再度受挫。

---

①　中国共产党朝阳农学院委员会：《在批评旧世界中建设新世界》，载《人民日报》，1976-02-14。

二、高等教育理论研究者的斗争与努力

尽管在"文化大革命"中高等学校的广大干部、教师受到了政治上、精神上、生活上的迫害，但是，强烈的事业心和历史责任感促使他们不仅没有因此而沉沦下去，反而逐渐从"文化大革命"初期的不良状态中清醒过来，认真思索几年实践中所遇到的奇怪现象和种种问题，开始分析"文化大革命"发生的原因、性质及其带来的种种不正常现象的是与非，开始以较为冷静的态度面对"教育革命"，并努力在逆境中继续为高等教育事业的发展尽自己的力量。他们怀着拳拳报国之心，顶着已经扣过来或随时可能扣过来的"反动学术权威""资产阶级知识分子""知识私有""白专典型"等帽子，在极其艰难的情况下仍然坚持业务学习、科研攻关。[①]

1975 年 6 月至 10 月，由教育部主办的《教育革命通讯》连续发表了《全面关怀青少年的成长》《培养无产阶级革命接班人的正确道路》《研究基础理论为社会主义建设服务》《按照马克思主义认识论搞好基础理论研究》《实用主义教育思想剖析》等文章和评论，倡导青少年学生努力学习科学文化知识，批判了那种"认为坚持以学为主的原则，努力学习社会主义文化科学知识，重视基础理论课教学，保证教学时间和质量，便是搞智育第一，便是走回头路"的错误认识，批判了"教育革命"中以干代学的实用主义倾向，并强调，不引导青少年学习科学文化知识，"就势必拖四个现代化的后腿"。这些文章和评论有力地配合了教育领域的全面整顿。

为了抵制所谓"朝农经验"，以及由此形成的对办社会主义农业院校乃至对办社会主义高等院校的干扰，时任国务院副总理王震指出，"农学院都学'朝阳'，我不那么赞成"。教育部部长周荣鑫立即向新华社记者转述了这一精神，并表明了教育部的态度。此后，各

---

① 郝维谦、龙正中：《高等教育史》，313 页，海口，海南出版社，2000。

报刊一度停止对"朝农经验"的宣传。[①]　这对整顿高等学校的教学和管理起到了一定的作用。

北京大学教授周培源积极贯彻周恩来总理关于加强基础理论教学和研究的指示，并写信给周总理，汇报他对我国基础理论教学和研究工作的看法，提出建议。此后，他又撰文《对综合大学理科教育革命的一些看法》，批驳了"理向工靠""理工不分""以校办工厂代替实验教学""按产品划分、设置专业"等取消和削弱理科教育的倾向。[②]

1973 年，上海师范大学(现华东师范大学)外国教育研究室翻译了美国巴巴拉·伯恩等编著的《九国高等教育》。该书的 4 位作者是：加利福尼亚大学原校长、时任卡内基基金会高等教育委员会主席基尔，麻省理工学院国际计划部主任伯恩，康奈尔大学校长、国际教育发展理事会主要负责人珀金斯，威斯康星大学教育政策副教授阿特巴赫(又译"阿尔特巴赫")。4 位作者搜集了 1960—1970 年法国、英国、加拿大、澳大利亚、西德、瑞典、日本、印度和苏联九国高等教育基本情况的资料，叙述了九国高等教育的组织、任务、入学人数和趋势、经费、科研、高等教育与政府的关系、高等教育与国家经济计划的关系，以及各国高等教育的优缺点和发展趋势等，并加以评论。[③]

翻译《九国高等教育》一书，是中国高等教育理论研究在这一时期为数不多的重要成果。

"文化大革命"对全社会的摧残、破坏是极其惨重的，给人们留下的教训也是极为深刻的。在这一时期，高等教育理论研究停滞，高等教育事业被破坏殆尽。"文化大革命"结束后，广大高等教育工作者被压抑了 10 年的热情和被埋没了的才智汇集成一股股巨流迸发

---

① 郝维谦、龙正中：《高等教育史》，309 页，海口，海南出版社，2000。
② 郝维谦、龙正中：《高等教育史》，314 页，海口，海南出版社，2000。
③ ［美］巴巴拉·伯恩等：《九国高等教育》，"译者说明"1 页，上海师范大学外国教育研究室译，上海，上海人民出版社，1973。

出来。他们积极开展高等教育理论研究，为高等教育学的建立做出了努力。

第三节　《高等学校教育学讲义》的编写及其贡献

20 世纪 50 年代，厦门大学潘懋元第一次提出要重视高等教育专业在教育学上的重要地位，随即诞生的中国第一部《高等学校教育学讲义》，是高等教育学萌芽阶段的重要成就，为中国高等教育学学科发展做出了重要贡献。

一、《高等学校教育学讲义》的编写

潘懋元 1941 年考入厦门大学，主修教育学。厦门大学的学习研究氛围，为潘懋元后来探索建立高等教育学学科打下了坚实的教育理论基础。在院系调整后，潘懋元被任命为厦门大学教育学教研组主任。当时，毛泽东提出干部要变外行为内行，厦门大学领导便要求潘懋元为学校干部开设教育学讲座。由于从来没有针对高等学校的教育学，潘懋元一开始只能搬用主要以中小学为研究对象的普通教育学，所讲的理论不符合大学的实际情况，教学效果不佳，干部们听了很不满意。这次"失败"的经历让潘懋元第一次意识到高等教育的特殊性和研究高等教育的必要性，萌发了写一本高等学校教育学教材的想法。[①]

1956 年，教研组开始在学校试开"高等学校教育学"课程，《高等学校教育学讲义》的编写筹划工作提上日程。根据教研组的分工，潘懋元撰写第一、二、七、八章，陈汝惠撰写第三、五、六、九、十、十一章，张曼因撰写第四、十二章。厦门大学原教育系主任李培囿，以及汪西林、林鸿祺、杨菊卿、黄碧钦、刘淑珍等厦门大学教育学

---

① 李均：《潘懋元高等教育思想的渊源与中国高等教育学学科的创建——基于我国第一部〈高等教育学〉编写过程及贡献的论述》，载《山东高等教育》，2015(1)。

教研组和教务处教学研究科的教师、干部协助本书的校订或资料搜集工作。经过差不多一年的努力，1957 年初完成《高等学校教育学讲义》初稿，后来又经过几次修改，于当年 7 月由厦门大学教务处教材科印刷成册，并作为校际交流讲义，分送全国综合性大学和师范院校进行交流。[①]

随着 1957 年的整风运动和反右派斗争的开始，潘懋元等学者探索建立高等教育学的工作被迫中止。

《高等学校教育学讲义》除前言外，原计划共分 13 章。

第一章　教育学的基本原理

第二章　共产主义教育的目的和任务

第三章　大学生的身心特征和教育

第四章　学校教育制度

第五章　教师

第六章　教学过程与教学原则

第七章　教学内容

第八章　教育组织与方法

第九章　共产主义道德教育

第十章　美育

第十一章　体育

第十二章　学生集体的组织与教育

第十三章　学校组织和领导

其中，第十三章因为"意见分歧较大，暂缓编写"。

我们选取了苏联凯洛夫著的《教育学》、叶希波夫和冈查洛夫合

---

① 李均：《潘懋元高等教育思想的渊源与中国高等教育学学科的创建——基于我国第一部〈高等教育学〉编写过程及贡献的论述》，载《山东高等教育》，2015(1)。

著的《教育学》及我国教育部编写的《师范学校教育学教学大纲（试
用）》，来探究《高等学校教育学讲义》的内容体系。其中，教育部印
发的供中等师范学校教学参考用的《师范学校教育学教学大纲（试
用）》的体系基本上是学习苏联教育学的体系，尤其是叶希波夫、冈
查洛夫合著的苏联师范学校《教育学》教材的体系。① 具体见表 1.1。

表 1.1　三部教育学著作目录

著作	目录
［苏联］凯洛夫著，沈颖等译，《教育学》，人民教育出版社 1953 年版	**第一编　教育学总论** 第一章　教育学底对象和方法 第二章　共产主义教育底目的与任务 **第二编　教学理论（教学论）** 第三章　教学过程 第四章　教养和教学底内容 第五章　上课是苏维埃学校教学工作的基本组织形式 第六章　教学法 第七章　学生知识底检查方法和评定方法 **第三编　教育理论** 第八章　共产主义道德教育原理 第九章　共产主义道德教育的方法 第十章　辩证唯物主义世界观基础底形成 第十一章　苏维埃爱国主义教育与苏维埃民族自豪感底培养 第十二章　劳动教育 第十三章　自觉纪律底教育 第十四章　意志与性格底教育 第十五章　美育 第十六章　体育 第十七章　学生集体底组织与教育 第十八章　课外活动和校外活动 第十九章　苏维埃学校底教师

---

① 　陈侠：《新中国第一部教育学课本出版的前后》，载《课程·教材·教法》，1991(2)。

续表

著作	目录
[苏联] 凯洛夫著，沈颖等译，《教育学》，人民教育出版社 1953 年版	第二十章　学校与家庭 第二十一章　国民教育制度
[苏联] 叶希波夫、冈查洛夫合著，于卓、王继麟等译，《教育学》，人民教育出版社 1953 年版	第一章　共产主义教育及其任务 第二章　苏联的学制及其与资本主义国家学制比较所具有的优越性 第三章　入学前儿童的教育 第四章　学龄儿童的特征 第五章　教学原理 第六章　小学教育的内容 第七章　课堂教学是教学工作的基本组织形式 第八章　教学方法 第九章　教师对课堂教学的准备 第十章　复式班课堂教学组织的特点 第十一章　儿童的课外活动和校外活动 第十二章　德育的基本内容和基本方法 第十三章　培养苏维埃爱国主义和民族自尊心 第十四章　集体主义教育 第十五章　自觉纪律的培养 第十六章　性格中的意志品质的培养 第十七章　小学儿童的劳动教育 第十八章　美育 第十九章　体育 第二十章　学校共产主义青年团组织和少年先锋队组织 第二十一章　小学生的家庭教育 第二十二章　苏维埃学校的教师 第二十三章　学校的管理与领导

续表

著作	目录
中华人民共和国教育部，《师范学校教育学教学大纲（试用）》，人民教育出版社1956 年版	**第一编　总论** 第一章　教育学的研究对象与方法 第二章　教育的历史性与阶级性 第三章　新中国教育的性质、目的与任务 第四章　学校教育制度 第五章　儿童的年龄特征和教育 **第二编　教学论** 第六章　教学过程与教学原则 第七章　教学内容 第八章　课堂教学 第九章　教学方法 第十章　学业成绩的考查和评定 第十一章　复式教学与二部制教学 **第三编　培养论** 第十二章　德育的理论与实施原则 第十三章　爱国主义教育 第十四章　对劳动和公共财物的社会主义态度的教育 第十五章　自觉纪律教育 第十六章　集体主义教育 第十七章　体育 第十八章　美育 第十九章　课外与校外活动 第二十章　少年先锋队 第二十一章　学校与家庭 第二十二章　人民教师与班主任

　　将以上三部著作与《高等学校教育学讲义》进行对比，我们可以发现，从结构体系来看，《高等学校教育学讲义》的内容直接受到了苏联教育学的影响。当时，在中国各高等学校和中等师范学校主要采用的是凯洛夫的《教育学》等，《高等学校教育学讲义》正是主要参考了这些苏联教育学著作的体系。潘懋元在《关于高等教育学学科建

设的反思》一文中提到，1957 年编写的《高等学校教育学讲义》沿用的是苏联的学科名称。那时，我国全面学习苏联，沿用苏联学科名称是很自然的事。[①]

具体来看，第一，《高等学校教育学讲义》章节的编排顺序与苏联教材保持一致，基本按照教育学总论、教学理论、教育理论和学校组织与管理理论的顺序。其中，《高等学校教育学讲义》将教师放在教育学总论中，以此过渡到教学理论，有自己的见解在内。第二，《高等学校教育学讲义》的部分章节标题与苏联教材一致，包括"共产主义教育的目的和任务""美育""体育"等，足见苏联与中国同在共产党执政下，共产主义教育学理论对中国学者构建教育学教材的领导作用。第三，《高等学校教育学讲义》部分章节仍属普通教育学范畴，包括第一章为"教育学的基本原理"，说明在当时的环境下，学者对于普通教育和高等教育并没有在理论上做仔细的辨析。这也说明随后高等教育学的体系建设呈现由"普通教育学"而"高等教育学"的范式是历史发展的产物，是由当时的特定环境造成的。第四，《高等学校教育学讲义》中虽有部分内容取自苏联，取自普通教育学，但还有部分内容是自己的高等教育理论的产物，例如，"大学生的身心特征和教育"一章将大学生单独列出来论证其独特性，著作中涉及新中国成立后的高等教育等，这些是有意义的。

二、《高等学校教育学讲义》的贡献

《高等学校教育学讲义》彰显了潘懋元等一批学者试图建立高等教育学这门新学科，并将持续开展高等教育理论研究作为工作重心的决心。《高等学校教育学讲义》在高等教育学学科发展史上有着独特的贡献。

---

① 潘懋元：《关于高等教育学学科建设的反思》，载《中国教育科学》，2014(4)。

（一）《高等学校教育学讲义》是以概论性质编纂高等教育学理论著作的首次尝试

中华人民共和国成立后，学者们关于高等教育的著作不多，已有著作基本是对高等教育改革实践的理论研究，或者只是对苏联经验的介绍，没有形成从理论角度将高等教育作为一个独立领域甚至学科的意识，始终将高等教育置于普通教育之下，认为现有教育学的著作已足够囊括各级各类教育。我们考察了有关高等教育的教材，发现没有一本是高等教育原理、高等教育概论、高等教育通论性质的著作。不突出高等教育独特性的学术研究或教育教学活动，始终无法真正实现高等教育的高层次育人功能。

从这个层面讲，《高等学校教育学讲义》的编纂是当时的一大创新。潘懋元的这部讲义从高等教育理论本身出发，试图构建起一个完整的高等教育学理论体系，用它进行教育教学活动，指导高等教育实践活动。这部讲义的章节设计体现出教材的概括性特征，从不同的方面论述了高等教育。《高等学校教育学讲义》是以概论性质书写高等教育学理论著作的首次尝试。

（二）《高等学校教育学讲义》为首部《高等教育学》著作的出版奠定了理论基础

潘懋元在《高等学校教育学讲义》中点出了高等教育与普通教育的主要差别，即"一是高等学校教育，就其性质言，是专业的，内容复杂，与国民经济各个部门直接联系（此点，中等或初等专业学校也同）；就其系统而言，是建立在普通教育基础上的高等教育"；"一是大学生是十八九岁以上的青年人，已经达到成人阶段，他们的身心发展特征与社会经验不同于中、小学生"。①

任何一门教育学学科都有其独特性，其所研究的对象应是教育

---

① 潘懋元：《〈高等学校教育学讲义〉前言》，见黄宇智：《潘懋元高等教育学文集》，17页，汕头，汕头大学出版社，1997。

系统中独一无二的。有了独特的研究对象，学科才能够顺势构建起自身的知识体系和学科体系，并用自身独特的研究方法进行理论的系统研究，进而指导实践。从学科创建的条件出发，学者们可以让高等教育脱离普通教育的束缚，在《高等学校教育学讲义》的基础上完善高等教育学理论，从而构建起高等教育学的学术知识体系。潘懋元的《高等教育学》就是在此基础上诞生的。

值得一提的是，《高等学校教育学讲义》除了涉及高等教育与普通教育的主要差别外，其他的内容如教学过程、教学内容、教学组织形式、德育、体育、美育等都对随后出版的《高等教育学》有所启示。我们可以说，《高等学校教育学讲义》为首部《高等教育学》的出版奠定了理论基础。

(三)《高等学校教育学讲义》的编写聚集了一批高等教育学人，为高等教育学学科的创建做出了贡献

潘懋元在《高等学校教育学讲义》中提出："专门研究高等学校的教育与教学理论，是必要的。它的研究工作，是整个教育科学的一个重要组成部分，但却不是以普通学校教育为对象的普通教育学所能概括。必须像'学前教育学'那样，逐步地建立一门称为'高等专业教育学'或'高等学校教育学'的教育科学。"[1]这是编写者达成的共识。参与编写《高等学校教育学讲义》的学者，俱是后来厦门大学高等教育科学研究室的研究者，他们从 20 世纪 50 年代开始就在为创建高等教育学学科而努力，至 80 年代，终有所收获。正是这份坚持，使高等教育学学科自创建起便是国人努力的产物。

我们考察中国教育学史，可以发现教育学的"舶来品"属性，但在引进的诸多学科中没有高等教育学，这与西方不承认高等教育学而一般认为其是高等教育领域有关。高等教育学完全是中国自发创

---

[1] 潘懋元：《〈高等学校教育学讲义〉前言》，见黄宇智：《潘懋元高等教育学文集》，17 页，汕头，汕头大学出版社，1997。

建的产物。自一开始，学者们便从中国高等教育的实际出发来研究高等教育问题，他们对高等教育学学科创建工作的这份坚持很值得尊敬。

　　有了《高等学校教育学讲义》在萌芽阶段奠定的理论基础，随着"文化大革命"的结束、改革开放的到来，高等教育学的创建是自然而然的事情。

第二章

高等教育学的初创阶段
(1977—1984 年)

1976 年 10 月，"文化大革命"结束。随着 1977 年高等学校招生考试的恢复，中国高等教育事业逐步迈向健康发展的轨道，为高等教育学的创建和发展创造了良好条件。1978 年 12 月 18 日至 22 日，中国共产党第十一届中央委员会第三次全体会议在北京举行。全会的中心议题是根据邓小平同志的指示，讨论把全党的工作重心转移到经济建设上来。邓小平同志在会议闭幕式上做了题为《解放思想，实事求是，团结一致向前看》的重要讲话。随着思想路线的拨乱反正，思想领域得以大解放。在此背景下，在潘懋元等一批具有前瞻意识的学者的大力倡导下，高等教育学这门学科进入广大教育学学者的视野，高等教育学的创设工作开始受到广泛的重视。

第一节　高等教育学的学科初创

一门新兴学科得以创建，须有一批学者为探索学科理论、构建学科体系而努力。学者们依托高等教育研究机构开展研究，彼此交流成立学科学术组织，并以出版著作为研究成果，以此显示出一门学科在新生时即可预见的光明前途。

一、高等教育研究机构的创建

（一）首个高等教育研究机构——厦门大学高等教育科学研究室的建立

1977 年 8 月 13 日至 9 月 25 日，全国高等学校招生工作会议在北京召开。会议通过了《关于一九七七年高等学校招生工作的意见》，决定从 1977 年开始恢复高校招生考试制度，采取自愿报名、统一考试、择优录取的办法。10 月 12 日，国务院批转教育部《关于一九七七年高等学校招生工作的意见》，高考制度得以正式恢复。

高考制度的恢复，表明高校在经历"文化大革命"后，开始步入正轨，高校招生工作成为各大报纸讨论的重要问题。同时，随着高等学校各项工作的恢复，高等学校教学和科研工作的研究也逐步受到关注。在此背景下，中国第一个高等教育研究机构在厦门大学得以创建。

我们在前文曾提及，1957 年，潘懋元在厦门大学编写完成《高等学校教育学讲义》，厦门大学的几位学者在那个年代已开始了对高等教育理论的系统研究，并提出建立高等教育学的设想。直到 20 年后，这一设想才一步步变为现实。在这期间，大多数高等教育理论研究者变成了政治方针政策的宣传员，学者缺乏从学术理论角度研究高等教育的意识。潘懋元认为，单打独斗式的高等教育理论研究是不足以改变当前局面的，在国家恢复运行秩序后，高等教育事业必将迎来发展，如果没有高等教育理论作为指导，高等教育实践也将难以发展。这一时期，厦门大学教育学教研组的几位教师也在坚持进行理论研究，探究高等教育教学的规律、原则。以此而言，建立一个研究高等教育的组织机构已有其必要性和紧迫性了。

1977 年年底至 1978 年年初，厦门大学为了贯彻"抓纲治国"的方针，提出把学校逐步办成"既是教学中心，又是科研中心的综合性大学"，决定恢复和新建一批文科科研机构。当时，学校有教师向时任教务处处长的潘懋元建议恢复"文化大革命"前的教育学教研组，为学校的教育改革服务，但潘懋元更倾向于创建一个高等教育研究的专门机构。学校采纳了潘懋元的建议，于 1978 年 1 月成立了高等学校教育研究组，作为当时学校 9 个文科研究机构之一。该研究组由 3 名兼职人员组成，潘懋元被指定为负责人。据潘懋元回忆，当时厦门大学的各项工作尚在恢复之中，各方面的事情千头万绪，高等学校教育研究组虽然成立，但有名无实，并没有开展工作。因此，后来没有把它视为一个正式成立的高等教育研究机构，而把它当成后来高等学校教育研究室的筹备机构。①

1978 年 5 月 17 日，厦门大学党委召开会议，决定以"文化大革命"前停办的教育学教研组为基础，正式成立直属的高等学校教育研究室，其主要任务是研究高等教育问题，推动学校的教育改革工作。

1978 年 5 月 27 日，厦门大学高等学校教育研究室正式成立，潘懋元被任命为研究室主任。

1978 年 8 月 3 日，厦门大学高等学校教育研究室更名为"厦门大学高等教育科学研究室"。"高等教育"较"高等学校教育"而言，不将教育仅仅放在高等学校内，而是在整个社会环境进行教育活动，"高等学校教育"侧重于教学活动，而"高等教育"外延更为宽广，更能彰显厦门大学高等教育科学研究室运用科学方法进行高等教育研究的任务，更能体现出这一研究机构的职能和性质。

高等学校教育研究室成立之初，共有 5 位成员，除潘懋元外，还有陈汝惠、王增炳、张曼茵和罗杞秀。他们大多是"文化大革命"前厦门大学教育学教研组的成员，其中有 3 人还参加过 1957 年《高等学校教育学讲义》的编写工作。这 5 位教师理所当然地成了中国第一批高等教育研究专业人员，是高等教育学学科发展的前辈。

---

①　李均：《中国高等教育研究史》，102 页，广州，广东高等教育出版社，2005。

　　1978 年 8 月 3 日，研究室召开了第一次工作会议，除正式把研究室的名称定为"厦门大学高等教育科学研究室"外，还讨论了工作目标，初步确定研究室以探讨当前高等教育改革和编写中国第一部《高等教育学》为主要目标。①

　　同年 10 月，研究室创办了外国高等教育研究的专业刊物《外国高等教育资料》。这也是"文化大革命"后创办的最早的高等教育研究专业刊物之一。其后，厦门大学高等教育科学研究室在《厦门大学学报》上发表论文，大力倡导开展高等教育理论研究。

　　在文章中，作者立场鲜明地指出："开展高等教育理论研究，不仅是为了适应当前高等教育大发展、大提高的需要，也不仅是为了解决高等教育的特殊问题，对于丰富整个教育科学的研究内容，促进整个教育科学的发展与提高，也具有深刻的意义。""高等教育理论研究，有重大意义，有广阔天地，客观需要，势在必行。"文章提出高等教育学学科建设的设想："必须像'学前教育学'那样，逐步地建立一门以研究高等专业教育为对象的'高等教育学'，作为整个教育科学的一个分支学科。这一分支学科同教育学的关系，是一般与特殊的关系。教育学，研究的是教育科学共同的、一般的规律，学前教育学、普通教育学、高等教育学以及其他分支学科，研究的是各自的特殊规律。"文章最后说："社会主义新中国的高等教育实践为建立新学科提供了丰富的材料，高等教育的大发展需要这样的新学科。也就是说，作为一门新学科的出现，现在已经具备了需要与可能，在毛泽东教育思想指引下，全面规划，加强领导，通过教育科学工作者的努力，我们相信是一定能够完成这个任务的。"②

---

　　① 潘懋元：《厦门大学高等教育科学研究所十年工作报告》，见《潘懋元高等教育文集》，774 页，北京，新华出版社，1991。

　　② 厦门大学高等教育科学研究室：《必须开展高等教育的理论研究——建立高等教育学科刍议》，载《厦门大学学报》，1978(4)。

这篇文章对于学术界了解高等教育理论研究之于社会主义建设的意义和建立高等教育学学科的必要性，是有重要价值的。

此时，潘懋元除以写文章的形式倡导高等教育科学研究外，还通过参加会议来呼吁学界开展高等教育理论研究，以为高等教育学学科的创建打下基础。1979年4月，在北京举行的全国第一次教育科学规划会议暨中国教育学会成立大会上，潘懋元提出将高等教育理论研究作为教育学会的重要领域。厦门大学高等教育科学研究室被建议列为全国高等教育的重点研究基地。同年8月31日至9月6日，在兰州举行的全国教育学研究会年会上，潘懋元做了题为"必须开展高等教育理论研究"的报告，再次号召要重视和加强高等教育理论研究，并组织了高等教育研究问题的座谈会。此后，潘懋元又应多所高校邀请，做关于高等教育理论研究的报告，通过报告来传播高等教育科学研究的意义，对学界重视高等教育研究并共同为创建学科而努力起到了重要作用。

经过一年多的基础夯实与积累沉淀后，1979年11月，在厦门大学第八届科学讨论会上，高等教育科学研究室提交了多篇论文。研究室的产出能力正在增强，在其带动下，厦门大学的高等教育研究氛围逐步形成。

(二)国内高等教育研究机构的相继建立

厦门大学高等教育科学研究室成立不久，便有其他高等教育研究机构成立，说明在当时的背景下，有不少同厦门大学学者一样对高等教育事业发展关心、关注的学者。正是有这样一批高等教育学人的努力，高等教育学学科才得以顺利创建。

1978年9月，北京工业大学成立了工业教育研究室。该研究室有专职研究人员3人，兼职研究人员10多人。兼职人员中有主管教学的领导和从事教学工作的教授、副教授。研究室成立之后，组织学习、探讨了教育学、心理学的问题，编写了《世界各国学制资料汇编》，协助教务处组织教学讨论会，选编优秀教学论文集，撰写了《高等学校教学工作指南》等论文。同年年底，沈阳农学院成立教学研究室，开展教学研究工作，并编印《教学研究》刊物。

1979 年，又有一些高校成立高等教育研究的机构和组织。是年 6 月，上海师范大学成立了高等教育研究会①，校长刘佛年亲自担任理事长，张文郁、张作人、程其襄、黄震、郑启明等担任副理事长。同年 12 月，北京大学成立高等教育研究室，教务部副部长尹企卓任主任。1980 年 4 月成立了北京大学高等教育研究会，通过了研究会章程，北京大学党委副书记、副校长王路宾担任理事长。

据不完全统计，1978—1979 年正式成立的中国最早的部分高等教育研究机构如表 2.1 所示。

表 2.1   1978—1979 年国内成立的部分高等教育研究机构一览

成立单位	高等教育研究机构名称	成立时间/年
厦门大学	高等学校教育研究室	1978
北京工业大学	工业教育研究室	1978
上海师范大学	高等教育研究会	1979
吉林师范大学	高等教育研究会	1979
兰州大学	高等教育研究室	1979
南宁师范学院	高等教育研究组	1979
北京大学	高等教育研究室	1979
华中工学院	高等教育研究组	1979
武汉师范学院	高等教育研究组	1979

通过表 2.1，我们可以发现，最初成立高等教育研究机构的，以专业性较强的大学为主，包括师范类院校和工科类院校。这在一定

①   为统一概念，本书将高校内成立的高等教育研究会统一界定为研究机构，将高校间、地区间成立的高等教育研究会统一界定为学术组织或研究组织。

程度上说明，高等教育理论研究与学者们的研究方向有一定关系。最初的高等教育理论研究以教学为主，学者们多对教学开展研究，专业性强的院校对专业教学的研究更多，创建高等教育研究机构的意愿更强。

至 1983 年中国高等教育学会成立时，全国有近 200 所高校成立了高等教育研究机构，此后，高等教育研究机构持续增加。

从功能定位来看，我国高等教育研究机构的建立初衷是以应用研究为主要任务，其功能多表现为从各高校实际出发，研究制定本校的发展战略与规划，为校领导提供参谋和咨询服务，同时承担高等教育的课题研究和理论普及。部分高等教育研究机构还开展研究生教育。

（三）高等教育研究刊物的复刊和创办

在学科创建阶段，伴随着高等教育事业的发展、高等教育理论研究的起步，高等教育研究刊物陆续得到复办或创办。主要刊物有：中国人民大学的报刊复印资料《大学教育》(1978 年复刊)[1]，厦门大学的《外国高等教育资料》(1978 年创办)，华中工学院的《高等教育研究》(1980 年创办)，上海市高教学会的《上海高教研究丛刊》(1981 年创办)，教育部的《高教战线》(1982 年复刊)，教育部部属高等工业学校教育研究协作组的《高等工程教育研究》(1983 年创办)等。到 1983 年 5 月中国高等教育学会成立之时，全国各地的高等教育研究刊物大约有 110 种，多数由高校的高等教育研究所(室)主办，它们在中国高等教育学的建立过程中发挥了积极的作用。

二、高等教育学学术组织的创建[2]

中国高等教育研究重新起步之后，如何促进学术界、促进高等

---

① 在中国人民大学原剪报资料《高等教育》基础上复办，1986 年改名为《高等教育》。
② 学术组织的建立主要是为高等教育学学科服务的，本书将学术组织界定为高等教育学学术组织。

学校之间相互沟通、交流、学习，成为学者们需要思考的一大问题。1983 年 5 月成立的中国高等教育学会，以及相继成立的高等教育学学术组织，对中国高等教育理论研究的健康成长和繁荣发展具有深远的影响，为高等教育学的创建与发展提供了重要平台。

（一）全国高等教育学会两次筹备会的召开

在高等教育事业重新起步、高等教育研究机构陆续建立之际，如何进行工作与学术沟通，共谋高等教育发展，是摆在高等教育学学者眼前的一件大事。截至 1979 年，全国有 20 余所高等教育研究机构相继成立。在当时的年代，通信和交通的硬件达不到相互沟通、交流的要求，所以，虽然成立了研究机构，但研究仍是各自为战。这样下去既不利于高等教育理论的借鉴、演绎和研究，又不利于高等教育实践活动的开展。成立一个全国性质的学术组织，已极有必要。

1979 年 7 月 16 日，上海师范大学高等教育研究会来厦门大学高等教育科学研究室参观访问，交流高等教育科学研究的做法和经验。双方经过商议，决定由两个单位共同发起成立一个名为"全国高等教育科学研究会"的组织。

1979 年 8 月 31 日，全国教育学研究会年会在兰州开幕。潘懋元会后邀请部分会议代表，开了一个关于高等教育理论研究问题的座谈会。参加座谈的 20 多人畅谈了高等教育科学研究的重要性和当前高等教育科学研究存在的问题，并一致认为应发起成立全国性高等教育研究组织。会后，潘懋元等人将大家的愿望和建议，及时向教育部和中国教育学会领导反映，得到了有关领导的支持。

潘懋元回到厦门之后，便与上海师范大学高等教育研究会商议，以上海师范大学高等教育研究会和厦门大学高等教育科学研究室的名义，于 10 月 3 日向国内部分高校发出《召开成立全国高等教育科学研究会筹备会通知》。通知确定筹备会将于 10 月在上海师范大学召开。筹备会的主要议程是：通过成立研究会的倡议书，拟订研究会章程，讨论研究会理事推选原则，准备研究会成立大会的有关事项，向中国教育学会提出报告等。① 通知发出不久，便得到北京师范大学高等教育研究会筹备组、南京大学教学顾问组、兰州大学高等教育研究室、清华大学教育科学研究组筹备组、上海交通大学教学法委员会和上海市高等教育研究会筹备组 6 个单位的响应，表示愿意作为发起单位。

　　1979 年 10 月 15 日至 17 日，全国高等教育科学研究会筹备工作会议在上海举行。上海师范大学高等教育研究会、厦门大学高等教育科学研究室、北京师范大学高等教育研究会筹备组、南京大学教学顾问组、兰州大学高等教育研究室、清华大学教育科学研究组筹备组、上海交通大学教学法委员会和上海市高等教育研究会筹备组共 8 个单位参加会议，共同作为全国高等教育科学研究会的发起单位。参加第一次筹备会的正式代表共 14 位，分别是厦门大学副校长兼高等教育科学研究室主任潘懋元、高等教育科学研究室副主任陈汝惠，上海师范大学高等教育研究会副理事长张文郁、教务处处长兼高等教育研究会副理事长郑启明，兰州大学副校长林迪生、教务处负责人赵近科，清华大学教育科学研究组筹备组教师吴万永、刘鄂培，北京师范大学社会科学处处长王振稼，南京大学教务处教学研究科科长丁承宪，上海交通大学教务处教学研究科科长宓洽群，上海第二医学院教务处处长井光利、医学教育研究室副主任刘立明，上海市高教局干部干城。最后 3 位同志代表上海市高等教育研究会筹备组。②

---

　　① 　上海师范大学高等教育研究会、厦门大学高等教育科学研究室：《召开成立全国高等教育科学研究会筹备会通知》，见李均：《中国高等教育研究史》，117 页，广州，广东高等教育出版社，2005。

　　② 　李均：《中国高等教育研究史》，118 页，广州，广东高等教育出版社，2005。

会议得到中国教育学会和上海市高教局的支持。当年《教育研究》杂志第 5 期对会议进行了报道。

在为期 3 天的会议上，筹备会决定把研究会的名称正式定为"全国高等教育学会"，讨论确定全国高等教育学会的性质是群众性的学术研究团体。其主要任务是：团结高等教育界各方面的力量，开展高等教育理论问题和实际问题的研究，探索高等教育的客观规律；规划研究课题，交流研究成果，为提高我国高等学校的教育质量和学术水平，逐步建立具有中国特点的社会主义高等教育新学科，为实现四个现代化而贡献力量。会议通过了《全国高等教育学会章程（讨论稿）》，全文如下。

全国高等教育学会章程（讨论稿）

（一）本会定名为全国高等教育学会，作为中国教育学会的团体会员。

（二）本会宗旨，以马列主义、毛泽东思想为指导，坚持实践是检验真理的唯一标准，团结高等教育界各方面的力量，研究高等教育的理论和实际问题，为提高我国高等学校教育质量和学术水平而努力。

（三）凡承认本会章程并且具备下列条件之一者，可申请为本会会员或团体会员：

1. 高等学校、教育行政单位或教育研究单位的高等教育研究团体。

2. 从事高等教育工作、有志研究高等教育科学并有论著发表者。

会员入会，须有本人申请，所在单位推荐（或本会会员二人介绍），并经本会理事会的批准。

（四）本会会员，有权利接受本会出版的刊物，参加本会召集的学术讨论会、报告会、座谈会，以及参加本会组织的交流、参观等活动。

（五）本会会员，应经常从事高等教育的研究，关心本会工作，每年至少提出一篇论文，或经验总结，调查总结，调查报告，对本会工作，及时反映意见，提出建议。

（六）会员连续两年不提出论文或参加本会活动者作自动退会论。会员也可以自愿申请退会。

（七）本会设理事会。由会员（或会员代表）选举理事若干人，理事长一人，副理事长若干人、秘书长一人、副秘书长若干人。正副理事长、秘书长和理事任期二年，连选得连任。

（八）本会每年举行年会一次，其他会议不定期。均由理事会召集。

（九）本章程经本会成立大会通过后施行。本章程如有未尽事宜，可在每届年会上修订之。

全国高等教育学会筹备会

1979 年 10 月 17 日

筹备会还草拟了《成立全国高等教育学会倡议书》（以下简称《倡议书》），并准备于 1980 年 4 月中旬在适当地点召开学会成立大会及第一次学术讨论会。《倡议书》全文如下。

成立全国高等教育学会倡议书

建设现代化的社会主义强国，科学是关键，教育是基础。高等教育担负着培养千百万又红又专的各种专门人才和极大地提高整个中华民族科学文化水平的重任，与发展国民经济、实现四个现代化有着直接的密切联系。办好高等教育，要按教育规律办事。因此，必须在大力发展高等教育事业的同时，认真开展高等教育科学的研究。

高等教育科学研究，要以马列主义、毛泽东思想为指导，解放思想，实事求是，研究新时期我国高教发展的新情况、新问题，参考外国的有益经验，及时总结、探索高等教育的客观规律，促进高等教育事业发展，提高教育质量，并在此基础上，逐步建立科学体系比较完整的、具有中国特点的社会主义高等教育新学科。

现在，若干高等学校和地方，已经成立了专门研究高等教育科学的机构或组织，高教研究者的选题和论文日益增多，为了更好地组织高教研究力量，加强高等教育理论和实际问题的研究，交流研究成果，我们倡议在适当的时候成立全国高等教育学会，并申请作为中国教育学会的团体会员。

我们的倡议，希望得到你们的赞同和支持，并请提出宝贵意见和建议。

来信请寄：厦门大学高等教育科学研究室。

倡议者：

厦门大学高等教育科学研究室

上海师范大学高等教育研究会

北京师范大学高等教育研究会筹备组

南京大学教学顾问组

兰州大学高等教育研究室

清华大学教育科学研究组筹备组

上海交通大学教学法委员会

上海市高等教育研究会

1979 年 10 月 17 日

与会代表经过协商，确定由上海师范大学高等教育研究会和厦门大学高等教育科学研究室负责筹备工作，筹备期间，联络地点设在厦门大学高等教育科学研究室。①

　　随后，全国高等教育学会的筹备工作迅速展开。从 1979 年 11 月开始，筹备会将《倡议书》《全国高等教育学会章程(讨论稿)》等分批寄发至各省、自治区、直辖市高教局(处)、全国重点院校、部属高等师范院校等多个单位。《倡议书》发出后，收到多个单位复信，得到了积极响应。

　　筹备组向教育部汇报工作并得到指示后，在中国教育学会的支持下，1980 年 8 月 26 日至 29 日，全国高等教育学会筹备会在厦门鼓浪屿举行了第二次筹备会议。中国教育学会副会长张健、副秘书长张天恩，来自上海、河北、山东 3 个省、直辖市和 32 所大专院校的高等教育研究会的代表出席了会议。

　　这次会议的目的主要是总结和交流第一次筹备会以来各地高等教育研究会开展活动的情况，并商讨成立大会暨第一次学术讨论会的有关事宜。潘懋元代表筹备单位做了《关于全国高教学会筹备会的工作报告》；张健在讲话中传达了教育部党组对于成立全国高等教育学会的几点建议。

　　到会代表畅谈了第一次筹备会以来全国各地群众性的研究活动蓬勃开展的大好形势，并就高等教育学会的性质和任务等问题进行了热烈讨论，进一步明确了高等教育学会是学术性的群众团体，其任务是以马列主义、毛泽东思想为指导，坚持实践是检验真理的唯一标准的原则，团结高等教育界各方面的力量，研究高等教育的理论和实际问题，为提高我国高等学校教育质量和学术水平而努力。会议根据高等教育的地位和作用，将原定名"全国高等教育学会"改为"中国高等教育学会"，会议还修改了学会章程草案。张健做了总结发言。

―――――――――――

①　《全国高等教育学会筹备会在上海举行》，载《教育研究》，1979(5)。

截至 1980 年 8 月 15 日，全国已有 73 个地区或单位成立高等教育研究组织，另有 10 个地区或单位正在积极筹建；申请加入中国高等教育学会的已达 130 个地区或单位。为迎接学会成立大会暨第一次学术讨论会，个人或各地研究会向筹备会寄报的学术论文超过 80 篇。[①]

（二）国内高等教育学学术组织的建立

1979 年，上海师范大学、上海交通大学、复旦大学、上海科技大学、上海工业大学、上海师范学院、上海第一医学院、上海第二医学院 8 所院校联合倡议成立上海市高等教育研究会，得到了上海市有关方面和各大学的支持。经过几个月的筹备，于同年 11 月正式召开了成立大会，推举市高教局副局长余立为会长。这是新中国第一个由多所院校参加的地区性高等教育学术组织。

经历了全国高等教育学会的发起及两次筹备会的召开，从 20 世纪 80 年代开始，全国高等教育战线的广大干部和教师纷纷投入到创建高等教育学学术组织的行列之中，各级各类高等教育学学术组织在各地广泛建立。

1980 年 5 月 13 日，在北京市高教局的主持下，北京市高等教育研究会筹备组成立了。筹备组由北京师范大学、北京大学、清华大学、中国人民大学、北京师范学院、北京工业大学、北京农业大学、北方交通大学、北京工业学院、北京航空学院、北京医学院、北京钢铁学院、北京化工学院、北京邮电学院、北京外国语学院、中央音乐学院、中央民族学院、北京体育学院、北京大学一分校和北京市高教局 20 个单位组成。筹备会第一次会议确定，要自下而上，先成立学校的高等教育研究组织，开展活动，然后在适当的时机再成

---

① 　许人纯：《全国高等教育学会第二次筹备会召开》，载《中国教育学会通讯》，1980(2)。

立高等教育研究会。① 经过近一年的筹备，北京市高等教育研究会
终于在 1981 年 4 月 21 日正式成立。大会通过了《北京市高等教育研
究会章程》，并选举北京师范大学党委书记聂菊荪为研究会理事长，
选举市高教局副局长陆钦仪、北京大学副校长王学珍、清华大学党
委副书记李传信等 6 人为副理事长，选举汪永铨等 90 人为理事，这
些理事都是各大学的领导干部和高等教育研究的学者。北京市高等
教育研究会的筹备和成立，得到了教育部的大力支持。教育部副部
长高沂在成立大会上做了重要讲话。北京市高等教育研究会的主要
任务是：团结北京地区高等教育界各方面的力量，以马列主义、毛
泽东思想为指导，总结和研究国内、国外高等教育的经验，探索社
会主义高等教育的规律；研究高等教育理论；组织本地区与国内、
国外的学术交流活动；对北京地区和全国的高等教育事业提出建议，
反映会员和高等教育工作者的意见。②

　　1980 年 1 月 19 日至 2 月 1 日，河北省高等教育研究会成立大会
在保定举行。1981 年 10 月 25 日，湖南省高等教育学会成立大会在
长沙举行。

　　1982 年 2 月 23 日，山西省高等教育学会筹备会在太原举行第一
次会议。参加会议的有山西省高等院校和高等教育研究机构的负责
人共 20 人。山西省高教厅厅长解玉田在会上传达了教育部对山西省
筹建高等教育学会的三点指示以及向省宣教领导组、省文委的请示
报告，并对目前高等教育理论研究的情况进行了介绍。会议讨论了
学会章程和省高等教育研究的规划，审查了参加第一次学术讨论会
的论文，并提出了筹委会成员的名单，推选解玉田为主任委员，省
高教厅副厅长苗夫行、山西大学副校长赵立法为副主任委员，程人

---

　　① 　陆钦仪：《关于北京市高等教育研究会筹备工作报告》，见陈大白：《北京高等教
育文献资料选编(1977—1992)》，217 页，北京，首都师范大学出版社，2008。

　　② 　《北京市高等教育研究会》，载《教育研究》，1981(9)。

乾等 14 人为委员。①

1982 年 3 月 18 日至 24 日，云南省高等教育学会第一次代表大会在昆明召开。1982 年 11 月，湖北省高等教育研究会成立。

还有一些省份召开了高等教育学会筹备会或成立了筹备组。例如，1980 年 3 月，四川省成立了高等教育研究会筹备组；1980 年 4 月，甘肃省召开了高等教育学会筹备小组第一次会议；1980 年 11 月 13 日，浙江省教育厅召开了高等教育学会筹备会议；1980 年 11 月 22 日，广东省高教局召开会议，决定成立高等教育学会筹备会；1982 年 3 月 9 日，吉林省高等教育学会筹备会第一次会议召开。

截至 1983 年 5 月 15 日，全国成立高等教育研究组织或筹备组织的省、自治区、直辖市已有 18 个。其中已正式召开成立大会的有上海、河北、北京、湖南、云南、辽宁、山东、黑龙江和湖北 9 个省、直辖市，已建立筹备组织的有新疆、甘肃、浙江、广东、四川、山西、吉林和安徽 8 个省、自治区，陕西正在筹建筹备组织。

20 世纪 80 年代初期，部分中央部委还组建了以行业系统为单位的高等教育研究组织。其中，教育部部属高等工业学校成立高等工业学校教育研究协作组，冶金部及所属的冶金高等院校成立了中国冶金高等教育学会，机械工业部成立了机械工业高等教育学会。

（三）中国高等教育学会的成立

好事多磨。虽然已召开了两次全国高等教育学会筹备会，在全国范围内也建立了相当数量的高等教育学学术组织，学者们对高等教育研究的热情持续高涨，但是中国高等教育学会的成立一再推迟，直到 1983 年 5 月 28 日至 30 日，中国高等教育学会的成立大会才在北京召开。

---

① 山西省高教厅：《高教通讯》，1982-03-01，见李均：《中国高等教育研究史》，125 页，广州，广东高等教育出版社，2005。

中央党校第一副校长蒋南翔在会上发表了《在马克思主义指导下实事求是地总结高等教育的经验》的重要讲话。他说："中国高等教育学会经过相当时间的酝酿筹备，今天正式成立了。这是我国高等教育界值得庆贺的一件大事。""中国高教学会的宗旨，就是要用马克思主义的立场、观点、方法，研究和总结我们自己在高等教育领域成功和失败的经验，以利于发扬成绩，克服缺点、错误，提高自觉性，减少盲目性，使我国高等教育事业健康地向前发展，使具有中国特色的社会主义高等教育体系日益巩固和完善，从而更好地适应我国社会主义现代化建设的需要。"[1]潘懋元代表筹备会做了"关于中国高等教育学会的筹备经过的说明"的报告。

大会选举了中国高等教育学会第一届理事会成员。蒋南翔任会长，何东昌、曾德林、季羡林、唐敖庆、李国豪、钱令希任副会长，于北辰任秘书长，潘懋元、朱九思、刘道玉、匡亚明、谢希德、余立、汪永铨等 38 位高等教育界领导和专家任常务理事。[2] 大会通过了《中国高等教育学会章程（讨论稿）》，确定了中国高等教育学会的基本任务是：协调各省、自治区、直辖市高等教育的研究规划，组织有关单位进行高等教育重大问题的协作研究；组织有关高等教育学术会议，交流科研成果和经验；编辑出版有关高等教育的情报资料和学术书刊；开展国际高等教育研究和学术交流活动。[3]

中国高等教育学会的成立，为学者的沟通、交流提供了平台，推动了高等教育理论研究的制度化进程，为高等教育学学科的创建打下了坚实基础。

---

[1]　蒋南翔：《在马克思主义指导下实事求是地总结高等教育的经验——在中国高等教育学会成立大会上的讲话》，载《高等教育学报》，1987(Z1)。

[2]　中国高等教育学会：《第一届理事会名单》，http：//www.hie.edu.cn/overview_12570/20150114/t20150114_993095.shtml，2019-08-17。

[3]　雷克啸：《中国高等教育学会在京成立》，载《高教战线》，1983(7)。

三、首部《高等教育学》著作的出版

（一）首部《高等教育学》出版始末

严格意义上说，我国的高等教育学作为一门独立学科，是以 1984 年潘懋元主编的《高等教育学》的出版为标志的。

1978 年，厦门大学高等学校教育研究室建立之后，作为研究室主任的潘懋元提出把重新编写《高等教育学》作为研究室的主要任务之一。同年 8 月 3 日，研究室第一次工作会议正式确定把编写《高等教育学》作为主要工作目标之一。

1980 年 5 月，完成了《高等教育学》编写大纲初稿后，潘懋元对大纲又进行了多次修改。9 月 15 日，研究室初步确定了编写《高等教育学》的人员和各自分工。

1980 年 11 月 8 日至 20 日，潘懋元应一机部教育局之邀，到湖南大学为一机部所属院校领导干部教育科学研究班做了题为"高等教育学及教育规律的问题"的报告。在报告中，潘懋元第一次提出了"教育内外部关系规律说"。该学说为《高等教育学》的编写奠定了一个重要的理论基础。[1]

1981 年 2 月，潘懋元拟定的《高等教育学大纲（讨论稿）》经过研究室内部的多次讨论修改后付印，寄发全国有关单位和专家，广泛征求意见。《高等教育学大纲（讨论稿）》的基本框架如下。[2]

绪　论

第一篇　总论

第一章　高等教育学的研究对象和任务

---

① 李均：《潘懋元高等教育思想的渊源与中国高等教育学学科的创建——基于我国第一部《高等教育学》编写过程及贡献的论述》，载《山东高等教育》，2015(1)。

② 潘懋元：《高等教育学大纲（讨论稿）》，1 页，厦门大学高等教育科学研究室 1981 年 2 月编印。

《高等教育学大纲(讨论稿)》发出后,高等教育领域的专家学者纷纷予以回应。潘懋元说:"大纲发出之后,得到许多兄弟单位和同行热情鼓励和支持,敦促我们早日编出书稿。当他们知道我们研究室力量不够时，有的单位还表示愿意协助搜集资料，支援编写力量，愿意和我们合作。这对我们是莫大的鼓励和鞭策。"①

1982 年 1 月，在征得有关单位的同意后，潘懋元邀请了上海高教局杨德广、华东师范大学薛天祥、河北大学汪培栋、北京工业大学张树森 4 位学者参加本书部分章节的编写。连同厦门大学高等教育科学研究室的潘懋元、王增炳、吴丽卿、王仁欣、罗杞秀，本书的作者一共有 9 位。全书由潘懋元担任主编。

从 1982 年开始，9 位作者分头进行初稿的撰写工作。"每章一般都经过两三次修改，有的修改了四次。"②他们克服重重困难，经过一年多的努力，终于完成了初稿的撰写工作。

从 1982 年年底到 1983 年年初，《高等教育学（征求意见稿）》陆续打印完毕，分为 4 册，分别寄发有关单位和专家，广泛征求意见，得到了多方面的热情支持和帮助。不论是高校的教师还是管理者，抑或是从事高等教育研究的学者，在收到书稿后，纷纷提出意见和建议。有些单位因急缺高等学校教师学习和干部培训的资料，提出将这本书稿作为教材使用，但编写组"认为这本征求意见稿，很不成熟，不敢贸然同意"③，只在中央教育行政学院试用。尽管如此，还是有单位翻印或部分翻印试用，虽有不妥，也属正常，而且对于发现问题、提出建议，还是有帮助的。从学界对待这部刚刚诞生的《高等教育学》的态度，我们能够看到在高等教育界，学者们对编写一部理论研究性质的著作的期望。

1983 年 8 月，人民教育出版社出版了《高等教育学讲座》一书。

---

① 潘懋元：《在〈高等教育学〉教材听取意见座谈会上的发言》，载《高等教育研究》，1984(1)。

② 潘懋元：《在〈高等教育学〉教材听取意见座谈会上的发言》，载《高等教育研究》，1984(1)。

③ 潘懋元：《在〈高等教育学〉教材听取意见座谈会上的发言》，载《高等教育研究》，1984(1)。

该书选编了潘懋元在全国做的关于高等教育理论的 5 个报告，包括
"高等教育学的研究对象和任务""教育的基本规律及其对高等学校教
育的作用""教学的基本规律和若干教学原则""培养目标和教学计划"
"课堂讲授"。这部书的出版为《高等教育学》的编写完成打下了坚实
基础。

　　在中央教育行政学院试用教材期间，编写组根据各方面的意见，
对《高等教育学(征求意见稿)》进行了再次修改。

　　《高等教育学》教材编写还得到了教育部的关注和支持。1983 年
9 月 12 日，教育部高教一司下发文件，通知于当年 11 月在华中工学
院召开《高等教育学》教材听取意见座谈会。

　　1983 年 11 月 14 日至 19 日，《高等教育学》教材听取意见座谈会
召开。会议由华中工学院院长朱九思主持。参加座谈会的有中央教
育行政学院戴卓、邸鸿勋，北京大学汪永铨，人民教育出版社胡寅
生，中央教育科学研究所张同善，华东师范大学张文郁、于美方，
北京师范大学张勉，东北师范大学刘光、贾士纯，陕西师范大学陶
志英，西南师范学院刘克兰，武汉大学卫道治、李兴业，华中师范
学院陈怀清、杨汉清、刘卫华，武汉师范学院冷余生，华中工学院
姚启和、蔡克勇、李汉育，以及《高等教育学》教材编撰者潘懋元、
杨德广、薛天祥、张树森、汪培栋、吴丽卿、王增炳、罗杞秀等
33 人。[1]

　　11 月 14 日下午，潘懋元代表编写组发言。他首先向与会代表通
报了《高等教育学(征求意见稿)》的编写经过，并对编写教材的指导
思想、教材的体系、读者对象等问题进行了说明。

　　潘懋元指出，在阐明高等教育的理论时，全书以高等教育区别
于普通教育的两个基本特点为依据而展开。这两个基本特点就是：

---

[1]　《〈高等教育学〉教材听取意见座谈会纪要》，见李均：《中国高等教育研究史》，
145 页，广州，广东高等教育出版社，2005。

高等教育是建立在普通教育基础上的专业性教育；普通高等学校的培养对象主要是 20 岁左右的青年。

这本《高等教育学》的基本体系是：总论、分论、体制、历史与方法。总的来说，是参考普通教育学的一般体系而定的，但并非照搬。例如，将"大学教师"一章放在总论中，将"学校教育制度"一章移出总论。考虑教学过程的原理与原则同课程论的关系问题时，先阐述原理与原则比较符合学科的系统性与学习的循序性。科学研究作为教学过程的组成部分，是在教学论中阐述的；科学研究作为高等学校的社会职能之一，在高等学校体制中占有特殊地位。第十五章"科学研究"就是从体制方面来阐述科学研究在学校的组织、管理中是如何实现的。将"高等教育学研究方法"放在最后一章，除了根据循序渐进原则外，还希望学习者运用高等教育学的基本理论研究实际问题，不断充实和发展高等教育理论。

为了适应高等学校干部、教师专业化的需要，《高等教育学》的读者对象主要是在职的高等学校教师和干部、高等教育行政部门的干部，其次是将被培养为高等学校教师的研究生，综合性大学以及其他具有培养高等学校师资任务的高等学校的学生。[1] 潘懋元特别提到，由于读者一般没有学习普通教育学，所以普通教育学所阐述的一般教育与教学的重要理论在《高等教育学》中仍应有所阐述。[2]

此后几天，会议代表听取《高等教育学（征求意见稿）》各篇内容的意见并进行了热烈讨论。

11 月 19 日上午，潘懋元代表编写组再次发言。他感谢朱九思院长和出席座谈会的专家、代表对初稿提出的宝贵意见，并就书中涉

---

[1]　潘懋元：《高等教育学（上）》，9 页，北京，人民教育出版社；福州，福建教育出版社，1984。

[2]　潘懋元：《在〈高等教育学〉教材听取意见座谈会上的发言》，载《高等教育研究》，1984(1)。

及的几个重要问题发表了个人意见。例如，关于高等教育概念的扩大和本书的论述范围问题，关于体系问题，一般与特殊的关系问题，现状与改革的问题，内部规律与外部规律问题等。[①]

这次座谈会的召开，对《高等教育学》的修改和完善有重要帮助。座谈会后，编写组对各章进行了再次修改，潘懋元对全书进行了统稿。

1984 年 7 月，由潘懋元主编的中国第一部《高等教育学》上册由人民教育出版社、福建教育出版社联合出版，下册于 1985 年 2 月问世。朱九思为该书作序。

《高等教育学》出版后，先后获得首届吴玉章基金社会科学优秀成果奖(1987 年)、福建省哲学社会科学"六五"规划科研项目优秀奖(1987 年)、国家教委第一届优秀教材一等奖(1988 年)、光明日报社全国首届优秀教育理论著作优秀奖(1989 年)等多项重要奖励。[②]

(二)首部《高等教育学》的意义与贡献

潘懋元主编的《高等教育学》在高等教育学学科发展史上占据着重要地位，对学科的发展做出了突出贡献，具有极高的学术价值，具体表现在以下三个方面。

1. 标志着高等教育学学科的建立

学科是知识理论化的产物，将知识理论化的重要载体是著作。著作汇集了学者的理论观点，是考察学科发展的一大指标。从教育学的产生与发展来看，西方教育学萌芽于古希腊、古罗马，体现在柏拉图的《理想国》、昆体良的《雄辩术原理》中。教育学最初从哲学和其他人文学科中分化出来，逐渐形成较完整的理论体系，但作为

[①] 潘懋元：《在〈高等教育学〉教材听取意见座谈会上的发言》，载《高等教育研究》，1984(1)。

[②] 李均：《潘懋元高等教育思想的渊源与中国高等教育学学科的创建——基于我国第一部〈高等教育学〉编写过程及贡献的论述》，载《山东高等教育》，2015(1)。

一门学科，是在文艺复兴运动之后。英国的培根著有《论科学的价值和发展》，结合对科学的分类，首次把教育学作为一门独立的学科而提出。捷克教育家夸美纽斯著有《大教学论》，是近代最早的一部教育学著作，标志着独立形态教育学的产生。1776 年，德国哲学家康德在柯尼斯堡大学开始讲授教育学，是教育学首次列入大学课程。赫尔巴特所著的《普通教育学》是现代第一部系统的教育学著作，标志着教育学已成为一门独立的学科。

教育学的产生、发展、独立皆与教育学著作密不可分，或以教育学著作为其发展标志，高等教育学同样如此。从这方面而言，潘懋元主编的《高等教育学》标志着高等教育学这门学科在中国的正式建立。

2. 推动了高等教育学的学科建设

自中华人民共和国成立始，中国的高等教育理论研究经历了政策指令式的发展，学者们没有从高等教育本身出发来形成高等教育理论进而构建高等教育学体系的意识。改革开放后，随着思想的解放，学者们开始关注高等教育自身的发展规律，这些对高等教育的研究构成了高等教育学的理论。从高等教育本质到高等教育目的、高等教育规律、高等教育主体，再到专业课程教学，再回到高等教育实践，这些高等教育学的理论研究能相继取得进展，与《高等教育学》提供了研究方向和研究方法密不可分。《高等教育学》作为一部教材，不只是教授学生知识，也是教授高等教育学研究者方法论。

3. 在高等教育实践中发挥了重要作用

实践是理论的来源，也是理论的归宿。《高等教育学》的完成仅靠理论上的思辨是不可能的，还需要编写者多年来的高等教育实践经验，在高等教育系统中可以具体感知到高等教育规律，从中生成知识，形成系统理论，进而通过著作表达自己的观点。而理论形成之后，如果不经受实践的检验，不回到实践中去，就是毫无意义的。

因此，高等教育学理论如高等学校教学论、高等学校运行规律，都要经高等教育实践。《高等教育学》由经验丰富的几位学者编写，在此后的高等教育事业逐步向好的态势中，可以体会到《高等教育学》在高等教育实践中发挥的重要作用，其既引领了研究者开展理论研究的方向，又指导着高等教育实践者的实践活动。

四、高等教育学进入学科、专业目录

高等教育学学科的创建，既有学术理论层面的创建，也有学科制度层面的创建。从学术理论而言，不论是教育学还是高等教育学，均以首部著作的出版为其学科建立的标志。从学科制度而言，以国家性质的文件为标准公布的高等教育学二级学科，使高等教育学的出场更具合法性、合理性。

研究生和本科学科、专业目录是高等教育工作的一个基本文件，反映了人才培养的业务规格和工作方向，是设置（调整）专业、制订培养方案和培养计划、实施人才培养的重要依据，也是国家对高等教育进行宏观管理的基本指导性文件。学科目录适用于学士、硕士、博士的学位授予与人才培养，并用于学科建设和教育统计分类等工作，在人才培养和学科建设中发挥着指导作用和规范功能。

学科、目录共有三级，分别是学科门类、一级学科（本科教育中称为"专业类"）和二级学科（本科专业目录中称为"专业"）。学科门类和一级学科是国家进行学位授权审核与学科管理、学位授予单位开展学位授予与人才培养工作的基本依据，二级学科是学位授予单位实施人才培养的参考依据。学科门类是对具有一定关联学科的归类，其设置应符合学科发展和人才培养的需要，并兼顾教育统计分类的惯例。一级学科是具有共同理论基础或研究领域的相对一致的学科集合，原则上按学科属性设置。二级学科是组成一级学科的基本单元。

我国先后施行过四份学科、专业目录。第一份是 1983 年 3 月国

务院学位委员会第四次会议决定公布、试行的《高等学校和科研机构授予博士和硕士学位的学科、专业目录（试行草案）》。第二份是 1990 年 10 月国务院学位委员会第九次会议正式批准的《授予博士、硕士学位和培养研究生的学科、专业目录》。第三份是 1997 年国务院学位委员会、国家教育委员会联合发布的《授予博士、硕士学位和培养研究生的学科、专业目录（1997 年颁布）》。第四份是 2011 年 2 月国务院学位委员会第二十八次会议审议批准的《学位授予和人才培养学科目录（2011 年）》。

1976 年，教育部和国务院科技干部局联合组织的学位小组，拟订了《中华人民共和国学位条例（草案）》，经审议修改，1980 年 2 月 12 日由第五届全国人大常委会第十三次会议通过，1981 年 1 月 1 日起正式施行。条例规定中国学位分学士、硕士、博士三级。

在 1981 年高等学校和科研机构进行第一批学位授权单位申报时，申报的学科专业，大多数学科相当于二级学科，但有的是研究方向过窄；也有的把几个专业合在一起成为一个大学科，又过宽。在学位授权初审时，各部委对申请的学科专业进行了调整。为了做好第一批学位授权的复审工作，教育部对各部门审核工作中拟订的学科、专业目录进行汇总，并参照外国的学科、专业目录，拟定了一份《高等学校和科研机构授予博士、硕士学位的学科、专业目录（试行草案）》，供 1981 年 7 月 26 日至 8 月 2 日召开的国务院学位委员会学科评议组第一次会议讨论修改。1983 年 3 月 15 日，国务院学位委员会第四次会议决定公布、试行此文件。[①]

《高等学校和科研机构授予博士、硕士学位的学科、专业目录（试行草案）》将学科专业分为 10 个学科门类，分别是：哲学、经济学、法学、教育学、文学、历史学、理学、工学、农学和医学。10

---

① 宋筱平、陆叔云：《研究生学科专业目录的发展轨迹及其走向》，载《黑龙江高教研究》，2002(2)。

大学科门类共设置了 63 个一级学科，其中，教育学门类 3 个，包括教育学、心理学、体育学。

《高等学校和科研机构授予博士、硕士学位的学科、专业目录(试行草案)》共列 638 个二级学科，其中，教育学 34 个，包括教育学原理、幼儿教育学、高等教育学、成人教育学、特殊教育学等。

《高等学校和科研机构授予博士、硕士学位的学科、专业目录(试行草案)》中将教育学作为学科门类，在教育学的学科门类下设教育学一级学科，将高等教育学收录为二级学科。至此，在学科制度层面确立了高等教育学的出场。随后以研究生教育为主的学科人才培养，推动了高等教育学的学科建设与发展。

第二节　初创阶段高等教育学学科理论研究
——以《高等教育学》为载体

学科初创阶段，投入学科理论体系研究的学者并不多。我们对于高等教育学的理论体系研究，仍以第一部《高等教育学》为载体，系统分析这部历史之作的体系与内容，对彼时学者们关于高等教育学的理论研究进行梳理。

一、《高等教育学》的理论基础

从全书内容看，"教育内外部关系规律说"和"高等教育特点论"是全书的理论基础，许多理论和观点是在这两个理论指导下形成的。

（一）"教育内外部关系规律说"

在经历了中华人民共和国成立 30 年来教育事业的曲折发展后，潘懋元对如何把握教育规律、如何遵循教育规律进行了深入思考。

潘懋元指出，教育存在两条基本规律，一条是教育外部关系基本规律，指的是教育作为社会的一个子系统与整个社会系统及其他子系统——主要是经济、政治、文化系统之间的相互关系的规律，简称教育外部规律;一条是教育内部关系基本规律,指的是教育作为一个系统,内部各个因素或子系统之间的相互关系的规律,简称教育内部基本规律。① 此后经过对内外部关系规律再做解释和充实,其具体表述最后确定为:"教育必须受一定社会的经济、政治、文化所制约,并为一定社会的经济、政治、文化的发展服务。"②"社会主义教育必须通过德育、智育、体育、美育,培养全面发展的人。"③

在总结"两条规律"时,潘懋元充分运用马克思主义的唯物辩证法原理和系统论思想,使得这一学说具有浓厚的哲学意味。张应强指出,教育内外部关系规律研究开了从教育外部关系来研究教育,特别是研究高等教育的先河。教育内外部关系规律也是高等教育学理论体系中的核心理论问题,其对高等教育学学科建设的意义自不待言。④

"教育内外部关系规律说"为《高等教育学》的编写和高等教育学理论的研究提供了重要理论指导。《高等教育学》第二章指出了教育的内外部关系规律,并对高等教育的培养目标进行了阐述,随后几章分别论述了教育内部关系规律和教育外部关系规律所涉及的论题。例如,教育内部关系涉及高等教育人才培养问题、课程设置问题、德育问题,进而如何满足学生全面发展等问题;而教育外部关系规律涉及教育的宏观结构与运行机制问题,高等教育改革中政治、经济、文化的各种交互作用问题。这些构成了整个高等教育学学科的主体内容。⑤

---

① 潘懋元:《潘懋元论高等教育》,143 页,福州,福建教育出版社,2000。
② 潘懋元:《潘懋元论高等教育》,113 页,福州,福建教育出版社,2000。
③ 潘懋元:《潘懋元论高等教育》,121 页,福州,福建教育出版社,2000。
④ 张应强:《教育内外部关系规律及其对高等教育学学科建设的意义》,载《山东高等教育》,2015(3)。
⑤ 黄湘俤、王德清:《潘懋元"教育内外部关系规律"理论的价值研究》,载《湖南社会科学》,2010(5)。

（二）"高等教育特点论"

在《高等教育学》中，潘懋元指出，高等教育研究的问题具有特殊性；研究高等教育，需要抓住主要的特殊问题、特殊矛盾，以掌握其特殊的规律。其中，应当首先抓住高等教育的基本特点，"许多特殊问题，是直接或间接由基本特点所派生的"①。

《高等教育学》指出，高等教育区别于普通教育的基本特点如下。

一、性质、任务的特点

高等教育是建立在普通教育基础上的专业教育，以培养专门人才为目标。

二、教育对象的特点

一般全日制大学本科学生的年龄是二十岁左右的青年，他们的身心发展已趋于成熟。②

高等教育的两个基本特点构成了"高等教育特点论"，为高等教育学的理论研究提供了重要的理论基础。我们从高等教育的几个方面来看这两个基本特点的作用。

大学教师的作用、任务和大学教师队伍的管理组织等，是由基本特点而来的。现代社会的发展在很大程度上取决于高等教育所培养的专门人才的数量和质量。大学教师与普通教育教师不同，大学教师具有一定的学术水平和学术地位，承担培养专门人才、科学研究和社会活动三项任务。这就要求大学教师必须从各方面加强自己的修养。同时，高校对师资的培养和管理，也是基于高等教育在社

---

① 潘懋元：《高等教育学（上）》，3 页，北京，人民教育出版社；福州，福建教育出版社，1984。

② 潘懋元：《高等教育学（上）》，3 页，北京，人民教育出版社；福州，福建教育出版社，1984。

会中的性质和大学生的特点而来的。

教学过程体现出高等教育的特点。高等教育的根本任务是培养全面发展的专门人才，教学是实现这一任务的基本途径。高等学校教学过程的特点包括：明确的专业目的性，或称职业倾向性；对大学生学习的创造性与独立性有更高的要求；把科学研究引入教学过程。"高等学校教育过程的特点，是从高等教育的基本特点所派生的。"①

大学课程是根据高等教育的性质和任务以及教育对象的特点来设置和安排的。高等学校的课程由共同课程（或称"公共基础课程"）、基础课程、专业课程组成，或分为必修课和选修课，是根据对培养对象培养要求的侧重点来划分和安排的。在教学大纲和教材中贯彻"少而精"原则，考虑了大学生的身心发展规律，符合大学生的接受能力。

高等学校的教学形式和教学方法所依据的基本原理、原则同普通学校是一致的。但由于专业教育不同于普通教育，大学生的身心发展特征不同于中小学生，因此，高等学校的教学形式与教学方法具有自己的特殊性。这种特殊性的理论来源于高等教育的基本特点。在教学活动中要注意它们之间的区别，避免把高等学校的教学中学化。现场教学、自学指导、科研训练等都是具有独特性的。

高等教育学体系的构建也是从基本特点而来的。"从我国高等教育的实际出发，根据高等教育的基本特点，参考教育学的一般体系，我们认为，高等教育学的基本体系首先应当论述高等专业教育在社会主义物质文明和精神文明的建设中、在社会生活中的地位与作用，专业设置原则和专业培养目标，受教育对象的大学生的生理和心理的基本特征和教育者的职责任务；其次，应当论述全面发展教育的

---

① 潘懋元：《高等教育学（上）》，158 页，北京，人民教育出版社；福州，福建教育出版社，1984。

各个组成部分在高等学校实施中的任务、过程、内容、方法、形式
等等；再次，论述高等教育工作的组织制度、领导、管理及其
方法。"①

关于高等教育基本特点应用于高等教育的例子还有很多，潘懋
元的多数高等教育理论是在教育内外部关系规律学说和"高等教育特
点论"的指导下提出的，对高等教育实践具有指导作用。

二、《高等教育学》的体系

《高等教育学》作为一部教材，其所构建的知识体系在一定程度
上代表了高等教育学学科体系的最初形态。这一体系的完整与否、
科学与否，直接影响着高等教育学的发展建设。

潘懋元在书中对高等教育学的基本体系和研究内容提出了自己
的观点。

高等教育学的基本体系首先应当论述高等专业教育在社会主义
物质文明和精神文明的建设中、在社会生活中的地位与作用，专业
设置原则和专业培养目标，受教育对象的大学生的生理和心理的基
本特征和教育者的职责任务；其次，应当论述全面发展教育的各个
组成部分在高等学校实施中的任务、过程、内容、方法、形式，等
等；再次，论述高等教育工作的组织制度、领导、管理及其方法。

对教育学来说，高等教育学是一门分支学科，它所研究的是高
等教育方面的特殊问题，揭示高等教育活动的特殊规律；同时，高
等教育学对于次一层次的分支学科，如高等教育经济学、高等教育
管理学、大学生心理学、大学各科教学法、高等教育发展史、比较
高等教育学等来说，它又是一门综合学科。它不可能详尽地论述各

①　潘懋元：《高等教育学(上)》，6 页，北京，人民教育出版社；福州，福建教育出
版社，1984。

方面的具体问题，如高等教育投资与经济效益的具体计算方法，高等教育各部门的工作方法，文法财经、理工农医各类型专业的教学内容与教学方法，等等。它所研究的是高等教育这一领域中一般的、共同的规律。考虑到本书读者未必都学过教育原理或普通教育学，本书还适当地简述了教育的一般原理。①

按照上述思路，全书除绪论外，分为四大部分 18 章。各部分及其下各章的内容简述如下。

绪论：阐明了高等教育的基本特点，高等教育学的研究对象、任务，以及学习和研究高等教育学的意义。

第一部分：总论。主要对高等教育的性质、任务、目标以及组成人员教师和学生等分别进行论述。包括第一章至第四章

第一章：高等教育的性质和任务。根据教育的外部关系规律，论述教育的本质属性、基本社会职能、社会主义教育的特点以及教育在人发展中的作用，在此基础上论述高等教育的地位和作用：分析专门人才对生产力发展的重要性、高等教育在国家建设和社会发展中的任务和作用、教育投资在国民经济建设和社会发展中的重要性，提出当前高等学校的主要职能。

第二章：高等学校培养目标。介绍马列主义关于人的全面发展学说，论述我国社会主义的教育目的，在此基础上阐述高等学校的培养目标：回顾《高校六十条》关于培养目标的规定，分析正确处理红与专、政治与业务、学习与健康的关系，最后探讨各类专业的具体培养目标。

第三章：大学生身心发展的一般特征。论述大学生的一些主要身心发展特征：生理发展的特征，智力发展、自我意识以及情感和

① 潘懋元：《高等教育学（上）》，6 页，北京，人民教育出版社；福州，福建教育出版社，1984。

意志的特征。

第四章：大学教师。阐述大学教师的社会地位和作用、大学教师的任务与修养、大学教师的培养与提高、学衔制与教师工作量制度、大学教师队伍的结构以及教学研究室等。

第二部分：分论。分别阐述全面发展教育的各个组成部分，德育、智育、体育过程的原理、原则、内容、方法、组织形式和手段。包括第五章至第十二章。

第五章：教学过程和原则。阐述高等学校教学过程的基本理论。除了简述作为人类认识过程特殊形式的教学过程的基本任务、基本规律外，还着重研究高等学校教学过程的特点，以及反映高等学校教学规律的教学原则。

第六章：课程论。阐述高等学校课程的基本理论，分别论述教学计划、教学大纲和教科书或讲义在教学上的意义，编制与运用的原则与方法。

第七章：高等学校的教学形式和教学方法。在概述教学形式与教学方法的基础上，分别以教学形式的类型为纲，阐述相应的教学方法，并总结教学形式与教学方法的运用与改革。

第八章：高等学校学业的检查与评定。在分析学生学业成绩检查与评定的意义基础上，分别阐述检查与评定的方式、方法，以及检查与评定后的分析和处理。

第九章：教学手段。在论述直观教具在教学中的意义的基础上，简介若干种常用的直观教具和电化教具的作用，并论述实验室的设备、管理和建设。

第十章：共产主义德育。以马列主义、毛泽东思想为指导，分别阐述高等学校德育的意义、任务、内容、原则、途径、方法和组织。

第十一章：大学生集体组织与教育。阐述大学生集体组织以及高等学校课外活动的特点、作用、形式、工作内容等。

第十二章：高等学校的体育与卫生。阐述高等学校体育的任务、作用和原则，简介高等学校各种体育活动的形式及其要求，并论述高等学校的卫生工作。

第三部分：体制。包括学校体制和管理体制，概括论述重要的制度及其理论根据。包括第十三章至第十六章。

第十三章：高等学校教育制度。在介绍学校教育制度的概念和我国学校教育制度的基础上，阐述了高等学校学制的现状和我国高等学校学制改革的原则与趋势，探讨了大学招生制度和成人高等教育。

第十四章：研究生教育。阐述研究生教育的意义及其特点，探讨研究生的培养目标、专业培养方案、培养工作的原则和方法，论述研究生教育制度、机构以及学位制度。

第十五章：科学研究。在阐述高等学校两种职能的基础上，探讨高等学校科学研究的特点、任务、组织原则、方法以及高等学校科研体制和管理。

第十六章：高等学校的领导与管理。概述高等学校领导与管理的一般原则和主要内容，包括高等学校领导体制、组织机构的职能及工作内容，领导与管理工作的重点与方法。

第四部分：历史与方法。探讨高等教育发展简史和高等教育学的研究方法。包括第十七章和第十八章。

第十七章：高等教育发展简史。阐述高等教育是一个历史的概念，在此基础上分别阐述中外古代的"大学"和中外近现代高等教育的发展历史。

第十八章：高等教育学的研究方法。论述高等教育学与有关学科的关系、研究高等教育学的指导思想与科学态度，在此基础上介绍几种常用的高等教育科学研究方法。

对首部《高等教育学》的知识体系进行考察，我们可以认为这部《高等教育学》具有两方面特点。

一方面，《高等教育学》凸显了高等教育的独特性。我们将《高等教育学》与 1957 年的《高等学校教育学讲义》进行比较，或与教育学教材相比较，能够看出，随着高等教育事业的恢复和发展，潘懋元等学者对于高等教育的思考更为全面，受普通教育学的局限已经有所减少，体现在对研究生教育、科学研究和高等教育学的研究方法等方面。这些研究是高等教育所特有的，体现出了高等教育的独特性。正是因为其独特性，充分说明高等教育学非普通教育学所能囊括，高等教育学的创建并非为"学"而"学"，而有其内在的逻辑性。

另一方面，《高等教育学》具有很高的学术性。《高等教育学》所论述的内容都是经过社会主义实践检验的内容，所列的数据、图表等完全符合教材编写的规范。《高等教育学》对理论的概括、总结和凝练，对高等教育开展的系统研究，在高校的干部和教师中发挥了积极作用。尤其值得注意的是，《高等教育学》对研究对象和研究方法的研究，以及自身呈现的总论、分论、体制、历史与方法的知识体系，明确了高等教育学的范畴，使高等教育理论具备了学科创建的要素，学科创建具备了合理性。

第三节　初创阶段高等教育学主要分支学科的萌芽和创建

高等教育是一个完整而复杂的系统，由各级各类高等教育组成。高等教育学同教育学一样，有单数和复数形式，即既有作为一门学科的高等教育学，又有作为学科群的高等教育学。高等教育学学科建立后，其分支学科的建设情况也需要我们进行探究。

潘懋元在 20 世纪 90 年代末提出，中国高等教育学所包含的分支学科大体上可以分为三类。

第一类是从高等教育学这门基本学科分化出来的分支学科，如大学教学论、大学课程论、大学德育论、高等教育史、比较高等教育、各学科的学科教学论等。

第二类是高等教育学与其他学科结合产生的交叉学科，如高等教育经济学、高等教育管理学、高等教育结构学、高等教育心理学等。

第三类是运用高等教育学理论，以研究不同类型、不同层次的高等教育所构成的学科，如高等工程教育、高等师范教育、高等医学教育、高等农林教育、高等专科教育、高等职业教育、学位与研究生教育、留学生教育、成人高等教育等。

潘懋元特别指出：

以上分类只是相对的划分。如高等教育史、学科教学论，既可归于第一类，也可归于第二类。同时，这只是按照各分支学科的总体性质划分的，至于各分支学科的内容，则更加纷繁错杂，相互渗透。某些学科的一些内容属于这一类，另外一些内容则可能属于另一类。一般来说，第一类、第二类，就其总体说属于理论科学，但包含许多应用性乃至技术性的内容；第三类，就其总体说，是应用高等教育学的理论来认识不同对象的教育现象，解决不同对象的教育问题，基本上属于应用性学科，但应用性学科也有其应用性理论，并且以其理论研究的成果，不断丰富与加深高等教育学的基本理论。①

在这些学科中，高等教育管理学、高等教育史在 20 世纪 80 年代初已初步形成新的学科，比较高等教育学也日趋成为一门学科。

---

① 潘懋元：《高等教育研究在中国发展的轨迹——为〈高等教育研究在中国〉（英文本）而作》，载《高等教育研究》，1998(1)。

一、高等教育史学科初创

1983 年，余立在他主编的《上海高教研究》杂志上专辟高等教育史研究栏目，有计划地组织发表中国高等教育史研究的文章，引起了高等教育界理论工作者的反响。而高等教育史学科的建立，以华中工学院蔡克勇和西南师范学院熊明安先后于 1982 年和 1983 年出版的高等教育史专著为标志。

20 世纪 70 年代末 80 年代初，华中工学院教师蔡克勇因为高等教育研究的需要，决定自己编写一本高等教育史著作。1982 年，他编写的《高等教育简史》由华中工学院出版社出版。全书分为 10 章，目录如下。

第一章　原始社会的教育
第二章　奴隶社会的高等教育
第三章　封建社会的高等教育
第四章　文艺复兴时期的高等教育
第五章　资本主义社会的高等教育
第六章　西方资产阶级教育思想的主要代表以及马克思主义教育思想的产生
第七章　苏联的高等教育
第八章　我国近代的高等教育
第九章　中国共产党领导的高等教育
第十章　当代世界高等教育发展的趋势

该书在丰富的史料基础上，运用历史唯物主义的观点，简明扼要地对高等教育发展的进程进行了阐述，着重总结了各个历史阶段高等教育发展的特点，分析了当代高等教育发展的趋势，研究了中华人民共和国发展高等教育的经验和教训，并提出了自己的看法。

继蔡克勇编写高等教育史著作后，西南师范学院熊明安编著的《中国高等教育史》于 1983 年由重庆出版社出版。《中国高等教育史》除绪论外共有 11 章，具体如下。

第一章　商与西周时期的高等教育

第二章　春秋战国时期的高等教育

第三章　两汉时期的高等教育

第四章　魏晋南北朝时期的高等教育

第五章　隋唐时期的高等教育

第六章　宋朝的高等教育

第七章　辽、金和元朝的高等教育

第八章　明朝的高等教育

第九章　清朝的高等教育

第十章　中华民国的高等教育

第十一章　中国共产党领导下的高等教育

该书以历史发展为研究逻辑，重点介绍了我国古代历朝和近现代高等教育的概况，包括：高等教育的政策、方针、制度，高等教育机构的设置，教师的任用和选拔，学生的来源，教学与行政管理等。同时，该书还有选择地介绍了少数从事高等教育的教育家。教育史学家毛礼锐对这本著作给予了高度评价，并为该书作序。他说，中华人民共和国成立以来，"《中国教育史》分为古代、近代和现代三个部分开课讲授，尚没有一部《中国教育史》，更没有一部贯通古今的《中国高等教育史》。现在熊明安同志竟写出来了，这是空前的可喜的成就！""熊明安同志的著作《中国高等教育史》的问世，将会促进更多的专题著作出现。"①

　　蔡克勇和熊明安编写的这两部高等教育史著作，为后来高等教育史学科的繁荣发展创造了一个良好开端。

　　这一阶段的高等教育史学科初创，尚没有对作为学科的高等教育史进行研究的文章。笔者查阅到的文章，均是高等教育史领域的学术研究，我们从这个方面来考察高等教育史的研究状况。

　　改革开放以后，高等教育事业的发展使学者们开始反思历史、研究历史，以期从高等教育史研究中得到借鉴与启示。高等教育史方面的研究开始逐步受到重视，研究成果不断出现，研究领域也从中国教育史扩展到外国教育史。

　　关于中国高等教育史的研究，研究内容涉及古代、近现代、当代，同时兼顾教育思想史和教育制度史。例如，陈乃林、蔡霖村、熊明安、邱雁的文章对我国近代高等教育进行了研究，毕诚的文章则属于古代史方面的研究。②

　　关于外国教育史的研究，王承绪、单中惠、蔡克勇、赵祥麟、李其龙、王桂等研究者的文章对多个国家进行了研究，推动了高等教育史的研究进展。③

---

①　熊明安：《中国高等教育史》，"序"1 页，重庆，重庆出版社，1983。

②　陈乃林、蔡霖村：《我国近代师范教育初探》，载《徐州师范学院学报》，1981(1)；熊明安：《我国高等教育管理的历史回顾与改革意见》，载《辽宁高等教育研究》，1983(5)；熊明安：《我国历代高等教育的管理》，载《上海高教研究》，1982(4)；邱雁：《我国近代高等工科教育的兴起及特点》，载《高等教育研究》，1983(4)；毕诚：《中国古代高等教育若干问题初探》，载《黑龙江高教研究》，1984(4)。

③　王承绪：《英国高等教育发展的历史和现行体制述略》，载《教育论丛》，1983(2)；单中惠：《关于中世纪欧洲最早的大学的质疑》，载《辽宁高等教育研究》，1982(3)；蔡克勇：《资本主义社会的高等教育》，载《高等教育研究》，1982(2)；赵祥麟：《西方高等教育简史》，载《上海高教研究》，1981(1)；李其龙：《洪堡改革高等教育的思想与实践初探》，载《华东师范大学学报(自然科学版)》，1980(4)；王桂：《明治时期的学制改革》，载《日本教育情况》，1979(6)。

二、高等教育管理学学科初创

高等教育管理学的学科创建，始于中华人民共和国成立后的高等教育管理研究。在广泛开展研究的基础上，学者们萌生了创建学科的想法。

蔡克勇指出，我国有组织地开展高等教育管理研究，似应以1979 年 3 月制定的《1978—1985 年全国教育科学发展规划纲要（草案）》，1979 年 4 月召开的第一次全国教育科学规划会议，以及 1979年 10 月成立的全国高等教育学会筹备会为标志。高等教育研究进入20 世纪 80 年代后的特点是：发展迅速，联系实际较为紧密，涉及面广。①

随着高等教育管理研究的深入，将研究成果体系化，并将高等教育管理研究学科化，成为学界的一个关注点。学者们围绕高等学校管理学或高等教育管理学的建设，纷纷发表自己的观点。

蔡克勇在 1982 年发表的《应把高等学校管理作为一门学科来研究》中指出，就高等学校的工作来说，要提高教育工作的效益和效率，迫切要求实现管理的科学化，迫切要求把高等学校管理作为一门学科来研究。他还论述了高等学校管理学研究的对象：高等学校的职能以及实现其职能所需要实施的各项工作的内容、作用、方式和它们之间的相互关系。随后他论述了这门学科的研究方法：高等学校管理学是管理学和高等教育学这两门学科互相交叉的产物，因而它的研究方法也深深打上了这两门学科研究方法的印记。研究高等学校的管理问题，必须以马克思列宁主义、毛泽东思想为指导。辩证唯物主义和历史唯物主义是关于自然、社会和人的思维发展最普遍规律的科学，它为一切科学研究提供了正确的方法论。高等学校管理要成为一门科学，也必须以辩证唯物主义和历史唯物主义作

---

① 蔡克勇：《中国高等教育管理研究五十年》，载《高等教育研究》，1999(3)。

为方法论基础。在马克思主义指导下，研究高等学校管理，应该采取各种方法：历史法、调查法、实验法、观察法、比较法、移植法等。[1]

有研究者对高等学校管理学学科建设的路径进行了研究，提出：必须坚持在马克思列宁主义、毛泽东思想的指导下，进行高等学校管理学的建设；必须总结我们自己办大学的经验，发现规律，建设中国社会主义的高等学校管理学；学习国外高等学校管理经验，必须依据中国国情，防止生搬硬套；坚持高标准建设高等学校管理学，又要从实际出发，实事求是。[2]

有研究者指出，高等教育管理学属于应用教育科学范畴，是教育科学与管理科学相结合的边缘学科。建立高等教育管理学的理论体系，既要有高等教育学又要有现代管理科学的基本原理作为理论基础。建立高等教育管理学的理论体系，重点是研究管理科学在促进高等教育事业目标实现方面的运用，用管理科学理论提高高等教育管理水平（主要是出人才、出成果）。高等教育管理学是运用教育科学、管理科学及其他相关学科知识，研究"高等教育最优化"的理论、技术和实践的一门综合科学。[3]

在发表论文的同时，已有学者开始撰写高等教育管理学著作。

20 世纪 80 年代初，辽宁省高等教育学会应本省高等教育战线广大管理干部的要求，组成了以李冀为主编，王端庆、孙华旭、李放、杜进、赵文明、邓晓春为副主编的《普通高等学校管理》编写组。经过拟订大纲及一稿、二稿的写作和修改，于 1982 年 12 月编写出《普通高等学校管理》一书。全书分为绪论、10 章正文和附录。目录如下。

---

① 蔡克勇：《应把高等学校管理作为一门学科来研究》，载《上海高教研究》，1982(4)。

② 汪培栋：《〈高等学校管理学〉学科建设指导思想的几个问题》，载《河北大学学报（哲学社会科学版）》，1983(3)。

③ 王端庆：《高等教育管理总体研究简论》，载《上海高教研究》，1984(1)。

绪　论

第一章　高等学校的领导体制和管理机构

第二章　高等学校的发展规划

第三章　高等学校的教学管理

第四章　高等学校的科学研究管理

第五章　高等学校思想政治教育工作的管理

第六章　高等学校的人员管理

第七章　高等学校的财务管理

第八章　高等学校的教学科研设施管理

第九章　高等学校的后勤管理

第十章　高等学校的规章制度及其管理

附　录　高等学校各项规章制度示例

在绪论部分，该书对研究高等学校管理学的意义、高等学校管理学的科学依据、高等学校管理学与相关科学、高等学校管理学的任务和内容、基本原则，以及学校管理学的研究方法进行了论述。该书在最后附了《全国重点高等学校暂行工作条例（试行草案）》《高等学校学生守则（试行草案）》等 5 个文件。① 该书虽未正式出版，但仍被广泛使用。

在辽宁省高等教育学会编写《普通高等学校管理》的同时，华中工学院和华东师范大学也在组织人员编写高等教育管理学方面的教材。

华中工学院编写的《高等学校管理》教材由朱九思、蔡克勇、姚启和担任主编，刘献君等 23 位教师和干部参加编写。朱九思撰写《高等学校管理的若干基本原则和方法》作为序言。全书分为 13 章，目录如下。

---

① 李冀：《普通高等学校管理》，辽宁省高等教育学会，1982。

该书从高等学校管理工作干部的实际需要出发，涉及高等学校各个主要方面的工作，并吸收了高等教育学、高等教育发展史和管理科学的有关内容，汲取国内一些高等学校的经验，借鉴国外高等学校的长处，力求比较系统地阐述高等学校管理的理论和实际问题。有学者评价该书，"是一本管理理论与高等学校实际密切结合的，充满创新精神，富有时代特点的好书。它的问世，不仅是我国高等学校管理理论研究的一项可喜成果，而且对当前开创高等学校工作的新局面，加速发展我国社会主义高等教育有一定的导指意义"①。

1981 年，华东师范大学接受教育部委托，开办高等学校干部进修班。学员来自华东六省一市的高教局、教育厅和各类高等学校。

---

① 邵达成：《一本富有时代特色的高等学校管理学——〈高等学校管理〉一书读后》，载《高等教育研究》，1984(1)。

他们迫切希望有专门为进修班编写的高等教育管理教材。为了适应这一需要，华东师范大学组织有关人员着手编写《高等教育管理》教材。该书由王亚朴担任主编，参加编写者主要是进修班兼职教学和研究的人员以及部分专职教师。经过一年多的时间，他们终于完成全书的编写，并于 1983 年 5 月由华东师范大学出版社出版。[①] 这是中国第一部以"高等教育管理"为名的专著。全书分为上、下两册，共 14 章，目录如下。

---

① 　王亚朴：《高等教育管理》，"前言"1～3 页，上海，华东师范大学出版社，1983。

该书着眼于我国高等教育整体情况，既重视我国实践经验的总结，又注意当今高等教育管理理论的研究。该书上册侧重高等教育的宏观管理和高校总体管理问题的概述，下册侧重高校内部管理工作的探索，体现"高等教育"与"高等学校"的区别，体现了自己的独特体系。

在 20 世纪 80 年代的高等教育管理学学科初创阶段，学者们出版的著作虽未明确以"学"来命名，但从著作的内容体系来分析，可以清晰地看出，书名无"学"，内容有"学"。著作呈现的结构内容已是高等教育管理学学科的结构内容。因此，这 3 部同时期的著作应成为高等教育管理学学科创建的标志。

三、比较高等教育学学科萌芽

比较高等教育在这一阶段并没有出现学科创建的标志性成果，但这一阶段比较高等教育领域的研究为学科的创建奠定了基础。

1977 年 9 月 29 日，邓小平在谈到科研问题时指出："不搞关门主义，不搞闭关自守，把世界上最先进的科研成果作为我们的起点，洋为中用，吸收外国好的东西，先学会它们，再在这个基础上创新，那末，我们就是有希望的。"[1]"文化大革命"结束后，向国外开放，研究国外高等教育发展、借鉴国外高等教育经验成为一些学者新的研究方向。

"比较高等教育"的概念是在这一阶段引进中国的。1983 年，王承绪在《外国教育》杂志上发表《比较高等教育引论》一文（该文为王承绪在杭州大学开设比较高等教育课程的讲稿）。该文首先回顾了世界高等教育发展的几个主要阶段，然后论述了第二次世界大战以来世界高等教育（主要是发达国家）的五种模式：英国模式、法国模式、

---

① 冷溶、汪作玲：《邓小平年谱：1975—1997(上)》，210 页，北京，中央文献出版社，2007。

联邦德国模式、美国模式、苏联模式。① 该文在中国高等教育研究界第一次使用了"比较高等教育"这一概念。②

在比较高等教育的著作出版方面，这一阶段出版了多本对国外高等教育进行译介的著作。例如，苏联日利佐夫主编，徐长瑞译的《苏联、保加利亚、民主德国高等教育与科技革命》（教育科学出版社 1984 年版）；日本永井道雄著，李永连、李夏青译的《日本的大学——产业社会里大学的作用》（教育科学出版社 1981 年版）；南斯拉夫德拉高尔朱尔布·纳伊曼著，令华、严南德译的《世界高等教育的探讨》（教育科学出版社 1982 年版）；晨光编译的《法国高等教育概况》（武汉大学出版社 1983 年版）等。

在国人编写的著作中，1979 年和 1980 年人民教育出版社组织编写了"外国高等教育丛书"，包括《高等工程技术教育》《高等教育的现状和趋势》《六国著名大学》《高等学校的科学研究和研究生教育》和《高等教育与社会发展》共 5 部，对发达国家高等教育的发展情况和经验进行了较为全面的介绍。

北京师范大学外国教育研究所编写的《国外学位制度》（地震出版社 1981 年版）、王清华编的《苏联高等教育的历史和现状》（吉林教育出版社 1985 年版）、贺敏琳著的《法国高等教育及其最新改革》（中国文化大学出版部 1984 年版）等，都在一定程度上影响了当时的高等教育研究和高等教育实践。

在研究刊物出版方面，1978 年厦门大学高等教育科学研究室创办了《外国高等教育资料》季刊。这是继 20 世纪 50 年代《高等教育译丛》之后第二份比较高等教育的刊物。

在研究论文发表方面，这一阶段已有大量关于国外高等教育的研究成果，论文的主要研究对象是美国、英国和苏联的高等教育，

如符娟明、余震球、周蕖、陈树清、王承绪、毛澹然等人的文章。①

如果以学术专著或学科教材的出现来定义一门学科的创建，那么，这一阶段比较高等教育并没有建立起自己的学科，但学者们在比较高等教育领域持续形成的系列成果推动了学科理论的生成，促进了学科的创建工作。

第四节　初创阶段高等教育学学科的人才培养

我国高校实现育人职能的基本途径是开展教育教学活动。要培养专门人才，就要依据学科划分来设置专业。根据我国的专业、学科目录规定，高等学校在本科层次开设教育学专业；在研究生层次开设教育学，下设 10 个二级学科专业，或自主设置学科专业。高等教育学专业研究生包括博士研究生和硕士研究生。研究生作为各门学科建设的后备力量，应受到高校的重视。高等教育学的人才培养进展可以反映这门学科的建设情况。

一、初创阶段高等教育学研究生的培养

改革开放后，国家恢复研究生教育，刚刚有起色的高等教育事业急需培养大批高等教育学的专门人才，但由于客观条件限制，高等教育学的研究生教育工作全面铺开是下一阶段的事。在这一阶段，厦门大学开始了硕士研究生的培养工作。我们对厦门大学人才培养问题做重点考察，以此来展现高等教育学人才培养的进展情况。

---

① 符娟明：《英国的高等教育结构》，载《外国教育动态》，1980(1)；余震球：《二十年来苏联高等学校的概况》，载《外国教育资料》，1980(2)；余震球：《八十年代的苏联高等教育》，载《上海高教研究》，1981(1)；周蕖：《苏联的业余高等教育制度》，载《外国教育动态》，1981(1)；陈树清：《美国研究生教育发展的历程及其特点》，载《外国教育动态》，1982(1)；王承绪：《英国高等教育发展的历史和现行体制述略》，载《教育论丛》，1983(2)；毛澹然：《美国社区学院的特点》，载《外国教育资料》，1984(2)。

（一）厦门大学硕士研究生的培养

厦门大学硕士研究生的培养工作起步由两方面推动：一方面，当时高等教育理论研究人员年龄老化，随之带来研究产出的减少问题。在急需大力开展研究工作、以理论带动高等教育实践发展的情况下，为保证研究的持续进行，为高等教育理论研究注入活力，有必要开展研究生的教育培养工作。另一方面，为了创建高等教育学学科，并能不断发展高等教育学，就需要为高等教育学学科的建立与发展储备力量。因此，潘懋元等人开始筹划高等教育学的研究生培养工作。

鉴于厦门大学高等教育科学研究室没有高等教育学硕士点、师资力量不足的现状，高等教育科学研究室与华东师范大学进行了协商沟通，确定开展研究生的合作培养。合作内容主要是厦门大学招收的研究生第一年由华东师范大学培养，主要是课程学习，后两年由厦门大学培养并完成硕士学位论文。该方案得到了华东师范大学的支持，两所单位签订了合作协议，并着手具体工作。

1981 年秋，厦门大学高等教育科学研究室招收了国内第一个高等教育学专业研究生魏贻通，后又招收胡建华、陈列、张国才 3 位研究生。根据合作方案，4 人第一年被送往华东师范大学学习。[1]

1983 年 12 月 5 日，国务院学位委员会第五次会议审议通过了《第二批硕士学位授予单位及其学科、专业名单》，厦门大学、北京大学高等教育学专业获评硕士学位授予点。潘懋元被聘为厦门大学高等教育学硕士生导师。

1984 年，第一届和第二届的 4 位研究生回到厦门大学上课，并开始撰写硕士学位论文。1985 年 4 人毕业，成为中国第一批高等教育学专业硕士。

---

[1] 李均：《中国高等教育研究史》，178 页，广州，广东高等教育出版社，2005。

（二）硕士研究生培养方案的形成

我们继续以厦门大学的研究生培养为例进行考察。高等教育学硕士研究生的培养工作，一直是厦门大学高等教育科学研究室的工作重点。在招收的 4 位学生于华东师范大学学习之际，厦门大学高等教育科学研究室结合中国高等教育实际，根据中央的教育方针，借鉴学校教育的培养目标，制定出第一份高等教育学专业硕士研究生培养方案。该方案包括培养目标、课程设置、教学实践和学位论文等部分。具体见表 2.2。

表 2.2　厦门大学高等教育学专业硕士研究生培养方案(1982 年)

系(所室)专业	高等教育	研究方向	高等教育学理论	年限	二	导师或导师组	潘懋元、陈汝惠
培养目标	培养德、智、体全面发展，能从事高等教育教学、科研和高等教育机构行政工作的高级专门人才						

课程名称		每学期学分					
		一	二	三	四	五	六
公共必修课	政治理论课	3					
	外语	3	3				
专业必修课	①青年心理学	3					
	②高等学校管理学		3				
	③高等教育学			6			
	④比较高等教育			3			
指定选修课	①教育哲学	2					
	②教育科学研究法		2				

续表

课程名称		每学期学分					
		一	二	三	四	五	六
非指定选修课	一门理科（数、理、化、生）基础课						
	其他与本专业有关课程：教育经济学、实验心理学、教育统计学、教育哲学史等						
	计算机基本原理及操作						
教学实践			√				
学位论文				√			

　　资料来源：《厦门大学攻读硕士研究生培养方案》(1982-04)，见李均：《中国高等教育研究史》，180 页，广州，广东高等教育出版社，2005。

　　1982 年的方案制定出来以后，在潘懋元的主持下，研究室教师对培养方案进行了讨论和研究，于 1983 年 3 月制定出一个新的方案。与 1982 年的方案相比，新方案做出了以下修改和完善。

　　第一，对培养目标进行了修改，提出了研究生的培养目标及其在德、智、体三方面的具体要求：培养德、智、体全面发展的，又红又专，能从事高等教育教学、科学研究和高等教育行政管理工作的高级专门人才。

　　①政治思想和道德品质要求：热爱祖国、热爱人民、热爱中国共产党、热爱社会主义教育事业；进一步学习、掌握马克思列宁主义、毛泽东思想的基本原理，坚持四项基本原则，逐步树立无产阶级世界观，自觉遵守纪律，爱护集体，服从国家分配。

　　②在高等教育方面的要求：掌握坚实的基础理论和系统的专业知识，具有独立进行科学研究的能力、独立开设一门高等教育主要课程的能力和从事高等教育行政管理的能力。掌握一门外国语，能熟练地进行专业书刊的阅读和译述。

③身体健康。

第二，将培养年限由原来的两年改为三年。其中，第一、二年，以攻读学位课程和教学实践为主；第三年，以研究和撰写学位论文为主。

第三，第一次提出了高等教育学专业研究生的培养方式。

①根据培养方案要求，从研究生的具体情况出发，指导教师应制订每个研究生的研究计划，并指导研究生根据培养计划拟订个人学习计划。

②培养过程应贯彻理论联系实际的原则，使研究生在掌握专业基础理论、专门知识和技能的过程中，联系国内外高等教育发展的新趋势、新问题，尽可能反映高等教育领域科学发展的新成就。

③研究生的学习方法以自学为主，指导教师的作用在于启发他们深入思考与正确判断，培养其独立分析问题和解决问题的能力。整个培养过程都应重视研究生智能的发展。

④在整个培养过程中，包括课程学习、教学实践、论文工作都要注意培养研究生实事求是的科学态度，踏实、严谨的工作作风和谦虚、诚挚的合作精神。

⑤加强政治思想和道德品质的教育，研究生应认真参加政治课和时事政策的学习，遵守学校规章制度，积极参加公益劳动。

⑥关心和保证研究生的健康，研究生不排体育课，但应有适当的体育锻炼时间。

第四，在课程设置上，增加了许多新课程。专业必修课增加了高等教育专题研究，以使学生更多地关注高等教育改革与发展的实际。同时，为了保证研究生培养目标的实现，将原来的 4 门专业必修课"青年心理学""高等学校管理学""高等教育学""比较高等教育"指定为学位课程。指定选修课由原来的 2 门增加为 6 门："马列主义教育原理""高等教育发展史""教育经济学""现代外国教育思想流派"

"青年心理专题研究""专业外语"。非指定选修课由原来的 3 门增加为 7 门以上："教育哲学""教育社会学""社会心理学""自然辩证法""计算机应用""第二外语"、1 门自然科学及其他课程。

第五，规定了教学实践的具体形式和要求。规定研究生于第二学年的第一、二学期，应有 180 学时左右的时间参加教学和行政管理实践。

①教学实践：可采取多种形式参加各种教学活动，试教本专业某门课程的某些章节内容或参加辅导工作。

②行政管理实践：参加高级（校）领导部门的某些活动，了解并熟悉行政管理工作的一般原理和方法。

第六，对学位论文提出了严格要求。

①学位论文选题之前，应有严格的科研基本功训练。

②学位论文的选题，应在导师指导下，经过师生共同研究确定。论文题目确定后，提出论文工作计划，并按计划规定的进度开展研究工作。论文题目确定后，用于研究和撰写论文的时间不得少于 1 年。

③学位论文的选题和内容，应反映国内外高等教育发展的新形势，对高等教育理论和实践应具有一定的社会意义和学术价值。

④学位论文工作，在导师指导下进行，但必须由研究生独立完成。

⑤学位论文完成后，在导师和导师组的主持下，进行公开的论文报告和答辩，接受导师和有关专家的评论和审定。

研究生至少修满 32 学分，完成学位论文，通过本专业硕士学位课程的考试和硕士论文的答辩。根据《中华人民共和国学位条例》评定合格者，授予高等教育学硕士学位。①

---

① 厦门大学高等教育科学研究室：《攻读硕士学位研究生培养方案（试行稿）》，见李均：《中国高等教育研究史》，181～182 页，广州，广东高等教育出版社，2005。

1983 年的培养方案具有以下几个特点。

第一，研究方向明确。"闻道有先后，术业有专攻。"不同教育实践下，学者们的理论研究方向各有不同，厦门大学高等教育科学研究室所培养的人才是建设高等教育学的理论人才，因此要首先明确研究生的研究方向，在总的方向下开展理论研究，这样有助于不断形成成果，达到培养的最终目的。

第二，培养目标定位清晰。厦门大学的高等教育学研究生教育目标是使培养出的人才能够开展理论研究，进行高等教育学教学工作，体现了理论人才和实践人才培养的统一。

第三，课程设置体现了潘懋元的高等教育学学科思想。高等教育学需要从历史发展、实践经验和多方比较中进行研究，三者共同作用于高等教育学的知识理论生成。该方案的课程设置是潘懋元的这一思想的集中体现。

1983 年制定的培养方案在实施后多次进行了修改和完善，至今已形成一个完整、全面的人才培养基本模式。

二、初创阶段高等教育学学科的人才培养成效

成效是指所获得的好效果和功效。考察高等教育学学科人才培养情况，其取得的成效包括两方面：一是培养了一批高等教育学研究者和建设者；二是推动了高等教育学学科的创建和发展。

(一)培养了一批高等教育学研究者和建设者

开展高等教育学学科人才培养，即研究生教育，最直接的目的就是教育的一般目的——实现为谁培养人和培养什么样的人的目的。具体到高等教育学层面，就是为高等教育事业培养人才，培养出进行高等教育学理论研究和开展高等教育实践活动的人才。从这个方面说，在 20 世纪 80 年代初，高等教育学学科尚未正式创建之际便开展高等教育学的人才培养，是在为高等教育学准备学科的建设力量，对创建高等教育学学科具有重要意义。事实证明，经过研究生教育培养的人才能直接参与到高等教育学学科的建设工作中，反映出人才培养取得了好的成效。

厦门大学高等教育科学研究室的高等教育学硕士研究生培养工作在全国范围内是具有首创性的，为后面诸多高校的高等教育学研究生教育提供了宝贵的经验，也对他们陆续开展高等教育学人才培养工作起到了鼓舞作用。这些高校的高等教育学人才在学习研究和工作中直接推动了学校的高等教育事业发展。我们考察高等教育学的研究者，其中具有高等教育学硕士学位和博士学位的学者占有很大比重，这些学者对高等教育学的贡献是巨大的。我们从高校的后续发展和学者的个人发展中可以看出，开展高等教育学的人才培养是必要的、有益的，也是成功的。

（二）推动了高等教育学学科的创建和发展

既然提到人才培养的推动作用，我们就要回到研究生教育的全过程来展现这一成效。

第一，研究生培养过程中的课程学习。厦门大学高等教育科学研究室在 1983 年 4 月制定的培养方案中对 4 门学位课程进行了介绍。具体见表 2.3。

表 2.3　厦门大学高等教育学专业硕士研究生学位课程（1983 年）

课程名称	内容提要
高等教育学	本课程以马克思列宁主义、毛泽东思想为指导，总结我国高等教育实践的经验，借鉴国外高等教育的理论与经验，探讨高等教育各个层次的规律。本课程的主要内容有：高等教育的性质、任务，高等学校的培养目标，大学生与大学教师，高等学校的教学理论和方法，大学生的德育和体育，高等学校的体制与管理

续表

课程名称	内容提要
青年心理学	本课程研究的对象是青年期的生理和心理，特别是大学阶段的青年心理。本课程的主要内容有：青年期生理发展的特征、青年的思维、情绪与情感、青年的气质、能力与性格、青年的自我意识与世界观、人生观的形成以及对青年的教育问题
高等学校管理学	本课程以马克思列宁主义为指导，着重探讨社会主义高等学校管理的规律，研究高等学校管理工作的目标、原则、过程、方法、制度与管理者。本课程的主要内容有：高等学校管理的基本原理和原则、管理系统与决策、教学管理、科研管理、思想政治教育、体育和课外活动的组织与管理、人员管理、后勤管理等
比较高等教育	本课程贯彻"洋为中用"的原则，立足本国高等教育发展的目标，研究国际上高等教育的主要情况和问题，重点比较欧美国家以及日本、苏联等国家的高等教育基本情况和问题，以资借鉴。本课程的主要内容有：比较高等教育的学科性质和发展现状，跨国家、跨地区、跨学科的研究方法，叙述、解释、并列、比较的研究程序，欧美主要国家及日本的现代生产与高等教育的改革和发展，苏联高等教育的设施、改革和发展等

资料来源：《攻读硕士学位研究生培养方案(试行稿)》，见李均：《中国高等教育研究史》，186～187 页，广州，广东高等教育出版社，2005。

在课程设置中，高等教育学、青年心理学、高等学校管理学和比较高等教育在当时没有形成系统的学科，研究生教育就要求教师们根据已有研究成果和我国高等教育实际来生成这门课程的研究对象和主要内容。与后来陆续出版的著作相比，其课程内容安排具有科学性和系统性，为后来的高等教育学及其分支学科的发展起到了推动作用。

第二，研究生培养过程中的论文写作。厦门大学高等教育学的前两届共 4 位硕士研究生的论文题目分别如下。

胡建华：《新技术革命与高等学校职能的变化发展》（导师：潘懋元）。

陈列：《论高等学校教学过程的本质特点》（导师：潘懋元、吴丽卿）。

张国才：《菲、泰两国高等学校毕业生供求问题探讨》（导师：潘懋元）。

魏贻通：《论高等教育管理的性质特点》（导师：潘懋元、王增炳）。

这 4 个题目都是基础理论层面的研究，分别属于高等教育学、大学教学论、比较高等教育和高等教育管理学。这些研究成果对后来的高等教育学及其分支学科的发展起到了积极作用。高等教育学人才培养工作将学习与研究相结合，培养对象既是高等教育理论的学习者，又是高等教育理论的研究者。直接培养建设高等教育学的专门人才，是厦门大学高等教育科学研究室的一大特点。

第三，研究生培养目标的实现。通过对高等教育理论的学习和研究，研究生毕业后直接进入高等教育系统工作，实现了预期的培养目标。这些研究生始终从事高等教育领域的工作，他们将理论与实践有机结合，为高等教育学学科的建立和发展做出了贡献。

第五节　初创阶段高等教育学与高等教育问题研究

理论在实践中产生，终究要回到实践中去。高等教育学的知识体系是由高等教育实践所生成的理论体系化的产物。我们应将高等教育学与高等教育问题进行研究，以此展现高等教育学的发展。

一、初创阶段高等教育课题研究

1978 年 9 月，在中国社会科学院和教育部的领导下，全国教育科学规划领导小组及其办公室成立，具体负责组织、规划和管理全国教育科学研究的课题。1983 年 5 月，第二次全国教育科学规划会议在北京召开。会议确定了 36 项全国教育科学"六五"规划立项重点课题。其中，可归入高等教育研究的课题有 11 项①，如表 2.4 所示。

表 2.4　全国教育科学"六五"规划立项的重点课题(高等教育)

课题名称	课题负责人	工作单位	课题级别
比较高等教育	符娟明	北京师范大学	部级
世界高等教育结构的比较研究	曲程	中央教育科学研究所	部级
大学爱国主义与共产主义教育的研究	李纯	教育部政治教育司	国家级
中国高等教育结构问题研究	郝克明、汪永铨	教育部政策研究室、北京大学	国家级
专门人才的预测与规划	周贝隆	教育部教育规划研究室	国家级
全日制高等学校招生考试法	侯洵直、廖俊常、宋葆初	湖北财经学院、西南政法学院、教育部学生司	国家级
高等工程教育结构改革的研究	王冀生	教育部高教二司	国家级
人才预测的方法和数学模式	叶家康	北京航空学院	部级
对高考的教育测量及高考采用计算机技术的研究	宋葆初、张厚粲、陶正乐	教育部学生司、北京师范大学、华东师范大学	部级
高等学校管理的研究	于北辰、王润、朱佳生	中央教育行政学院、北京钢铁学院、上海机械学院	部级
研究生教育和学位制度的研究	吴本厦	国务院学位委员会办公室、教育部研究生司	部级

资料来源：摘编自《全国教育科学"六五"规划立项重点课题一览表》，http：//www. moe. gov. cn/srcsite/zsdwxxgk/198608/t19860820_61334. html，2019-08-17。

---

①　包括高等教育部分的重点课题和其他部分有关高等教育的重点课题。

从表 2.4 可以看出，这一阶段研究者们主要对高等教育结构、比较高等教育、高等学校招生考试、高等学校德育、研究生教育、高等学校管理等进行了研究。以课题形式开展的高等教育研究具有以下特点。

第一，应用研究多，理论研究少。只有比较高等教育的 2 项课题"比较高等教育""世界高等教育结构的比较研究"为理论研究。其余都是应用研究，说明这一阶段研究的应用性特征突出。

第二，宏观研究多，微观研究少。微观研究只有"全日制高等学校招生考试法""人才预测的方法和数学模式""对高考的教育测量及高考采用计算机技术的研究"3 项，说明高等教育恢复初期，研究者们重点研究如何开展中国高等教育测量。

第三，中央研究多，地方研究少。以项目负责人所在单位来看，有 7 个项目在中央政府部门和中央研究机构进行，说明在这一阶段，对高等教育的研究以教育部牵头为主，研究成果能够直接指导中国的高等教育改革和实践。

二、初创阶段高等教育问题研究

高等学校的教学工作始终是高等学校的重点，对高等学校的教学进行研究也是改革开放初期高等教育领域首先关注的研究方向。

在这一阶段，通过对研究者们发表的文章进行研究，可以发现，研究者们的研究主要集中在以下几个方面。

第一，高校图书馆与教学的关系研究。例如，《试论高校图书馆在为学校的教学和科研服务中的地位和作用》《高校图书馆期刊工作如何为教学科研服务——从我馆报刊资料工作谈起》《为教学科研服务是高校图书馆工作的基本出发点》《高校图书馆与教学、科研的关系》等。①

第二，具体课程的教学研究。例如，《试谈高校自然辩证法教学》《高校外语教学基本规律初探》《搞好高校政治课教学的几个问题》等。②

第三，教学与科研的关系研究。例如，《高校必须既搞教学又搞科研》《关于高等学校教学与科研的几个问题》《试论高校科研与教学的结合》等。③

第四，教学理论的研究。包括教学计划、教学原则、教学过程等，例如，《关于高校教学责任制问题的探讨》《高校教学过程的几个理论问题的探讨》《试谈高校改革教学方法的几个问题》等。④ 最为典型的是 1984 年潘懋元发表的《高等学校教学原则体系初探》一文。该文在回顾和分析教育学史上各家所提出的教学原则、体系得失的基础上，根据高等教育的特点，提出了高校教学原则的依据，并提出了自己关于高校教学原则体系的设想。该文很好地运用了高等教育基本理论来研究高校教学理论，充分重视高等教育不同于普通教育的特殊性，是高校教学理论研究的一篇重要论文。⑤

---

① 陈誉：《试论高校图书馆在为学校的教学和科研服务中的地位和作用》，载《图书馆学通讯》，1980(1)；刘恩泽：《高校图书馆期刊工作如何为教学科研服务——从我馆报刊资料工作谈起》，载《黑龙江图书馆》，1980(S1)；毛龙台：《为教学科研服务是高校图书馆工作的基本出发点》，载《江苏图书馆工作》，1982(2)；马希圣：《高校图书馆与教学、科研的关系》，载《黑龙江图书馆》，1983(3)。

② 石振泉：《试谈高校自然辩证法教学》，载《辽宁高等教育研究》，1982(2)；梁炎昌：《高校外语教学基本规律初探》，载《广西民族学院学报(社会科学版)》，1982(2)；王非：《搞好高校政治课教学的几个问题》，载《益阳师专学报》，1984(4)。

③ 龙杏云：《高校必须既搞教学又搞科研》，载《苏联问题参考资料》，1980(4)；薛天祥：《关于高等学校教学与科研的几个问题》，载《上海高教研究》，1981(2)；任廷枢：《试论高校科研与教学的结合》，载《科研管理》，1984(3)。

④ 杨新生：《关于高校教学责任制问题的探讨》，载《安徽师大学报(哲学社会科学版)》，1982(3)；陈列：《高校教学过程的几个理论问题的探讨》，载《黑龙江高教研究》，1984(3)；林树善：《试谈高校改革教学方法的几个问题》，载《抚州师专学报》，1984(2)。

⑤ 潘懋元：《高等学校教学原则体系初探》，载《福建高教研究》，1984(1)。

　　德育与智育密不可分，高等学校的德育问题研究是高等教育学理论研究者关注的一个方面。这一阶段对高等学校德育的研究，包括：对大学德育理论进行的研究，例如，刘献君、高金、涂光辉、曾德聪、王文信等人的文章；对大学德育本身进行的研究，例如，徐文良、张平等人的文章；对大学德育实践进行的研究，例如，吴东明、乔宽元、王殿卿、李西明、陈国栋等人的文章。①

　　1982 年 12 月 21 日至 28 日，全国青少年共产主义教育学术讨论会——大学德育研究专业会议在厦门召开。这次会议的 290 名代表围绕"当代大学生思想发展、变化的特点和规律""对当代大学生进行共产主义教育的规律、途径和方法""大学德育学（高等学校德育原理）的理论及体系"三个议题展开了研究和探讨。

　　与会学者认为，大学生是德育工作的对象。我们研究的目的，就是要用共产主义思想道德把大学生培养成德、智、体全面发展的社会主义的一代新人。当代大学生的思想可塑性大，螺旋式而非直线式地发展着，这就是他们思想发展变化的特点和规律。有代表认为，建立大学德育学是时代的需要，我们要以马克思主义为指导，共产主义为核心，建立具有中国特色的德育学。

　　会上提出了今后的任务：研究大学德育学科的规律，把它建立在科学的基础上；加强应用的研究，要先写研究报告给党和政府的

---

　　①　刘献君：《大学德育过程初探》，载《高等教育研究》，1981(3)；高金：《大学德育过程初探》，载《华中师院学报(哲学社会科学版)》，1983(3)；涂光辉：《试论德育过程的基本规律》，载《湖南师院学报(哲学社会科学版)》，1984(3)；曾德聪：《关于高等学校学生德育的培养目标问题》，载《厦门大学学报(哲学社会科学版)》，1983(2)；王文信：《高等学校德育培养目标初探》，载《吉林师范学院学报(哲学社会科学版)》，1984(2)；徐文良：《大学德育研究浅议》，载《高教战线》，1983(5)；张平：《试论大学德育的概念——大学德育科学化的探讨》，载《青年研究》，1984(3)；吴东明、乔宽元：《要建立和形成一个德育教育体系——对高校德育教育工作的建议》，载《上海高教研究》，1981(1)；王殿卿：《德育教研室的几个问题》，载《高教战线》，1982(6)；李西明：《大学思想品德教育不容忽视——浅谈大学德育课》，载《昭通师专学报》，1984(2)；陈国栋：《试论高等师范院校学生的德育培养》，载《南都学坛》，1982(3)。

有关部门；要做普及工作，写小册子，做报告，对大学生的思想问题给予科学的回答。研究的重点是探讨对当代大学生进行共产主义教育的规律，即马克思主义、共产主义与当代大学生的结合问题。①

　　这一阶段，研究者们除了对高等学校的教学和德育问题进行研究外，还研究了高等教育与社会发展的问题，包括高等教育的经济效益问题、高等教育与经济和政治的关系问题、新技术革命下高等教育的发展问题等。

――――――――――

　　① 《全国青少年共产主义教育学术讨论会——大学德育研究专业会议概况》，载《上海青少年研究》，1983(2)。

第三章

高等教育学的成形阶段
(1985—1991 年)

1984 年《高等教育学》的出版标志着高等教育学学科的创建。1985 年 5 月 27 日颁布的《中共中央关于教育体制改革的决定》指出，教育体制改革的根本目的是提高民族素质，多出人才、出好人才。在高等教育领域，要改革高等学校的招生计划和毕业生分配制度，扩大高等学校办学自主权。要调动各方面积极因素，保证教育体制改革的顺利进行。

中央文件的颁布，使我国高等教育事业发展进入新阶段，随之而来的是学者们对高等教育学学科的不断探索，推动着高等教育学学科的成形。

第一节　成形阶段高等教育学学科建设进展

一、成形阶段高等教育学著作的出版

1984 年第一部《高等教育学》的出版，不仅标志着高等教育学学科的正式建立，也为多种版本的高等教育学著作的编写和出版奠定了一个重要基础。1985—1991 年，陆续又有几部高等教育学著作问世。这几部著作各具特色，为高等教育学学科的建设与发展做出了

贡献。

这一阶段出版的高等教育学代表性著作如表 3.1 所示。

表 3.1　成形阶段学者编写的高等教育学代表性著作

著作	作者	出版年份/年	出版单位
《高等教育学讲座》（增订本）	潘懋元	1985	人民教育出版社
《高等教育学》	郑启明、薛天祥	1985	华东师范大学出版社
《高等教育学选讲》	任宇	1986	高等教育出版社
《高等教育原理》	中央教育行政学院	1987	北京师范大学出版社
《高等教育学(修订本)》	郑启明、薛天祥	1988	华东师范大学出版社
《高等教育学》	田建国	1990	山东教育出版社
《高等教育学》	眭依凡、欧阳侃、李佛铨	1991	江西高校出版社
《高等教育学概论》	杨德广	1991	上海交通大学出版社
《高等教育学概论》	孙绵涛	1991	华中师范大学出版社
《简明高等教育学》	刘蕴宽	1991	北京师范大学出版社

以上著作从不同的角度阐述了作者对高等教育学学科理论的研究。

1985 年 11 月，潘懋元著的《高等教育学讲座》(增订本)出版。与1983 年的第一版相比，增订本的内容由五讲增加到八讲，补充增加了"高等学校德育过程与原则"等专题，并附录了《高等学校教学原则体系初探》《新的技术革命与高等教育对策的指导思想》《关于新的技术革命与高等教育对策的若干意见》3 篇论文，以对相关专题的内容进行补充。

1985 年 12 月，由郑启明、薛天祥两位学者共同主编的《高等教育学》出版。1982 年，华东师范大学受教育部委托，承担编写培训高校干部用的《高等教育学》教材任务。学校将这一任务落实到教育科学研究所高等教育研究室，并组织本校相关教师共同完成这一任务。1984 年年初，《高等教育学》教材大纲编写完成，并于同年 2 月在华东师范大学召开了该大纲的讨论会。到会的 30 多位高等教育方面的专家、教授对《高等教育学》的编写提出了一些意见。研讨会后，编写组在两位主编的组织下，经过一年多的努力，完成了教材的编写任务。刘佛年为本书撰写了前言。此书于 1988 年 8 月修订再版。

1986 年 5 月，任宇编写的《高等教育学选讲》出版。这部书稿的写作开始于 1979 年，经过多次修改后，写成初稿。初稿曾先后作为南京工学院和北京师范大学物理教学专业研究生课程的讲义试用，试用过程中，又做了不少修改。潘懋元为本书作序，他说："这本《高等教育学选讲》具有材料具体充实、反映当前改革及时、理论联系实际紧密、说理深入浅出的特点。"[①]

1987 年 2 月，中央教育行政学院编的《高等教育原理》出版。出于干部教育的需要，中央教育行政学院在总结了历年教学经验的基础上，于 1984 年组织力量，集体编写了本书初稿，后对初稿进行了修改和增补。修改稿又经中央教育行政学院和北京师范大学教育管理学院研究班教学试用后，于 1986 年春再次修改定稿。该书力求结合当时教育改革实际，探讨我国高等教育的一些基本原理，以供高等教育管理干部和教师参考。

1990 年 5 月，山东省教育委员会田建国的专著《高等教育学》出版。该书"是在中国共产党第十三次全国代表大会提出的社会主义初级阶段理论指导下，本着微观高等教育与宏观高等教育相结合、高等教育纵向结构与横向结构相结合和高等教育内部规律与外部规律相结合的大教育观的精神，进行的一次大胆的、成功的尝试。这对中国高等教育事业无疑是一个有益的贡献"[②]。

---

① 任宇：《高等教育学选讲》，"序"，北京，高等教育出版社，1986。
② 田建国：《高等教育学》，"序"1 页，济南，山东教育出版社，1990。

1991 年 1 月，江西师范大学眭依凡、欧阳侃、李佛铨编著的《高等教育学》出版。该书是高等学校教师岗位培训用书中的一部，主要读者对象是高等学校教师和各级教育管理干部，同时也可供有志于从事高等教育科学研究的同志们参考。

1991 年 7 月，上海市高等教育研究所杨德广主编的《高等教育学概论》出版。参加该书编写的有上海市高教局、上海市高教研究所、华东师范大学、上海交通大学、上海工业大学等单位的有关专家、教育工作者。该书根据高等学校中青年教师和干部培训的需要，注重理论与实践的结合，注重搜集国内外高等教育的最新研究成果和信息，在探索高等教育的规律、人才培养的规律、现代教育思想等方面有新的建树，有较强的现实性、针对性。

1991 年 11 月，华中师范大学孙绵涛主编的《高等教育学概论》出版。该书是国家教委人事司委托华中师范大学中南地区高师师资培训中心编写的一本培训高等学校青年教师的教材。作为培训青年教师的高等教育学，无论在体系上还是在内容上，都应该与一般的高等教育学有所区别，应该有自己的风格和特点。为此，该书注意思想性、科学性、新颖性和教材的针对性，使青年教师真正学有所获。[①]

这一阶段的多部高等教育学著作各具特色，作者们已经形成了构建中国的高等教育学学科体系的意识，并针对高等教育学学科不断开展研究，产生了多项成果。

二、成形阶段高等教育研究机构、研究队伍与研究刊物的建设

(一)成形阶段高等教育研究机构的建设

随着高等教育体制改革的展开，如何发展高等教育、建设高等学校、培养专门人才，是摆在高等教育工作者眼前的大问题。因此，

---

① 孙绵涛：《高等教育学概论》，"序"1 页，武汉，华中师范大学出版社，1991。

全国范围内，尤其是在高校层面，高等教育研究机构纷纷成立，一大批从事高等教育实践的专家、学者对如何办学开展了系列研究，对我国高等教育事业的发展起到了积极作用。这些研究也为高等教育学的发展提供了理论和实践上的支持。

我国高等教育研究机构分中央部委、省（直辖市、自治区）、高校三级设立。国家教育委员会设立高等教育研究中心，从宏观层面对高等教育发展进行研究，开展指导工作。省级层面，上海、辽宁等地的高等教育研究机构开展了系列研究，对高等教育发展做出了重要贡献。高校层面依托学校开展活动，典型的有厦门大学、北京大学、清华大学、华东师范大学等，这些高校的高等教育研究所（室）成立时间早，人员配置齐全，研究工作开展得扎实、深入，为其他高等教育研究机构起到了示范、引领性作用。

上海市高等教育研究所成立于 1980 年 10 月。其前身是上海市高等教育局高教研究室，至 1992 年，有研究人员 22 名。该所设有高等教育发展与管理研究室、高校德育研究室、比较高等教育研究室、高等教育史志研究室、编辑室和情报资料室。

该所的研究课题包括应用研究、理论研究、调查研究和史志研究四个方面，以应用研究、现实研究为主。该所编辑出版的杂志有 5 种：《上海高教研究》（季刊）、《思想理论教育》（双月刊）、《高教信息与探索》《高教评估信息》和《全国高教研究报刊文摘》。该所是上海市高等教育学会秘书处、上海市高校思想理论教育研究会秘书处、上海市高等教育研究协作委员会秘书处所在地，是上海市高等教育研究网络中心。① 该所同时为高校提供咨询服务以及高等教育方面的情报资料、研究成果，通过开办研讨会、培训班和专题系列讲座等，与其他高校进行有效的沟通与交流。

---

① 《上海市高等教育研究所简介》，载《高等教育研究》，1992(3)。

20世纪80年代中期以后，厦门大学高等教育科学研究所根据全国高等教育研究发展的客观形势，结合本所的主客观条件，制定了从建所到2000年的总体战略。其共分三个战略阶段：第一阶段，从1978年到1984年，以建立高等教育学新学科为基本任务，促进建所工作；第二阶段，从1984年到1990年或稍后一两年，以培养人才为主要任务，开展科研工作；第三阶段，从20世纪90年代初到2000年，进行较高水平与较广泛领域的科学研究，建成名副其实的全国重点学科点。[①] 1984年，高等教育科学研究室被批准改为高等教育科学研究所，第一部《高等教育学》公开出版，宣告第一阶段的任务完成，并随即进入第二阶段。

1988年7月，厦门大学高等教育科学研究所经国家教委批准为全国高等教育学重点学科点。至1991年年底，全所有专职科研人员21人，兼职科研人员44人，设有4个研究室：高等教育理论与高教史研究室、高等教育管理学研究室、心理学研究室、外国高等教育研究室。学科比较齐全，初步形成了老、中、青相结合的学术梯队和以专职为主、专兼职结合的科研队伍。

该所在20世纪90年代的主要研究方向与任务是：研究中国和世界高等教育的理论与发展改革动态；研究青年心理和高等教育管理；建立与发展高等教育学学科、青年心理学学科和高等教育管理学学科；培养高等教育学、青年心理学和高等教育管理学的理论工作者和实际工作者。研究重点是高等学校教学理论和大学心理学。从1992年起，该所从原来的以培养研究生为主，逐步转移到更多更好地推出科研成果上来，积极促进高等教育学、青年心理学和高等教育管理学领域的国内外学术交流，为我国和世界高等教育的改革、

---

① 潘懋元：《厦门大学高等教育科学研究所建所十年工作报告》，见《潘懋元高等教育文集》，774页，北京，新华出版社，1991。

发展和学科建设做出了贡献。① 研究重点的转变，表明 1992 年后厦门大学高等教育科学研究所进入第三发展阶段。

北京大学高等教育研究所于 1984 年由高等教育研究室正式改所后，各方面的工作取得了长足进步，研究力量不断壮大。截至 1991 年，全所有在职人员 22 人，其中专职教学科研人员 17 人；资料室藏书 6000 余册，期刊 700 余种。"全国高等教育情报网"于 1988 年成立后，总站设在该所，负责组织情报网成员的情报搜集、整理、编印及交流工作。

在高等教育研究方面，北京大学高等教育研究所在"六五""七五"计划期间承担了教育科研国家级项目 5 项、部委级及其他各类课题多项；编写、出版著作 10 多部，其中，《中国高等教育结构研究》和《教育经济学研究》获全国首届教育科研优秀成果一等奖，《美国高等教育发展史》是 20 多年来外国高等教育史研究的代表性成果之一。北京大学高等教育研究所建所 10 多年，逐渐形成了高等教育管理、高等教育经济学、比较高等教育、高等教育史和高等教育评估等几个主要的研究方向。同时，该所重视开展对外交流与合作，承担了世界银行、联合国教科文组织亚太地区总办事处委托的研究项目各 1项；与美国、日本等国有关大学合作的项目有 3 项。②

除上海市高等教育研究所、厦门大学高等教育科学研究所和北京大学高等教育研究所之外，在 20 世纪 80 年代中期以后成长、壮大起来的研究机构通过承担研究项目，主办核心期刊，为高等教育学的繁荣发展做出了自己的贡献。

1989 年 10 月 18 日至 21 日，厦门大学高等教育科学研究所和北京大学高等教育研究所联合发起组织的全国校际高等教育研究所（室）工作讨论会在厦门大学召开。来自全国高等教育研究所（室）的

---

① 《厦门大学高等教育科学研究所简介》，载《高等教育研究》，1992(1)。
② 《北京大学高等教育科学研究所简介》，载《高等教育研究》，1992(2)。

50 多位代表就高等教育研究机构在高等教育改革与发展中的地位、作用等问题进行了广泛探讨。会议指出，据中国高等教育学会秘书处 1987 年对 17 个省、直辖市、自治区的不完全统计，高等教育研究所(室)数已逾 700 个，专、兼职人员数量大幅度上升，创办刊物近 400 种，在理论研究和推动高等教育改革实践方面做出了贡献，高等教育研究所(室)的工作已初步得到社会的承认和重视。但在研究队伍建设、研究方法、研究经费等方面还存在不少问题，有待解决。① 潘懋元和汪永铨分别为大会做了总报告和总结报告。潘懋元在报告中提出：要明确高等教育研究机构在高校中的性质、任务、地位和作用；促使高等教育研究成果在教育实践中起作用，适当吸收干部、教师参加高等教育研究所(室)的研究工作；加强校级高等教育研究所(室)的信息交流。② 这些意见对迅猛发展中的高等教育研究机构的建设是有指导意义的。

在这一阶段，还有一些地区性的研讨会召开。1987 年 10 月 9 日至 11 日，吉林、黑龙江、辽宁三省高等教育研究首届协作会在沈阳举行，吉林、辽宁两省高等教育研究所和黑龙江省教育科学研究所等单位共 35 人参加了会议。与会同志就高等教育面临的新课题以及高等教育研究所自身建设等问题进行了探讨和研究。至 1991 年，东北三省已举办了五届高等教育研究协作会。会议对过去一段时间的高等教育工作和下一步工作的开展进行了讨论交流。各地、各单位的高等教育研究机构举办的高等教育研讨会均推动了高等教育学理论的建设和研究机构的建设。

（二）成形阶段高等教育研究队伍的发展

高等教育研究机构是进行高等教育学理论研究的载体，研究人

---

① 云峰：《全国校际高等教育研究所(室)工作讨论会在厦门大学召开》，载《中国高等医学教育》，1989(4)。

② 潘懋元：《在全国校际高教研究所(室)工作讨论会上的总报告》，见《潘懋元高等教育文集》，59～63 页，北京，新华出版社，1991。

员构成了理论研究的主力。高等教育研究队伍的合理发展与质量提升，对高等教育学的理论探索是有益的。

随着高等教育办学规模的扩大，一方面，高等学校陆续建立高等教育研究机构，研究人员也在逐步增多；另一方面，高等学校调整师资规模，培养了一批从事高等教育的教师，其中一部分被吸纳进高等教育研究机构，成为专职或兼职研究人员。至 1990 年，我国高校设立的高等教育研究机构已达到 750 个左右，专职人员将近 3000人。[①]

潘懋元将这一阶段中国高等教育的研究队伍分为三部分：一部分是学校党政领导、管理干部，他们多有长期的高等教育管理经验；一部分是各门学科的教师，他们既有某一学科的理论知识与科研能力，又有或多或少的大学教学经验，有的还有一定的管理经验；还有一部分是近年来从高等教育研究所或师范院校教育系毕业的研究生、本科生，他们有系统的教育理论知识。潘懋元指出，中国高等教育研究队伍的特点是：教育专业科班出身者少，由其他专业或岗位转行搞高等教育研究者多；专职研究人员少，兼职或短期参加研究者多。[②]

从三部分研究人员的特点出发，我们还可以将从事高等教育学工作的人员分为两类：一类是专职人员，另一类是非专职人员。专职人员是教育学科班出身的教师、学者。他们的理论功底深厚，对教育理论，尤其是高等教育理论知之甚详，并能从这些理论出发来开展研究、指导实践，在高等教育学学科建设中起引领作用。非专职人员包括从事高校工作的干部和非教育专业出身的人员。他们一般没有接受过系统的教育学理论知识学习，但是拥有丰富的高等教

---

①　蔡国春：《院校研究与现代大学管理——美国院校研究模式研究与借鉴》，205页，北京，教育科学出版社，2006。

②　潘懋元：《高等教育研究的比较、困惑与前景》，载《高等教育研究》，1991(4)。

育实践经验，并对高等教育学理论研究的需求更大。这类人员的数量多于专职人员，是从事高等教育建设的主要力量。

对于造成高等教育研究队伍如此特点的主要原因，潘懋元认为，并不是高等教育学的历史短、培养不出专门人才、学科初建期学界参与度不高等。"主要的、本质的原因在于高等教育是一个多学科的研究领域，又是一门与社会各个领域直接联系的应用性很强的学科。它需要各种学科专家和有丰富的教育实践经验的教师与干部合作研究，而这个领域的研究工作对他们也有特殊的吸引力。因此，高等教育研究队伍由多学科专家、有经验的大学教师和行政人员组成，而且多数是兼职或短期参加研究者，可能是世界各国的共同特点。"①

这一阶段的高等教育研究队伍发展迅速，也存在从事行政工作过多、理论水平不高、队伍组织管理不当等问题。有研究者认为，建立一支强有力的高等教育科学研究队伍，是开展高等教育科学研究工作的重要保证。根据我国高校实际，必须建立一支专职与兼职人员相结合，以专职人员为主的研究队伍，坚持发挥群体研究合力的作用。专职人员数量不在多，贵在精。具体而言，第一，素质要高；第二，结构要合理，包括年龄结构、职称结构、专业结构和能力结构都要合理。②

这一阶段学者们对高等教育研究队伍建设的反思，有利于推动研究队伍的科学建设。

(三)成形阶段高等教育研究刊物的出版发行

高等教育研究刊物是高等教育研究工作者发表研究成果的主要阵地。研究刊物的发行数量、质量情况可以反映高等教育研究的情况，也可以反映高等教育学学科的建设状况。

---

①　潘懋元：《高等教育研究的比较、困惑与前景》，载《高等教育研究》，1991(4)。
②　王泽普、李化树：《谈高教研究机构的调整》，载《上海高教研究》，1990(3)。

　　高等教育研究机构和组织①普遍办有公开或内部发行的、定期或不定期的学术研究刊物。据不完全统计，此阶段全国高等教育刊物超过 400 种。② 可见此阶段高等教育刊物发展之迅速，也反映出高等教育领域工作者对高等教育发展的关注，希望通过举办研究刊物带动高等教育的研究发展。

　　根据研究范围的不同，有研究者提出，高等教育研究刊物大体可分为以下四类。③

　　第一类，以研究本校教育教学工作为主。这类刊物数量最大，占据全国高等教育研究刊物的主要部分。它们一般由高校的高等教育研究所（室）或教务处、科研处等单位负责编辑、发行。刊物名称种类繁多，以称"高教研究""高等教育研究""教育研究""教学研究"者居多，不少刊物还在这些文字前加上学校名称，如《南开教育论丛》《中山大学高等教育研究》《汕头大学教育文汇》等。也有不少学校通过主办学报的"高教研究版"或"高教研究增刊"来研究本校的教育工作。

　　第二类，以研究本地区高等教育为主。各省、直辖市、自治区高教学会都有自己的高等教育研究刊物。它们多数由省级高等教育研究所（室）或教育科学研究所具体承办，如《辽宁高等教育研究》（辽宁省高等教育研究所承办）、《吉林教育科学·高教研究》（吉林省高等教育研究所承办）、《高教探索》（广东省高等教育研究室承办）、《福建高教研究》（福建省高等教育研究室承办）等；少数委托高校的高等教育研究所（室）具体承办，如《云南高教研究》（云南大学高等教育研究室承办）等。这些刊物主要研究本地区的高等教育改革与发展

----

　　① 高等教育研究机构和高等教育学学术组织都举办研究刊物，为统一论述，本部分将二者合称为"高等教育研究机构和组织"。

　　② 潘懋元：《高等教育研究的比较、困惑与前景》，载《高等教育研究》，1991(4)。

　　③ 李均：《中国高等教育研究史》，203 页，广州，广东高等教育出版社，2005。

的实际问题，有一定地方特色；多数偏重政策研究和应用理论研究，少数比较重视基本理论研究。

第三类，以研究本行业或本专业高等教育为主。国务院有关部、委、总公司成立的高教学会或研究会以及各种专业研究会，一般都主办了高等教育研究刊物，但大多委托高校具体承办，少数由有关教育主管部门承办。这类刊物一般都冠以本行业本专业的名称，以限定研究的方向和范围，如《高等工程教育研究》（华中工学院承办）、《有色金属高教研究》（中南工业大学承办）、《煤炭高教研究》（中国矿业大学承办）、《建材高教理论与实践》（武汉工业大学承办）、《高等职业教育》（江汉大学承办）、《高等师范教育研究》（北京师范大学、华东师范大学承办）等。

第四类，以研究全国高等教育为主。原国家教委主办的《中国高等教育》和中国高等教育学会主办的《高等教育学报》就属此类。前者与 20 世纪五六十年代的《高等教育通讯》和《高教战线》一脉相承，以高等教育的政策宣传和政策研究为重点；后者则明确提出要开展高等教育理论研究，成为"高等教育工作者和理论工作者进行学术理论研究和交流的共同园地"。该刊创刊号特地刊登了《编者的话》，提出刊物主要刊载"国内外有关高等教育学术研究成果；发表高等教育研究方法论的著作和探讨高等教育未来与发展的文章；介绍有代表性的学术观点、学术流派及其代表性人物，以及新兴学科及其代表人物和著作；报道国内外高等教育学术理论研究的动态等"[①]。此外，一些大学和地方学会及行业办的高等教育刊物，在公开发行以后，逐渐拓宽研究范围，既研究本校，也研究全国乃至世界的高等教育，并重视高等教育理论研究。例如，华中工学院主办的《高等教育研究》、上海高等教育学会主办的《上海高教研究》等。

---

① 《编者的话》，载《高等教育学报》，1985(1)。

上述四类高等教育研究刊物囊括了高等教育的全部层面，不论是对何种对象开展研究，均为高等教育理论研究的开展和高等教育学的理论建设做出了贡献。

这一阶段，高等教育研究刊物也存在理论性不高、深度不够、创新性不足等问题。但高等教育改革与发展是一项长期的事业，在发展的前期，高等学校能够成立研究机构并创办研究刊物来进行理论研究和经验总结，对本校的发展及高等教育的发展是有益处的。随着改革的逐步深入，理论研究将向纵深方向前进，质量低下的刊物将自然被淘汰，届时高等教育研究刊物对高等教育的发展影响将更为突出。

此外，学界还曾多次举行会议，对高等教育研究刊物的质量提升问题进行沟通与交流。这些会议在一定程度上推动了高等教育研究刊物的进步与发展。①

三、成形阶段高等教育学学术组织的建设

在各地高等教育研究机构蓬勃发展的同时，各级各类高等教育学学术组织也得到了较大发展。

作为全国性高等教育学学术组织的中国高等教育学会成立以后，开展了不少组织管理工作，为高等教育学的繁荣发展做出了积极的努力。

1984 年 1 月，中国高等教育学会成立了秘书处，主要负责与各地高等教育学会的联络工作，召开每年一次的各地、各部门高等教育学会秘书长会议，编印《中国高等教育学会简报》，并进行一些调

---

①　相关会议有：全国省级高教研究期刊首次联席会议 1988 年 5 月 10 日至 12 日在扬州市召开；第二次全国省(市、区)级高教研究期刊负责人联席会议 1990 年 6 月 21 日至 23 日在天津市召开；由福建省高教学会、福建省省委高教室主办的部分省级高教研究期刊负责人座谈会 1991 年 6 月 4 日在福州市召开；由《广西高教研究》编辑部承办的全国省(市、区、部)级高教研究期刊负责人第三次联席会议 1991 年 7 月 2 日至 5 日在桂林市召开。

查研究工作。1985 年，秘书处创办《高等教育学报》(季刊)，并在《中国教育报》上开辟"高教园地"专栏。后该刊于 1992 年易名为《中国高教研究》，并改为双月刊。

1985 年 8 月 4 日至 10 日，中国高等教育学会第一届理事会暨学术讨论会在哈尔滨召开。出席会议的有中国高等教育学会全体理事，各省、自治区、直辖市高等教育学会负责人以及高等教育界的专家、学者等共 220 人，提交论文 100 多篇。中国高等教育学会会长蒋南翔主持会议。时任国务院副总理兼国家教委主任李鹏专门请国家教委副主任何东昌带给会议一封"致蒋南翔同志转理事会全体同志"的信，对大会表示祝贺。他说，理事会的许多同志都是中国教育战线的老前辈，有丰富的教学和管理经验。理事会的召开，"必能对正在进行改革的中国高等教育事业发挥重大作用！"①

会议代表学习了中央领导的有关重要讲话和《中共中央关于教育体制改革的决定》，讨论了"四有"人才培养和高等教育改革问题。②会议通过的《中国高等教育学会章程》，规定了学会的性质、宗旨、基本任务及其他基本事项。

1987 年 8 月 14 日，中国高等教育学会第二届会员代表大会暨学术年会在北京召开。会议产生了第二届理事会，选出理事 217 人，常务理事 50 人，选举蒋南翔为会长，何东昌、曾德林、黄辛白、季羡林、唐敖庆、钱令希、于北辰、汪家镠、韦钰为副会长，郝维谦为秘书长，许德贵、汪永铨、肖岩为副秘书长。③ 会议还举行了学术讨论会，学者们就两方面问题进行了学术交流：如何坚持四项基

---

① 任斌：《加强高等教育科学研究 促进高等教育事业健康发展——中国高等教育学会第一届理事会暨学术讨论会散记》，载《中国高教研究》，1985(2)。

② 任斌：《加强高等教育科学研究 促进高等教育事业健康发展——中国高等教育学会第一届理事会暨学术讨论会散记》，载《中国高教研究》，1985(2)。

③ 中国高等教育学会：《第二届理事会名单》，http://www.hie.edu.cn/overview_12570/20150119/t20150119_993122.shtml，2019-08-17。

本原则，坚持改革、开放、搞活的方针，坚持社会主义办学方向，培养有理想、有道德、有文化、有纪律的人才；深化教育改革，提高教育质量。[①]

1988 年，中国高等教育学会首次举办了"高等教育科学研究成果奖"评选活动，在各地高等教育学会和各专业研究会选送的 146 篇论文和 24 部著作中评选出一等奖 3 个、二等奖 9 个、三等奖 24 个，此外，还确定了表扬奖 62 个。《高等教育评价概论》（陈谟开主编）、《中国高等教育结构研究》（郝克明、汪永铨主编）、《比较高等教育》（符娟明主编）3 部著作获一等奖。[②] 这 3 部著作都是高等教育学分支学科的研究成果，体现出高等教育学学科在此阶段已为专家、学者所重视，学科建设成果得到了学术界肯定，对高等教育学的发展起到了积极作用。

在中国高等教育学会的统一组织下，各级各类高等教育研究学会、研究会等群众性组织在 20 世纪 80 年代中期以后发展迅速。这些组织可分为三大类。[③]

第一类，各省、自治区、直辖市成立的高等教育学会。1983 年中国高等教育学会成立时，有 9 个省、直辖市正式成立了高等教育学会，另有 8 个省和自治区成立了高等教育学会筹备组织。中国高等教育学会成立后，陕西、山西、福建、吉林、广西、甘肃、浙江、江苏、天津、内蒙古、广东、宁夏、贵州、江西、青海、河南、四川、海南陆续成立了高等教育研究会。截至 1989 年 1 月，全国有 27 个省、自治区、直辖市成立了省级高等教育学会。（此时除港澳台未统计外，尚未成立省级高等教育学会的有安徽、西藏和新疆。）

---

① 《中国高等教育学会第二届会员代表大会暨学术年会综述》，载《黑龙江高教研究》，1987(3)。

② 黄展鹏、赵健：《中国高教学会评选高教科研优秀成果奖揭晓》，载《高教研究》，1989(1)。

③ 李均：《中国高等教育研究史》，196 页，广州，广东高等教育出版社，2005。

第二类，国务院有关部、委、总公司成立的高等教育学会或研究会。1984 年以前，只有中国冶金高等教育学会（1981 年 12 月）、教育部部属高等工业学校教育研究协作组（1982 年 10 月）和机械工业高等教育研究会（1983 年 4 月）3 个。1984 年后，不少部委开始创办各类高等教育学研究组织，主要研究本行业高等教育改革与专门人才培养。到 1990 年年底，这类研究会达 15 个，不仅有冶金、机械、航空、有色金属、建材、电子、核工业、煤炭、能源电力、化工、水利等工业部门的研究会，也有公安、商业、林业、中医药等行业的研究会。

第三类，针对不同研究领域的专业研究会或学会。这类研究会在 1984 年以前是空白。1984 年中国高等教育学学科正式建立以后，随着高等教育学各分支学科的不断发展和对各类高等教育问题的深入研究，各种专业研究会应运而生。1984—1991 年成立的专业研究会有：高等教育管理研究会、高校思想政治教育研究会、新闻教育学会、高教发展战略研究会、高校师资管理研究会、高等师范教育研究会、高等职业技术教育研究会、高等工程教育研究会、高校后勤管理研究会、高校科研管理研究会、高校音乐教育学会、高校实验室工作研究会、体育研究会、高校基本建设学会、高教计划管理研究会、高校外国留学生教育管理研究会、高校招生研究会、产学合作教育学会、美育研究会、出国留学工作专业委员会、高校保卫学专业委员会、医学教育专业委员会、外语教学研究会等。

这一阶段的高等教育学学术组织不论规模大小、研究成果多少，都在根据各自的性质和特点，开展理论层面的研究和高等教育实践，推动高等教育学的发展。

第二节　成形阶段高等教育学学科理论研究

高等教育学的学科理论研究包括知识体系构建和学科理论建设，前者以《高等教育学》教材为载体，后者多以论文为载体呈现学术观点。聚焦这两个方面，我们对这一阶段高等教育学的理论建设进行研究。

一、以《高等教育学》教材为基础，对高等教育学体系的考察

我们以这一阶段出版的高等教育学代表性教材为例（见表 3.2），研究教材构建的知识体系及学科理论建设情况。

表 3.2　成形阶段的高等教育学代表性教材目录

教材	目录
郑启明、薛天祥《高等教育学》	第一章　绪论 第二章　高等教育的本质 第三章　我国社会主义的高等教育 第四章　大学生身心发展特征与教育 第五章　党的教育方针和高等学校的培养目标 第六章　高等教育学制和结构 第七章　高等学校的教学过程和教学原则 第八章　高等学校的教学内容 第九章　高等学校的教学方法和教学组织 第十章　研究生教育 第十一章　高等学校的科学研究 第十二章　高等学校的思想政治教育 第十三章　高等学校的体育、卫生和保健 第十四章　高等学校教师 第十五章　高等学校的图书资料情报工作 第十六章　高等学校的实验室和实习基地 第十七章　现代化教育技术 第十八章　高等学校的领导体制与行政管理
任宇《高等教育学选讲》	第一章　绪论——为什么要学高等教育学 第二章　高等教育的产生和发展 第三章　高等教育的性质和任务 第四章　专业设置和院系结构 第五章　高等学校毕业生的智能结构 第六章　大学教师队伍的建设

续表

教材	目录
任宇 《高等教育学选讲》	第七章　大学生的特点 第八章　大学教学的特点和规律 第九章　教学原则 第十章　教材建设 第十一章　教学方法 第十二章　科学研究 第十三章　结束语——新技术革命与高等教育
中央教育行政学院 《高等教育原理》	导　论 第一章　中国的高等教育 第二章　中国高等教育的体制、制度和结构 第三章　大学生的一般特征 第四章　大学生体育 第五章　大学生德育 第六章　大学生美育 第七章　高等学校教学 第八章　研究生教育 第九章　高等学校的科学研究 第十章　高等学校教师 第十一章　高等学校干部
田建国 《高等教育学》	**上编　高等教育基础理论** 第一章　绪论 第二章　高等教育的基本特点 第三章　高等教育的教育思想 第四章　高等教育的基本职能 第五章　高等教育的外部规律 **中编　宏观高等教育学** 第六章　高等教育的体制 第七章　高等教育的结构 第八章　高等教育的科类 第九章　高等教育的发展战略 第十章　高等教育的运行机制 第十一章　高等教育的横向联合 第十二章　高等教育的对外开放

续表

教材	目录
田建国 《高等教育学》	**下编　微观高等教育学** 第十三章　高等学校的德育 第十四章　高等学校的创造智育 第十五章　高等学校的体育 第十六章　高等学校的美育 第十七章　高等学校的社会实践 第十八章　高等学校的科学研究 第十九章　高等学校的管理 第二十章　高等学校的校风 第二十一章　高等学校的教师 第二十二章　高等学校的学生 第二十三章　高等学校的图书情报 第二十四章　高等学校的实验室
眭依凡、欧阳侃、李佛铨 《高等教育学》	绪　论 第一章　高等教育的本质和任务 第二章　高等学校的培养目标 第三章　高等教育的投资效益 第四章　高等教育体制 第五章　高等学校教学论 第六章　高等学校的课程与教材 第七章　高等学校的德育 第八章　高等学校的科学研究 第九章　高等学校的社会服务 第十章　高等学校教师论 第十一章　高等学校学生论 第十二章　高等教育评估 第十三章　高等教育发展论

续表

教材	目录
杨德广 《高等教育学概论》	绪　论 第一章　高等教育发展简史 第二章　高等教育的特点和功能 第三章　高等教育宏观管理体制和结构 第四章　高等教育的基本制度 第五章　高等学校的管理体制 第六章　高等学校的教师 第七章　高等学校的管理干部 第八章　大学生的身心特点和管理 第九章　研究生的培养和管理 第十章　高等学校的专业和课程 第十一章　高等学校的教学 第十二章　高等学校的德育 第十三章　大学生美育 第十四章　高等学校体育、卫生和军训 第十五章　科学研究与科技产业 第十六章　高等学校的后勤工作 第十七章　高等学校的图书情报资料 第十八章　高等学校的实验室和实习基地 第十九章　教育手段的现代化 第二十章　高等学校的国际交流 第二十一章　高等学校的评估
孙绵涛 《高等教育学概论》	绪　论 第一章　高等教育概论 第二章　高等教育的培养目标 第三章　高等教育的学制与结构 第四章　高等学校的专业及课程 第五章　高等学校的教师与学生 第六章　高等学校的教学 第七章　高等学校的科学研究 第八章　高等学校的思想政治教育 第九章　高等学校的管理

　　郑启明、薛天祥主编的《高等教育学》在章节和内容的逻辑结构安排上有自己的特色。该书分为五部分进行研究：第一部分为绪论；

第二部分包括第二章到第六章，研究高等教育的基本理论；第三部分包括第七章到第十三章，论述高等教育活动；第四部分包括第十四章到第十七章，论述办好高等学校的条件；第五部分包括第十八章，论述高等学校的领导体制与行政管理。

该书的体系与潘懋元主编的《高等教育学》相比，没有高等教育发展史和高等教育学研究方法的内容，新增加了第四部分办学条件，在高等学校办学和教育实践活动上着墨较多。二者在分论部分的内容也不相同，体现出不同作者对高等教育的不同思考。郑启明、薛天祥主编的《高等教育学》作为高校管理干部的培训教材，对高校管理方面自然有所侧重。

任宇的《高等教育学选讲》，主要是为高等学校理工科师生和研究生编写的。该书重视实用性，从高等教育基本理论、高等学校教学、高等学校科研三部分进行论述。书中论述的院系结构、大学教学原则、教材建设等，都体现出作者从高等教育实践出发，善于从实践中总结，进而生成关于高等教育的理论，最后纳入高等教育学的体系之中的特点。

中央教育行政学院编写的《高等教育原理》，虽名为"原理"，但实际上该书呈现的是较为规范的高等教育学体系，也是高等教育学的一部代表性著作。该书论述了高等教育的基本理论，包括高等教育历史、高等教育体制结构，又对大学生及体育、美育、德育进行了研究，随后论述了教学、科研、教师、干部等内容，体系完整，把握了高等教育的特点，适合作为教育管理干部培训教材。

田建国著的《高等教育学》是这一阶段高等教育学教材中体系独特的一部著作。该书将基础理论与实践活动相结合，将宏观与微观相结合，且更多地着眼于高等教育实践，从整个高等教育系统来考察高等教育活动，视野更为开阔。作者具有很好的宏观思维，能够站在中国的高起点上思考高等教育，较为彻底地摆脱了普通教育学的束缚，更加突出高等教育学的实践性特点。该书中的发展战略、运行机制、横向联合、对外开放等部分对后来的高等教育学教材编写起到了一定的影响。

眭依凡、欧阳侃、李佛铨编著的《高等教育学》较之前的高等教育学教材而言，最大的特点在于撰写了"高等教育的投资效益"和"高等教育评估"两章。"高等教育的投资效益"论述了高等教育投资的性质和来源、比例和分配、高等教育投资的内部和外部经济效益。"高等教育评估"论述了教育评估的概念和分类以及高等教育评估的目的和作用、步骤和方法、课程评估和教学质量评估。这是首部将高等教育经济理论写入高等教育学的著作，也是首部论述高等教育质量的教材，体现出作者对当时社会背景下高等教育的经济效益和高等教育的质量问题的思考。

杨德广主编的《高等教育学概论》将重点放在高等学校的组织、运行和管理上。该教材所论述的高等教育理论均由高等学校作为实践载体，这一点与其他著作不同。该书认为，高等教育学是研究和探索高等教育规律的科学，是反映高等教育性质、任务的科学，是提高干部专业化水平的科学，是提高教师教学质量的科学。①

孙绵涛主编的《高等教育学概论》是面向高校教师的一部教材，在内容体系的安排上更加注重高等学校教师的工作实际，对高等学校教学、科学研究、思想政治教育进行了专门论述，没有涉及与高校教师教学关系不大的研究生教育和高等教育学的研究方法。该书分绪论、总论和分论三部分。总论包括第一章到第五章，分论包括第六章到第九章。

这一阶段的教材是学者们对高等教育进行系统研究的成果。一方面，他们从高等教育出发来构建知识体系；另一方面，他们仍对

---

①　杨德广：《高等教育学概论》，12～13页，上海，上海交通大学出版社，1991。

普通教育学的体系框架进行了较多的参考。两方面看似是矛盾的，但实际上它们共同作用于高等教育学的教材编写，具体如下。

从高等教育出发来构建知识体系。这一阶段的教材所构建的知识体系，基本能够体现出高等教育的特点，部分著作还对高等教育学的研究对象、性质、任务和研究方法进行了专门论述，体现出学者们学科意识的增强，从高等教育学学科的角度出发思考高等教育学体系构建问题，而不仅仅是从高等教育实践或师资培训的需要出发。

对普通教育学的体系框架进行了较多的参考。在高等教育学学科理论研究尚未全面铺开之时，如果没有对高等教育的规律形成系统认识，是不可能完全独立于教育学体系去构建一个逻辑自洽的高等教育学体系的。在这一阶段，学者从普通教育学中演绎生成高等教育学的体系，对于快速进入这个学科，去探寻和发现高等教育学的规律，是有一定积极意义的。最基本的是，学者不会脱离教育学而存在。随着学科知识的不断丰富、学科理论的不断完善，学者能够探寻到高等教育学学科体系建设的逻辑起点，由此逐步建立独特的高等教育学体系。

二、以高等教育学学术论文为基础，对高等教育学理论的考察

这一时期，研究者们针对高等教育学学科理论的探讨并不多，据已有资料，仅有如下文章涉及高等教育学的理论建设问题：李文长，《浅议高等教育学学科建设》，载《江苏高教》，1989 年第 3 期；周川，《历史的选择与历史的局限——对我国高等教育科学研究的几点思考》，载《高等教育研究》，1990 年第 4 期；张国忠、方苏彬，《高教研究脱离学校实际工作的问题及对策》，载《江苏高教》，1991 年第 4 期；张祥云，《论高校对教育范畴的突破及其认识意义——对高等教育学研究对象特殊性的理论探讨》，载《上海高教研究》，1991 年第 2 期。

　　李文长在其文章中对高等教育学的学科性质、研究对象、理论体系的构建等做了讨论。①

　　关于高等教育学的学科性质和研究对象，李文长指出，高等教育是学校教育发展到一定阶段的产物，是学校教育体系中的高级层次；高等教育学则是教育科学发展到一定水平的结果，是教育科学研究的一个特殊领域。从学科的基本性质看，高等教育学是教育科学的一门分支学科，它有自己特定的研究任务和对象，就是揭示高等教育产生和发展的客观规律。承认高等教育学是教育科学的一门分支学科，就意味着我们必须从教育科学的整个体系来着眼，以反映高等教育的特殊属性为重点，设计、确定高等教育学的理论框架和基本内容。一方面，高等教育学的学科建设必须以马列主义关于教育现象的基本观点为指导，以教育原理、教学论、德育论等学科为理论基础，遵循教育科学的基本概念体系；另一方面，高等教育学又必须紧紧把握自己的研究对象，紧扣高等教育的特殊属性，努力形成自己的学科特点。相对于其他层次的学校教育，高等教育的特殊属性是一种客观存在。关于现代高等教育的特殊属性，有一种观点比较流行，即高等教育相对于普通教育的基本特点有两个：一是性质任务的特点，就是说高等教育以培养专门人才为目标；二是教育对象的特点，即教育对象的身心发展已趋于成熟。

　　李文长分析了高等教育学学科体系的改造和创新中的逻辑起点和方法论问题。

　　第一，关于逻辑起点问题。所谓逻辑起点，就是一门学科的起始范畴。它从根本上决定着该学科的研究方向和内容，是统领整个学科体系的重心，是一门学科形成其特点的基础。他认为，分析教育的本质必须把重点放在培养人的问题上，因为培养人是教育区别

────────────

　　①　李文长：《浅议高等教育学学科建设》，载《江苏高教》，1989(3)。

于其他社会现象的特质，是贯串教育目的、教育过程和教育管理的主线，是人们分析教育者、受教育者和教育媒介的始终目的所在。以此为核心考虑高等教育学的理论体系，更符合客观事物的内在规律，从而求得更顺畅的逻辑结构。高等教育学的学科建设如果能在这方面进行积极努力，就有可能突破现有学科体系的雷同与呆板，推动整个教育科学的改造工作。

第二，关于方法论的问题。毫无疑问，高等教育理论的学科建设应该遵循辩证唯物主义和历史唯物主义的方法论原则。但是，这并不排斥运用其他带有方法论性质的学科来分析高等教育现象。在当代，信息论、控制论和系统论（俗称"三论"）等学科逐渐趋于统一，综合为具有一般方法论意义的横断学科，并且在众多的研究领域得到了广泛应用。研究问题的新角度和分析问题的新方法，使不少学科的逻辑结构和基本内容得到了改造和完善。然而，教育科学对方法论革新的反映从整体上看是迟钝的，运用"三论"分析教育现象，特别是运用"三论"进行教育科学系统改造的尝试很少见。人们感觉到，我国高等教育理论的学科建设也缺乏一种运用新的方法论进行全新的学科体系设计的勇气，缺乏一种与人类科学整体发展水平相适应的时代感。这种状况不加以根本改变，我们的高等教育基本理论就将长期徘徊在现有水平上。运用新的方法论分析教育现象，就意味着要赋予不少概念以新的含义，意味着理论结构的重新组合。这种新思维并不是要否定现存的一切，而是要通过不同学科体系之间的比较和借鉴来开阔思路，深化研究。高等学校学科门类齐全，具有很强的综合力量，所以完全有可能通过高等教育理论的学科建设工作来带动整个教育科学的改造和完善。

李文长在此基础上，分析了高等教育理论的学科建设须做好的几方面工作，并提出其目的在于努力形成中国的特色和反映高等教育的实际。他认为，从我国高等教育理论与实践的现状看，在当前要着重抓好以下工作。

其一，系统、科学地总结我国高等教育的发展历史。要准确把握我国高等教育的独特性，形成有关方面的理论特色，就必须在更为广阔的文化环境和民族心理的基础上研究历史。系统、科学地总结历史是高等教育理论学科建设的一件基础性工作。要建成具有中国特色的高等教育理论体系，就必须将其根植于我们自己的实践土壤，重视历史研究。

其二，研究和回答现实问题。高等教育学的基本任务之一，是要建立一个完整、严密的概念体系，要有大量的理论思辨，因为这是一门学科形成的标志。但是，这种概念体系和理论思辨不能脱离高等教育实践所面临的问题，否则就难以在教育实践中发挥作用，从而降低其存在的价值。在大环境方面，中国共产党确立了社会主义初级阶段理论，制定了改革开放发展战略，社会主义初级阶段高等教育的性质、任务及内部运行机制方面的特征都是高等教育理论必须回答的问题。

其三，大力加强教育实验。不少人认为，缺乏长期、系统的教育实验，是我国教育理论贫乏的根本原因之一。李文长认为，高等教育在这方面的情况更甚。长期以来，我国高等教育不重视对自身的研究。除师范院校以外，各高等院校对各种专门人才的培养教育作为一个特殊的研究领域，还重视不够，缺乏专项研究。应该承认，近几年来情况已发生了很大变化，不少高等学校开始重视对高等教育、对人才培养、对自己学校本身的研究。但是，这些研究大都是随机的和片断的，还很少看到经过周密设计和组织安排的系统化的教育实验，所以有特色的、系统化的理论认识就无从谈起。教育实验是建立系统教育理论的最基本方法，在一定意义上说也是必需的方法。世界上大凡有所建树的教育理论，都有长期、系统的教育实验做基础。所以说，教育实验是高等教育理论学科建设中要大力加强的一项工作。

张祥云在其文章中对高等教育学的研究对象进行了研究。他认为，高等教育学作为一门独立学科确定下来，正像社会科学园地中其他许多学科的产生一样，即便我们还没有来得及清楚地理解这一学科研究对象特殊性的含义，作为学科，它却已经存在了。研究对象本身只有伴随着研究工作的不断深入，才能逐步从本质上被人们掌握。处在不成熟时期的高等教育学研究，对学科研究对象存在不同的理解和不同的理论视角都是符合科学发展历史逻辑的。①

张祥云指出，许多学科的产生，来自社会需要的动力往往大于来自学科内在逻辑的力量。学科产生的意义，不仅在于其科学理论本身逻辑性和科学性的完美程度，还在于它符合社会的"应激"要求，更重要的是它能唤起一大批有志于此的科学研究工作者投身其中，并构成学科名义下的组织和集团，共同开发这块处女地。随着研究的拓展，高等教育学学科的科学化建设问题日益受到关注。为此，一方面，我们应着力研究高等教育出现的诸多问题；另一方面，我们又必须常常有意识地思考高等教育学学科性质及其研究对象矛盾的特殊性问题，从而保证研究方向的正确性。

从对历史和现实的考察可知，高校从单纯的教育实体逐步发展成更加复杂的拥有多结构、多职能、多目标的社会实体。这一历史性变化是在高校作为教育实体的两个基本特点即性质任务上表现为高级专门人才教育和教育对象上表现为趋于成熟的青年大学生的基础上②，通过社会的作用及其自身内在逻辑的演化，使高校系统作为一个社会实体，受到多种规律的相互作用而实现的。若要达到探讨"高等教育"（把它作为实体来看）整体的发展规律之目的，我们在

---

① 张祥云：《论高校对教育范畴的突破及其认识意义——对高等教育学研究对象特殊性的理论探讨》，载《上海高教研究》，1991(2)。

② 潘懋元：《高等教育学讲座》，"绪论"，北京，人民教育出版社，1983。

理论视角上势必不仅将高校作为教育实体，而且应该把它作为一个复杂而各因素相互制约的社会实体来看待。

从本学科建立的初衷看，高等教育学确实是把大学整体发展观律的探究作为其重要任务的。只有超越普通教育学研究定式的束缚，以自身"问题逻辑"为线索，借助多学科丰富的理论资源（理论及方法），使以研究"大学"为己任的高等教育学更富创造性，才可能在理论上"驾驭"高校的根本性问题（如五大矛盾等）。

有研究者对高等教育学自身建设中出现的问题进行了讨论。张国忠、方苏彬在文章中指出，高等教育研究脱离学校实际工作的原因之一在于高等教育学作为一门年轻的学科，过分强调它的实用性、指导性，既不客观，又无现实意义。高等教育学作为一套科学理论体系，对教育工作的指导和影响是从普遍意义而言的。同时，这种普遍的影响又具有滞后性，不可能在短期内迅即见效。客观上应对高等教育研究的作用有一个比较科学的认识，不能机械地依靠它来解决学校的一切具体问题，否则，就会陷入教条主义的泥坑而不能自拔。况且，高等教育学自身的许多理论还不成熟，不少思想仍存争议。因此，过分强调其实用性是不科学的，也是不现实的。鉴于此，加强和改善高等教育研究工作，使之更符合高校的现实情况及要求，需要加强高等教育学的学科建设，吸取其他学科以及国外高等教育理论的营养与精髓，为该学科的应用研究与开展提供更有效、更有说服力的理论依据。根据高校实际工作的需要及要求，重新建构高等教育学的学科体系，下大力气解决好理论与应用各为"一张皮"的问题，是该学科自身建设的首要目标之一。为此，高等教育研究必须认真吸取其他学科以及国外高等教育理论的有益经验，调整和充实自身的知识框架。同时，还必须深入学校实际工作，把那些成功的经验与做法上升到理论高度，为其学科建设提供更具体的理论参照系。此外，在高等教育理论体系之中还应该适当加大应用理论的分量和比例，使高等教育由理论科学逐渐转向理论科学与应用科学相结合，以适应学校实际工作的需要，尽可能地提高该学科的实用价值。①

　　周川在文章中提出，10 年来，我国高等教育科学研究中所取得的一些比较重要的成果，都与其研究者凭着敏锐的头脑和眼光发现并提出了有价值的问题分不开。然而，令人遗憾的是，从总体上看，高等教育科学研究者所提出的问题范围还不够广泛，矛盾还不够尖锐，水平还不够上乘，创新还不够明显，意义还不够深远。少数研究者不是踏踏实实地研究问题，而是热衷于"创立"新学科、"构建"新体系。对此，他认为，提倡高等教育研究者"多研究点问题，少创造点体系"是很有必要的。②

　　可以说，此阶段的高等教育学理论建设仍处在缓慢前行中，研究者对高等教育学这一新兴学科的认可度及投入度决定了这门学科的未来发展。随着 1992 年全国高等教育学学科建设研讨会的召开，越来越多的学者开始关注高等教育学的理论建设问题，为学科的发展提供了理论支持。

第三节　成形阶段高等教育学主要分支学科建设

　　在高等教育学各分支学科中，只有高等教育管理学和高等教育史是在 20 世纪 80 年代初期建立的，其余绝大多数分支学科是在高等教育学学科成形阶段建立起来的。具体见表 3.3。

----

　　①　张国忠、方苏彬：《高教研究脱离学校实际工作的问题及对策》，载《江苏高教》，1991(4)。
　　②　周川：《历史的选择与历史的局限——对我国高等教育科学研究的几点思考》，载《高等教育研究》，1990(4)。

表 3.3　成形阶段高等教育学部分分支学科首部著作

部分分支学科	首部著作
大学德育论	朱江、张耀灿:《大学德育概论》,湖北教育出版社,1986。
大学教学论	陈列、陆有德、袁君毅:《大学教学概论》,浙江大学出版社,1987。
比较高等教育	符娟明:《比较高等教育》,北京师范大学出版社,1987。
高等教育心理学	方益寿:《高等学校心理学》,山东大学高校干部进修班,1985。
高等教育经济学	孟明义:《高等教育经济学》,教育科学出版社,1991。
高等教育结构学	齐亮祖、刘敬发:《高等教育结构学》,黑龙江教育出版社,1986。
高等教育评价学	杨异军、庞德谦、邓忠良:《高等教育评价原理与方法》,宝鸡师范学院,1987。
高等师范教育学	周复昌等:《高等师范专科教育概论》,浙江大学出版社,1988。
高等工程教育学	王冀生:《高等工程教育概论》,电子科技大学出版社,1989; 谢祖钊等:《高等工程教育概论》,北京航空航天大学出版社,1989。
成人高等教育学	叶忠海、高本义:《成人高等教育学》,辽宁教育出版社,1989。
高等职业教育学	叶春生:《高等职业技术教育概论》,南京出版社,1991。
研究生教育学	李煌果、王秀卿:《研究生教育概论》,科学技术文献出版社,1991。

　　以下对高等教育史和高等教育管理学的学科研究情况,比较高等教育学、大学教学论、高等教育评价学及高等工程教育学等分支学科的创建与学科研究情况分别进行简要论述。

一、成形阶段高等教育史学科建设

　　我们从高等教育史的问题研究和高等教育史的学科建设两个方

面对这一阶段的高等教育史进行考察。

这一阶段关于高等教育史的问题研究，主要集中在中国高等教育史、外国高等教育史和高等教育专题史三个方面，其研究成果均在不断增多。

（一）中国高等教育史研究

学者们发表的论文和出版的著作已有百余部，涉及的主题多样，内容丰富。

1991 年，刘一凡著的《中国当代高等教育史略》由华中理工大学出版社出版。该书对中华人民共和国成立 40 年来高等教育的历程做了总体的、纵向的回顾及展望，并对中国台湾、香港和澳门的高等教育进行了介绍。

这一阶段出版的相关著作还有曲士培著的《抗日战争时期解放区高等教育》（北京大学出版社 1985 年版），王梦凡、刘殿臣著的《旧中国高等教育史话》（内蒙古教育出版社 1991 年版），刘光主编的《新中国高等教育大事记（1949—1987）》（东北师范大学出版社 1990 年版）等。赵先寿、陈列等人发表了相关论文。①

（二）外国高等教育史研究

这一阶段的研究主要是关于外国高等教育发展、外国大学、人物高等教育思想的研究。

1985 年，王清华编的《苏联高等教育的历史和现状》由吉林教育出版社出版。该书将苏联高等教育的历史按十月革命划分，对其历史与现状进行了考察。1989 年，陈学飞著的《美国高等教育发展史》由四川大学出版社出版。该书对美国在 1636—1988 年的高等教育发

---

① 赵先寿：《简论中国古代的高等教育——兼与潘懋元先生"古代无高等教育"之说商榷》，载《湖北大学学报（哲学社会科学版）》，1990(2)；陈列：《高等教育的历史演进》，载《高等教育研究》，1988(3)。

展进行了论述。周川、周一民等人发表了相关论文。①

在外国大学的研究上，代表性论文有《柏林洪堡大学的今昔》《中世纪的欧洲大学》等。② 著作方面，1986 年，湖南教育出版社出版了"世界著名学府丛书"。该丛书选介的世界著名 60 所学府中，有属于发达国家的，也有属于发展中国家，包括中国的；有历久常新的传统名校，也有异军突起的后起之秀；有百科齐全的巨型大学，也有独树一帜的专科学院。选题不拘一格，但求既体现"世界"之广，又切合"著名学府"之实。③ 至 1991 年，丛书已出版介绍了巴黎理工学校、筑波大学、加利福尼亚大学、哥廷根大学、牛津大学、柏林洪堡大学、莱顿大学、朱拉隆功大学、爱兹哈尔大学、索菲亚大学、哈佛大学、悉尼大学、哥本哈根大学、多伦多大学、法国国家行政学院、剑桥大学、乌普萨拉大学、伊利诺伊大学、慕尼黑大学、康乃尔大学、海德堡大学、布鲁塞尔自由大学、莱比锡大学、雅西库扎大学、大阪大学等多所学校。

关于人物的高等教育思想，曾宁波、洪明、周川、吴志宏等学者发表了一系列论文，对洪堡、赫钦斯、怀特海等人进行了研究。④

（三）高等教育专题史研究

这一阶段，有多所高校对校史进行了研究，并将其成果编辑出版，如北京大学、清华大学、上海交通大学、复旦大学、山东大学、南开大学、天津大学、南京大学、厦门大学等。

---

① 周川：《试论外国古代"高等教育"的萌芽》，载《上海高教研究》，1989(3)；周一民：《美国高等教育史上的创举》，载《上海师范大学学报(哲学社会科学版)》，1992(3)。

② 张崇智：《柏林洪堡大学的今昔》，载《国际论坛》，1988(2)；舟辑：《中世纪的欧洲大学》，载《上海师范大学学报(哲学社会科学版)》，1990(3)。

③ 《〈世界著名学府〉丛书》，载《外国教育动态》，1987(1)。

④ 曾宁波：《试论洪堡的高等教育思想》，载《外国教育动态》，1991(6)；洪明：《赫钦斯教育思想述评》，载《福建师范大学学报(哲学社会科学版)》，1989(3)；周川：《洪堡精神与发达国家大学生的求学之道》，载《苏州大学学报》，1986(2)；吴志宏：《怀特海教育思想述评》，载《华东师范大学学报(教育科学版)》，1985(4)。

　　1988 年 12 月，第一届全国高校校史研讨会在厦门大学举行。1990 年 10 月，第二届全国高校校史研讨会在西安交通大学举行。大会围绕新中国成立后我国高等教育发展和有关方针政策问题进行了探讨。时任国家教委研究员、原高教二司司长刘一凡认为，在校史研究中要运用科学的方法，把高等学校置于社会的大系统中去观察，同时又要把高等学校置于教育的子系统中去衡量。[①] "对高校校史的研究是高等教育历史研究的重要基石"[②]，开展校史研究对高等教育理论研究有所帮助，应在遵循一定原则的基础上加深相关研究。

　　在这一阶段，还有学者和单位对中国各地区的高等教育史进行了研究。例如，朱仇美主编的《安徽高等教育概况（1949—1984）》（安徽师范大学出版社 1985 年版），朱锦鎏等编的《广东高等教育（1949—1986）》（广东高等教育出版社 1988 年版），赵立法编著的《山西高等教育简史》（山西人民出版社 1989 年版），王纯山主编的《辽宁高等教育四十年（上册）：历程与成就》（辽宁大学出版社 1989 年版）等。

　　除大学校史研究和地区高等教育史研究外，还有关于科举、书院制度、教会大学、留学教育、研究生教育、近代大学、高等工科教育等方面的研究。代表性著作有：王道成著的《科举史话》（中华书局 1988 年版），张正藩著的《中国书院制度考略》（江苏教育出版社 1985 年版），杨慎初等著的《岳麓书院史略》（岳麓书社 1986 年版），李才栋编著的《白鹿洞书院史略》（教育科学出版社 1989 年版），美国卢茨著、曾钜生译的《中国教会大学史（1850—1950）》（浙江教育出版社 1987 年版），黄新宪著的《中国留学教育的历史反思》（四川教育出版社 1991 年版），陈学恂、田正平编的《中国近代教育史资料汇编·留

---

　　① 　刘一凡：《关于研究和编写高等学校校史的几个问题》，载《高等工程教育研究》，1991(2)。

　　② 　陈学飞：《外国高等教育史研究五十年回眸》，载《高等教育研究》，1999(5)。

学教育》(上海教育出版社 1991 年版)，刘晖等编著的《二十国研究生教育》(北京师范大学出版社 1989 年版)等。论文方面，王立新、徐以骅、曾钜生、郑登云、黄新宪、章炳良等学者发表了相关文章。①

这一阶段，学者们重点着眼于高等教育史的问题研究，对高等教育史的学科建设没有特别重视，唯一的亮点是再版了熊明安的《中国高等教育史》。该书于 1983 年出版后，国家教委文科教材办公室决定将该书列为高等学校教育类专业的教学参考书，并要求重新编写后出版。因此，经修订，1988 年，《中国高等教育史》由重庆出版社出版。该书增加了一些新史料，修正了原书的某些观点，并介绍了一些高等教育家。除此之外，该学科似无其他研究著作出现，高等教育史学科理论亟待发展。

二、成形阶段高等教育管理学学科建设

高等教育管理学创建于 20 世纪 80 年代初，是一门与高等教育改革实践联系最为紧密的学科。1985 年颁布的《中共中央关于教育体制改革的决定》推动了高等教育的发展，也提出了加强高等教育管理理论研究的要求。在此背景下，高等教育管理学的学科建设和在高等教育管理学下开展问题研究显得愈发重要。

我们从高等教育管理学的著作出版、论文发表和学术交流三方面来研究学科建设情况。

---

① 王立新：《美国教会在华高等教育事业的考察》，载《上海社会科学院学术季刊》，1991(4)；徐以骅：《基督教在华高等教育初探》，载《复旦学报(社会科学版)》，1986(5)；曾钜生：《西方教会在华办学问题初探》，载《杭州大学学报(哲学社会科学版)》，1987(4)；郑登云：《同文馆与京师大学堂——我国近代高等教育的发轫与确立》，载《上海高教研究》，1986(4)；黄新宪：《从华南女子大学到华南女子文理学院——对旧中国一所著名教会女子大学的考察》，载《教育科学》，1990(3)；章炳良：《我国近代高等工科教育的发展与教学改革》，载《辽宁高等教育研究》，1985(6)。

（一）高等教育管理学著作出版情况

高等教育管理学的著作包括三个层面：一是高等教育管理学的理论研究，例如，于北辰主编的《高等教育管理学》（上海交通大学出版社1988年版）等；二是对具体的高等教育管理问题的研究，包括对某一方面的具体研究，例如，许新东主编的《高等学校后勤管理》（南京大学出版社1985年版），刘玉柱主编的《高等学校教学管理》（山东大学出版社1986年版），梁其健、姜英编著的《高校科研管理概论》（华中师范大学出版社1987年版），曾绍元主编的《高等学校师资管理概论》（职工教育出版社1990年版），区社能、谭天健主编的《高等学校人事管理概要》（广东高等教育出版社1991年版）等；三是对高等教育改革实践的研究，例如，刘道玉等著的《高等教育改革的理论与实践》（武汉大学出版社1986年版），刘鹏主编的《高等学校校长负责制浅论》（辽宁大学出版社1986年版）等。

除上述著作外，这一阶段出版的高等教育管理学理论研究著作主要有以下几种。

夏书章编的《高等教育管理学讲话》1985年由山西人民出版社出版。该书包括15讲，研究了以下内容：高等教育管理学的研究对象、研究内容、研究意义和研究方法，高等教育管理的特点、指导思想、领导体制和管理体制、基本原则、组织机构，高等教育中的教学管理、科研管理、思想政治工作和人事工作管理、后勤工作管理，高等教育管理中的机关管理、工作程序、方法、态度和作风，高等教育管理的改革问题等。

余立、薛天祥主编的《高等教育管理学体系》1988年由教育科学出版社出版。该书研究了以下内容：高等教育管理学的理论基础、体系、研究对象和范围、概念，高等教育管理的本质、特点、基本原则，高等教育管理学的研究方法，高等教育管理手段现代化，高等教育管理者，美国高等教育管理体制。

薛天祥著的《高等教育管理学导论》1990 年由教育科学出版社出版。该书研究了以下内容：高等教育管理发展的历史和现状，高等教育管理学的研究对象、性质和方法，高等教育系统论、目的论、本质论、原则论，高等教育管理的计划技术、组织技术、领导技术、控制技术等。

邓晓春著的《现代高等教育管理学》1990 年由职工教育出版社出版。该书对现代高等教育管理基础、管理程序、管理方法和管理者进行了研究。

此外，还有未以"学"命名，但仍属高等教育管理学理论研究的著作，包括：余立主编的《大学管理概论》(复旦大学出版社 1985 年版)，邓晓春编的《高等教育管理概论》(辽宁人民出版社 1985 年版)，陶增骈主编的《高等教育管理原理》(辽宁人民出版社 1987 年版)，陈谟开主编的《高等学校管理专论》(吉林教育出版社 1988 年版)，王润主编的《高等学校管理》(北京师范大学出版社 1989 年版)，李同明、罗林主编的《大学管理研究》(华中师范大学出版社 1989 年版)，侯德彭等主编的《现代大学管理原理》(广西教育出版社 1990 年版)等。

(二)高等教育管理学论文发表情况

此阶段，杨永清、李放、陶增骈、魏贻通等研究者对高等教育管理学的学科理论进行了探讨。①

有研究者认为，高等教育管理学是一门新兴的应用学科，是在高等教育管理实践经验基础上形成的理论体系，不仅与整个教育科学有着密切联系，而且涉及社会科学和自然科学的很多分支学科。②

---

① 杨永清：《高等学校管理学是一门科学》，载《南昌大学学报(人文社会科学版)》，1986(2)；李放：《高等教育管理学的方法论浅议》，载《辽宁高等教育研究》，1986(5)；陶增骈：《关于高等教育管理学的体系》，载《辽宁高等教育研究》，1987(2)；魏贻通：《简论高等教育管理学的科学体系》，载《有色金属高教研究》，1988(2)。

② 李放：《高等教育管理学的方法论浅议》，载《辽宁高等教育研究》，1986(5)。

有研究者认为，高等教育管理学属于应用科学，体系应当具备整体性、规律性和逻辑性特征，具体而言，应包括 3 个维度 9 个方面的内容：高等教育管理学的一般理论、科学依据，高等教育管理目标论、组织论、过程论、原则论、方法论，高等教育领导艺术论和高等教育的管理人员。[①]

有研究者认为，高教管理学作为一般管理学的一门应用学科，实际上是一般管理学的基本理论在高等教育这一特定领域的具体化。高等教育管理学的体系应首先是总论，包括高等教育管理的性质、职能、地位、作用等；然后是分论，包括各项任务的管理和各种工作部门的管理。[②]

此外，有研究者对高等教育管理的实践问题进行了研究。[③]

(三)高等教育管理学学术交流情况

1984 年 11 月 26 日至 12 月 1 日，中国高等教育管理研究会成立会暨学术讨论会在北京召开。出席会议的专家、学者从以下几方面进行了探讨：新技术革命与高等教育管理改革，"三个面向"与高等教育改革的关系，高等学校领导者的素质及其结构，高等学校的教学、科研、思想政治工作及后勤管理等。

1985 年 12 月 16 日至 21 日，中国高等教育管理研究会第二次学术讨论会在柳州召开。出席会议的专家、学者就"校长负责制"和"高校领导者素质"两个专题进行了讨论和交流。

---

① 陶增骈：《关于高等教育管理学的体系》，载《辽宁高等教育研究》，1987(2)。
② 魏贻通：《简论高等教育管理学的科学体系》，载《有色金属高教研究》，1988(2)。
③ 邵金荣：《改革高等教育管理体制的重要一步》，载《高教战线》，1985(7)；孟明义：《略论我国高等教育的管理体制改革与对外开放》，载《社会科学》，1987(2)；金家琅：《高等教育管理的本质、任务与原则初探》，载《黑龙江高教研究》，1987(2)；刘道玉：《高等教育宏观管理的几个问题》，载《上海高教研究》，1987(3)；冷余生：《试论高等教育管理的本质特点》，载《高等教育研究》，1988(2)；缪进鸿：《从对高等学校结构和特性的剖析看高等教育管理改革问题》，载《高等师范教育研究》，1989(3)；邬志辉：《现代高等教育管理研究方法的发展趋势及有关方法论问题》，载《上海高教研究》，1990(4)。

1987 年 4 月 13 日至 18 日，全国高等教育管理理论体系研讨会在华东师范大学召开。与会代表就高等教育管理学的理论体系、学科性质、学科特点、对象领域、理论基础、基本原则、方法论等问题进行了热烈讨论。讨论的重点在理论体系上，代表们提出了 11 种不同的高等教育理论体系，包括工作体系、职能体系、系统体系、"九论"体系、"十大项"体系、以"三论"为主体的"四论"体系、纯理论体系、"三个层次"体系、"四论"体系、"树根型"体系、"三大块"体系。[①]

从研讨会后的著作出版情况来看，余立和薛天祥主编的《高等教育管理学体系》、薛天祥著的《高等教育管理学导论》、邓晓春著的《现代高等教育管理学》等著作都受到了研讨会的启发。

在学术交流活动上，学者们发表观点，沟通看法，有效推动了高等教育管理学学科理论的建设进程。

三、成形阶段比较高等教育学学科的初创与建设

20 世纪 80 年代中期以后，随着高等教育体制改革的展开，许多领域在对外国经验的了解和借鉴方面显得尤为迫切。正是在这个背景下，比较高等教育研究获得了较大发展。

（一）比较高等教育学学科的正式建立

1985 年 5 月，北京师范大学符娟明和陈树清合作翻译了美国学者阿特巴赫的《比较高等教育》。原著成书于 1979 年，是世界比较高等教育研究的经典文献。作者在介绍比较高等教育学学科发展状况、分析国际性高等教育危机以及大学的制度和办学模式的基础上，对高等教育的计划工作、教授职务、管理、大学与社会的关系、学生的行动主义、第三世界的高等教育 6 个专题进行了研讨，并对 20 世纪 70 年代高等教育改革的主要问题和今后比较高等教育研究的方向

---

① 张真弼：《全国高等教育管理理论体系研讨会综述》，载《高等教育研究》，1987(3)。

进行了简要论述。① 这本著作的翻译、出版，对中国比较高等教育学学科的建立产生了直接影响。

1987 年 6 月，由符娟明担任主编，迟恩莲、周蕖担任副主编的《比较高等教育》由北京师范大学出版社出版。该书选择了苏联、美国、法国、日本、联邦德国 5 个国家作为对象，在高等教育发展、高等教育结构、高等学校招生制度、高等学校本科生教学、高等学校科学研究、高等学校研究生教育、高等学校师资、高等教育管理 8 个方面分别进行比较研究。每个方面均先对 5 个国家的情况分别阐述，然后再进行综合比较。与之前翻译的阿特巴赫的《比较高等教育》相比，这本书从中国高等教育改革需要出发，分析各国不同的教育体制和发展模式，突出了中国高等教育事业发展的要求。

符娟明主编的《比较高等教育》是中国学者独立编写的第一部比较高等教育著作，标志着中国比较高等教育学学科的正式建立。1990 年该书经过修订和改编，以《比较高等教育教程》为书名再次出版。

这一阶段，关于比较高等教育学的学科建设问题，潘懋元提出了自己的观点和看法。他认为："广义的比较高等教育，可以说是与高等教育学同时产生的。"比较高等教育不一定要重复一般比较教育的发展过程，可以直接参照比较教育近期所明确了的功能、方法、对象。他对比较高等教育研究的意义、对象、观点和方法进行了论述，并提出应当特别注意把教育摆在一定的社会背景下考察；要以发展的观点来比较研究；要善于选择符合研究目的的因素进行比较分析；要重视对各国的教育实践、实际效益的比较等。这些观点对比较高等教育学的发展起到了指导性作用。②

---

① ［美］菲利浦·G. 阿特巴赫：《比较高等教育》，符娟明、陈树清译，北京，文化教育出版社，1985。

② 潘懋元：《比较高等教育的产生、发展与问题》，载《上海高教研究》，1991(3)。

（二）比较高等教育研究的开展

1. 比较高等教育学著作出版与翻译情况

随着比较高等教育研究的开展，四川大学高等教育研究所从 1985 年起，开始筹备编辑出版"外国高等教育概况丛书"，至 1991 年，已有曾向东编著的《印度现代高等教育》、张琦等编著的《日本现代高等教育》、陈学飞著的《美国高等教育发展史》、刘富钊编译的《国外现代继续教育制度与实施》和陈跃编著的《法国现代高等教育》出版。这些著作很好地贯彻了丛书的宗旨："介绍国外，了解国外，借鉴经验，促进改革。"这批著作的出版使读者对各个国家的高等教育有一个较完整的了解。

为了在高等学校的科学技术工作中贯彻中央科技、教育体制改革的各项决定，总结借鉴国外高等学校科学研究的经验，国家教委科技司有计划地组织编写了一些介绍国外高等学校科学研究情况的著作。1987 年出版的《苏联法国联邦德国高等学校的科学研究》和 1988 年出版的《美国英国日本高等学校的科学研究》就是其中的两部。

20 世纪 80 年代后期，为推动大学的改革和高等教育理论研究工作的开展，在王承绪的主持和指导下，杭州大学高等教育研究室组织编译了"外国高等教育丛书"。1987—1989 年，《高等教育哲学》《高等教育新论——多学科的研究》《学术权力——七国高等教育管理体制比较》3 部著作翻译出版。

除上述系统性的著作研究外，学者们开展的比较高等教育研究对象集中在发达国家。例如，袁仲孚著的《今日美国高等教育》（上海翻译出版公司 1988 年版），顾宝炎编著的《美国大学管理》（武汉大学出版社 1989 年版），毛澹然著的《美国社区学院》（高等教育出版社 1989 年版），牛盾编著的《联邦德国高等教育概述》（北京农业大学出版社 1990 年版），中央教育科学研究所比较教育研究室编的《六国高等教育结构》（贵州人民出版社 1988 年版）等。

　　翻译的著作主要有：美国奈什·M. 帕西著，杭州大学高等教育研究室 1985 年译的《〈高教研究丛刊〉十一：美国的高等教育》；美国欧内斯特·博耶著，复旦大学高等教育研究所译的《美国大学教育：现状·经验·问题及对策》（复旦大学出版社 1988 年版）；美国德里克·博克著，乔佳义编译的《美国高等教育》（北京师范学院出版社 1991 年版）；日本关正夫著，陈武元译的《日本高等教育的改革动向》（厦门大学出版社 1991 年版）；日本永井道雄著，郭雯霞译的《日本的大学》（山西高校联合出版社 1991 年版）等。

　　研究发达国家的成果很多，但关于发展中国家的比较高等教育著作很少，有代表性的首推潘懋元主编的《东南亚教育》（江苏教育出版社 1988 年版）。该书的编写目的在于通过研究与我国毗邻的东南亚国家的教育，了解他们在发展过程中的经验和教训，为我国的高等教育提供借鉴。该书对泰国、菲律宾、马来西亚、印度尼西亚、新加坡的高等教育概况进行了论述。此外，还有中央教育科学研究所比较教育研究室编写的《发展中国家高等教育改革研究》（贵州教育出版社 1991 年版）。

　　国家教育委员会教育发展与政策研究中心在组织学者研究苏联、日本、美国、英国、法国、联邦德国、澳大利亚、印度、泰国、新加坡、韩国等国家高等教育的发展简史、现状及当前改革的主要动向和趋势的基础上，形成了《当代国际高等教育改革的趋向》一书，1988 年由高等教育出版社出版。该书既包括发达国家，也包括发展中国家，是一部全面且有实践意义的著作。

　　2. 比较高等教育论文发表情况

　　此阶段开展的比较高等教育研究集中在美国、苏联和日本 3 个国家，此外还有对英国、德国、法国、印度等国开展的研究。学者们从高等教育的运行、教学、改革、立法、组织形式、发展趋势、管理、人才培养、学位制度等多个方面开展比较研究，试图通过理论研究来借鉴外国经验，推动我国的高等教育体制改革，实现高等教育的发展。

有研究者发表文章，对比较高等教育研究理论进行了研究，具体包括：关于比较研究外国高等教育的理论与实践的方法，比较研究的内容，高等教育的现代化问题等。①

3. 比较高等教育学术交流情况

1985 年 7 月 15 日至 18 日，南京大学承办了首次中美大学校长会议。来自中美两国大学的 20 多位校长第一次聚集一堂，本着"增进联系与了解，交流经验与设想，发展友谊与合作"的宗旨，围绕高校教学与科研的关系、高校人才培养、高等教育管理、高等教育评估以及两国大学间的交流与合作等议题，进行了热烈的讨论。②1986 年和 1988 年，中美大学校长又分别在巴尔的摩和南京举行了第二次和第三次讨论会。

1988 年 6 月 21 日至 25 日，由国家教委教育发展与政策研究中心等部门共同组织的当代高等教育改革政策国际学术研讨会在北京召开。来自中国、美国、苏联、德国、日本、英国、法国、印度等国家和中国香港地区的高等教育专家参加会议。与会专家在交流各国和地区高等教育改革的基本政策及主要经验的基础上，集中讨论了推动高等教育面向经济、科技和社会发展的政策与措施，以及高等学校办学自主权与政府宏观管理的关系，并探讨了未来高等教育发展与改革的趋势。③

这一阶段，比较高等教育学得以建立，关于学科理论的研究虽然不多，但也在推动着学科的不断发展。

---

① 杨锐：《关于当前比较高等教育研究与实践的几个问题》，载《高教探索》，1991(3)。
② 《首次中美大学校长会议纪要》，载《高等教育学报》，1986(S1)。
③ 国家教委教育发展与政策研究中心：《当代高等教育改革政策国际学术讨论会综述》，载《高等教育学报》，1988(2~3)。

四、成形阶段大学教学论学科的初创与建设①

改革开放后的中国高等教育经历了改革与发展，育人功能和社会功能得以发挥，高等学校的培养人才、科学研究和社会服务职能更好地统一于高等教育实践之中。教学作为最主要的培养人才的高等教育活动，教学理论的研究始终是学者们关注的重点。随着研究理论的体系化，教学论从高等教育学中分化出来而建立一门独立的分支学科已形成一种趋势。

（一）大学教学论学科的建立

1987 年 11 月，杭州大学和浙江大学的陈列、陆有德、袁君毅编著的《大学教学概论》由浙江大学出版社出版。该书的出版是为了满足高校干部进修和开展高校教学的需要，同时也是为了推动大学教学改革的深入发展。该书把研究、讨论的重心放在与大学教学密切相关的几个理论问题上，以"教育思想"为主线，力图加强各个专题、章节之间内部的逻辑联系，形似专题研究。该书是关于大学教学理论体系研究的初步成果。② 该书的章节安排为：大学教学思想的历史性变革；大学教学过程的再思考；知识观与课程观的现代化；学生观与教师观的更新；教学方法与教学形式观的变革；新的教学手段观的确立；大学教学思想与教学理论研究的过去、现在与未来。

其后几年，几部大学教学论方面的著作陆续出版，包括：宓洽群著的《大学教学原理》（上海交通大学出版社 1989 年版），于美方编著的《大学教学论》（上海社会科学院出版社 1989 年版），范印哲主编的《大学教学与教材概论》（高等教育出版社 1990 年版），卢曲元主编的《高等学校教学原理与方法》（湖南教育出版社 1990 年版），王殿璋

---

① 此阶段的大学教学论包括高等学校教学论。
② 陈列、陆有德、袁君毅：《大学教学概论》，3 页，杭州，浙江大学出版社，1987。

主编的《大学教学论》(北京师范大学出版社 1991 年版)，李希主编的
《高等学校教学论》(兰州大学出版社 1991 年版)，钱伯毅主编的《大学
教学论》(中国科学技术大学出版社 1991 年版)等。这些著作的出版，
使大学教学论学科得以建立。

　　于美方编著的《大学教学论》是首部以"大学教学论"命名的教材。
作者提到，这部教材的编写，"仅仅是对大学教学理论研究的一种尝
试和探索"①。该书包括绪论、教学过程、大学生智能的发展与培
养、大学教学原则、大学的教学内容、大学的教学形式与教学方法、
大学生学业成绩的检查与评定、大学教学评估、现代化教学手段 9
章。内容体系与普通教育学类似。

　　考察这一阶段的著作，除宓洽群著的《大学教学原理》在体系构
建上有独特性外，其他著作多受普通教育学体系影响。

　　宓洽群著的《大学教学原理》是一本系统论述理工科大学教学工
作基本原理的教材。全书突出了大学教学过程的特殊性，用"回归
律"统率全书，论述了高等教育教学过程的理论、教学原则的理论、
课程设置的理论和教学方法的理论。其中，"回归律"是认识过程由
独立到不独立，再回归到"再独立"的规律，具体表现为"三个递增"
与"三个递减"：学生的自主作用递增，教的作用递减；教学的发现
性递增，传习性递减；参加直接实践递增，接受间接经验递减。②
"回归律"虽然因科学性受到学者质疑③，但作者能够跳出普通教育
学研究高等教育学，用理论研究来构建大学教学论的独特体系，这
样的学术研究对于学科建设是有重要价值的。

---

　　① 于美方：《大学教学论》，"前言"5 页，上海，上海社会科学院出版社，1989。
　　② 宓洽群：《大学教学原理》，上海，上海交通大学出版社，1989。
　　③ 这方面的文章有赵先寿：《由传习向独立认识的过渡是大学教学过程的特殊规律
吗？——与宓洽群同志商榷》，载《高等教育研究》，1990(3)；于美方：《对大学教学过程
"回归律"的质疑——与宓洽群同志商榷》，载《上海高教研究》，1990(3)；卢晓中：《"回归
律"质疑》，载《上海高教研究》，1990(4)。

（二）大学教学问题的研究

与大学教学论学科建设同时进行的还有实践层面关于大学教学问题的研究，具体包括关于教学实践的理论研究和各科教学实践的研究。

1. 关于教学实践的理论研究

高等教育在学校层面的主要实践形式是教学活动。高等学校教师进行教学实践，必然会产生一系列教学层面的问题。这一阶段，有研究者针对教学实践问题进行理论上的研究，以改进教学活动，提高教学质量，从而推动高等教育的发展。具体而言，研究者对高等学校教学原则、教学过程、教学方法、教学内容、大学生能力培养、社会实践等方面进行了研究，具体形式有：编写著作，例如，曾昭轰等人编著的《大学教学理论与方法》（江西高校出版社1991年版）；翻译著作，例如，朱宝宸等人翻译了苏联阿尔汉格尔斯基著的《高等学校教学过程》（高等教育出版社1987年版），闻人杰也对该作者原著进行了翻译，书名定为《高等学校的教学过程（原理和方法）》（教育科学出版社1987年版）；发表相关论文，如吴常德、何了然、李培栋等学者的文章。①

此外，1986年，中央教育行政学院的《高等学校教学改革探讨》选编了相关专题，对教学改革问题进行探讨，并介绍了各高校的教学改革经验。

2. 关于各科教学实践的研究

这一阶段，大学教学研究主要是关于各科教学实践的研究，其中，学者们更多地对外国语言文学、体育学、物理学的教学进行了研究。教师和学者通过开展具体的学科专业教学研究，将各学科的

① 吴常德：《论大学教学方法的启发性》，载《高等教育研究》，1986(1)；何了然：《论大学教学过程的育人问题》，载《高教研究》，1988(1)；李培栋：《高等学校教学法原则刍议》，载《教育评论》，1988(1)。

独特性寓于教学活动之中，进而形成能指导实践、具有可操作性的理论，推动教学的进行。

五、成形阶段高等教育评价学学科的初创与建设

1985 年《中共中央关于教育体制改革的决定》中明确提出："国家及其教育管理部门要加强对高等教育的宏观指导和管理。教育管理部门还要组织教育界、知识界和用人部门定期对高等学校的办学水平进行评估，对成绩卓著的学校给予荣誉和物质上的重点支持，办得不好的学校要整顿以至停办。"在我国高等教育事业发展面临新形势的背景下，高等教育评价学应运而生。正如杨异军等人在其编著的《高等教育评价原理与方法》前言中所说："我国高等教育面临着世界新技术革命的挑战和改革、开放、搞活的新形势，如何利用教育评价的竞争机制，使高等学校增加压力，产生动力，形成活力，更好地实现教育目标，努力适应国家政治、经济和科技发展的需要，已引起全社会的共同关注。""教育评价将是我国今后进行教育决策的科学依据和教育管理的重要工具。因此，开展高等教育评价理论研究和实践活动，建立具有中国特色的高等教育评价制度，就成为发展高等教育事业和教育科学研究的必然要求。"①

高等教育评价研究向学科建立的发展，始于杨异军、庞德谦、邓忠良在 1987 年 5 月于宝鸡师范学院编著的《高等教育评价原理与方法》的问世，但此书未公开发行。1988 年 3 月，陈谟开主编的《高等教育评价概论》由吉林教育出版社出版。此书被公认为国内第一部高等教育评价方面的著作。同年 8 月，杨异军等人在对《高等教育评价原理与方法》进行内容调整与修改的基础上，交由陕西师范大学出版社出版。两本著作的出版，开启了高等教育评价学的学科创建之路。

---

① 杨异军、庞德谦、邓忠良：《高等教育评价原理与方法》，"前言"1 页，西安，陕西师范大学出版社，1988。

杨异军等人编著的《高等教育评价原理与方法》对教育评价的概念、产生与发展及我国高等教育评价的现状与趋势进行了探讨，随后阐述了高等教育评价学的研究对象与社会功能、理论依据，高等教育评价的原则与标准、类型与模式，高等教育评价方法，高等教育评价技术，高等教育评价的程序与组织等内容。

陈谟开主编的《高等教育评价概论》在 1988 年年末中国高等教育学会组织的科研成果评奖中，荣获一等奖。它对高等教育评价的概念、产生与发展、意义与作用、原则与程序，以及我国高等教育评价的现状与特点均做了系统的阐述；探讨了高等教育评价的科学依据，提出了高等教育评价的整体思想、有序原则、动态观念、优化准则、反馈原理，对高等教育评价的对象、指标体系、信息获取方法、信息统计分析、结果的处理、组织与管理等进行了研究，并专门就国内外的高等教育评价进行了比较研究。该书具有一定的理论性、可读性、资料性与实用性，对研究高等教育评价理论与指导评价实践有参考启迪作用。[1] 余立在序言中指出，《高等教育评价概论》是作者在总结试点经验的基础上，进行比较深入的理论研究所取得的一项有价值的成果，反映了现阶段的研究水平。著作具有较强的理论性，作者力图使本书对高等教育评价的理论探讨有自己的特色；注重实践性，在"技术篇"中，作者按照高等教育评价的工作程序，编排该书主体部分的体系，把对高等教育评价理论的阐述与其实践活动有机结合起来，较好地做到了既注意说理的深入浅出，又重视解决评价实践中遇到的实际问题，因而它的内容有很强的针对性与说理性。邵英在总结此书时，提到此书具有较强的理论性、较强的实践性、较强的时代性，评价其为"高等教育科学园地的新

---

[1] 《〈高等教育评价概论〉出版》，载《上海高教研究》，1988(2)。

范"①。

关于高等教育评价学的研究对象,《高等教育评价原理与方法》提出:"高等教育评价学是研究高等教育目标与高等教育过程运动特殊矛盾性的,即把高等教育目标与教育过程矛盾性作为物质运动的一种特殊形式来研究。因此,高等教育评价学是以高等教育目标和高等教育过程的矛盾运动为研究对象的一门学科。"②

高等教育评价学的研究对象既区别于高等教育学,也与一般的高等教育管理学不同。高等教育学研究的对象是高等教育的本质、目的、制度、内容、方针、政策、教育和教学的基本原则与方法等问题。高等教育管理学研究的对象是高等教育的职能以及实现其职能需要实施的各项工作的内容、方式和它们之间的相互关系,也就是说,它研究如何以最合理的方式和途径,最大限度地发挥高等学校的人力、物力和财力,最高效地出人才、出成果。高等教育评价学研究的对象则是高等教育管理学研究对象的客观属性及效用的诊断,更确切一点地说,它是以高等教育目标(包括各个层次)和目标达成程度以及影响目标实现的各种要素的品质状态等高等教育现象为研究对象的。

关于高等教育评价,根据高等教育评价的对象、特点、目的与作用,《高等教育评价概论》下了这样的定义:"它是以高等教育为对象,依据教育目标,利用一切可行的评价技术与手段,系统地收集信息并对其教育效果给予价值上的判断,为作出决策、优化教育提供根据的过程。"③开展高等教育评价,有利于加强对高等学校的宏观指导与管理,有利于促进高校提高教育质量,有利于深化高校的

---

① 邵英:《高等教育科学研究的新范——读〈高等教育评价概论〉》,载《中国高等教育》,1989(6)。

② 杨异军、庞德谦、邓忠良:《高等教育评价原理与方法》,20 页,西安,陕西师范大学出版社,1988。

③ 陈谟开:《高等教育评价概论》,3 页,长春,吉林教育出版社,1988。

教育改革，有利于促进高校间的竞争。高等教育评价发挥着鉴定作用、导向作用、诊断作用、激励作用、监督作用。[1]

从学术论文的发表来看，学者们对高等教育评价的研究覆盖了高等教育评价的全部内容，包括评价本质、特点、规律、指标、运行机制、监督制度、评判模型、技术程序、试点等方面。学者们还对不同类型的高等教育评价进行研究，包括普通高等教育、高等师范教育、学位与研究生教育、高等工程教育、外国高等教育等。

研究者对高等教育质量多以评估方式进行，评估理论与实践的研究明显多于评价理论与实践研究，这门学科的发展态势显示出学界看重高等教育发展的客观量化研究，避免进行主观评价的研究取向。

六、成形阶段高等工程教育学学科的初创与建设

高等教育学各分支学科中有部分学科是专门针对高等教育中某一层次、科类或形式进行的研究，如高等专科教育、研究生教育、成人高等教育、高等职业教育、高等工程教育、高等师范教育等。其中，高等工程教育学是创建较早的具有代表性的分支学科。

在实现社会主义现代化进程中，工业现代化一直是重点。在高等工程教育领域，如何适应社会主义现代化建设的要求，开展高等工程教育，进行高等教育技术人才的规划和培养，是学者们思考的问题。这一阶段，学者对高等工程教育开展理论研究，经过实践的检验，试图构建起清晰、合理的体系，进而使高等工程教育学发展成高等教育学的一门分支学科。

1989 年，时任国家教委高教二司副司长王冀生著的《高等工程教育概论》由电子科技大学出版社出版。该书从理论和实践的结合上对高等工程教育的一些基本问题，如层次结构、专业设置、培养目标、

---

[1]　陈谟开：《高等教育评价概论》，12～19 页，长春，吉林教育出版社，1988。

教学过程、提高质量、教学评价、教育评估等进行了深入阐述。

1989 年 12 月，沈阳航空工业学院谢祖钊和北京航空航天大学傅雄烈主编的《高等工程教育概论》由北京航空航天大学出版社出版。该书是中国航空教育学会"七五"教育科研成果。作者力图从工业教育的特点出发，论述现代高等工程教育的产生和发展、高等工程教育培养目标、大学生的生理和心理特征、教师、专业教学计划、教学过程及原则、教学方法、大学生学习、科学研究、实践性教学环节、教材、德育、体育、美育、工科研究生教育、继续工程教育、高等工程教育发展趋势等理论问题。该书内容同时体现出工科教育与高等教育的特点。

这两本著作虽都以"概论"命名，但学者试图构建的体系已和高等工程教育学所要求的内在体系具有一致性。

1991 年 1 月，时任上海机械学院党委书记朱佳生主编的《高等工程教育学》由同济大学出版社出版。该书是首部以"高等工程教育学"命名的著作。该书在绪论部分论述了高等工程教育学的研究对象和任务、基本体系和内容，对高等工程教育的结构、培养目标与培养规格、德育和体育、教学论、教学原则、课程论、教学形式与教学方法、实践性教学、工科研究生教育与学位制、工程专科教育、继续工程教育、高等工科院校的科学研究、高等工程教育的发展趋势等问题进行了研究。该书获机械工业高教学会一等奖。

以上 3 部高等工程教育学著作的出版，标志着这门学科在中国已经建立起来。

在高等工程教育学学科被提出之际，有学者对其基本理论问题进行了研究。宓洽群对高等工程教育学的逻辑起点、对象特点、"三体"关系、基本规律、相关学科、名称术语等进行了论述。他认为，高等工程教育的全部理论问题，包括它的性质特点、内部关系和外部关系、基本规律等，就是其社会功能的逻辑展开。高等工程教育学的形式，要建立在大量实践经验的基础上，而不能只做哲学的思辨。要全面表述高等工程教育的基本规律，需要涉及内部制约与外部制约、适应工业生产与适应科学技术、适应与促进这三层关系。此外，对名词术语应予以科学化和规范化。①

高等工程教育研究领域广泛开展学术交流，推动了高等工程教育理论研究和高等工程教育学的理论建设工作。教育部部属高等工业学校教育研究协作组作为研究高等工程教育理论与实践的组织，多次举办会议，如"高等工程教育理论讨论会""高等工程教育专题研究会""国际高等工程教育学术讨论会"等，在学术交流中发挥了重要作用。

综观成形阶段的高等教育学各分支学科的建设和发展状况，不论是前一阶段已创建的分支学科还是此阶段新创建的学科，均开展了不同程度的学科建设和理论研究工作，推动着高等教育学学科的发展。

第四节　成形阶段高等教育学学科的人才培养

一、成形阶段高等教育学学位授权点建设

学科学位点建设是每一门学科发展的重要内容。学位点的多寡、人才培养质量的高低、建设成效的优劣都对学科发展产生重要影响。1986 年，厦门大学成为我国首个获批高等教育学博士学位授予权的单位；华东师范大学和华中工学院成为教育学一级学科授权点，意味着可以招收高等教育学专业研究生；北京航空航天大学和北京科技大学开始招收、培养教育管理硕士研究生（高等教育方向）。1990 年，清华大学获批高等教育学硕士学位授予权，北京大学获批高等

① 窦冶群：《高等工程教育学的几个基本理论问题》，载《上海高教研究》，1990(2)。

教育学博士授权点。次年，北京师范大学获批高等教育学硕士授权点。到 1991 年年底，全国有 2 个高等教育学博士点、6 个高等教育学硕士点及 2 个高等教育管理学硕士点。① 此后，高等教育学硕、博士研究生的招生规模日益扩大，培养体系逐步完善，学科人才的培养进程逐步加快。1985—1991 年共招高等教育学硕士研究生 214 人。高等教育学的研究方向主要有高等教育基本理论、高等教育管理、比较高等教育、高等教育经济、高等教育规划、高等教育评估等。这些研究方向从一定程度上反映了当时高等教育研究主要聚焦于高等教育实践，关注高等教育与经济社会的发展等问题。毕业生中绝大多数在高校、科研机构或教育管理部门从事专业对口的教学、科研、管理工作或攻读高一级学位。② 从某种意义上说，这一阶段高等教育学硕士研究生的培养目标以为高等教育所(室)提供从事科学理论研究的人才和为高校提供合格师资为主。这既符合当时学科发展和培养人才的需要，也对我国高等教育的发展与改革起到了重要作用。

二、成形阶段高等教育学研究生培养

研究生学位论文是研究生通过长期学习和研究，形成自己的独立观点，并进行有效论证，最终使研究成果得以呈现的载体，能够在一定程度上展现出每位研究生的学习研究成效，也能展现出研究生导师和研究生培养单位的人才培养成效。

我们考察自设置高等教育学专业研究生学位授权点以来的高校毕业生学位论文题目(见表 3.4、表 3.5)，可从中了解到这一阶段高等教育学学科建设和理论研究的重点和热点问题。这是考察当时学科发展状况的一个角度。

---

① 《高等教育学学科研究生培养工作研讨会纪要》，载《高等教育研究》，1992(3)。
② 《高等教育学学科研究生培养工作研讨会纪要》，载《高等教育研究》，1992(3)。

表 3.4　1985—1991 年高等教育学专业博士研究生学位论文基本信息

学位授予单位	论文题目	研究生姓名	导师	答辩时间/年	研究方向
厦门大学	高等学校专业与课程改革的理论研究	王伟廉	潘懋元	1990	高等教育学
厦门大学	高等学校教学改革四十年的理论研究	邬大光	潘懋元	1990	高等教育学

资料来源:《高等教育学科研究生学位论文一览》,载《高等教育研究》,1992(3)。

表 3.5　1985—1991 年高等教育学专业硕士研究生学位论文基本信息

学位授予单位	论文题目	研究生姓名	导师	答辩时间/年	研究方向
厦门大学	新技术革命与高等学校职能的变化发展	胡建华	潘懋元	1985	高等教育学
	论高等学校教学过程的本质特点	陈列	潘懋元、吴丽卿	1985	高等教育学
	菲、泰两国高等学校毕业生供求问题探讨	张国才	潘懋元	1985	高等教育学
	论高等教育管理的性质特点	魏贻通	潘懋元、王增炳	1985	高等教育学
	社会文化观念对高等教育目标影响的一般分析	乔明宏	潘懋元	1986	高等教育学
	我国高教立法若干问题初探	郝晓峰	潘懋元、吴丽卿	1986	高等教育学
	我国高等学校学分制探讨	章达友	潘懋元	1986	高等教育学
	大学课程的社会学分析	高德鸿	潘懋元	1988	高等教育学
	西方青年社会化研究探析	李文权	潘懋元、张燮	1988	高等教育学

续表

学位授予单位	论文题目	研究生姓名	导师	答辩时间/年	研究方向
厦门大学	蔡元培高等教育改革实践与高等教育思想的探讨	张宝昆	潘懋元	1988	高等教育学
	C. Kittel 著《固体物理导论》几个版本的纵向研究	林立灿	陈金富	1988	固体物理教材教法研究
	生产力和科学技术的发展对高等学校教学改革的影响	周川	潘懋元	1988	高等教育基本理论
	高等教育专业层次培养目标	高新发	潘懋元、冷余生	1989	高等教育学
	私人兴学与高等教育的发展	秦国柱	潘懋元、黄宇智	1989	高等教育学
	关于高等教育评价的目的和作用的探讨	陈国海	潘懋元、王增炳	1989	高等教育学
	高校美育初探	林叶枫	潘懋元	1989	高等教育学
	深层教学理论探讨	刘南林	潘懋元、张燮	1989	高等教育学
	印度发展高等教育的经验、教训及对我国的借鉴	邓存瑞	潘懋元	1989	高等教育学
	人才外流的宏观分析研究——兼论我国的留学政策	徐俞	潘懋元	1989	高等教育学
	民国时期私立高等教育浅探	朱新涛	潘懋元	1990	高等教育学
	固体物理学教材内容的更新	徐恭勤	陈金富	1990	固体物理教材教法研究
	日本私立高等教育的比较研究	柯佑祥	潘懋元、杨汉清	1990	高等教育学
	大学生的逻辑思维对其创造性思维发展的影响	林金辉	潘懋元、林钟敏	1990	青年心理学
	私立高等教育的国际比较	邱邑亮	潘懋元	1990	高等教育学

续表

学位授予单位	论文题目	研究生姓名	导师	答辩时间/年	研究方向
厦门大学	泰国高等教育介评	曹自力	潘懋元	1990	高等教育学
	性格特征与成败归因	林候军	林钟敏	1990	青年心理学
	台湾高等教育的发展进程及其借鉴意义	李泽彧	潘懋元	1990	高等教育学
	大学生自杀心理初探	戴小力		1990	高等教育学
	社会阶层化与高等教育入学机会的差异性研究	方跃林	潘懋元	1991	高等教育学
	实用推理图式在问题解决中的应用	王晓滨	潘懋元、林钟敏	1991	青年心理学
	练兵处奏议与清末军事学堂	朱建新	潘懋元、刘海峰	1991	高等教育学
	对当前大学生学习心理的探讨	刘立新	潘懋元、林钟敏	1991	
北京大学	社会对英语专门人才的要求——兼论高等学校英语专业的教学改革	王雨	汪永铨、厉以宁	1986	比较高等教育
	试论当前我国文科高等教育的培养目标	陈树强	汪永铨、厉以宁	1986	高等教育
	法国高等教育结构	郭枫	汪永铨、厉以宁	1986	比较高等教育
	日本高等教育结构（1880—1980）	高柏	汪永铨、厉以宁	1986	比较高等教育
	企业高层管理人员培养、培训途径与方式的比较研究	何秋云	陈良焜	1988	教育经济与管理
	义务教育年限—经济发展—教育投资水平的国际比较	姚红	陈良焜	1988	教育经济与管理
	教育对我国大型联合企业"无形的劳动投入"及生产影响与作用的定量分析	魏新	秦宛顺	1988	教育经济与管理

续表

学位授予单位	论文题目	研究生姓名	导师	答辩时间/年	研究方向
北京大学	高等教育经费及其在教育经费中的比例	顾清扬	秦宛顺	1988	教育经济与管理
	受教育水平对大企业技术工人工作满意度的影响	周京	汪永铨、许政援	1990	高等教育心理
	影响个体高等教育专业选择的因素之探讨	黎天骁	汪永铨、许政援	1990	高等教育心理
	试论中国现代高等教育的形成与特点	杨晓波	曲士培	1990	中国近现代高等教育史
	中国自办私立大学的兴衰	方光伟	曲士培	1991	中国高等教育
	关于高等教育经费分配方式的研究	孙波彬	闵维方	1991	教育管理
	苏联的教育、科学、生产一体化	张瑞	孙念恭、姜俊峰	1991	比较高等教育
北京师范大学	试论高等教育的社会价值及其取向	杨承玖	孙喜亭	1990	高等教育基本理论
	高等教育与文化的发展	储皖中	孙喜亭	1990	高等教育基本理论
华东师范大学	试论高师课程改革	张磊	薛天祥	1989	高等教育
	试论大学生的科学研究及其管理	阎亚林	薛天祥	1989	高等教育
	我国高校毕业生分配制度改革探索	王洪才	薛天祥	1989	高等教育
	我国高等师范教育实习问题研究	倪小玲	薛天祥	1990	高等教育
	论试高等学校校园文化	孙泽厚	薛天祥	1990	高等教育
华中理工大学	强相互作用理论及其在大学物理中的基本结构	程正林	胡迪炳	1988	大学物理教学
	Schrodinger 方程的建立、意义及其在大学物理中的基本结构研究	龚明	王瑞西	1988	大学物理教学
	人格自主化教育体系的研究	陈立华	许荣和、易丽莎	1989	大学物理教学

续表

学位授予单位	论文题目	研究生姓名	导师	答辩时间/年	研究方向
华中理工大学	运用现代教育技术手段组织教学的理论依据及其教学设计	徐剑波	许荣和	1989	大学物理教学
	熵概念的辅助教学	范淑华	许荣和	1990	大学物理教学
	学习潜在变量对大学物理学习影响的研究	王洪松	许荣和	1990	大学物理教学
	科学意象初探	李继宏	杨建邺	1990	大学物理教学
	适应工业发展的观念与工程硕士的培养规格	刘家保	费奇、蔡克勇	1990	高等教育管理
	论科学技术进步与高等教育发展的协同性	陆跃峰	朱九思、蔡克勇	1990	高等教育理论
	科技进步对大学课程的影响	雷春	刘中荣、张碧晖	1990	高等教育理论
	对建国初期高等学校改革中的政府政策的研究	陈海春	朱九思、蔡克勇	1990	高等教育管理
	我国高教科类层次结构的系统分析方法	林耀宏	费奇、蔡克勇	1990	高等教育管理
	儒学的教育理想与人格教育	吴业春	朱九思、蔡克勇	1991	高等教育理论
	中国和日本工科本科教育的比较研究	赵友元	黄树槐、李少白	1991	高等教育理论
	中苏美高等工程本科教育目标比较研究	张瑞龙	文辅相	1991	高等教育理论
	高等学校教师编制问题研究	陈敏	姚启和、蔡克勇	1990	高等教育管理
	美国科学技术与高等教育协同发展研究	沈红	朱九思	1991	高等教育理论
	美国大学道德教育研究	张晓明	李少白	1991	高等教育理论

续表

学位授予单位	论文题目	研究生姓名	导师	答辩时间/年	研究方向
华中理工大学	大学物理光学部分风格的探讨及其内容改革	李竹影	许荣和、易丽莎	1991	大学物理教学
	Landau 的科学风格和教育思想	郭新力	杨建邺	1991	大学物理教学
	教育移植——伦敦大学移植印度的案例分析	刘国卫	朱九思	1992	高等教育理论
	普朗克的两次量子假设及其对教育的启示	王晓明	杨建邺	1992	大学物理教学
	物理教学中引入物理学史的理论依据及方法探讨	周国强	杨建邺	1992	大学物理教学
	近代和现代物理对培养现代工程师素质的作用研讨	汪玉萍	王瑞西	1992	大学物理教学
	单片机在物理实验中的应用研究	赵绪新	李天应	1992	大学物理教学
北京科技大学	中、美、英、日四国管理教育比较研究	肖明	陈志诚、张兴、李静波	1989	
	用系统动力学方法研究北京市高等教育发展规模问题	赵登发	陈志诚、张兴	1990	
	专门人才预测系统预测方法软件包及应用	吴涛	陈志诚、张兴	1990	
	冶金系统研究生教育发展战略若干问题研究	谢克海	陈志诚、张兴	1991	
北京航空航天大学	教育评估量化方法的研究	马维野	许建钺	1989	高等教育宏观管理
	社会评估的信息库方法	徐枞巍	许建钺	1990	高等教育宏观管理
	对生产实习问题的定量研究和几点认识	雷庆	许建钺	1990	高等教育微观管理
	统一教学计划下实现培养规格多样化的探讨	马清华	冯厚植	1990	高等教育微观管理

续表

学位授予单位	论文题目	研究生姓名	导师	答辩时间/年	研究方向
北京航空航天大学	工科大学本科生能力的培养	马陆亭	赵世诚	1990	高等教育微观管理
	区域教育预测支持系统	黄秀清	赵世诚	1990	高等教育宏观管理
	系统仿真在高等学校师资规划中的应用	胡晓松	冯厚植	1992	高等教育宏观管理

注：空白项表示资料未获得。

资料来源：《高等教育学科研究生学位论文一览》，载《高等教育研究》，1992(3)；《高等教育学科历届研究生学位论文一览》，载《高等教育研究》，1992(4)。

从高等教育学研究生学位论文题目，我们可以发现此阶段人才培养的几个特点。

第一，研究方向多样化。这是人才培养的宽度问题。我们可以看出，这一阶段高等教育学研究生的研究方向多在高等教育管理，研究集中在高等学校运行、高等学校课程与教学设置、高等学校经济问题。研究方向还包括相当数量的比较高等教育问题，从日本、美国、英国等发达国家来思考中国高等教育改革问题。此外还涉及高等学校教师与学生，均属于大学心理研究方向。多个研究方向均在进行人才培养，培养出的研究生为高等教育事业的发展做出了一定贡献。

第二，培养目标明确化。这是人才培养的准度问题。此阶段高等教育学研究生的研究方向可分为两类：一类是关于高等教育的理论研究方向，如高等教育基本理论、青年心理学、高等教育心理、比较高等教育等，这样的研究方向旨在培养高等教育学的学科建设人才，使其在毕业后投入理论研究之中，推动高等教育学的学科发展。另一类是聚焦高等教育实践方向，如高等教育宏微观管理、大学物理教学等。这样的研究方向培养两类人才，一是高等教育系统的管理者，二是高等学校师资，二者都是高等教育改革与实践的前沿人才。通过考察研究方向的设置情况，我们可以发现，高等教育学的人才培养目标在这一阶段渐趋明确。在明确的培养目标下培养专门化人才，可以使其更好地服务于高等教育学学科发展。

第三，科学研究专门化。这是人才培养的深度问题。研究生教育不同于普通高等教育，更强调知识的精深和专门化，知识习得与知识生产同时兼备，要体现研究生教育的特点就应在人才培养上更加突出科学研究的作用。从高等教育学研究生的选题中，能够发现这一阶段的研究生学位论文研究气息浓厚，部分选题直到今天，仍具有研究价值。这在一定程度上说明导师和培养单位对研究生教育的重视，旨在培养高等教育学研究者，而非普通的高等教育学理论学习者。

此阶段，高等教育学专业研究生培养质量的不断提升，推动着高等教育学学科的发展。

第五节　成形阶段高等教育学与高等教育问题研究

随着 1985 年《中共中央关于教育体制改革的决定》的颁布，我国的高等教育改革进程不断加快，随之而来的各种高等教育实践层面的问题需要学者进行研究探索。在实践层面发现问题，研究问题，解决问题，才能推动高等教育学的学科发展。

一、成形阶段高等教育课题研究

1987 年 7 月 11 日至 15 日，全国第三次教育科学规划会议在北戴河召开。会议评选出全国教育科学"七五"规划立项重点课题 123 项。其中，可归入高等教育研究的课题有 23 项①，如表 3.6 所示。

---

① 包括高等教育部分的重点课题和其他部分有关高等教育的重点课题。

表 3.6　全国教育科学"七五"规划立项的重点课题(高等教育)

课题名称	课题负责人	工作单位	课题级别
关于应用学科高层次专门人才培养途径多样化的研究	郝克明	国家教育委员会	国家级
高等学校教学原理方法	潘懋元等	厦门大学	国家级
中国社会主义科学技术人才的素质及培养过程的研究	李卓宝	清华大学	国家级
高等教育思想研究	汪永铨	北京大学	国家级
新时期高等工程教育人才培养规律及其应用的研究	张光斗等	清华大学	国家级
关于改革我国高等学校文科教育的研究	夏自强等	国家教育委员会	国家级
普通高校招生考试改革研究	杨学为	国家教育委员会	部级
中国师范教育改革研究	汪兆悌	北京师范大学	部级
我国高校实验室建设与人才培养	蒋景华	国家教育委员会	部级
具有中国特色的高等教育评估制度的研究与实践	梁森等	国家教育委员会	部级
我国高等教育与高等学校管理的研究	王润、刘文修	北京钢铁学院、河北大学	部级
文理科人才培养规律若干问题的研究	王义遒等	北京大学	部级
高校综合财务计划预算管理模型、设计决策技术和评价	杜肯堂	四川大学	部级
我国大学生参加社会实践制度的研究	姜云	北京市高等教育局	部级
中国书院史	李国钧	华东师范大学	部级
各国高等教育比较论	王承绪	杭州大学	部级
苏联高等工科教育	李家宝	哈尔滨工业大学	部级
国外提高研究生教育质量的研究	符娟明	北京师范大学	部级
大学生思想政治教育研究	徐文良	国家教育委员会	部级
大学生社会实践教育工程设计	胡守棻等	华东师范大学	部级

续表

课题名称	课题负责人	工作单位	课题级别
我国高等教育管理体制改革研究	李之保等	国家教育委员会	部级
高师发展战略研究	郑启明等	华东师范大学	部级
高等职业技术教育研究	王千弓等	江汉大学	部级

资料来源：摘编自《全国教育科学"七五"规划立项重点课题一览表》，
http://www.moe.gov.cn/srcsite/zsdwxxgk/199110/t19911014_61335.html，
2019-08-17。

从表 3.6 中我们可以看出，这一阶段研究者主要对高等教育体制（制度）、高等教育管理、高等学校招生考试、高等学校人才培养、高等学校教学、高等学校德育、高等学校管理、高等学校评估、高等职业教育、高等教育思想、比较高等教育等进行了研究。以课题形式开展的高等教育研究具有以下特点。

第一，应用研究远多于理论研究。课题中只有 5 项属于理论研究，占 23%，应用研究占 77%，是理论研究的近 3 倍。虽然和"六五"规划结构相比，理论研究的数量增多，但总体而言，仍然较少，说明这一阶段研究者仍然注重实践导向。

第二，微观研究超过宏观研究。课题中有 12 项属于微观研究，10 项属于宏观研究，与"六五"规划相比，微观研究数量已经多于宏观研究，研究者大多在高等学校层面开展研究，或者针对具体的大学研究。这体现出随着高等教育改革的深入，越来越需要对高等教育系统的各个方面开展全面研究的倾向。

第三，高校的研究多于政府部门的研究。15 项课题的负责人是高校的研究者，只有 7 位负责人属于中央政府部门，1 位属于地方政府部门，这与宏、微观研究的区别有关。高校研究者多进行微观研究，所研究的课题能与高校具体教育教学实践有机结合，使理论研究应用于实践。

二、高等教育与社会发展研究

高等教育是一项社会活动。高等教育与社会发展密不可分，表现在经济、政治和文化等方面。研究者在这一阶段对高等教育与社会的相关问题展开研究，有助于推动高等教育体制改革的推进。

这一阶段对高等教育与政治的研究较少，研究者多是开展高校思想政治教育研究，以及坚持社会主义办学方向的研究。

（一）高等教育与经济的研究

这一阶段对高等教育与经济的研究集中在两方面：一是高等教育与商品经济的关系问题；二是高等教育经济效益问题。研究者对第一个问题展开了大量研究。

1988 年 10 月 29 日至 11 月 2 日，第二届大学教育思想研讨会在南京召开。会议围绕"高等教育应该如何主动适应商品经济的发展"进行了讨论。与会代表指出，商品经济一方面会给高等教育带来积极影响，另一方面也会带来消极影响。其消极影响主要表现在三方面：一是片面强调经济效益，忽视社会效益；二是片面强调物质利益驱动的作用，忽视精神文明建设；三是片面强调市场调节的作用，造成高等教育的短期行为。与会代表一致认为，正确看待商品经济对高等教育的影响，既要利用其积极影响改革高等教育，建立起主动适应商品经济发展的有效运行机制；也要抑制其消极影响，遵循教育规律，保持教育发展的相对独立性。[①]

这次研讨会是 20 世纪 80 年代关于高等教育与经济关系问题研究的一个缩影。研究者纷纷参与研究，提出自己的观点，并对高等教育引入竞争机制、高等教育发展规模等问题进行引申研究。

关于高等教育与经济的关系，有研究者认为，现代高等教育是

---

① 陈昌贵：《高等教育如何主动适应商品经济的发展——第二届大学教育思想研讨会侧记》，载《中国高等教育》，1989(3)。

商品经济推动下的产物，是适应商品经济的要求而产生、发展起来的；商品性是现代高等教育的一个显著特征；改革高等教育的根本问题是恢复现代高等教育的商品性这一基本属性及其相应原则。①有研究者认为，高等教育发展的规模和速度要与社会经济发展相适应，高等教育结构要与社会经济结构相适应。②还有研究者指出，高校教育要在为有计划商品经济的服务中求得发展，高校教育应纳入计划商品经济的轨道。③

有研究者指出，我国教育体制、教育内容和方法，乃至教育的培养目标，跟不上经济体制改革的步伐。原因之一是没有及时从产品经济向商品经济转轨，没有打破在计划经济体制下形成的教育观念、教育体制。要改变这一状况，适应经济发展的需要，高等教育也必须做好转轨工作，即变统一性为多元性，变"包下来"为"奖优汰劣"，变封闭式为开放式，变集权制为分权制。④

有研究者指出，社会主义有计划商品经济的发展对高等教育的影响极为深刻。高等教育不同于普通教育，与经济之间的"服务""依靠"关系比较直接，因而商品经济与经济体制改革对高等教育的制约或推动作用也就更加明显。商品经济的发展使高校在培养人才和直接为经济建设、社会进步服务两个方面的职能发挥得更充分；商品经济的发展促使高校重视办学效益，拓宽经费来源，为体制改革和事业发展创造了物质条件。⑤

关于高等教育的经济效益，研究者们对高等教育宏观结构的合

① 成有信：《现代高等教育与商品经济的关系》，载《高等师范教育研究》，1989(1)。
② 张勇：《高等教育和社会经济发展的两个关系问题》，载《南昌大学学报(人文社会科学版)》，1985(1)。
③ 史振华：《高等教育必须纳入社会主义有计划商品经济发展的轨道》，载《八一农学院学报》，1986(4)。
④ 杨德广：《高等教育要适应从产品经济向商品经济的转轨》，载《上海高教研究》，1988(4)。
⑤ 姜保年：《社会主义商品经济与高等教育》，载《高等教育学报》，1988(Z1)。

理化与经济效益、高等教育的办学效益、高等教育投资的宏微观经济效益、如何提高高等教育的经济效益等问题进行了研究，并与高等教育体制改革相结合，从理论研究层面推动了改革发展。

（二）高等教育与文化的研究

这一阶段对于高等教育与文化的研究，并没有引起研究者太多关注。

潘懋元指出，探讨高等教育的变革与发展绝不能只从生产力发展水平和科学技术发展水平、社会政治制度和经济制度的制约因素去寻求答案，而应从更广泛、更深入的层次去挖掘文化因素。潘懋元探讨了文化传统与高等教育的关系。他认为，文化传统对于高等教育的影响是顽强的。同时，文化传统对高等教育的影响是一个复杂过程。从影响范围来看，它对高等教育的各个方面无不发生影响，包括教育体制、培养目标、教学内容乃至教学方法和教学组织形式等。从影响方式和途径来看，既有来自社会意识、社会道德、社会舆论的影响，也有来自个人深层心理结构的影响。当个人深层心理结构与社会发展的客观规律一致时，其所形成的文化合力对高等教育的改革与发展无疑是一股强大推动力，但如果与社会发展客观规律相抵触时，将会阻止或延缓高等教育的改革与发展。他指出，高等教育作为一种相对独立的社会现象，对文化传统的取舍有其自身的选择性，并不完全是被动地接受文化传统的影响，同时，高等教育在接受文化传统的过程中也在创造着新的文化观念，并按照自己的发展规律去适应社会的发展。我们既要充分肯定文化传统对高等教育具有全面的、深刻的影响，也不应该夸大文化传统的力量。我国的高等教育深受我国文化传统的影响，克服文化传统的消极影响，发扬文化传统的积极因素，实现传统文化与现代文化的融合、东方文化与西方文化的交流、文化观念与现代生产方式的融合，是高等教育改革向纵深发展的必由之路。①

　　有研究者就高等教育在文化发展中的作用进行了研究，指出：高等教育是实现文化传递的有力工具；高等教育大大促进了文化的传播、交流和融合；高等教育是进行文化选择与整理、改造的重要辅助手段；高等教育是创造文化的重要基地。②

　　关于大学教学与文化，有研究者指出，大学是文化的堡垒，教学则是建构这一堡垒的支柱与基石。大学教学过程是独特的文化活动和创造的过程。在这一活动和过程中，大学教学的文化意义充分地展露出来，具体包括教学过程的文化本体意义及教学过程的文化主体意义。③

　　关于高校与民族传统文化，有研究者认为，高校弘扬民族传统文化职责的内涵是重建中国人的民族传统精神。高校弘扬民族传统文化的职责，可从培养人才的功能、创造文化的机制、学术文化的导向、教育体系的建设等方面展现。④

三、高等教育体制改革研究

　　在高等教育改革中，体制改革是关键。宏观层面的高等教育体制一般指办学体制、管理体制和投资体制，三者之间既相互联系，又相互制约。

　　1985 年《中共中央关于教育体制改革的决定》颁布，高等教育领域开始进行体制改革。如何做好各方面改革工作，成为研究者研究的重点。研究者围绕高等教育体制改革的三方面开展了研究，形成了成果，推动了高等教育体制改革进程。

---

① 潘懋元、邬大光：《文化传统与高等教育的理论思考》，载《高等教育研究》，1989(1)。
② 储皖中：《试论高等教育在文化发展中的作用》，载《高等教育研究》，1991(2)。
③ 梅泽铭、杨斌：《大学教学过程的文化学思考》，载《高等教育研究》，1991(4)。
④ 李杰、王伟廉：《高校弘扬民族传统文化职责的探讨》，载《高等师范教育研究》，1991(5)。

　　这一阶段只出版了一部关于高等教育体制改革的著作，即 1985 年由辽宁人民出版社出版的陶增骈主编的《高等教育体制改革简论》。该书旨在为高等教育决策提供参考，论述了以下几个问题：高等教育体制及其改革的战略意义，我国高等教育体制的形成及改革的理论基础，外国高等教育体制的借鉴意义，高等教育体制改革的指导思想和基本任务，高等教育领导体制的改革，高等教育计划体制的改革，高等教育办学体制的改革，高等教育人事、劳动、工资制度的改革，高等学校的体制改革，加强党对高等教育体制改革的领导等。该书认为，高等教育体制改革是加快以城市为重点的整个经济体制改革的客观需要，是社会主义精神文明建设及其反作用于经济体制改革的本质要求和必然趋势。

　　这一阶段出版了多部关于高等教育改革的著作，对高等教育体制改革起到了参考作用。主要有：刘道玉等著的《高等教育改革的理论与实践》（武汉大学出版社 1986 年版），章贻俊著的《高等教育改革与教学理论研究》（湖北教育出版社 1989 年版），林克著的《高校改革与思想工作》（复旦大学出版社 1989 年版），杨德广、金星火主编的《中国高等教育改革的实践与发展趋势》（同济大学出版社 1990 年版），中央教育科学研究所比较教育研究室编的《发展中国家高等教育改革研究》（贵州教育出版社 1991 年版）等。

　　在这一阶段，研究者针对高等教育体制改革发表了自己的观点，有些观点对高等教育实践具有价值。

　　有研究者指出，高等教育体制改革是一项艰巨、复杂的工程，必须充分认识其科学依据，明确改革的指导思想，抓住改革的主要内容，才能保证改革获得成功。具体而言，第一，高等教育体制必须同经济体制相适应，这是改革高等教育体制的一个主要依据；第二，从高等教育的特点出发，按教育规律办事，这是改革高等教育体制的另一重要依据。①

　　有研究者从宏观层面指出，高等教育体制改革旨在从国家建设和科学技术发展的全局需要出发，改革现行不合理的高等教育结构；应实行统一性和灵活性相结合的原则，改革高等教育计划管理体制；改革领导管理体制，要把高等学校办成"独立的实体"。②

　　有研究者认为，僵化的高等教育管理体制是旧的经济管理体制的产物，应改革现行的高校宏观管理体制，建立以间接管理为主的宏观教育管理体系。这种高等教育的宏观管理体制符合并反映了社会主义商品经济中国家管理职能的特点，直接把人才的培养与人才的需求联系在一起，能减少高等教育发展过程中过多的行政干预，增强高等学校的活力。③

　　还有研究者对高等教育体制改革的意义、必要性、高等教育体制的演变、高校的科研体制、多种形式和多种层次的专业教育体系、研究生招收办法、民办高等教育等进行了研究。④

　　除以上问题外，这一阶段研究的高等教育实践领域问题还包括高等教育发展战略、高等教育评估、高等专科教育、高等职业技术教育、学位与研究生教育、成人高等教育、高等教育自学考试等多个方面。

---

①　陶增骈：《高等教育体制改革的依据和主要内容》，载《高等教育研究》，1985(3)。
②　洪德铭：《关于宏观上高等教育体制改革问题的几点意见》，载《高等教育研究》，1985(1)。
③　叶齐炼、袁自煌：《论社会主义初级阶段高等教育体制改革的深化》，载《江苏高教》，1988(3)。
④　洪德铭：《关于宏观上高等教育体制改革问题的几点意见》，载《高等教育研究》，1985(1)；何宗传：《关于高等教育体制改革的几个认识问题》，载《江苏高教》，1985(2)；杨枫：《高等教育体制改革与一系列的经济关系问题》，载《辽宁高等教育研究》，1985(Z1)；邱鸿勋：《简论高等教育体制改革》，载《高等教育研究》，1985(2)；王华春：《试论高等教育管理体制的几个理论问题》，载《辽宁高等教育研究》，1987(3)；潘懋元：《关于民办高等教育体制的探讨》，载《上海高教研究》，1988(3)；文辅相：《我国高教体制的演变与分析》，载《高等教育研究》，1989(4)；杨斌：《从高等教育的功能看深化体制改革》，载《江苏高教》，1991(1)。

第四章

高等教育学的发展阶段
(1992 年至今)

　　1992 年 1 月 18 日至 2 月 21 日，邓小平视察南方并发表了重要谈话。10 月 12 日至 18 日，中国共产党第十四次全国代表大会在北京召开，确立了社会主义市场经济体制的改革目标。以邓小平南方谈话和党的十四大为标志，中国社会主义改革开放和现代化建设事业进入新的发展阶段。高等教育事业由此进入不断发展、不断取得新成就的阶段。

　　2017 年 10 月 18 日，中国共产党第十九次全国代表大会在北京开幕。习近平总书记代表第十八届中央委员会向大会做了题为《决胜全面建成小康社会 夺取新时代中国特色社会主义伟大胜利》的报告，指出"中国特色社会主义进入新时代"[①]。在新时代，高等教育改革实践在不断深化，高等教育事业在持续发展。

　　与高等教育事业发展同步进行的是高等教育学的学科发展。1992 年 12 月 19 日至 21 日，全国高等教育学学科建设研讨会在厦门大学召开。次年 10 月 19 日至 22 日，全国高等教育学研究会成立大

---

　　① 习近平：《决胜全面建成小康社会 夺取新时代中国特色社会主义伟大胜利——在中国共产党第十九次全国代表大会上的报告》，http://www.xinhuanet.com//2017－10/27/c_1121867529.htm，2019-09-18。

会暨第二届学术研讨会在华东师范大学举行。高等教育学进入了一个不断完善、稳步提高、实现自身发展的新阶段。

第一节　发展阶段高等教育学学科建设进展

一、发展阶段高等教育学著作的出版

1992 年后，随着高等教育学的发展，新的、各具特色的高等教育学著作不断推出，推进了高等教育学学科建设。

1992 年以来出版的高等教育学著作有：潘懋元著的《高等教育学讲座》(人民教育出版社 1993 年版)；冯惠敏、刘予嵩主编的《实用高等教育学》(武汉测绘科技大学出版社 1994 年版)；朱菊芳主编的《高等教育学教程》(南京师范大学出版社 1995 年版)；潘懋元、王伟廉主编，中国教育学会教育学研究会编的《高等教育学》(福建教育出版社 1995 年版)；胡建华等著的《高等教育学新论》(江苏教育出版社 1995 年版)；林兆其编著的《高等教育学》(贵州教育出版社 1995 年版)；蔡克勇主编的《高等教育学引论》(首都师范大学出版社 1996 年版)；潘懋元主编，国家教育委员会人事司组织编写的《新编高等教育学》(北京师范大学出版社 1996 年版)；谢安邦主编，教育部人事司组织编写的《高等教育学》(高等教育出版社 1998 年版)；谢安邦主编的《高等教育学》(高等教育出版社 1999 年版)；杨树勋主编的《现代高等教育学》(化学工业出版社 1999 年版)；教育部人事司组编的《高等教育学(修订版)》(高等教育出版社 1999 年版)；王冀生著的《宏观高等教育学》(高等教育出版社 2000 年版)；浙江省教育委员会组织编写的《高等教育学》(浙江大学出版社 2000 年版)；薛天祥主编的《高等教育学》(广西师范大学出版社 2001 年版)；王伟廉主编的《高等教育学》(福建教育出版社 2001 年版)；周川主编的《简明高等教育学》(河海大学出版社 2002 年版)；杨德广主编的《高等教育学概

论》(华东师范大学出版社 2002 年版)；王学义、程黎阳主编的《高等教育学》(黑龙江人民出版社 2002 年版)；杜作润、廖文武编的《高等教育学》(复旦大学出版社 2003 年版)；郝新生、靳国庆编著的《高等教育学》(吉林人民出版社 2003 年版)；孙喜亭等主编的《高等教育概论》(北京师范大学出版社 2003 年版)；戚万学主编的《高等教育学》(山东人民出版社 2004 年版)；钟玉海主编的《高等教育学》(合肥工业大学出版社 2005 年版)；胡弼成主编的《高等教育学》(湖南大学出版社 2005 年版)；杨德广主编的《高等教育学概论》(华东师范大学出版社 2005 年版)；周川主编的《简明高等教育学》(河海大学出版社 2006 年版)；冷余生、解飞厚主编的《高等教育学》(湖北人民出版社 2006 年版)；杨小平主编的《高等教育学》(重庆出版社 2006 年版)；胡建华等著的《高等教育学新论(新世纪版)》(江苏教育出版社 2006 年版)；田建国著的《高等教育学》(山东教育出版社 2006 年版)；侯怀银主编的《高等教育学》(山西人民出版社 2007 年版)；傅树京主编的《高等教育学》(首都师范大学出版社 2007 年版)；张桂春、唐为民、张琳琳编著的《高等教育学》(辽宁师范大学出版社 2007 年版)；吴秋凤、徐建华、吕彬江主编的《当代高等教育学》(黑龙江教育出版社 2007 年版)；河北省教师教育专家委员会编写的《高等教育学》(河北人民出版社 2007 年版)；潘懋元、王伟廉主编的《高等教育学》(福建教育出版社 2007 年版)；顾建民主编的《高等教育学》(浙江大学出版社 2008 年版)；虞国庆、漆权主编的《高等教育学》(江西高校出版社 2008 年版)；戚万学主编的《高等教育学》(山东大学出版社 2008 年版)；王建华著的《高等教育学的建构》(广东高等教育出版社 2009 年版)；杜希民、梁克荫主编的《高等教育学新探》(西安电子科技大学出版社 2009 年版)；钟玉海主编的《高等教育学》(合肥工业大学出版社 2009 年版)；吴宝瑞主编的《高等教育学》(河北人民出版社 2009 年版)；王彦主编的《高等教育学实用教程》(广西师范大学出版社

2009 年版）；潘懋元主编的《新编高等教育学》(北京师范大学出版社
2009 年版）；杨德广、谢安邦主编的《高等教育学》(高等教育出版社
2009 年版）；卢晓中主编的《高等教育概论》(高等教育出版社 2009 年
版）；胡弼成主编的《高等教育学》(湖南人民出版社 2010 年版）；张
楚廷著的《高等教育学导论》(人民教育出版社 2010 年版）；戚万学主
编的《高等教育学》(山东人民出版社 2010 年版）；杨德广主编的《高
等教育学概论(修订版)》(华东师范大学出版社 2010 年版）；刘赞英、
刘兴国著的《高等教育学新论》(河北教育出版社 2010 年版）；宋友
荔、饶玲主编的《高等教育学》(江西高校出版社 2011 年版）；孟燕主
编的《高等教育学教程》(西北工业大学出版社 2011 年版）；刘小强著
的《学科建设：元视角的考察——关于高等教育学学科建设的反思》
(广东高等教育出版社 2011 年版）；王彦主编的《高等教育学实用教
程》(广西师范大学出版社 2011 年版）；韩延明主编的《高等教育学新
论》(山东人民出版社 2012 年版）；张楚廷的《张楚廷教育文集·第 12
卷·高等教育学卷》(湖南人民出版社 2012 年版）；孙华著的《高等教
育学概论》(高等教育出版社 2012 年版）；潘懋元、王伟廉主编的《高
等教育学》(福建教育出版社 2013 年版）；张忠华著的《高等教育专题
新论》(光明日报出版社 2013 年版）；侯怀银主编的《高等教育学》(山
西人民出版社 2014 年版）；顾建民主编的《高等教育学修订版》(浙江
大学出版社 2014 年版）；方泽强著的《高等教育学的学科建设研究》
(广东高等教育出版社 2014 年版）；傅林主编的《高等教育学》(高等
教育出版社 2014 年版）；胡弼成主编的《高等教育学》(湖南师范大学
出版社 2015 年版）；吴洪富编著的《高等教育学》(河南大学出版社
2016 年版）；冷余生、解飞厚主编的《高等教育学》(长江出版社 2017
年版）；胡建华、周川主编的《高校教师岗前培训教材高等教育学》
(南京师范大学出版社 2017 年版）；田建荣编著的《高等教育学基础》
(陕西师范大学出版总社 2018 年版）；易高峰编著的《当代高等教育

学：理论与实务》(科学出版社 2019 年版)。

上述 70 余部著作在构建高等教育学学科体系、探讨高等教育学研究对象和研究范畴方面都做出了贡献。

潘懋元编写的《高等教育学讲座》(人民教育出版社 1993 年版)与1985 年的"增订本"相比,增加了"高等学校的社会职能""高等教育结构""高等学校教学方法的改革"三讲,其他各章内容和附录也做了一定的修改和补充。1993 年版保持了前两版的风格,不追求系统性,"在一定程度上,受科学专著或教材那种严整的体系、严格的要求的束缚较少,有利于围绕重点,阐述讲者的观点,交流听者与讲者的思想;同时,口语化的可读性也较高"①。

潘懋元与王伟廉主编的《高等教育学》(福建教育出版社 1995 年版)删去了普通教育学一般理论的阐述,也删去了所有属于高等学校工作性质的章节,而代之以高等教育理论的探讨;在各章节之间的写作安排上,大体遵循了从古到今、从国外到国内、从宏观到微观、从基础理论到应用理论的逻辑顺序,并尽可能体现问题之间的逻辑关系。②

胡建华、陈列、周川、龚放著的《高等教育学新论》(江苏教育出版社 1995 年版)试图建构一个新的高等教育学学科体系。这一体系力求另辟蹊径,提供一个高等教育研究的新思路、新视角,从而使我国高等教育学的研究获得新的视野,进入新的层面。本着这一思路,作者以"历史—现实—未来"为框架的主线,把全书分为学科论、历史论、逻辑论、价值论、目的论、结构论、过程论、未来论和研究论九章,从不同角度探讨了高等教育各个方面的本质和发展规律。

潘懋元主编的《新编高等教育学》(北京师范大学出版社 1996 年版)在 1984 年第一部《高等教育学》的基础上编撰,但无论是内容还

---

① 潘懋元：《高等教育学讲座》,2～3 页,北京,人民教育出版社,1993。
② 潘懋元、王伟廉：《高等教育学》,359～360 页,福州,福建教育出版社,1995。

是体系，较前者都有很大的更改。《新编高等教育学》对高等教育理论研究的新成果，如高等教育功能与高等学校职能、高等教育结构、研究生教育与成人高等教育、高等学校的社会服务、高等学校的校园文化等，增设若干章节加以论述。

薛天祥主编的《高等教育学》(广西师范大学出版社 2001 年版)共分为两大篇。上篇以高深而专门知识的教与学为高等教育学理论体系的逻辑起点，以专业作为中介概念，以高等教育(含高等教育本质和高等教育基本规律)为中心概念，以高等教育原则为过渡概念，以高等教育目的及其实现途径为逻辑终点；下篇阐述高等教育概念所揭示的高等教育及其矛盾运动，从德育、教学、课程、科研、体育、美育、教师几方面对逻辑终点做分解阐述。①

张楚廷著的《高等教育学导论》(人民教育出版社 2010 年版)是作者在多年从事高等教育活动基础上进行的系统思考。该书论述了大学的起源和发展、高等教育学的基本范畴、大学的职能和治理、大学基本活动、大学管理、大学校长、大学改革等内容。书中的论题体现出浓厚的学术研究气息，是一本关于高等教育学研究的专著而非教材。因高等学校的多样化，作者通篇对大学开展研究，使理论更为聚焦，研究更为深入。

侯怀银主编的《高等教育学》(山西人民出版社 2014 年版)从高等学校教师培训实际出发，根据高等教育学学科自身逻辑，将内容体系安排为：存在论，包括高等教育发展简史、我国高等教育的现状与未来走向；本质论，包括高等教育与高深知识、高等教育结构、高等教育功能、高等教育制度；价值论，包括通才教育和专才教育、英才教育和大众教育、科学教育和人文教育、高等教育的公平和效率；主体论，包括高等学校教师、高等学校学生；活动论，包括高

---

① 薛天祥：《高等教育学》，2 页，桂林，广西师范大学出版社，2001。

等学校专业、高等学校课程、高等学校教学；质量论，即高等教育质量概述。该教材目的性明确，尤其体现在最后一章质量论中，该部分在对已有高等教育质量解读述评的基础上，从高等教育质量的内涵、外延、特征及与相关概念的区别四方面，对高等教育质量进行了概述，并具体提出，高等教育质量是指高等教育作为一种实践活动，在实现自身基本功能的过程中对高等教育基本规律的体现程度。① 该部分内容对于高等教育教师联系理论与实践活动具有重要帮助，很好地体现了该教材的实用性。

除以"高等教育学"为名的著作外，此阶段还出版了多部研究高等教育学学科建设的专著。

王建华著的《高等教育学的建构》（广东高等教育出版社 2009 年版）前半部分以知性人作为高等教育学的人性假设，以高深知识作为高等教育学学科合法性的基础，尝试性地构建了一个高等教育学的学科概念体系（理论体系），并进行了相应展开。后半部分主要以高等教育学自身为研究对象，对高等教育学的学科问题进行了全面而系统的理论反思，相当于一种元研究。该书贯串的中心线索是"高等教育学不但可以选择作为一门独立的学术性学科，而且可以成为一门通过自身的发展引领大学里其他学科的变革的跨学科学科"②。该书虽然没有以"高等教育学"直接命名，但实质上仍可以理解为"高等教育学"的另一种呈现方式或存在方式，对于高等教育学学科建设具有一定的创新意义。

刘小强著的《学科建设：元视角的考察——关于高等教育学学科建设的反思》（广东高等教育出版社 2011 年版）从元学科、元科学层次的反思出发，研究高等教育学的学科建设问题。该著作的中心观点是，"当前科学已经或正在转型，科学转型带来了学科框架的转

---

① 侯怀银：《高等教育学》，265 页，太原，山西人民出版社，2014。
② 王建华：《高等教育学的建构》，298 页，广州，广东高等教育出版社，2009。

变。学科框架的转变为高等教育学学科建设提供了新的目标和方向，这要求高等教育学必须树立新的研究对象观、研究方法观和知识体系观"①。该著作的基本体系包括论证现代科学转型带来学科框架转变的必然性；进而分别论述研究对象的相对性、研究方法的多元化和知识体系的多向度的转变，以及学科组织、学科文化的改造。潘懋元指出，刘小强博士所提出的这一高等教育学学科建设的思路，在理论上可以成立，但在未经实践检验，未能提出最优化的学科理论体系并被证实其具有普适性之前，只能认为这是一种假设。假设只要言之成理，持之有故，就可以成立，就应当予以支持。他认为，肯定、奖励是支持，持积极态度的质疑、批评，可能是更重要的支持。他希望该书的出版能引起读者的重视、质疑，从而引来更多的高等教育理论工作者参与到学科建设工作中来。②

　　方泽强著的《高等教育学的学科建设研究》(广东高等教育出版社 2014 年版)以"高等教育是不是一门学科"的问题为逻辑起点展开，在此基础上对"高等教育学是什么学科""高等教育学应如何发展"等问题进行探讨。它采用文献研究法、访谈法等方法系统探讨高等教育学学科建设的基本理论问题，包括高等教育学的研究对象、研究方法、知识体系；进而延伸研究高等教育学的学科性质，与其他学科的关系以及学科文化；最后展望高等教育学的学科发展，包括发展的动力机制、模式，而落点在高等教育学学科人的责任和使命。"也就是说，它广博地研究高等教育学学科建设的方方面面，对比前人的著作，有所开拓，有所深化。"③

---

① 刘小强：《学科建设：元视角的考察——关于高等教育学学科建设的反思》，3 页，广州，广东高等教育出版社，2011。

② 刘小强：《学科建设：元视角的考察——关于高等教育学学科建设的反思》，3 页，广州，广东高等教育出版社，2011。

③ 方泽强：《高等教育学的学科建设研究》，2 页，广州，广东高等教育科学出版社，2014。

高等教育学教材中长期存在的如高等教育学与普通教育学理论
体系的关系、教材理论与实践脱节、高等教育学的元研究没有在教
材中得以必要反映等问题仍未得到很好的处理。在新时期建设高等
教育学，需要对这些问题进行清理和反思，并通过实践加以解决。

二、发展阶段高等教育研究机构的建设与规范

(一)发展阶段高等教育研究机构的建设概况

我国目前有千余所高等教育研究机构，多以高校层面为主，中
央和地方行政部门分布较少。考察高校的高等教育研究机构，我们
可以发现，自 1992 年发展至今，高校高等教育研究机构呈现三种发
展状态。

第一种，持续向好态势。能够保持此种发展状态的高等教育研
究机构一般由两类组成：一类是较早独立开展学术研究，并持续形
成学术成果的；另一类是与高校自身发展相结合，成为高校发展"智
库"的。

第一类研究机构以厦门大学、北京大学、华东师范大学、华中
科技大学等高等教育学学科的"排头兵"为主。这些研究机构在改革
开放后，高等教育事业发展初期便已开始进行高等教育的理论研究，
积极广泛进行学术交流，并招收研究生，开展人才培养工作，在高
等教育学学科发展史上做出了重要贡献。在新的时代背景下，这类
研究机构将迎来新的发展机遇，不断产出高等教育学新的研究成果。

第二类研究机构或以高等教育研究中心形式独立运行，或已划
归高校行政部门，虽没有取得第一类研究机构那样卓越的学术成果，
但能聚焦本校的高等教育事业，形成高校建设的研究团队，为高校
发展出谋划策。有的研究机构获批招收研究生，进行人才培养，在
未来的发展中将在高校层面继续发挥作用。

第二种，勉强维持基本生存。此种发展状态的研究机构，多数

已改制为高校行政部门，或成为某类行政部门下设处室。因建制不同，机构人员已不再开展高校的理论研究，转向高校的高等教育实践活动，从事高校的运行和管理，不作为学术机构，无法招收研究生，聘用人员也以从事行政工作为主，理论研究工作停滞不前，可谓"有名无实"。

第三种，已被裁撤或将被裁撤。在高校着手整合资源、精简机构之际，部分研究机构成为被裁撤对象。究其原因，或与领导理念有关，或与成果不足有关，或与功能重叠有关。裁撤并非全无好处，精简机构有利于资源的合理配置，将高等教育研究下放至各学院或划归发展规划部门，能够与本校的发展密切结合，为本校发展服务。

有研究者对全国优秀高等教育研究机构评选活动中获奖的高等教育研究机构研究后认为，优秀高等教育研究机构作为我国高等教育研究机构中的典型代表，高度重视自身建设，积极采取一系列有效举措进行组织变革和制度创新，呈现出明确的目标定位和发展规划、雄厚的学术力量支持、注重决策咨询服务三方面特征。① 厦门大学、北京大学、华东师范大学、华中科技大学等高校的高等教育研究机构正是优秀高等教育研究机构的典型代表。厦门大学高等教育科学研究所在1992年进入第三个发展阶段，在潘懋元带领下，聚焦高等教育开展工作，取得了诸多研究成果，为高等教育学学科发展做出了重要贡献。北京大学高等教育科学研究所的高等教育学学科通过理论方面的不断探索和高等教育发展中的现实问题研究，逐步形成了三个特色鲜明的研究方向：高等教育政策与管理；国际比较高等教育研究；学术、学术制度与学术训练。其在这三个研究方

---

① 李明忠、杨丽娜、李盼盼等：《我国优秀高等教育研究机构的主要特征》，载《高等教育研究》，2018(12)。

向取得了一批具有影响力的学术成果。① 华东师范大学高等教育研究所的目标与使命是致力于培养具有创新意识和国际视野，立志在高等教育及相关领域从事教学、研究和管理工作的高级人才。华中科技大学教育科学研究院坚持不同于师范大学发展教育学科的道路，注意探索在理工科大学发展教育学科的经验，在国内率先开展大学文化素质教育研究，率先倡导开展院校研究，形成了一系列研究成果。② 此外，还有多所高校的高等教育研究机构也为高等教育学的学科发展做出了积极贡献。

（二）发展阶段高等教育研究机构的交流

1992 年 10 月 6 日至 9 日，全国高等学校高教研究所（室）第二次工作会议在上海国际教育交流中心举行。会议主要围绕两个中心议题进行研讨：一是如何认清改革开放的新形势和明确新形势下高等教育研究的任务；二是如何搞好高教研究机构的自身建设和发挥高教研究机构的作用。

此后几年，学者们愈发认为，建立一个高等教育研究机构的领导组织，对开展高等教育理论研究、促进高等教育研究机构沟通交流是十分必要的。

2001 年 12 月 25 日至 26 日，中国高等教育学会在北京科技大学召开了全国教育科学研究机构工作座谈会。与会代表分析了当前我国高等教育面临的国际、国内形势和任务，在加强高等教育科学研究机构的建设和研究工作、加强交流和协作方面取得了共识，在建立"全国高等教育科学研究机构协作组"（后更名为"全国高等教育研究机构协作组"）的问题上取得了一致意见并宣告协作组正式成立。

---

① 北京大学：《高等教育科学研究所简介》，http：//www.gse.pku.edu.cn/xygk/zzjg/yjs/index.htm，2019-09-18。

② 华中科技大学：《教育科学研究院简介》，http：//jky.hust.edu.cn/xygk/xyjj.htm，2019-09-18。

全国高等教育研究机构协作组成立后，多次召开会议，就高等教育学的发展、研究生培养工作、高等教育科研机构服务高等教育发展和改革、高等教育研究机构建设等问题进行讨论交流，推动了高等教育研究机构的完善和发展。

2002年8月8日至10日，全国高等教育研究机构协作组举办、天津市教委和天津高教学会承办的省市级高教研究机构协作会议在天津塘沽经济开发区召开。会议主题是"省级高教科研机构怎样为地方高教的发展和改革服务"。

2005年11月12日至13日，中国高等教育学会在北京召开全国优秀高等教育研究机构表彰大会暨高等教育研究机构协作组会议。潘懋元做了"中国高等教育研究机构的发展历程和新时期的任务"的主题报告。

2009年3月13日至15日，中国高等教育学会全国高等教育研究机构协作组和厦门大学教育研究院联合主办的2009年中国高等教育学会全国高等教育研究机构协作组会议在厦门大学召开。会议主题为"新形势下高教研究机构建设与高等教育研究"，重点探讨新形势下高等教育的研究范式变化。

2015年4月18日至19日，中国高等教育学会全国高等教育研究机构协作组主办，大连理工大学高等教育研究院承办的2015年全国高等教育研究机构协作组会议暨第四届全国优秀高等教育研究机构表彰大会在大连举行。

(三)《教育部办公厅关于进一步加强高等教育研究机构建设的意见》的印发

20世纪90年代初期，潘懋元邀集厦门大学、北京大学、清华大学等一些高校教育科研单位的负责人，一起探讨如何加强高等教育研究的问题，并向当时的国家教委建议发一个专门文件，以加强高校高等教育研究机构建设。后又多次努力，但都未能如愿。2001年

12 月，在筹建全国高等教育研究机构协作组的过程中，中国高等教育学会会长周远清主动提出，请求教育部发一个关于加强高等教育研究机构建设的文件，得到许多同志的热烈支持。2002 年上半年，教育部委托厦门大学高等教育科学研究所等单位起草《关于加强高等教育研究所（室）建设的意见（讨论稿）》。在其后召开的全国高等教育学研究生培养工作研讨会、全国高等教育研究机构协作组成立大会等会议上，与会代表对该讨论稿进行了热烈讨论，提出了修改意见。[①] 2004 年 4 月，经教育部部长周济审批，《教育部办公厅关于进一步加强高等教育研究机构建设的意见》（以下简称《意见》）印发。

《意见》充分肯定了 20 多年来高等教育研究机构在服务高等教育决策、推动高等教育理论研究、转变教育观念、促进高等教育改革发展等方面的贡献，指出了高等教育研究机构建设和研究工作存在的突出问题，对高等教育研究机构的作用、组织建设、队伍建设、制度建设、条件保障、交流与合作、人才培养等提出了明确意见和建议。

其全文如下。

教育部办公厅关于进一步加强高等教育研究机构建设的意见

教高会厅〔2004〕1 号

我国地方和高等学校的高等教育研究机构，主要是在改革开放以后逐步发展起来的。20 多年来，高等教育研究机构为高等教育的决策和决策实施提供了切实有效的服务，在推动高等教育科学的理论建设和指导实践、推动教育观念的转变等方面起到了重要作用，促进了高等教育的改革发展，并取得了许多重要的研究成果，出版

---

① 蔡克勇：《认真落实〈意见〉 深入扎实开展高等教育研究——在落实"关于进一步加强高等教育研究机构建设意见"会议上的发言》，载《中国高教研究》，2004(11)。

了大量的研究著作和论文资料，培养了一大批教育研究和管理人才。面对全面建设小康社会的宏伟目标，我国的高等教育事业应该有一个更大的发展，这就使高等教育科学研究具有更加重要的作用和意义。必须进一步加强高等教育研究机构的建设，更广泛地开展群众性的高等教育科学研究，促进高等教育创新。

　　但是，目前在我国高等教育研究机构建设和研究工作的开展中，也存在一些突出的问题，主要是：一些教育行政部门和高校的领导对高等教育研究在教育决策、管理和改革发展中的重要作用还缺乏正确认识，不太注重运用高等教育的理论和研究成果指导实践，对高教研究工作重视不够、投入不足；有些学校的高等教育研究机构任务不明确，致使研究人员未能发挥其应有的作用；一些高等教育研究机构研究条件比较差，研究人员的职称、待遇等问题长期得不到妥善解决，影响了高等教育研究机构作用的发挥，甚至造成人才流失；高等教育研究机构之间缺乏交流、合作，有些研究课题存在低水平重复、与实际脱离等问题。这些问题的存在，不利于高等教育研究机构的发展和作用的发挥，亟待改变。

　　为了使高等教育研究机构更好地发挥在高等教育改革和发展中应有的作用，各级教育行政部门和各高等学校要进一步提高对高等教育研究重要作用的认识，切实加强高等教育研究机构建设。

　　一、充分重视高等教育研究机构在高等教育改革和发展中的作用。高等教育研究机构是在教育行政部门和高等学校领导下的教育科学研究单位，担负着从事高等教育改革和发展的理论和实践问题的研究，为教育行政部门和高等学校提供决策咨询服务，推动干部和教师开展群众性高等教育科学研究等任务。其中，水平较高、力量较强的高等教育研究机构，还担负着培养高等教育研究和管理的专门人才，建设和发展高等教育学学科的任务。高等教育研究机构具有研究高等教育和高校自身的特殊性，与一般科研机构有所不同。

各级教育行政部门和各类高等学校的领导要充分认识到：在高等教育深化改革特别是高等学校依法自主办学的新形势下，如果没有高水平的教育科学研究，仅凭经验办学，将很难建设高水平的高等学校，更难在高等教育发展中有所创新；有远见、有创新、成熟的教育领导者，必然重视教育思想、教育理论、教育理念的先导作用。

二、加强高等教育研究机构的组织建设。应当根据各地方、各高校的实际情况，采取切实有效措施，建立必要的高等教育研究机构。

三、加强高等教育研究机构的队伍建设。高等学校的高等教育研究机构应建立专兼职相结合、素质较高的精干研究队伍。研究人员应具有高等教育学学科的基本理论知识、科学研究能力和较高的政策水平，具有一定的管理和教育教学经验，对国内外高等教育有比较广泛的了解。为了提高研究水平和能力，对专职研究人员以及比较固定的兼职研究人员，应当安排必要的培训进修，创造学习提高的条件。

四、加强高等教育研究机构的制度建设。建立和完善有关制度，使研究机构和研究工作有章可循、规范发展。这些制度，主要包括研究机构的组织、领导，研究规划和计划的制订、实施，研究工作过程的监督、检查，研究成果的评审、鉴定，研究人员的职责、考核，与校内有关部门单位的联系、合作，研究经费的使用、管理，研究资料的建网、建库，等等。

五、各地方、各高校应保证高等教育研究机构必要的研究工作条件。同时，高等教育研究机构也要利用本身的优势，逐步创造更好的研究工作条件。例如，积极争取各级教育科研课题、校内外的相关研究项目和经费，开展有偿的教育咨询和培训服务，编撰出版相关教材和书刊，和文化企事业单位开展合作研究等。

六、加强高等教育研究机构之间的联系、交流、合作。中国高等教育学会组建的"全国高等教育研究机构协作组"，应发挥学术性社团的优势，担负起推动各地方、各高校高等教育研究机构之间互相联系、加强交流、开展合作等方面的任务，以解决分散孤立研究所带来的信息闭塞、低水平重复、效率不高等问题；可以积极研究和探讨高等教育研究机构自身如何进一步发展、提高以及更好发挥作用等方面的共同性问题，提出解决的意见办法；可以根据实际需要，组织高等教育研究机构的评估、成果鉴定、评奖和国际交流活动。

七、加强高等教育研究的人才培养工作。有高等教育学研究生培养任务的高等教育研究机构，要加强学科和课程建设，充实师资力量，提高研究生的培养质量。各高等教育研究机构都应该根据需要和可能，积极创造条件，在学校教师和干部的上岗培训、岗位培训以及继续教育中，担负起教育理论、教学方法、教学管理和教育研究等方面的培训任务。有条件的高等学校高等教育研究所(室)，还应积极参与大学生的学习指导、文化素质教育、心理健康教育、就业指导和创业教育等方面的任务。①

《意见》是新中国成立以来，国家教育主管部门第一次专门为加强高等教育研究而颁布的指导性文件。这既反映了我国高等教育发展与改革的迫切要求，也体现了教育部领导对教育科研，对教育决策的科学化、民主化的进一步重视。《意见》是在国家高等教育改革和实践面临新形势、高等教育学学科发展及高等教育理论研究不断深化、高等教育研究机构建设存在系列问题的情况下颁布的。《意见》的颁布，规范了高等教育研究机构的工作，对于开展高等教育理论研究进而建设高等教育学学科具有重要意义。

----

① 教育部：《教育部办公厅关于进一步加强高等教育研究机构建设的意见》，http://www.moe.gov.cn/jyb_xxgk/gk_gbgg/moe_0/moe_1/moe_42/tnull_3585.html，2019-09-18。

2001 年全国高等教育研究机构协作组的成立，使高等教育研究机构有了组织上的领导。2004 年《意见》的印发，使高等教育研究机构有了制度上的规范。

三、发展阶段高等教育学学术组织的建设

（一）中国高等教育学会的建设与发展

中国高等教育学会自 1983 年成立后，作为由高等学校、社会团体和教育工作者，以及支持高等教育事业发展的事业单位、行业企业和个人自愿组成的全国性、学术性、非营利性社会组织，其组织机构不断扩大，组织制度不断完善，研究人员不断充实，研究成果不断涌现。学会现任会长（第七届）为教育部原党组副书记、副部长杜玉波。第一届、第二届会长为教育部原部长蒋南翔，第三届会长为原国家教委党组书记、副主任何东昌，第四届、第五届会长为教育部原副部长周远清，第六届会长为中国农业大学原党委书记瞿振元。

中国高等教育学会的主要业务为理论研究、学术交流、专业培训、展览展示、国际合作、咨询服务、书刊编辑和行业监测等。学会以"学术立会、服务兴会、规范办会、创新强会"为办会宗旨，以"提升政治站位，把握办会方向；找准职责定位，把握服务面向；推动工作进位，把握工作导向"为工作主线，坚持服务我国高等教育事业的改革发展，服务政府部门的宏观决策，服务高等学校的办学治校，服务高等教育学术研究的理论探索。

中国高等教育学会是我国高等教育领域规模最大、成立时间最长、影响力最广的全国学术性社团组织。目前，学会有分支机构 66 个、单位会员 410 个，分支机构还有大量会员，形成了联系全国高等学校，覆盖众多学科和管理领域的组织平台。具体分支机构如表 4.1 所示。

表 4.1 中国高等教育学会分支机构

①保健医学分会	②保卫学专业委员会	③大学素质教育研究分会
④创新创业教育分会	⑤地方大学教育研究分会	⑥档案工作分会
⑦高等教育管理分会	⑧辅导员工作研究分会	⑨高等财经教育分会
⑩大学文化研究分会	⑪高等教育学专业委员会	⑫高等商科教育分会
⑬音乐教育专业委员会	⑭工程教育专业委员会	⑮工程热物理专业委员会
⑯公共关系教育专业委员会	⑰广告教育专业委员会	⑱宣传工作研究分会
⑲国际政治研究专业委员会	⑳继续教育分会	㉑教师教育分会
㉒教学研究分会	㉓教育基金工作研究分会	㉔教育评估分会
㉕教育数学专业委员会	㉖教育信息化分会	㉗科技管理研究分会
㉘理科教育专业委员会	㉙廉政建设分会	㉚马克思主义研究分会
㉛美育专业委员会	㉜秘书学专业委员会	㉝数字化课程资源研究分会
㉞设计教育专业委员会	㉟社会科学研究管理分会	㊱摄影教育专业委员会
㊲师范教育分会	㊳师资管理研究分会	㊴实验室管理工作分会
㊵思想政治教育分会	㊶特殊教育研究分会	㊷体育专业委员会
㊸外国留学生教育管理分会	㊹外国文学专业委员会	㊺外语教学研究分会
㊻校际合作研究分会	㊼校史研究分会	㊽校友工作研究分会
㊾新闻学与传播学专业委员会	㊿薪酬管理研究分会	51学生工作研究分会
52学习科学研究分会	53医学教育专业委员会	54仪器科学及测控技术专委会
55产教融合研究分会	56引进国外智力工作分会	57影视教育专业委员会
58语文教育专业委员会	59院校研究分会	60职业技术教育分会
61自学考试分会	62中外合作办学研究分会	63招生考试研究分会
64"一带一路"研究分会	65军民融合教育研究分会	66生态文明教育研究分会

资料来源:《中国高等教育学会分支机构（66 家）》，http://www.hie.edu.cn/overview _ 12570/20150119/t20150119 _ 993131.shtml，2019-09-18。

中国高等教育学会每年举办高等教育国际论坛年会，至 2018 年，已成功举办 18 届。中国高等教育学会还多次举办各类展示会、博览会，通过各种会议来推动高等教育实践的进展，进而推动高等教育学的学科发展。

（二）中国高等教育学会高等教育学研究会的成立

1983 年，中国高等教育学会成立，教育部党组将中国高等教育学会定位为与中国教育学会平行的学术组织。中国高等教育学会虽成立，但始终"没有一个研究高等教育基本理论的高等教育学研究会，没有一个像中国教育学会之下的第一个研究会——教育学研究会"①。中国高等教育学会很少组织理论研究活动，高等教育的理论研究工作始终没有在强有力的组织领导下进行。

在此背景下，潘懋元为成立高等教育学研究会做出了努力。1992 年和 1993 年举行了研讨会，会上代表们对成立专门的高等教育基本理论研究组织——全国高等教育学研究会进行了讨论，潘懋元在其中都起到了重要作用。

1992 年 12 月 19 日至 21 日，由中国高等教育学会、福建省高等教育学会和厦门大学高等教育科学研究所联合发起的全国高等教育学学科建设研讨会在厦门大学召开。出席研讨会的代表共 45 人，会议收到论文 30 篇，厦门大学高等教育科学所研究人员和研究生 40 多人列席了会议。与会代表从过去、现在及未来三个方面，对高等教育学学科建设问题进行了热烈而深入的讨论。潘懋元做了专题报告"关于高等教育学学科建设的若干问题"，国家教委高等教育研究中心主任王冀生做了重要发言，中国高等教育学会副秘书长罗宏述对会议进行了总结。代表们一致认为，为了加强高等教育学学科的

---

① 潘懋元：《加强高等教育基本理论的研究工作》，载《高等教育研究》，1994(1)。

理论研究和学科建设，很有必要建立一个专门的学术团体。① 会后成立了以王伟廉为组长的全国高等教育学研究会筹备组。

1993年10月19日至22日，全国高等教育学研究会成立大会暨第二届学术研讨会在华东师范大学举行。这次会议以"建设有中国特色的社会主义高等教育理论体系"为题，就高等教育学的学科建设问题，在厦门会议基础上做进一步的探讨。

与会代表来自全国18个省(直辖市、自治区)、33所高校的高教研究所(室)和7个省级高等教育研究机构。在开幕式上，潘懋元做了题为"加强高等教育基本理论研究工作"的报告。会议经过反复酝酿，选举产生了中国高等教育学会高等教育学研究会第一届理事会，选出理事34人。在第一次理事会上，产生14名常务理事，并一致推选潘懋元为理事长。理事会还聘请王承绪、刘一凡、朱九思、余立为理事会顾问。

会议期间，与会代表经过反复讨论并由秘书组多次修改，拟定了研究会章程草案，并于1993年10月21日正式通过。章程在宗旨和主要任务上突出了研究会的性质和特点，即偏重研究高等教育基本理论问题，推进高等教育学学科建设。与会代表还就研究会今后的工作提出了建议。研究会在第一届理事会期间做三方面工作：开展学术交流；组织力量承担研究课题；确保研究成果的发表，加强研究队伍凝聚力和研究人才的培养。

第一届理事长潘懋元在会议闭幕式的讲话中将研究会今后的工作精辟地概括为6个字——交流、组织、培养，并寄希望于从事高等教育基本理论研究的全体同人：无论在何种困难条件下，这支研究队伍一定要加强团结，为高等教育基本理论的发展做出应有的

---

① 王伟廉：《全国高等教育学学科建设研讨会综述》，载《高等教育研究》，1993(2)。

贡献。①

这次会议是"具有里程碑意义的一次重要会议"②，学者们有了可以进行学术交流的平台，有了制度化的组织领导，推动了学者理论研究成果的产出，对高等教育基本理论的研究和高等教育学学科建设产生了深远的影响。

2005 年，中国高等教育学会高等教育学研究会改制为中国高等教育学会高等教育学专业委员会，组织制度得以进一步规范。

（三）发展阶段高等教育学学术组织的交流

中国高等教育学会高等教育学研究会③成立后，多次举办全国性学术年会，主题聚焦高等教育学的学科建设问题、高等教育基本理论研究的核心问题或中国高等教育改革的重大理论问题。这些问题对推动中国高等教育学的学科建设具有积极作用。

继 1992 年和 1993 年两届学术研讨会后，1995 年 3 月 27 日至 31 日，全国高等教育学研究会第三届学术研讨会在汕头大学举行。会议由全国高等教育学研究会、广东省高教学会和汕头大学高教研究所联合举办。出席会议的正式代表和列席代表共 66 人，研讨会收到论文 45 篇。广东省高教局副局长周鹤鸣代表广东省高教学会出席会议；汕头大学校长林维民、副校长姜桐分别在开幕式和闭幕式上讲话；研究会理事长潘懋元在开幕式上做主题报告；研究会副理事长、上海大学常务副校长杨德广对研讨会进行了总结。这次研讨会结合当时高等教育改革的实际，对一些重大的基本理论问题进行了更深入探讨，会议的主题是"在新形势下需要重新认识的基本理论问题"。

---

① 王伟廉：《全国高等教育学研究会成立大会暨第二届学术研讨会综述》，载《高等教育研究》，1994(1)。

② 王伟廉：《全国高等教育学研究会成立大会暨第二届学术研讨会综述》，载《高等教育研究》，1994(1)。

③ 1995—2003 年的多次年会均称为"全国高等教育学研究会"。

正如潘懋元在主题报告中指出的，本次学术研讨会的主题既是广泛的，又是明确的，代表们能充分发挥各自的专长，结合当前实际，从各个角度和不同层面探讨高等教育学学科建设问题。[①]

　　1997年4月27日至29日，全国高等教育学研究会第四届学术研讨会在天津举行，由天津市教育科学研究院承办。研讨会的主题是"高等教育理论研究如何更好地为高等教育发展与改革实践服务"。与会代表围绕这个主题进行了广泛、深入的讨论。[②]

　　1999年5月5日至7日，全国高等教育学研究会第五届学术年会，也是1998年巴黎高等教育会议的一次后续活动，经过3天的紧张工作，达到了预期目的。会议在山东烟台召开，由全国高等教育学研究会主办、烟台师范学院协办，并获得联合国教科文组织亚太地区办事处和中国教科文组织的支持。出席会议的有来自全国46所高校和8个其他单位的68位代表，其中44位具有副高级以上职称。联合国教科文组织亚太地区办事处高教组高级专员王一兵出席会议并做学术报告。中共山东省委高校工委副书记兼省教委副主任田建国、烟台市教委主任高远良和烟台师范学院院长刘大文发表了讲话。研究会理事长潘懋元在开幕式上做主题报告。本次会议的主题是"知识经济与大学教育改革和发展的关系"。关于知识经济与大学教育的关系问题，在当时已经成为我国高等教育理论领域研究的热点。人们对这一问题的广泛关注表明，在我国高等教育领域，正酝酿着一场深刻的、具有历史意义的伟大变革。然而，究竟如何理解知识经济与大学教育的关系？当时理论界分歧很多，这些分歧的长期存在势必在一定程度上影响我国高等教育的改革和发展进程。以"知识经

　　① 　王伟廉、别敦荣：《全国高等教育学研究会第三届学术研讨会综述》，载《高等教育研究》，1995(3)。
　　② 　别敦荣：《全国高等教育学研究会第四届学术研讨会综述》，载《高等教育研究》，1997(4)。

济与大学教育改革和发展的关系"作为年会主题，一方面，通过吸引大家广泛开展研究和探讨，在理论上把握知识经济与大学教育关系的本质，并逐步达成一定共识；另一方面，正如潘懋元在年会上所言，希望以此来探索高等教育理论与实践间的转换机制，真正发挥高等教育理论研究在现实改革和发展中的指导作用。①

2001 年 5 月 26 日至 28 日，全国高等教育学研究会第六届年会暨会员代表大会在华中科技大学召开，240 多位专家学者和领导出席会议。其中包括：教育部原副部长、中国高等教育学会会长周远清，中国高等教育学学科创始人、著名教育学家、厦门大学教授潘懋元，北京大学教授喻岳青，华东师范大学教授薛天祥，上海师范大学校长杨德广，联合国教科文组织亚太地区办事处专家王一兵等。会议的主题是"21 世纪中国高等教育质量及其保障"。会议共收到高质量论文 150 多篇。在为期 3 天的研讨会上，与会者就"人才培养及其质量保障""大学扩招后的质量问题""高等教育质量保障体系建构"等与中国高等教育持续健康发展密切相关的重要问题，展开了广泛而深入的研讨。②

2003 年 11 月 15 日至 17 日，由全国高等教育学研究会与中山大学共同举办的全国高等教育学研究会 2003 年学术年会在珠海召开。会议的主题是"现代大学精神、大学文化与大学制度创新"。与会代表共 200 多人，来自包括香港、澳门在内的全国近 70 所高校和高等教育研究机构，提交会议论文近 100 篇。本次年会是全国高等教育学研究会的第七届年会，适逢全国高等教育学研究会成立 10 周年、中国高等教育学会成立 20 周年。中国高等教育学会的发起、筹备和

---

① 薛天祥：《全国高等教育学研究会第五届学术年会总结报告》，载《高等教育研究》，1999(5)。

② 高耀明：《21 世纪中国高等教育质量及其保障——全国高等教育学研究会第六届年会暨会员代表大会召开》，载《教育发展研究》，2001(7)。

成立不仅是中国高等教育研究史上的一件大事，也是"中国教育史上的创举"。会上，著名高等教育家、中国高等教育学会顾问潘懋元回忆了中国高等教育学会成立的难忘历程，并介绍了其与全国高等教育学研究会之间的特殊关系。中山大学党委书记李延保做了"弘扬科学精神是现代大学文化素质教育的永恒主题"的报告。杨德广在报告"大学理念、大学精神和大学使命"中阐发了自己在大学管理和教育方面的思想。①

　　2005 年 11 月 3 日至 5 日，改制后的中国高等教育学会高等教育学专业委员会在上海交通大学举行学术年会。来自全国各高等学校和高等教育研究机构的近 300 名代表齐聚一堂，就科学发展观与现代大学理念、高等教育国际化与现代大学制度、高等教育质量与研究生教育、大众化背景下的高等教育经营等专题展开了热烈讨论。本次会议的内容和形式丰富多彩，既有专题发言报告，也有分组讨论，还有实地参观考察。与会者各抒己见，畅谈各自的研究成果和学习体会。教育部原副部长、中国高等教育学会会长周远清，上海交通大学校长谢绳武，上海市教育委员会副主任、高等教育学专业委员会第三届理事会秘书长张民选等出席年会并致辞。名誉理事长潘懋元在致辞中提到，近年来，高等教育应用研究的味道较浓，而从学科角度出发的理论研究有所弱化，专业委员会如何进一步明确定位，特别是如何体现与其他分会的区别，需要大家深入思考。华东师范大学教育科学学院教授谢安邦和日本广岛大学高等教育研究中心教授大塚丰分别做了"我国近年来高等教育研究的回顾与展望"和"20 世纪 90 年代以来日本的亚洲高等教育研究进展"的大会

---

① 　刘铁：《使大学成为真正意义上的大学——全国高等教育学研究会 2003 年学术年会综述》，载《高等教育研究》，2004(1)。

报告。①

2008 年 1 月 3 日至 6 日，全国高等教育学专业委员会 2007 年度学术年会在齐齐哈尔职业学院召开。会议的主题为"回顾与展望中国高等教育改革"。来自全国 22 个单位的 60 多名代表与会，重点回顾了 30 年来的中国高等教育改革，深入探讨了高等教育思想转变、高等教育规模发展、高等教育质量保障等重要问题。②

2008 年 10 月 24 日至 26 日，中国高等教育学会高等教育学专业委员会 2008 年度学术年会在三峡大学召开。年会主题是"改革开放 30 年与中国高等教育改革和发展"。本次年会有 110 位学者出席，收到论文 60 篇，17 位学者做了专题发言。与会者从不同角度对改革开放以来我国高等教育取得的成就、存在的问题，以及高等教育改革和发展的前景，展开了深入研讨。研讨涉及的议题主要有：大学理念的变革，高等教育投资体制，大众化阶段高等教育的转型，高等学校科技体制，高等学校办学特色和分类标准，高等教育学研究特色和学科建设问题等。③

2009 年 9 月 27 日至 29 日，由中国高等教育学会高等教育学专业委员会主办、云南大学高等教育研究院协办的中国高等教育学会高等教育学专业委员会 2009 年学术年会在昆明召开。会议共收到论文 50 余篇，《中国高等教育改革与发展 30 年》著作 1 部。来自北京大学、厦门大学、华中科技大学等 46 所高校学术机构的 120 余位代表，围绕"中国高等教育改革开放 30 年发展基础上进一步创新的理论与实践探讨"主题进行交流、讨论。16 位专家学者在大会上做了专

---

① 翁伟斌：《全球化背景下的高教改革与发展——2005 年中国高教学会高等教育学专业委员会学术年会综述》，载《教育发展研究》，2005(23)。

② 雷洪德：《高等教育改革与发展 30 年回顾——全国高等教育学专业委员会 2007 年度学术年会综述》，载《高等教育研究》，2008(2)。

③ 丁静林、高耀明：《中国高等教育学会高等教育学专业委员会 2008 年度学术年会综述》，载《高等教育研究》，2008(11)。

题发言，潘懋元做了主题报告"高等教育发展：数量增长与质量提高"。会议期间，新的学术观点频现，学者间交流碰撞热烈，学术氛围浓厚。①

2010 年 12 月 13 日至 14 日，中国高等教育学会高等教育学专业委员会第五届会员代表大会暨 2010 年学术年会在上海师范大学召开。著名高等教育学家潘懋元、中国高等教育学会高等教育学专业委员会第四届理事会理事长杨德广以及近 300 名专家学者和会员代表参加会议，中国高等教育学会秘书长范文曜到会祝贺。会议选举产生了中国高等教育学会高等教育学专业委员会第五届理事会。与会专家、学者围绕与"现代大学制度建设"密切相关的"大学去行政化""教授治学""大学治理结构"等高等教育界广为关注的重大问题展开了热烈而深入的探讨。②

2011 年 9 月 17 日至 18 日，由石河子大学师范学院承办的中国高等教育学会高等教育学专业委员会 2011 年学术年会在新疆石河子市召开。会议共收到论文或 PPT 文档 30 余份，参会代表 60 余人，11 位专家学者做了大会发言。基于探索我国高等教育研究范式的需要和高等教育学学科建设面临的新形势，年会以"高等教育研究的使命与挑战"为主题。代表们主要围绕如何评价我国的高等教育研究、如何提升我国的高等教育研究水平和如何开创我国高等教育学学科建设的新局面等议题展开了充分的研讨。③

2012 年 8 月 11 日至 12 日，由吉林大学高等教育研究所承办的中国高等教育学会高等教育学专业委员会 2012 年学术年会在吉林大

① 张建新、董云川：《中国高等教育学会高等教育学专业委员会 2009 年学术年会综述》，载《高等教育研究》，2009(11)。

② 苏永建、陈廷柱：《社会变革中的中国现代大学制度建设——中国高等教育学会高等教育学专业委员会第五届会员代表大会暨 2010 年学术年会综述》，载《高等教育研究》，2010(12)。

③ 陈廷柱、蔡文伯：《提升高等教育研究水平 开创学科建设新局面——中国高等教育学会高等教育学专业委员 2011 年学术年会综述》，载《高等教育研究》，2011(11)。

学召开。来自全国 70 多所高校的 140 多位相关领域的知名专家、学者参加年会。立足我国高等教育改革实践与探索高等教育制度建设的需要,年会以"大学治理的理论与实践"为主题。代表们围绕提升高等教育质量意识、大学治理的理论梳理、大学治理的实践困境、现代大学治理制度构建等方面进行了广泛和深入的交流。①

2013 年 10 月 26 日至 27 日,中国高等教育学会高等教育学专业委员会成立 20 周年庆典暨 2013 年学术年会在华中科技大学举行。来自全国近百所高校的 300 余名学者和学生参加了本次年会。年会以"变革中的高等教育:理论、动向与趋势"为主题,与会人员基于高等教育学专业委员会成立 20 周年的背景,围绕变革中的高等教育及其对高等教育研究的挑战等议题各抒己见,展开了较为深入的探讨。②

2014 年 7 月 17 日至 18 日,由兰州大学教育学院承办的中国高等教育学会高等教育学专业委员会 2014 年学术年会举行。来自全国 30 多所高校的近 50 名专家、学者参加年会。高等教育学专业委员会理事长张应强在开幕式上指出,此次年会本着凝聚专家智慧、献策高教改革、扩大学会影响的目的,以"全面深化高等教育改革的理论与实践"为主题,以期深化高等教育改革的相关研究,进而推动我国高等教育改革。与会专家、学者采取集中发言、重点讨论的方式,对我国高等教育改革的理论支持、关键问题、实践策略等议题进行了深入的探讨。③

2015 年 10 月 23 日至 25 日,中国高等教育学会高等教育学专业

---

① 于杨:《提升教育质量意识 构建现代大学治理制度——中国高等教育学会高等教育学专业委员会 2012 年学术年会综述》,载《高等教育研究》,2012(9)。

② 陈廷柱、孙丽芝:《变革中的高等教育及其对高等教育研究的挑战——中国高等教育学会高等教育学专业委员会 2013 年学术年会综述》,载《高等教育研究》,2013(12)。

③ 包水梅:《全面深化高等教育改革的理论与实践——中国高等教育学会高等教育学专业委员会 2014 年学术年会综述》,载《高等理科教育》,2014(5)。

委员会第六届会员代表大会暨2015年学术年会在安徽工业大学召开。来自全国130余所会员单位的400余名代表参加会议。与会学者围绕"高等教育改革发展的新思维、新常态与新趋势"主题,深入探讨了大学内部治理、大学治理的外部环境、依法治校等议题。①

2016年12月16日至18日,中国高等教育学会高等教育学专业委员会2016年学术年会在汕头大学召开。来自国内近100所高校的170余名专家学者与会。中国高等教育学会副会长范文曜、副秘书长王小梅,汕头大学校长顾佩华到会祝贺并做指导。年会主题是"'双一流'建设背景下高等教育学学科发展",采取"主题报告+沙龙式分组讨论"的学术研讨模式。与会专家、学者针对高等教育学学科建设议题各抒己见,展开了激烈的学术争论。多种学术观点相互启发,深化了人们对高等教育学学科建设问题的认识,凝聚了学科情感并达成诸多共识,实现了年会的预期目的。②

2017年10月19日至20日,中国高等教育学会高等教育学专业委员会2017年学术年会在信阳师范学院召开。来自全国200余所高校的400多位学者、研究生以及河南省属高校近20位领导参加会议。年会以"面向2030的高等教育现代化:国家行动和高校发展"为主题,收到论文95篇,20余位专家、学者做了会议报告,10多位专家学者做了自由发言。③

2018年10月13日至14日,中国高等教育学会高等教育学专业委员会2018年学术年会在曲阜师范大学召开。来自全国近百所高校的150余名专家、学者与会。教育部高等教育司司长吴岩、山东省

① 李函颖:《新常态下的大学治理——中国高等教育学会高等教育学专业委员会第六届会员代表大会暨2015年学术年会综述》,载《高等教育研究》,2015(11)。

② 唐萌:《"双一流"建设背景下我国高等教育学的发展之路——中国高等教育学会高等教育学专业委员会2016年学术年会综述》,载《高等教育研究》,2017(1)。

③ 陈廷柱、刘赛尔:《面向2030的高等教育现代化:国家行动和高校发展——中国高等教育学会高等教育学专业委员会2017年学术年会综述》,载《高等教育研究》,2017(11)。

教育厅厅长邓云锋、曲阜师范大学党委书记戚万学、中国高等教育学会副秘书长王小梅到会致辞或做学术报告。年会以"新时代我国一流本科教育的理论与实践"为主题，与会专家、学者采取主题报告、分组讨论的方式，围绕为何强调一流本科教育、如何理解一流本科教育、如何建设一流本科教育以及如何保障一流本科教育等议题展开研讨。[①]

　　除中国高等教育学会高等教育学专业委员会定期召开学术年会外，中国高等教育学会下设的其他组织也定期开展学术交流，虽然主题大多不涉及高等教育学学科建设，但都推动着高等教育理论研究的发展，改进了高等教育实践。例如，2007 年成立的中国高等教育学会院校研究分会，至今已举办多次会议，主题包括："探索院校研究方法 推动高校科学发展"（2009 年年会），"经济全球化时代的高校人力资源管理"（2010 年年会），"加强管理信息系统建设 推进院校研究规范发展"（2011 年年会），"院校研究：'以学生为中心'的本科教育变革"（2012 年年会），"院校研究与高校综合改革"（2015 年年会），"院校研究与高等教育质量提升"（2016 年年会），"大数据时代的院校研究与个性化教育"（2018 年年会）等。

第二节　发展阶段高等教育学学科理论研究

　　对高等教育学学科若干理论问题的探讨起始于 20 世纪 80 年代中后期，但直到 1992 年以后才真正受到重视。全国高等教育学研究会的成立对这一课题的研究起到了直接的推动作用。该研究会的前三次研讨会都是以学科建设为主题，广泛交流了高等教育学的基本理论和学科建设的观点，取得了许多重要成果。虽然 1997 年召开的

[①]　蔡亮：《建设一流本科教育 提高人才培养能力——中国高等教育学会高等教育学专业委员会 2018 年学术年会综述》，载《高等教育研究》，2018(12)。

第四届学术研讨会决定把"高等教育学学科理论体系问题的探讨暂时放一放",把高等教育理论研究的重点转移到"高等教育理论研究如何更好地为高等教育发展与改革实践服务"的问题上①,但此后几年,对高等教育学学科建设有关理论的研究并未中断,仍然不断有各种成果问世。以下对近年来高等教育学学科若干理论问题的研究进行简要综述。

一、高等教育学的研究对象问题

关于高等教育学的研究对象问题,在高等教育学学科创建后始终是一个热点问题。在 21 世纪,研究者对高等教育学的对象问题,或承续前人的观点或提出新的观点,对这一问题的清晰化有所帮助。

(一)承续前人的观点

21 世纪初,高等教育学研究者首先继承了 20 世纪八九十年代的观点,研究者的观点包括潘懋元的"本科教育说",以及在随后的学科发展中逐渐形成的"特殊规律说""三层次说""现象说""多维理解说"等观点,具体已在绪论部分有所论述。这些观点主要从高等教育的基础性、特殊性以及应用性、目的性、层次性等角度出发,力图明确高等教育学与其他教育学分支学科的区别。

(二)提出新的观点

一些研究者从复杂性科学出发,提出高等教育学的独特研究对象是作为一个系统的高等教育②;有研究者依照华东师范大学教授叶澜关于教育学研究对象的分类,将高等教育活动型、观念型、反思型三种存在作为高等教育学的研究对象③;有研究者在肯定前期

①　潘懋元:《高等教育理论研究必须更好地为实践服务》,载《高等教育研究》,1997(4)。

②　刘小强:《独特对象 独特方法——关于高等教育学学科建设的思考》,载《江苏高教》,2007(1)。

③　周玲:《高等教育研究的方法论反思——多学科研究范式的引入与高等教育立场的坚守》,载《高等教育研究》,2005(2)。

探寻高等教育发展规律为研究对象的观点的基础上，细化规律的内涵为既指高等教育的内外部各因素之间关系的研究，也指高等教育学与其他学科之间的关系探讨①；有研究者将高等教育活动和高等教育与周边领域的关系作为高等教育学的研究对象。② 无论研究者是承续前人的观点还是提出新的观点，均认识到正是因为高等教育学研究对象的独特性，决定了高等教育学作为一门独立学科的存在。研究者虽视角不同，观点各异，但都充实了高等教育学学科研究对象的观点。这也需要我们不断地思考和整合，以此彰显和发展高等教育学作为一门学科的独特性和科学性。③

二、高等教育学的学科性质

学科性质是建立在学科分类基础之上的对某一学科本质特点与基本形态的界定。在高等教育学学科发展中，关于其学科性质的界定，至今众说纷纭。学者们对高等教育学学科性质进行的研究与探讨主要从两方面进行。

一方面，对高等教育学学科性质的代表性观点进行回顾、反思。大体可以分为 5 种观点，即"应用学科说"④"主要是应用学科说"⑤"应用理论学科说"⑥"应用基础学科说"⑦"基础理论学科说"⑧。在回顾 5 种观点的基础上，有研究者指出，以上 5 种观点所反映的是高等教育学的学科属性而不是学科的性质，其从学科本身的内涵入手，

---

① 李晓阳：《高等教育研究：从多学科到跨学科》，载《辽宁教育研究》，2008(10)。

② 张黎、马静萍：《高等教育研究的发展与高等教育研究方法论》，载《高等农业教育》，2002(10)。

③ 侯怀银、李艳莉：《21 世纪初高等教育学学科建设的探索》，载《苏州大学学报（教育科学版）》，2014(4)。

④ 王冀生：《关于构建有中国特色的宏观高等教育学的思考》，载《高等教育研究》，1997(6)。

⑤ 潘懋元、王伟廉：《高等教育学》，343 页，福州，福建教育出版社，1995。

⑥ 方展画：《对高等教育学学科建设的若干理论思考》，载《高等教育研究》，1996(3)。

⑦ 杨德广：《关于建立现代高等教育学的思考》，载《高等教育研究》，1996(2)。

⑧ 李硕豪：《高等教育学学科性质辨析》，载《高等教育研究》，2002(1)。

得出我国高等教育学的学科性质是"一门比较成熟的制度学科"①。
有研究者指出，高等教育学作为一门新兴学科，属于社会学科，所
以在高等教育学的研究中，应该重视人的研究、历史的研究和个性
的研究。② 还有研究者指出，高等教育学从学科分类视角看，是综
合学科，而非单学科或者交叉学科；从学科群视角看，是基础理论
学科，研究的是高等教育一般规律；从创建发展视角看，是应用学
科，需要走应用性道路；从学科特点视角看，是开放性较强的现代
学科，而非封闭的传统学科。高等教育研究者应用"复杂性认识论"
来统合对该学科性质的多元认识。③ 综观已有的研究成果发现，我
国学者大多从"高等教育学特有的研究对象及其特殊的矛盾性"着眼，
从学科门类这一范畴来认识高等教育学的学科性质，形成了以上不
同的认识。

　　另一方面，从新的视角出发来认识高等教育学的学科性质。有
研究者从高等教育研究兼具教育的基本属性和自己的独特属性入手，
指出高等教育学既是社会科学研究，又是应用科学研究，同时还是
综合科学研究。④ 有研究者从高等教育学与教育学学科及其分支学
科的关系入手，指出高等教育学学科和其他外部学科是邻居，与教
育学学科是母子，又是高等教育学分支学科的母体学科。⑤ 有研究
者从高等教育学的特征入手，指出高等教育学作为一门学科，功能
分类上具有基础性和理论性，理论来源上具有多科性和开放性，研
究内容上具有复杂性和系统性，研究目的具有普适性和践行性，上

　　① 李志峰：《高等教育学学科研究：反思与批判》，载《黑龙江高教研究》，2006(7)。
　　② 李文兵：《高等教育学学科属性新探——兼论我国高等教育研究的转向》，载《教
育与现代化》，2008(1)。
　　③ 方泽强：《论高等教育学的学科性质》，载《现代教育管理》，2014(6)。
　　④ 王洪才：《论高等教育研究的特性与学科归属》，载《高校教育管理》，2007(2)。
　　⑤ 李晓阳：《高等教育研究：从多学科到跨学科》，载《辽宁教育研究》，2008(10)。

述特征反映其学科性质。① 有研究者指出，高等教育学更多的是兼具经验科学与规范科学性质，具有两类科学特点的学科。其中，学科的经验性特点所追求的是事实判断，强调的是价值无涉和客观事实，也就是学科研究过程中尽量排除或减少人为（如研究者等）的主观影响。而学科的规范性特点所注重的是价值判断，主张的是彰显价值和形成规范。② 不论研究者的视角如何，可以看出他们均认为高等教育学是一门综合性较强的学科。

在高等教育学学科性质认识上，大多数学者坚持理论性和应用性的统一，强调要把抽象的高等教育学理论通过中介环节，转化为具有可操作性的知识与方法，以指导实践。但是，我们不难看出这些观点确实有从功能的角度出发而非从本质出发来认识高等教育学学科性质的嫌疑。功能与本质不能等同，因此，这些观点只可能是在反映高等教育学的学科属性。关于高等教育学的学科性质仍需要我们不断地进行探索和反思，以形成更正确的观点。③

关于高等教育学学科性质认识的多样化，对高等教育学学科发展具有重要的意义，多种观点促使不同特色和不同风格的高等教育学著作问世。④ 目前，主要的 3 种观点都已经有代表性著作问世。有学者预测，21 世纪将出现 3 种性质的高等教育学：第一种是基础理论性质的，第二种是应用基础理论性质的，第三种是基本上属于应用学科性质的。他认为，纯粹基础理论性质的高等教育学的发展势头可能不及后两种性质的高等教育学，因为这种高等教育学往往与

---

① 胡钦晓：《高等教育学研究与高等教育研究关系辨析——兼论高等教育学的学科性质》，载《南通大学学报（教育科学版）》，2005(2)。

② 卢晓中：《高等教育学的学科性质及相关问题》，载《中国高教研究》，2016(11)。

③ 侯怀银、李艳莉：《21 世纪初高等教育学学科建设的探索》，载《苏州大学学报（教育科学版）》，2014(4)。

④ 第一种观点的著作如胡建华等著的《高等教育学新论》（1995 年版）；第二种观点的著作如潘懋元、王伟廉主编的《高等教育学》（1995 年版）；第三种观点的著作如王伟廉主编的《高等教育学》（2001 年版）。

普通教育学的基础理论部分或普通教育哲学重叠或交叉，很容易搞成高等教育哲学或高等教育原理，难以形成自己的特色。应用基础理论性质的高等教育学在21世纪很可能与当前基本属于应用学科的高等教育学分庭抗礼，而基本属于应用学科的高等教育学在未来相当长时期内将是高等教育学学科性质的主流。①

三、高等教育学的逻辑起点

关于高等教育学的逻辑起点，研究者主要形成了高深专门知识的教与学活动、高深学问、知识、办学育才、教师、大学生、课程、媒体或影响(泛指联结师—生的各种材料或关系)、学科、专业、教育基本理论等多种认识。② 有的学者从逻辑起点出发，开始了寻找逻辑终点的研究，提出逻辑起点是学生，终点是教育目标。③ 有的学者则提出高等教育学的逻辑起点是教育基本理论，其逻辑终点是高等教育的基本理论，也即关于高等教育的概念、原理体系，是在高等教育认识领域对教育基本理论的扬弃和动态发展。④ 还有研究者指出，高等教育学的逻辑起点是高深知识与社会的关系。⑤ 也有研究者从知识和人这两个因素入手，认为高等教育学的逻辑起点就是存在于它本身的存在的关系之中的高深学问知识与人二者的共存。从教育起始于人与人、人与知识关系的逻辑起点与高等教育起始于人与人、人与高深知识学问关系的逻辑起点出发，就很容易走进什么是教育、何谓高等教育、教育与高等教育的本质各是什么、教育为何复杂等有关哲学层面的本原问题。⑥

---

① 王伟廉：《高等教育学》，426页，福州，福建教育出版社，2001。
② 李硕豪：《一种高等教育学理论体系建构说——逻辑起点论述评》，载《教育理论与实践》，2005(4)。
③ 王伟廉：《全国高等教育学研究会成立大会暨第二届学术研讨会综述》，载《高等教育研究》，1994(1)。
④ 方展画：《对高等教育学学科建设的若干理论思考》，载《高等教育研究》，1996(3)。
⑤ 高田钦：《论高等教育学理论体系的逻辑法构建》，载《高教探索》，2007(3)。
⑥ 田联进：《高等教育本体论的逻辑与演化》，载《江苏高教》，2009(6)。

中国学者主要围绕"三个核心"来建立高等教育学的学科逻辑体系的：一是以知识为核心，强调学科的知识取向，力图充分反映高等教育学学科知识的本来面貌和全部内涵，以构造学科丰富、系统的认识；二是以"人"为本，强调高等教育作为教育的本质追求，体系构建主要是以人为中心的实践活动体系；三是以社会发展为目的，强调社会发展需要的社会取向。这是从高等教育的功能之一出发的，以此构建的体系具有较强的政治性、工具性。学者对于高等教育学的逻辑起点虽然尚未形成共识，但是多样化的观点和角度是我国高等教育学学科体系建设走向成熟和深入的重要表现。

四、高等教育学的学科体系

任何一门社会科学学科都有不同于其他学科的独特的学科体系。所谓学科体系，即表达学科理论的概念系统与框架结构。形成学科体系是一门学科建立的重要标志，也是学科研究的主要任务之一。[①]对高等教育学学科体系的探索是多年来高等教育学学科建设的重点。研究者主要从理论上探索学科体系和通过编写著作的实践活动来进行。

（一）理论上的探索

高等教育学学科体系的探索主要从学科体系构建方法及尝试提出学科体系的构建方向来进行。

1. 学科体系构建方法

不少研究者就高等教育学学科体系的构建方法提出了一些颇有价值的观点。有研究者指出，构建高等教育学学科体系的方法主要有问题系统论、范畴水平论、方法论角度、宏观中观微观论、逻辑起点论、基本分析单位论、"三系统"论、公理化方法论、实践经验

---

① 胡建华、陈列、周川等：《高等教育学新论》，16 页，南京，江苏教育出版社，1995。

论 9 种。① 不少研究者对这些构建高等教育学学科体系的方法进行了详细阐述和评价。有研究者质疑公理化方法论，指出在高等教育还有很多理论和实践问题未得到探索的情况下，急于去找这样一些所谓定义、公理是行不通的。虽然有些构建方法已经取得了一些显著进展，但是关于构建学科体系的方法到底哪一种更合适以及能更好地构建高等教育学的学科体系，仍得不到研究者的一致认同，仍是需要我们继续探索和努力的方向。

2. 尝试提出学科体系的构建方向

潘懋元指出："一门社会科学的学科，可能有三种相互联系的不同体系：第一，理论体系；第二，知识体系（经验体系、工作体系）；第三，课程体系（教材体系）。"②我国高等教育学的知识体系和课程体系已经得到比较完善地构建，如何构建高等教育学的理论体系一直是学者探索的一个方面。有研究者从周边学科得到启示，认为可以构建"线状理论体系"③。有研究者从一门理论科学走向成熟需要经历积累材料、整理材料和掌握材料入手，认为我国高等教育学学科理论体系的构建仍处于积累材料阶段，这需要我们形成和确立能反映时代要求、体现高等教育精神、整合有价值理论资源的高等教育学观念。④

（二）实践的努力

21 世纪初，中国高等教育学研究者通过编写著作等实践活动来探索学科体系的构建。2000—2018 年编纂出版的著作，我们查阅了29 本，其体系见表 4.2。

①　文雯：《高等教育学学科建设研究综述》，载《高等教育研究》，2005(6)。

②　潘懋元：《关于高等教育学学科建设的若干问题——在全国高等教育学科建设研讨会上的报告》，载《高等教育研究》，1993(2)。

③　刘小强：《高等教育学理论体系建设：来自周边学科的启示》，载《江苏高教》，2009(3)。

④　郑确辉：《对高等教育学理论建设的一些思考》，载《现代教育科学》，2005(11)。

表 4.2　2000 年以来中国学者关于高等教育学学科体系的著作研究内容

作者（出版年份）	学科总论	高等教育发展简史	高等教育本质（含概念）	高等教育规律	高等教育目的（含目标）	高等教育结构	高等教育功能（含职能）	高等教育体制	高等教育主体	专业与课程	教学论	科研论	社会服务论	高等教育质量	评价论	德体美育论	学科建设	高等教育发展趋势	其他问题
王冀生（2000）			2		1	1		2	1				1		1				3
方展画（2000）		1		1	1	1		1	1		2	1	1		1				
薛天祥（2001）		1	2/3	1	1	1/6	1/6		1	2	1	1				3			1
杨树勋（2001）			1			1/2	1	1/2	2	2	3				1	3			1
周川（2002）		1	1		1		1	2	1	1	2	1							1
杨德广（2002）		1	1/2		1	1/2	1/2	1/2	2		1	2						1	2
杜作润，廖文武（2003）	1	1	1		1	1	1/2		1	1	1	1						1	1
臧万学（2004）		1/2	1/2	1		1	1	1		1	2	1			1				1
钟玉海（2005）		1			1	1/2	1/2		1	1	1	1						1	
胡弼成（2005）	1		1			1/2	1/2	2	1	1	1	2							1
胡建华（2006）	1	1		1			1		1		1							1	2
杨小平（2006）		1	1/3		1/3		1/3			1	1	2				1		1	4
潘懋元，王伟廉（2007）		1	1	1			1	1	1	2	2					1	1	1	1
河北教师教育专家委员会（2007）		1/2	1/2		1		1		1	1	1	1			1			1	
傅树京（2007）						1/2	1/2	2	1		1	1		1	1	1		2	
侯怀银（2007）	1	1	1		3	1	1	1	2	2	1			1	1	1		1	3

续表

作者（出版年份）	学科总论	高等教育发展简史	高等教育本质（含概念）	高等教育规律	高等教育目的（含目标）	高等教育结构	高等教育功能（含职能）	高等教育体制	高等教育主体	专业与课程	教学论	科研论	社会服务论	高等教育质量	评价论	德体美育论	学科建设	高等教育发展趋势	其他问题
										内容									
张桂春、唐为民、张琳琳（2007）			1		1	1		1			2	1						3	
吴秋凤、徐建华、吕彬江（2007）		1	1		1	1	1	1	1	1	2				1	1			2
虞国庆、漆权（2008）		1	1		1	1	1	1	1	1	2	1			1	1		1	1
戚万学（2008）	1	2						1				1							1
顾建民（2008）		1	1	1	1	1/3	1/3	1/3	2	1	1	1							1
杨德广、谢安邦（2009）		1	1		1			1	2	1	1	2				1			3
王建华（2009）	1	1	1	1		1		1	1	1	1	1	1						1
杜希民、梁克荫（2009）		1	1		1	1	1	1	1	1	3	2	1		1				
王彦（2009）		1	1/2		1/2	1	1	1	1	1	1	2	1			1			3
张楚廷（2010）	1	1	1		1	1	1	1	2	1	1	2				1			2
韩延明（2012）	1	1	1		1	1/2	1/2	1	2	1	1	1	1	1				1	
冷余生、解飞厚（2017）	1	1	1		1	1		1	2	1	3	1		1				1	
田建荣（2018）	1	2	1/4		1/4		1/2		2		1						1	1	2
合计	9	22	18	7	24	18	14	23	31	22	39	26	5	2	9	12	1	16	36
百分比	31	76	62	24	83	62	48	79		76		90	17	7	31	41	3	55	

注：表格中的数字以章为单位，百分比是以 29（本书以 29 本书）为基数得出的。表中的空格表示著作中没有该部分内容。

中国高等教育研究一开始就以建立学科为目标指向，建构高等教育学学科逻辑体系是高等教育学成为独立学科的前提，是高等教育学学科建设的一项神圣任务。因此，它对高等教育学学者具有强大的吸引力。[①] 自学科建立之初，中国学者不仅积极从理论上探索学科体系，而且在编写教材过程中，初步构建起高等教育学的学科体系。通过考察，我们可以得出如下结论。

第一，构建学科体系已成为中国学者发展高等教育学的重要目标指向。虽然高等教育学的学科体系构建不可能通过一本著作来实现，但是学者们通过自己独特的研究视角，奠定了高等教育学学科体系的基本框架。总体来看，其主要有以下 5 种方式：①以逻辑起点来构建体系。从逻辑起点出发，层层推导，逐步展开，从抽象上升为具体，构成严密的逻辑系统。②以问题系统来建立体系。确立学科的基本问题，通过对问题的表述，引申出与其相关的一系列问题，最终构成一个多层次、联结高等教育各方面主要因素的问题系统。[②] ③从方法论角度来建构体系。体系应由存在论、本质论、实践论三部分组成。[③] ④范畴水平论。即先确定高等教育学的范畴，再依据逻辑演绎的轨迹，形成系统的范畴体系。⑤实践经验论。摆脱过度思辨的方式，在事实研究的基础上，解释一般原理和规则。[④]高等教育学的学科体系基本得到确立。

第二，学科体系的理论基础还比较薄弱。潘懋元较早对高等教育学的学科体系进行了理论上的思考，提出高等教育学可能有 3 种相互联系的不同体系，即理论体系、知识体系和课程体系。由于缺少学科基本理论研究以及构建学科体系所必要的基础，学者们依据

① 祝爱武：《我国高等教育学学科发展的特点分析》，载《中国高教研究》，2009(2)。

② 王伟廉：《学科基本问题与高等教育学的发展》，载《中国高教研究》，1995(2)。

③ 薛天祥、谢安邦、唐玉光：《建立高等教育学理论体系的思考》，载《上海高教研究》，1994(1)。

④ 文雯：《高等教育学学科建设研究综述》，载《高等教育研究》，2005(6)。

高等教育工作体系而构建，所形成的学科体系经验成分仍然比较大，基本上属于工作体系，距离理论体系还有一定距离。

第三，体系构建方式基本上是"由普通教育学而高等教育学"。体系大多是从普通教育学移植过来，只是根据高等教育的特点有所增删，总体内容未离开普通教育学的框架。高深知识的生产与传播有其独特特点，对高深知识的研究要摆脱普通教育学的框架，从高等教育实践中获取有益经验，以此来构建高等教育学学科体系，才能体现出高等教育学的独特性。

第四，已开展元高等教育学的研究。最早提出将"元高等教育学"这一概念引入高等教育研究的是朱国仁。进入 21 世纪，研究者对元高等教育学的看法不太统一。有研究者认为，高等教育学元研究的哲学基础应定位于实践哲学。[①] 有研究者指出，元高等教育学不直接关注具体的高等教育现象，也不直接提出理论、构建体系，而是以已有的高等教育理论、体系、方法为研究对象，分析这些理论、体系、方法的正当性、合理性和有效性，在原有学科方法的基础上引进逻辑论证和语言分析的方法，把原来对高等教育学学科零散的反思和研究综合到一个更大的背景框架中，可以随时分析学科理论的缺陷，帮助寻找改进高等教育学学科的路径和发展方向。[②]

总体而言，学者们普遍重视高等教育学学科体系问题的研究，并自学科创建伊始即着眼于高等教育学学科群的体系建设。学者们通过高等教育学著作，对高等教育学学科体系的建构做出了一定探索。这些著作大多是教材体系，更多应称为高等教育学教材，目的在于培养高等教育学人才，更多是被作为一门课程来看待的。近年来，通过学者的不断探索，已出现了为研究而著的高等教育学著作，

---

① ［美］约翰·S. 布鲁贝克：《高等教育哲学》，王承绪等译，2 页，杭州，浙江教育出版社，2002。

② 李均：《元高等教育学引论》，载《江苏高教》，2002(4)。

如刘小强著的《学科建设：元视角的考察——关于高等教育学学科建设的反思》（广东高等教育出版社 2011 年版）、方泽强著的《高等教育学的学科建设研究》（广东高等教育出版社 2014 年版）等，未来关于学科体系建设的研究将走向多元。

笔者在 1998 年对我国新时期高等教育学学科体系建设和发展进行了回顾与反思。文章于现在看来，仍有启发意义。全文如下。

十一届三中全会以来，我国教育学科体系得到前所未有的建设和发展，高等教育学作为我国新时期教育学科体系中的一门重要分支学科也得到初建和发展，并形成了众多的分支学科，构成了以高等教育学为主干的庞大的学科体系（或学科群）。为了使我国高等教育学科体系更进一步走向成熟和发展，迈向 21 世纪，我们有必要对我国新时期高等教育学科体系的建设和发展做一初步的回顾与反思。

1. 高等教育学科体系的建设必须体现改革开放的时代精神

改革开放是中国共产党十一届三中全会后我国社会发展的主旋律。高等教育学之所以能在 20 世纪 80 年代初创建并逐渐走向成熟，形成以其为主干的高等教育学科体系，其原因之一，就是我国高等教育工作者立足改革开放的时代精神，去创建并发展我国高等教育学科体系。正因为我国高等教育工作者具有改革开放的时代精神，较充分地把握了时代的脉搏，才面向我国新时期的高等教育改革实践，去寻找高等教育学科的生长点和发展动力；才敢于大胆地引进和吸收国外高等教育研究的新成果，去寻找高等教育学科生成和发展的参照模式，进而促进了高等教育学科在我国的创建、成熟和发展。

新的时代需要新的学科生成和发展模式。在世纪之交的今天，我国高等教育工作者必须适应时代飞速发展的需要，以一种超前意识或战略眼光去审视、构建和发展高等教育学科体系，使我国高等教育学科体系体现时代精神，具有时代特色。

2. 高等教育学科体系的建设既要与国际接轨，又要体现中国特色

从高等教育学科在我国新时期的创建和发展来看，我国高等教育学科是在中国本土产生与发展起来的，而不是从国外引进的。虽然几乎所有的高等教育学科都在一定程度上引进、借鉴和吸收了国外高等教育的研究成果，但我们一直把建设具有中国特色的社会主义高等教育学科作为基本目标，立足我国高等教育改革和发展的实践，进行高等教育学科的建设。

当前，我国高等教育学科体系的建设必须进一步把对国外高等教育研究成果的引进和吸收工作与中国化过程结合起来，立足我国实际，引进、借鉴和创新。在世纪之交的今天，我们应进一步把中国化作为我国高等教育学科建设的目标。这种中国化不是另创一套学术规则，拒斥与世界学术的对话，而应在遵守国际学术规范的前提下，在内容上建构具有本国特色的思想和理论，建立起中国高等教育学科自身的知识体系和理论架构，在躬行国际化的同时，追求中国化。这种中国化的目标就是要为解决中国当今高等教育改革实践中出现的教育问题服务并积极参与，进而影响国际教育学界占主导地位的欧美教育学科的发展与走向。

3. 高等教育学科体系的建设必须适应当代科学技术发展的趋势，充实和完善高等教育学交叉学科的建设

从我国新时期构建的高等教育学科体系来看，可分为三类：第一类是从高等教育学这门基本学科分化出来的分支学科，如大学德育论、大学教学论等；第二类是高等教育学与其他学科结合产生的交叉学科，如高等教育管理学等；第三类是应用高等教育学理论以研究不同类型高等教育所构成的学科，如高等工程教育、高等师范教育、成人高等教育等。高等教育是一个多学科的研究领域，需广泛吸取其他学科的研究成果，不断加强与其他学科的联系，进行跨

学科的研究。因而高等教育学交叉学科在我国的创建和发展，适应了当代科学技术既分化又综合的发展趋势，彻底突破了就高等教育论高等教育的藩篱，大大扩展、开发了高等教育学科领域，确立了高等教育学与其他学科广泛沟通与交流的基本形式，形成了高等教育学科发展的多元化格局。高等教育学交叉学科不仅以其独特的结构和独具的功能奠定了自己在教育学科体系中的地位和生存的坚实基础，而且还以其巨大的涵盖性和自生殖能力迅速扩大了自己在整个教育学科体系中的影响和对高等教育改革实践的指导作用。

　　然而，高等教育学交叉学科在我国的创建和发展还存在着不加改造地照搬其他学科的内容（尤其是概念、体系、方法）并人为或随意地创造学科等问题。这严重地影响了高等教育学交叉学科在我国的建设和发展。当前我们在进行高等教育学科体系的建设时，必须重新审视高等教育学交叉学科生成和发展的条件、机制和动力，加强各门学科研究组织与研究人员之间的通力协作，共同探讨高等教育学交叉学科新的组织方式和新的运动形式。

　　4. 高等教育学科体系的建设必须深深扎根于改革实践

　　高等教育学及其分支学科从总体来看都属于应用学科，具有极强的实践性，除了诸如高等教育哲学、高教史、比较高等教育学等基础学科外，其他学科与实践都有着直接的联系。近 20 年来我国高等教育学科体系的创建和发展在一定程度上正是围绕高等教育改革与发展中不断提出的实际问题进行的，并较好地总结了高等教育改革中的实践经验的结果。

　　随着社会主义市场经济体制的日趋建立，在我国高等教育改革实践中将越来越存在大量令人感到疑虑、困惑并急待认识和解决的问题。例如，高等教育与社会主义市场经济的关系，高等教育发展的规模和速度，高等教育管理体制改革，如何深化教学改革、全面提高教育质量等。在对这些问题的研究中，我国高等教育学科体系的建设会获得源源不断的丰富资源。

　　然而，任何学科都有其自身的逻辑体系，任何学科的发展都有其自身的特有规律。我国高等教育学科的建设不能仅仅停留在解决高等教育改革实践中的问题，以充分发挥它对高等教育实践的解释、指导和预测功能的层面上，还必须重视确立"体系意识"。具体来说，在我国高等教育学科的建设中，我们也要以学科本身的需要为出发点，更多地关注其自身的建设，从而不断完善高等教育学科的自我构建。

　　在我国新时期高等教育研究领域，高等教育学科的建设和高等教育改革与发展的实践问题的研究这两个方面实际上正是并行地向前发展并相辅相成的，力戒两者脱节现象的发生。

　　5. 高等教育学科体系的建设必须尽快探索并解决科学化问题

　　在我国高等教育学科的创建和发展过程中，学科建设的科学化问题就已提出，并试图去解决，但时至今日，我们尚未从根本上解决这一问题。自1983年被确定为一门学科以来，高等教育学及其分支学科虽然已成为教育学科体系中较活跃并富有生机的学科，但毕竟尚处于正走向成熟的境界。我国高等教育学科的科学化水平尚不高，这具体表现在以下几方面。

　　第一，从高等教育学科的研究对象来看，任何一门学科的建立都必须具有自己的独特研究对象，对研究对象把握得如何，直接影响着整个学科发展方向。我国高等教育学及其分支学科的研究对象尚无比较一致的共识，尚未完全确定。

　　第二，从各门高等教育学科的概念来看，一门独立学科确立的重要标志之一，就是有该门学科自己的概念和概念体系。"明确概念和术语是教育科学发展的明显趋势。"但各高等教育学科普遍存在着严重的概念内涵模糊、下定义违反逻辑规则、盲目引进其他学科概念、滥造新词等问题，尚未形成独立、明确、成体系的概念。

　　第三，从高等教育学科的体系构建来看，形成完整的理论结构或体系是一门学科成熟并走向完善的主要标志。我国目前已形成的高等教育学科虽然已显露出一定的体系，但还不够成熟和完善。即使是作为高等教育科学母学科的高等教育学，也尚未形成完整的科学理论体系。其体系基本上是普通教育学与高等教育特点的相加，存在着把普通教育学简单延伸到高等教育的弊端。

第四，从高等教育学科的研究方法来看，具有独特的研究方法是一门学科成熟的标志。由于高等教育现象的复杂性，需进行多学科的研究，但在高等教育学科建设中，关于学科研究方法尚缺乏深入探讨，因而我国高等教育学及其分支学科在研究方法上尚存在不考虑高等教育问题的特殊性、简单化地照搬其他学科的研究方法等问题，尚没有依据高等教育问题的特殊性，对其他学科的研究方法进行有目的的选择、加工或改造，并由此构成方法系统，形成高等教育学科独特的研究方法。

造成我国高等教育学科建设科学化水平不高的原因是多方面的，主要有很多分支学科才刚刚建立，研究主体素质结构不尽合理，高等教育基础理论研究薄弱，研究视野狭窄，不能很好地移植相关学科的研究成果等，我们应针对这些问题，积极有效地加以解决。例如，高等教育学科的性质、对象、体系、研究方法，高等教育学科与其他学科的关系，高等教育学科发展的历史等，在对这些问题进行深入研究的基础上，指导我国高等教育学科体系的改造、建设和发展，不断提高我国高等教育学科体系建设的科学化水平。我们应该形成一套自己的比较系统和完整的学术规范和体系，建立起高等教育学科固有的对象、概念或范畴、原理、研究方法和手段，从而使我国高等教育学科在现代教育学科体系中牢牢占据一席之地并参与国际竞争，为世界教育科学的发展做出自己应有的贡献。①

---

① 侯怀银：《我国新时期高等教育学科体系建设和发展的回顾与反思》，载《中国高教研究》，1998(5)。引用时有改动。

五、高等教育学的研究方法

自高等教育学学科创建起，学界始终关注这门学科有无独特的研究方法这一问题。对这个问题，学者们形成了两种不同的认识：一是高等教育学没有自身独特的研究方法，二是高等教育学应当有特殊的研究方法。①

20 世纪 90 年代，有学者认为，高等教育学并没有自己特有的方法，它主要是借用了教育研究的方法，而教育研究方法又是借用了通用的社会科学研究方法以及某些自然科学研究方法。② 还有学者认为，高等教育学"不是以某种特定的方法来建立的……在高等教育学的研究过程中，为了解决高等教育的基本理论问题和实际问题，往往需要运用到几乎所有其他学科的有关方法"。"简言之，高等教育学本身并没有一种特殊的方法。这一点也可以推演到整个教育科学。教育科学本身是没有一种独特的方法的，它要借助所有其他学科的方法和原理。"③

进入 21 世纪后，为突破高等教育学研究方法的瓶颈，多数学者认为，高等教育学的研究方法必须从其他学科中广泛吸取。潘懋元对高等教育的多学科研究做了独具中国特色的尝试性探索，提出"高等教育学的独特研究方法可能就是多学科研究方法"④。有的学者提出新制度主义方法论，即将组织理论与制度主义理论结合起来，从内部及制度环境两个方面来解释高等教育的演变等。⑤ 还有学者提出了高等教育学学科发展的现象学路径的方法论，即从具体的高等

---

① 朱国仁：《关于高等教育学的研究对象、体系与方法的思考》，载《教育研究》，1997(2)。
② 胡建华、陈列、周川等：《高等教育学新论》，423 页，南京，江苏教育出版社，1995。
③ 潘懋元、王伟廉：《高等教育学》，348 页，福州，福建教育出版社，1995。
④ 潘懋元：《多学科观点的高等教育研究》，4 页，上海，上海教育出版社，2001。
⑤ 文雯：《高等教育学学科建设研究综述》，载《高等教育研究》，2005(6)。

教育问题入手，对高等教育具体"事实"进行描述分析，并理解高等教育的本质内涵和高等教育主体的意义、情感和兴趣，以及它们之间奠基关系的一种研究取向。现象学具有的自明性的理论品质表现在高等教育研究中，即为"面向高等教育本身"的精神气质，适用于高等教育生活世界的特性和如其所是的描述方式。这有利于高等教育研究摆脱依附，回归高等教育本身。① 这些方法无疑为我们提升高等教育学的研究品位、拓宽高等教育学的研究视域、深化高等教育学的研究深度提供了有益的借鉴和必要的基础。

有学者提出，在现实中，高等教育学一贯提倡用更科学的方法来研究，实际上却在利用其他学科的研究成果和工具，甚至可以说对于成果与工具的依赖超过了方法和思想本身。仅仅追求所谓方法，其最终的结果都会被实用主义和功利心态所俘虏，追求"更科学""更实用"的高等教育学反而会距离科学越来越远，高等教育学自身的解释力与想象力亦会大打折扣，这也是社会科学诸多学科走过的弯路。② 在学科发展中，高等教育学的研究方法借鉴、移植另一学科方法不可避免，但要体现出自身的独特性。高等教育学学科的表达方式需要拥有原创于本学科且具有学理性、专业性的适切的新术语。③

六、高等教育学的中国特色

中国高等教育学研究者特别重视建设具有中国特色的高等教育学。针对高等教育学的学科建设，研究者相继提出了"建设具有中国特色的社会主义高等教育学""建设一个中国高等教育理论学派"④等命题。多年来，中国高等教育学研究者仍在一直努力地构建有中国

---

① 刘志忠：《现象学：高等教育学学科建设的方法论突破口》，载《高教探索》，2017(5)。
② 李海龙：《高等教育学的常识、传统与想象》，载《高等教育研究》，2017(10)。
③ 卢晓中：《高等教育学的学科性质及相关问题》，载《中国高教研究》，2016(11)。
④ 潘懋元、陈兴德：《依附、借鉴、创新？——中国高等教育学科建设之路》，载《北京大学教育评论》，2005(1)。

特色的高等教育学，指出要在中国立场下进行高等教育研究。针对
高等教育研究中依附理论的不合理性，有研究者指出："中国高等教
育学学科是在中国本土产生与发展起来的，而不是从他国引进的"；
"高等教育科学研究紧密追踪中国高等教育的重大现实问题、热点问
题"；"我国高等教育学学科建设重视学科建制，和西方高等教育的
'问题研究'取向有明显不同。这是我国高等教育学学科建设和西方
高等教育理论建设的重要区别"。① 还有研究者对中国特色的高等教
育学的指导思想、研究对象、特征、背景、底蕴、研究素材、参照
体系等几方面进行了论述。

第三节 发展阶段高等教育学主要分支学科建设

1992 年后，高等教育哲学、高等教育社会学、高等教育政治学、
高等专科教育学等新的高等教育学分支学科得以创建。同时，已经
建立的各分支学科也得到了不同程度的发展，这些学科都出版了新
的系统性著作。截至目前，高等教育学分支学科共有 18 个，包括：
高等教育哲学、高等教育史、比较高等教育学、大学德育论、大学
课程与教学论、高等教育心理学(包括大学教育心理学、高等学校心
理学、大学生心理学等)、高等教育结构学、高等教育经济学、高等
教育管理学(包括高等学校管理学)、高等教育评价学、高等教育社
会学、高等教育政治学、高等工程教育学、高等师范教育学、成人
高等教育学、高等职业教育学、高等专科教育学、研究生教育学。

由于分支学科众多，以下只对 1992 年以来高等教育史、高等教
育管理学、比较高等教育学、大学课程与教学论、高等工程教育学、
大学德育论、高等教育经济学等主要分支学科的发展情况分别进行

---

① 潘懋元、陈兴德：《依附、借鉴、创新？——中国高等教育学科建设之路》，载
《北京大学教育评论》，2005(1)。

简要论述。剩余学科以表格形式呈现其主要著作，详见表 4.3 和表 4.4。

表 4.3　发展阶段新创建的高等教育学分支学科首部著作信息

新创建分支学科	分支学科首部著作
高等教育哲学	张楚廷：《高等教育哲学》，湖南教育出版社，2004。
高等教育社会学	张德祥、周润智：《高等教育社会学》，高等教育出版社，2002。
高等教育政治学	朱新梅：《知识与权力：高等教育政治学新论》，教育科学出版社，2007。
高等专科教育学	忻福良：《高等专科教育学》，山西教育出版社，1993。

表 4.4　本节未详述的高等教育学分支学科主要著作列举

部分分支学科	主要著作
高等教育哲学 （共 7 部）	张楚廷：《高等教育哲学》(湖南教育出版社，2004)； 周光迅、方建中、吴小英：《哲学视野中的高等教育》，中国海洋大学出版社，2006； 张斌贤、刘慧珍：《西方高等教育哲学》，北京师范大学出版社，2007； 刘智运：《大学教育哲学》，人民教育出版社，2008； 宋景华：《高等教育哲学概论》，河北教育出版社，2009； 张楚廷：《高等教育哲学通论》，高等教育出版社，2010； 杨杏芳、罗元云：《智慧与创造：新钱学森主义与动力学的高等教育学》，华中师范大学出版社，2018。
高等教育心理学 （共 76 部，此处 列举 10 部）	方益寿：《高等学校心理学》，山东大学高校干部进修班，1985； 李山川：《大学教育心理学》，合肥，中国科学技术大学出版社，1991； 刘华山：《大学教育心理学概论》，华中师范大学出版社，1991；

续表

部分分支学科	主要著作
高等教育心理学 （共76部，此处 列举10部）	谭顶良：《高等教育心理学》，河海大学出版社，2002； 张文新：《高等教育心理学》，山东人民出版社，2004； 伍新春：《高等教育心理学》，高等教育出版社，2004； 燕良轼：《高等教育心理学》，湖南大学出版社，2005； 林金霞、胡永萍：《高等教育心理学》，江西高校出版社，2011； 石岩：《高等教育心理学》（第2版），山西人民出版社，2014； 谭顶良：《高等教育心理学》，南京师范大学出版社，2018。
高等教育结构学 （共2部）	齐亮祖、刘敬发：《高等教育结构学》，黑龙江教育出版社，1986； 郝克明、汪永铨：《中国高等教育结构研究》，人民教育出版社，1987。
高等教育评价学 （共5部）	陈谟开：《高等教育评价概论》，吉林教育出版社，1988； 杨异军、庞德谦、邓忠良：《高等教育评价原理与方法》，陕西师范大学出版社，1988； 陈玉琨：《中国高等教育评价论》，广东高等教育出版社，1993； 张远增：《高等教育评价方法研究》，复旦大学出版社，2002； 刘徐湘：《高等教育评估论》，云南科技出版社，2008。
高等教育社会学 （共3部）	张德祥、周润智：《高等教育社会学》，高等教育出版社，2002； 侯定凯：《高等教育社会学》，广西师范大学出版社，2004； 王处辉：《高等教育社会学》，高等教育出版社，2009。
高等教育政治学 （共2部）	朱新梅：《知识与权力：高等教育政治学新论》，教育科学出版社，2007； 周光礼：《公共政策与高等教育：高等教育政治学引论》，华中科技大学出版社，2010。

续表

部分分支学科	主要著作
高等师范教育学 （共 4 部）	周复昌等：《高等师范专科教育概论》，浙江大学出版社，1988； 王文肃：《高等师范专科教育的发展与改革专论》，四川大学出版社，1988； 蒋绍椿、杨燕钧：《高等师范专科教育研究与实践》，石油大学出版社，1994； 高新民、张兴福：《高等师范专科教育改革与发展研究》，庆阳师范高等专科学校，1994。
成人高等教育学 （共 9 部）	叶忠海、高本义：《成人高等教育学》，辽宁教育出版社，1989； 陈慎仪、余小波：《成人高等教育导论》，湖南文艺出版社，1994； 朱正亮：《成人高等教育学》，武汉工业大学出版社，1996； 常立学：《成人高等教育概论》，石油大学出版社，1998； 王蓉等：《成人高等教育学》，中国农业大学出版社，2001； 宋永则：《成人高等教育概论》，中国社会科学出版社，2002； 苏白·阿那别克：《成人高等教育研究》，新疆人民出版社，2004； 黄水林、夏骏：《成人高等教育研究》，漓江出版社，2006； 叶忠海：《成人高等教育学》，同济大学出版社，2011。
高等职业教育学 （共 13 部）	叶春生：《高等职业技术教育概论》，南京出版社，1991； 姜惠：《当代国际高等职业技术教育概论》，兰州大学出版社，2002； 陈遇春：《高等职业教育学教程》，西北农林科技大学出版社，2002； 周光勇、宋全政等：《高等职业教育导论》，山东教育出版社，2003； 王根顺、王成涛：《高等职业技术教育概论》，民族出版社，2004； 董步学：《高等职业教育学》，江西高校出版社，2006； 韩志伟、王文博：《高等职业教育学》，兵器工业出版社，2007； 李海宗：《高等职业技术教育概论》，科学出版社，2009； 罗军强等：《高等职业教育历史研究》，光明日报出版社，2011；

续表

部分分支学科	主要著作
高等职业教育学 （共13部）	杨彦如、吕倩娜、王文博：《高等职业教育学》，中国轻工业出版社，2013； 李承先：《高等职业教育新论》，中国书籍出版社，2015； 黄景贵、朱双平：《高等职业教育研究》，海南出版社，2016； 子重仁：《高等职业教育研究》，云南科技出版社，2016。
高等专科教育学 （共3部）	中央教育行政学院：《高等专科教育研究》，高等教育出版社，1989； 忻福良：《高等专科教育学》，山西教育出版社，1993； 李均：《中国高等专科教育发展史》，学林出版社，2005。
研究生教育学 （共5部）	李煌果、王秀卿：《研究生教育概论》，科学技术文献出版社，1991； 王秀卿：《研究生教育概论》，北京理工大学出版社，2001； 田逸平等：《研究生教育学》，河北教育出版社，2001； 薛天祥：《研究生教育学》，广西师范大学出版社，2001； 薛天祥：《研究生教育学》，广西师范大学出版社，2010。

一、发展阶段高等教育史学科建设

高等教育史学科自20世纪80年代创建以来，至1992年，学科建设工作进展缓慢，学科专著寥寥。在高等教育学的发展阶段，高等教育史学科在一批学者的努力下，逐步发展，研究领域不断拓展，研究成果有较大增长，学科建设工作取得进展。

（一）高等教育史的学科理论研究取得进展

潘懋元对高等教育理论和高等教育史的关系进行了论述，指出，高等教育理论与高等教育史的关系可以概括为"论从史出"，高等教育实践与高等教育史的关系可以归结为"鉴古知今"或"古为今用"。开展高等教育史的学习和研究，不仅能深化高等教育理论，而且能为高等教育改革现实服务，并进一步促使高等教育学学科的完善和成熟。① 高等教育理论建设，有赖于高等教育史研究的支持。高等教育学学科建设，急需高等教育理论工作者和高等教育史研究工作者的合作。②

蔡克勇对研究高等教育史应注意的问题进行了论述。他指出，研究高等教育史，应以近现代，特别是现代为主；应探求其内在规律，揭示带有普遍意义的事物，以资今天吸收和借鉴；应联系当时经济、科技和社会发展的宏观背景来分析那个时代的高等教育特征；应把它作为一门学科，探讨它的发展与其他学科发展的内在联系。③

毛祖桓和陈学飞在 1999 年分别对 50 年来中国和外国高等教育研究进行了述评，分析了研究进展和主要成就。这对当时的高等教育史在前人基础上继续开展研究是有价值的。④

刘海峰针对高等教育史学科建设问题多次发表文章，论述观点，对高等教育史学科建设做出了重要贡献。他对高等教育史学科的性质、功能，研究高等教育史的意义，论与史的关系，我国高等教育史研究的现状，高等教育史研究的现存问题，如何融通教育与历史，兼采两类学科之长等问题进行了深入研究，提出了很有价值的观点，推动了高等教育史学科的建设。⑤

张斌贤在 2005 年提出，在中国当代大学教育发展的关键时期，大学史研究具有特殊的理论和实践意义；应把大学史研究建成一个

---

① 潘懋元、刘海峰：《高教历史与高教研究》，载《高等教育研究》，1992(1)。

② 潘懋元：《从高等教育理论建设看高等教育史研究的重要性——在高等教育史研讨会上的发言》，载《中国高教研究》，1994(6)。

③ 蔡克勇：《高等教育的发展呼唤高等教育史研究》，载《高等教育研究》，1995(1)。

④ 毛祖桓：《中国高等教育史研究五十年述评》，载《高等教育研究》，1999(4)；陈学飞：《外国高等教育史研究五十年回眸》，载《高等教育研究》，1999(5)。

⑤ 刘海峰：《高等教育史学科建设初探》，载《高等教育研究》，1993(2)；《高等教育史学科建设再探》，载《高等教育研究》，1995(1)；《高等教育史研究三探》，载《高等教育研究》，1997(1)；《在教育与历史之间——高等教育史研究四探》，载《高等教育研究》，2001(2)。

专门的学术研究领域，以深化对大学发展基本问题的探索。① 该观点为高等教育史学科建设的合理性提供了启示。

此外，有多位学者针对高等教育史研究的意义、高等教育史学科的定位、学科功能、高等教育史研究现存的问题、未来高等教育史研究的基本走向和价值选择、高等教育史研究的模式和计量方法、高等教育史研究的逻辑、口述史的理论研究、文献法的使用、美国高等教育史学的发展等方面进行了研究和探讨，丰富了高等教育史学科理论，推动了高等教育史学科的建设。②

在高等教育史学科的理论研究中，如何明晰高等教育史的学科范畴、构建高等教育史的理论体系、运用多学科研究方法开展研究，是学者们应进一步思考的问题。

(二)开展大量高等教育史研究，成果丰富

这一阶段的高等教育史研究包括通史、断代史、国别史和专题史的研究。这些研究对思考高等教育史问题、研究高等教育发展具有重要意义。

1. 开展高等教育通史研究

1992 年后出版的高等教育通史著作主要包括：曲士培著的《中国大学教育发展史》(山西教育出版社 1993 年版)，郑登云编著的《中国高等教育史(上册)》(华东师范大学出版社 1994 年版)，余立编著的

---

　　① 张斌贤：《关于大学史研究的基本构想》，载《北京大学教育评论》，2005(3)。

　　② 相关论文参见潘懋元、陈兴德：《高等教育理论呼唤高等教育史研究》，载《教育研究》，2004(10)；李均、王超：《90 年代以来高等教育史研究的进展》，载《大学教育科学》，2005(2)；王飞、张宝昆：《高等教育史研究中历史真理与历史价值的统一》，载《教学研究》，2006(6)；林伟：《20 世纪中期以来美国高等教育史学发展初探》，载《教育学报》，2009(2)；林伟：《美国高等教育史学的发展与趋势》，载《高等教育研究》，2010(3)；许甜：《高等教育史研究的计量方法探讨：以区域分布史为例》，载《清华大学教育研究》，2011(4)；郑刚、余子侠：《高等教育口述史研究的实践与发展路向》，载《高等教育研究》，2015(8)；任炜华、王伦信：《视野下移与范式转换：西方高等教育史研究新动向》，载《现代大学教育》，2017(2)；刘齐：《论高等教育史的功能》，载《河北师范大学学报(教育科学版)》，2018(3)。

《中国高等教育史(下册)》(华东师范大学出版社 1994 年版),涂又光著的《中国高等教育史论》(湖北教育出版社 1997 年版),张慧明编著的《中外高等教育史研究》(湖南大学出版社 1998 年版),黄福涛主编的《外国高等教育史》(上海教育出版社 2003 年版),贺国庆、王保星、朱文富等著的《外国高等教育史》(人民教育出版社 2003 年版),黄福涛主编的《外国高等教育史(第 2 版)》(上海教育出版社 2008 年版),王杰主编的《中外大学史教程》(天津大学出版社 2008 年版),刘海峰、张亚群著的《高等教育历史与理论研究》(中国海洋大学出版社 2009 年版),刘海峰、史静寰主编的《高等教育史》(高等教育出版社 2010 年版)。

郑登云、余立编著的《中国高等教育史》,是原国家教委"高等学校文科教材编写计划"中的一种,分上、下两册。上册研究了中国古代至新中国成立的高等教育史,重点在近代史部分,既按历史顺序,以翔实的史料论述发展线索,又突出重点和典型,形成整体结构体系,集中反映了作者的研究成果。[①] 下册体例同上册一致,遵循"历史与逻辑的统一"原则,采取专题分述,研究了新中国成立以来的高等教育史。

刘海峰、史静寰主编的《高等教育史》包括中国高等教育史与外国高等教育史两个相对独立的部分。上篇中国高等教育史论述从古代到新中国的高等教育;下篇外国高等教育史论述从古代东方和希腊、罗马时期的高等教育到现代各主要国家的高等教育。

2. 开展高等教育断代史、国别史研究

除进行通史研究外,有学者进行了高等教育断代史和国别史的研究。

断代史方面的著作主要有:潘懋元、刘海峰编的《高等教育》(上

---

① 郑登云:《中国高等教育史》上册,4 页,上海,华东师范大学出版社,1994。

海教育出版社 1993 年版），霍益萍著的《中国近代的高等教育》(华东师范大学出版社 1999 年版），郝维谦、龙正中主编的《高等教育史》(海南出版社 2000 年版），金以林著的《近代中国大学研究(1895—1949)》(中央文献出版社 2000 年版），潘懋元主编的《中国高等教育百年》(广东高等教育出版社 2003 年版），董宝良主编的《中国近现代高等教育史》(华中科技大学出版社 2007 年版），郝维谦、龙正中、张晋峰主编的《中华人民共和国高等教育史》(新世界出版社 2011 年版)等。

国别史方面的著作主要有：胡建华著的《战后日本大学史》(南京大学出版社 2001 年版），王廷芳主编的《美国高等教育史》(福建教育出版社 1995 年版），张泰金著的《英国的高等教育历史·现状》(上海外语教育出版社 1995 年版），美国基斯克著、梁燕玲译的《美国高等教育的历程》(教育科学出版社 2012 年版)等。

2008 年，张斌贤组织翻译欧洲大学校长常设会议组织编写的 4 卷本《欧洲大学史》，河北大学出版社先后出版《欧洲大学史(第 1 卷)：中世纪大学》《欧洲大学史(第 2 卷)：近代早期的欧洲大学(1500—1800)》，2014 年出版了《欧洲大学史(第 3 卷)：19 世纪和 20 世纪早期的大学(1800—1945)》，2019 年出版了《欧洲大学史(第 4 卷)：1945 年以来的大学》。

3. 开展高等教育专题史研究

近年来，学者们在科举史、书院史、教会大学、留学教育、校史、地方高等教育史、各级各类高等教育史等方面进行了广泛而深入的研究，形成了大量学术论文和著作，对丰富高等教育史研究、推动高等教育史学科的发展做出了重要贡献。主要著作有：刘海峰、李兵著的《中国科举史》(东方出版中心 2004 年版），刘海峰、张亚群主编的《科举制的终结与科举学的兴起》(华中师范大学出版社 2006 年版），丁钢、刘琪著的《书院与中国文化》(上海教育出版社 1992 年

版），李国钧等人主编的《中国书院史》（湖南教育出版社 1994 年版），
章开沅和林蔚主编的《中西文化与教会大学——首届中国教会大学史
学术研讨会论文集》（湖北教育出版社 1991 年版），章开沅、马敏主
编的《社会转型与教会大学》（湖北教育出版社 1998 年版），珠海出版
社 1998 年和 2005 年先后出版的"中国教会大学史研究丛书"第 1 辑
和第 2 辑，田正平主编的《留学生与中国教育近代化》（广东教育出版
社 1996 年版），李滔主编的《中华留学教育史录：1949 年以后》（高等
教育出版社 2000 年版），谢长法著的《中国留学教育史》（山西教育出
版社 2006 年版），董泽宇著的《来华留学教育研究》（国家行政学院出
版社 2012 年版），李永、顾晓莉著的《中国近代留学教育活动史研
究》（科学出版社 2018 年版），刘海峰主编的《中国大学校史研究的回
顾与前瞻》（厦门大学出版社 2016 年版），张晞初编著的《中国研究生
教育史略》（湖南师范大学出版社 1994 年版），吴镇柔、陆叔云、汪
太辅主编的《中华人民共和国研究生教育和学位制度史》（北京理工大
学出版社 2001 年版），刘捷、谢维和著的《栅栏内外：中国高等师范
教育百年省思》（北京师范大学出版社 2002 年版），周洪宇主编的《学
位与研究生教育史》（高等教育出版社 2004 年版），李均著的《中国高
等专科教育发展史》（学林出版社 2005 年版），陈英杰著的《中国高等
职业教育发展史研究》（中州古籍出版社 2007 年版）等。

二、发展阶段高等教育管理学学科建设

高等教育管理学学科是创建最早的高等教育学分支学科，其发
展在众多分支学科中处于领先位置。学者们对高等教育管理问题的
关注，使高等教育管理学的研究不断开展，并取得了一些新成果。
新时代对社会各系统的组织、管理和运行有了新的要求，在高等教
育领域如何开展高等教育管理研究以推动高等教育管理学的建设和
发展，是学者们关注的问题。

这一阶段出版的高等教育管理学著作主要包括：吕锡坪、邱方

江编著的《高等学校管理学》(山东教育出版社1993年版),邓晓春、刘国瑞著的《高等教育管理学》(航空工业出版社1996年版),薛天祥主编的《高等教育管理学》(华东师范大学出版社1997年版),冒荣、刘义恒编著的《高等学校管理学》(南京大学出版社1997年版),姚启和著的《高等教育管理学》(华中理工大学出版社2000年版),薛天祥主编的《高等教育管理学》(广西师范大学出版社2001年版),于宪英等编著的《高等学校管理概论》(黑龙江教育出版社2001年版),邓晓春、刘国瑞著的《高等教育管理学》(航空工业出版社2002年版),齐存田著的《大学管理新论》(北京大学出版社2004年版),柏昌利编著的《高等教育管理导论》(西安电子科技大学出版社2006年版),杨德广主编的《高等教育管理学》(上海教育出版社2006年版),熊庆年编著的《高等教育管理引论》(复旦大学出版社2007年版),姜华、李家宝合编的《高等教育管理教程》(哈尔滨工业大学出版社2008年版)。

薛天祥主编的《高等教育管理学》是在《高等教育管理学导论》(1990年版)基础上修改完成的。该书偏重于高等教育管理理论的阐述,对高等教育管理的目的、本质、原则、计划、组织、领导、控制等理论问题做了较为深入的研究,以高等教育管理系统为逻辑起点,以高等教育目的为中介概念,以高等教育管理为中心概念,以高等教育管理原则为过渡概念,构建高等教育管理学的理论体系。2001年,作者对该书进行修改、完善后再次出版。

姚启和著的《高等教育管理学》论述了以下内容:高等教育管理的本质特征,高等教育管理的规律性和基本原则,发展观和高等教育的发展方针,高等教育发展战略与规划管理,高等教育体制,市场机制对高等教育管理的作用,政府对高等教育的宏观管理,高等学校面向社会自主办学,高等学校内部管理体制改革,高等学校的领导和决策,高等教育管理者的职能和素质等。

杨德广主编的《高等教育管理学》对高等教育行政、高等教育政策、高等教育法规、高等教育规划、高等教育财政、高等教育评估、高等教育改革、高等学校组织管理、高等学校人才培养活动管理、高等学校科学研究和社会服务活动管理、高等学校人力资源管理、高等学校财力和物力资源管理、高等学校发展战略、高等学校管理的信息化等进行了研究。

由以上著作可以看出，关于高等教育管理学的体系构建，学者们多是借鉴管理学理论，将高等教育置于其中进行考察。这能使高等教育与管理紧密结合，在管理理论中突出高等教育的独特性。部分高等学校管理学著作的体系安排从高等教育实践活动出发，参考高等教育学的内容体系，将各部分从管理学角度进行分析。这两种内容体系都有可取之处，能够做到完整、合理。

除高等教育管理学的学科理论著作外，此阶段还出版了比较高等教育管理学、高等教育管理心理学、高等教育行政管理学、高等学校财务管理、高等学校人事管理、高等学校战略管理等高等教育管理专题研究性质的著作。

关于高等教育管理学的学科理论研究，此阶段有不少学者发表了论文，阐述自己的观点。

有研究者指出，高等教育管理学作为一门独立的应用型学科，具有鲜明的交叉性和融合性特点。这门学科经历了从不被承认、不被接受，到获得社会公认并且培养和造就了一批高等教育管理学硕士生、上万名高级管理干部，体现了学科自身的价值。学者对学科体系的研究体现了整体性、规律性、逻辑性和特色性。①

关于学科的研究对象，有研究者认为，高等教育管理学的研究对象从认识逻辑角度看，主要有三个方面：一是感性认识阶段的高等教育管理学对象；二是知性认识阶段的高等教育管理学对象；三

---

① 邓晓春：《中国高等教育管理学学科建设的成就》，载《上海高教研究》，1995(5)。

是理性认识阶段的高等教育管理学对象。① 有研究者认为，高等教育管理学有独特的研究对象——高等教育范围内的教育管理现象和规律。②

关于学科性质，有研究者认为，从认识论角度看，高等教育管理学是一门"软"性的、"应用"性较强的学科；从社会学角度看，高等教育管理学是一门"分散"度较高而"城市化"程度较低的学科。③ 有研究者认为，高等教育管理学应当是一门建立在多学科基础上的具有开放性和交叉性特征的学科。④

关于学科的逻辑起点，有研究者认为，高等教育组织是高等教育管理学的历史起点。高等教育组织是高等教育管理学理论体系中直接存在的范畴，同时也是最简单、最基本、最普遍的范畴，这一范畴蕴含着高等教育管理中一切矛盾的胚芽。⑤

关于学科体系，有研究者认为，我国现有的高等教育管理学概念体系显见欠缺与不足：一是对基本概念体系缺少关注；二是对派生概念体系缺乏规范；三是概念逻辑体系尚未形成。解决上述问题的关键是重视对研究方法论自身的研究。坚持历史与逻辑的统一，是研究高等教育管理学概念体系的方法论原则，当前尤其要重视概念形成方法的综合、逻辑解释路径的创新以及对高等教育系统基本范畴的认识。⑥

关于学科建设存在的问题，有研究者认为，我国高等教育管理学主体意识逐渐增强，通过"以学科为中心"的知识生产，初步确立

---

① 徐庆江：《高等教育管理学认识路径的反思与重构》，载《现代教育管理》，2009(6)。

② 赵映川：《高等教育管理学是一门独立的学科吗》，载《高校教育管理》，2013(4)。

③ 彭阳红：《高等教育管理学学科属性研究——基于社会学的分析框架》，载《现代教育管理》，2009(4)。

④ 顾远飞：《高等教育管理学的学科属性：开放社会科学的视角》，载《黑龙江高教研究》，2009(9)。

⑤ 刘海燕：《高等教育管理学理论体系逻辑起点新探》，载《现代大学教育》，2001(6)。

⑥ 陈秀兰：《我国高等教育管理学概念体系审视》，载《高教探索》，2007(3)。

了学科的研究领域和多学科的研究方法，积累了学科的基础知识，但重政策诠释的倾向，使高等教育管理理论研究长期停留在低层次，还没有获得知识的合法性，不能算是一门成熟的学科。①

关于学科的建设与发展，有研究者认为，高等教育管理学学科建设需要处理好四对关系："经验体系"与"理论体系"的关系；"体系研究"取向与"问题研究"取向的关系；"社会属性"与"自然属性"的关系；"思辨研究"与"实证研究"的关系。对上述四对关系的准确把握和合理运用，有利于高等教育管理学学科的进一步发展和完善。② 有学者认为，面向未来，我国高等教育管理学研究需要进一步强化基本理论研究和问题研究，并实现二者的有机结合。③

此阶段，研究者虽然就高等教育管理学学科建设的诸多方面进行了研究，但研究者的研究取向使高等教育管理的理论研究更受关注。

三、发展阶段比较高等教育学学科建设

与其他学科不同的是，比较高等教育学发展至今，更注重实践问题研究，所呈现的学科体系也以问题研究为导向。关于比较高等教育学的学科理论研究偏少，至今没有形成一个为学者所普遍接受的学科体系。

（一）比较高等教育学著作编写情况

杨汉清、韩骅著的《比较高等教育概论》（人民教育出版社 1997 年版）按"比较与借鉴""传统与变革""结构与功能""教学与科研""行政与管理""问题与趋势"6 个专题编写。值得称道的是，该书已经开

---

① 朱为鸿：《"学科立场"及其超越——论中国高等教育管理学的学科建设》，载《宁夏大学学报（人文社会科学版）》，2007(6)。
② 罗建国：《论高等教育管理学科建设中需要处理好的几对关系》，载《湖南师范大学教育科学学报》，2006(1)。
③ 唐世纲：《近十年来我国高等教育管理学的新发展研究》，载《贵州师范大学学报（社会科学版）》，2014(4)。

始注重学科体系的建构。每个专题的命题，从方法论看，都具有范畴性；从研究对象看，都具有全局性。每个专题均重在比较，不为国别所限，博采众长；重在思考，力求对我国高等教育的实际问题，提出作者的一些观点。[①]

袁祖望著的《高等教育比较学》(厦门大学出版社 1999 年版)采用问题比较体系，从高等教育的内在逻辑出发，对主要发达国家高等教育的发展道路、管理体制、教育结构、招生制度、教学改革、科研工作、教育经费、高校教师等基本问题进行了比较研究。[②] 该书"少述多作，以理论研究为主"；"既不以国别为纲，也不以国别为目，而是将西方各国高等教育，不分国别，冶为一炉"；"在理论探讨上，视野开阔。不论对于比较教育的基本概念，或对于高等教育改革的问题，都能提出明晰的观点，其中不乏精辟新颖的见解"。[③]

谢安邦主编的《比较高等教育》(广西师范大学出版社 2002 年版)抓住世界高等教育发展普遍面临的一些重要问题展开分析和研究。该书设定的比较研究的范围相当广泛，如高等教育制度、管理体制与运行机制、招生与就业制度、专业与课程设置、教学过程与教学管理、师资队伍建设、科学研究、学位与研究生教育、经费、评估等，涉及世界各国高等教育发展与管理的宏观、中观、微观三个层次的一些重要问题。该书体系更为完整，具有独特性。

黄建如著的《比较高等教育》(社会科学文献出版社 2008 年版)是作者在总结"比较高等教育"课程教学的基础上写成的。它比较系统、全面地介绍、分析了当时 6 个主要发达国家(法国、英国、德国、美国、加拿大、日本)和 4 个发展中国家(印度、新加坡、马来西亚、菲律宾)的高等教育体系产生、发展和变革的历史过程，总结了这些

---

① 杨汉清、韩骅：《比较高等教育概论》，2 页，北京，人民教育出版社，1997。
② 袁祖望：《高等教育比较学》，"内容提要"1 页，厦门，厦门大学出版社，1999。
③ 袁祖望：《高等教育比较学》，"序"1 页，厦门，厦门大学出版社，1999。

国家发展高等教育、培养人才、为国家社会经济建设服务的主要经验和教训，对我国高等教育的改革、发展有相当的借鉴意义。与现有的同类或相似的论著相比，该书的最大特色在于系统、全面，对每个国家高等教育体系的产生、发展都做了全面的描述和分析。该书于 2010 年再版。

此阶段出版了大量关于比较高等教育的著作，其中有相当数量的著作是关于发展中国家高等教育的，例如，安双宏著的《印度高等教育：问题与动态》(黑龙江教育出版社 2001 年版)，陆兴发、黄志诚编著的《发展中国家高等教育》(东北师范大学出版社 1997 年版)，王留栓编著的《亚非拉十国高等教育》(学林出版社 2001 年版)等。

(二)比较高等教育学著作翻译情况

1993 年，陈学飞等人翻译的美国克拉克·克尔著的《大学的功用》由江西教育出版社出版。1994 年，王承绪等人翻译的美国伯顿·R. 克拉克著的《高等教育系统——学术组织的跨国研究》由杭州大学出版社出版。

2001 年，浙江教育出版社出版了王承绪任总主编的"汉译世界高等教育名著丛书"，该丛书除"外国高等教育丛书"的 3 部(《高等教育哲学》《高等教育新论——多学科的研究》《学术权力——七国高等教育管理体制比较》)外，还翻译了英国约翰·亨利·纽曼著的《大学的理想(节本)》、西班牙奥尔特加·加塞特著的《大学的使命》、荷兰弗兰斯·F. 范富格特主编的《国际高等教育政策比较研究》、美国罗伯特·M. 赫钦斯著的《美国高等教育》、美国亚伯拉罕·弗莱克斯纳著的《现代大学论——美英德大学研究》、美国德里克·博克著的《走出象牙塔——现代大学的社会责任》、美国克拉克·克尔著的《高等教育不能回避历史——21 世纪的问题》、美国伯顿·克拉克著的《探究的场所——现代大学的科研和研究生教育》和其主编《研究生教育的科学研究基础》9 部世界高等教育名著。

除上述著作外，还有多部著作陆续被翻译出版，包括：美国菲利普·G. 阿特巴赫著，人民教育出版社教育室译的《比较高等教育：知识、大学与发展》(人民教育出版社 2001 年版)；日本天野郁夫著，陈武元译的《高等教育的日本模式》(教育科学出版社 2006 年版)；荷兰汉斯·德维特等主编，李锋亮、石邦宏、陈彬莉译的《拉丁美洲的高等教育：国际化的维度》(教育科学出版社 2011 年版)；美国亚瑟·M. 科恩和卡丽·B. 基斯克著，梁燕玲译的《美国高等教育的历程(第 2版)》(教育科学出版社 2012 年版)；美国丹条·特弗拉和加拿大简·奈特主编，万秀兰、孙志远等译的《非洲高等教育国际化》(浙江大学出版社 2013 年版)等。

对国外高等教育著作的翻译，是从事比较高等教育研究的一个主要工作。翻译著作，研究国外高等教育，对发展中国的高等教育具有现实意义。

(三)比较高等教育学论文发表与学术交流情况

除出版著作以推动学科建设及进行理论研究外，此阶段有不少学者通过发表论文来比较、研究高等教育学的理论和学科建设问题。

有研究者认为，比较高等教育的本质在于探索高等教育规律，系统、深入的国别研究是比较高等教育的重要基础，中国的比较高等教育不能不研究中国，要积极开展"外国人眼里的中国高等教育"研究。[①]

学者们分析了比较高等教育的研究现状和趋势，认为比较高等教育是当代高等教育实践的一支重要力量，对高等教育的发展具有重要的现实作用和长远意义。学者们或分析存在的问题，提出未来比较高等教育研究的改进措施；或试图构建比较高等教育研究的主体框架；或提出相应的课程改革举措；或提出当时背景下比较高等

---

① 张晓鹏：《我国"比较高等教育"学科建设刍议》，载《辽宁高等教育研究》，1992(4)。

教育研究分析范式的转换问题等。还有学者分别对阿特巴赫与潘懋元的比较高等教育思想进行了研究。学者们开展的学术探索，对推动比较高等教育的理论研究和建设比较高等教育学具有积极意义。①

　　学者还通过参加国内外比较教育会议来相互沟通、交流。1992年 5 月 24 日至 27 日，国内首届比较高等教育研讨会在厦门大学高等教育科学研究所召开。会议特邀著名比较高等教育学家、美国纽约州立大学布法罗分校比较教育研究中心主任阿特巴赫就比较高等教育的研究趋势、留学生教育和学术性职业的比较做 3 次专题演讲。

四、发展阶段大学课程与教学论学科建设

　　关于课程与教学的理论研究始终处在发展之中。1992 年，大学课程论创建后，教学论与课程论一直是学者们关注的重点，随着 21 世纪课程与教学的融合，以及教育学学术术语的规范化，大学教学论与大学课程论已结合生成大学课程与教学论。

　　张圻福主编的《大学课程论》于 1992 年由江苏教育出版社出版。这是第一部大学课程论著作，表明大学课程论学科在中国的建立。该书从大学课程与社会、科学文化对大学课程的影响、大学课程的心理学基础、大学课程建设的原则、大学课程设置、大学课程设计、大学课程实施、大学课程评价、大学课程建设的回顾与展望、当代国外大学课程思想流派评介等方面进行了论述。

　　在大学课程论建立后，学界陆续出版了多部大学教学论和大学

---

　　① 相关研究论文有春：《比较高等教育的研究趋势》，载《电力高等教育》，1993(1)；杨锐：《当代国际比较高等教育研究述略》，载《汕头大学学报》，1996(4)；洪成文、曲恒昌：《比较高等教育研究五十年回顾》，载《比较教育研究》，1999(5)；谷贤林：《比较高等教育课程教学改革及体会》，载《教学研究》，2000(1)；赵素成：《比较高等教育的性质与价值：后现代的观点》，载《长春工业大学学报(高教研究版)》，2003(4)；武学超：《21 世纪初西方比较高等教育研究主题与启示》，载《外国教育研究》，2011(7)；季诚钧：《潘懋元的比较高等教育思想》，载《中国高等教育评论》，2011(第 2 卷)；陈大兴、张媛媛：《文化与霸权：比较高等教育研究分析范式的转换与发展构想》，载《内蒙古师范大学学报(教育科学版)》，2012(7)。

课程论的著作，推动着两门学科的体系建设，具体包括：李定仁主编的《大学教学原理与方法》(科学出版社 1994 年版)，潘懋元主编的《高等学校教学原理与方法》(人民教育出版社 1995 年版)，柳中海、林尚信编著的《高等学校教学概论》(山东教育出版社 1995 年版)，张楚廷著的《大学教学学》(湖南师范大学出版社 2002 年版)，朴雪涛著的《现代大学教学论研究》(黑龙江人民出版社 2002 年版)，徐辉、季诚钧等著的《大学教学概论》(浙江大学出版社 2004 年版)，孙泽文著的《现代大学教学引论》(华中师范大学出版社 2006 年版)，季诚钧著的《大学课程概论》(上海教育出版社 2007 年版)，李剑萍主编的《大学教学论》(山东大学出版社 2008 年版)，别敦荣、王根顺主编的《高等学校教学论》(高等教育出版社 2008 年版)，王伟廉著的《高等学校课程研究导论》(广东高等教育出版社 2008 年版)，李剑萍主编的《大学教学论》(山东大学出版社 2010 年版)，季诚钧著的《大学课程概论》(上海教育出版社 2010 年版)，高有华著的《大学课程基本问题研究》(江苏大学出版社 2010 年版)，马开剑主编的《大学教学论基础》(山东大学出版社 2011 年版)，朱晓刚著的《大学课程哲学：基于马克思主义实践哲学视域下的探讨》(中国海洋大学出版社 2012 年版)，李孟辉著的《高校课程研究》(上海交通大学出版社 2012 年版)，张红霞、吕林海、孙志凤著的《大学课程与教学：原理与问题》(教育科学出版社 2015 年版)，王根顺主编的《高等学校课程论》(兰州大学出版社 2016 年版)，阮朝辉著的《现象学直观的大学教学论》(人民出版社 2016 年版)，姜国钧著的《大学课程与教学论》(电子工业出版社 2017 年版)，季诚钧、付淑琼编著的《大学课程与教学》(上海教育出版社 2018 年版)。

　　潘懋元主编的《高等学校教学原理与方法》对高等学校教学论的研究对象、内容与任务进行了研究，随后论述了高等学校教学论的科学基础、大学生身心特征与教学、高校培养目标、教学过程、教学原则、课程、教学方法、教学改革、教学手段、学业成绩评价、教师素质、教学管理等问题。

张楚廷著的《大学教学学》对大学教学学的研究意义、教学在大学的地位、大学层面的教学与科研、学生、教师、课程、专业、隐形教学、教学过程、教学目的、教学原则、教学细则与方法、教学评价和教学改革进行了研究。

季诚钧著的《大学课程概论》是第二部大学课程论著作。该书论述了大学课程的含义、范畴与流派、课程设计、课程设置、课程实施、课程评价、课程管理、隐性课程等内容。该书于 2010 年再版。

姜国钧著的《大学课程与教学论》是第一部将大学课程与大学教学置于一起进行研究的专著。该书系统地探讨了大学课程与教学的概念、中西大学课程与教学的历史、发达国家的大学课程与教学理念、大学课程与教学目标、大学课程内容选择、大学教学原则与方法、大学课程与教学组织、大学教师的评价等大学课程与教学论的基本问题，试图融合传统与现代、东方与西方的大学课程与教学理念，初步建立大学课程与教学的理论体系。

著作中，学者们构建的大学课程与教学论体系都能体现高等学校，尤其是大学的特点，能够结合大学教师与大学生进行理论上的研究，但也存在体系趋同的问题。

在论文发表方面，有研究者从高等学校教学过程的特殊性、高等学校的教学原则体系、高等学校的课程论、高等学校教学活动的主要环节 4 个方面总结了潘懋元所构建的大学教学论体系。[1] 有研究者认为，大学教学论现在还处于一个研究领域阶段，还没有成熟到成为一门学科。我们在研究过程中一定要严格按照学理上的规范去建构一门学科的概念体系和理论框架，其中最重要的就是明确这门

---

① 杨广云：《大学教学论体系的构建——潘懋元学术思想研究之三》，载《高等教育研究》，1997(5)。

学科的逻辑起点。① 有研究者对民国时期的中国大学教学论学科进行了研究，其发展中的经验、教训为当代我国大学教学论学科建设提供了借鉴。② 还有研究者发表了多篇文章，论述了大学教学论研究的内容、主题、面临的问题和未来的研究方向等。③

　　研究者的学科理论研究以大学教学论为主，这与教学活动是高等教育实践的中心环节有关。关于课程论的研究较少，这是研究者应该予以关注的问题。

　　1998年12月，全国高等学校教学研究会在北京成立。1999年1月，全国高等学校教学研究中心成立。中心设在高等教育出版社，由高等教育出版社和教育部高等教育司共建。国家层面的高等学校教学研究和管理机构的建立，使大学课程与教学论理论研究的开展有了组织制度的管理，有助于学者们深入研究理论，产出成果，以此建设大学课程与教学论学科。

五、发展阶段高等工程教育学学科建设

　　1992年，谢祖钊、傅雄烈主编的《高等工程教育概论(修订版)》出版。作者在修订版前言中写道："此次修订本着以下原则：①继续突出高等工程教育的特点，即使阐述一般教育规律，也力求结合工程教育的实际，以突出工程教育的特殊性；②尽可能采用所掌握的最新统计数据，以反映高等工程教育的状况；③尽量汲取那些经过实践检验证明是正确的有价值的最新理论成果，改正初版中我们已经发现的问题，以体现高教科研的最新水平。

　　"此次修订中，改写了专业教学计划、教学过程及教学原则、继

---

① 刘若泳：《大学教学论的逻辑起点探析》，载《教育与教学研究》，2011(10)。
② 肖菊梅：《学术史视野中的近代中国大学教学论学科》，载《高等教育研究》，2016(7)。
③ 汪明、张睦楚：《迈向学习与创造齐头并进式大学教学论研究之道》，载《继续教育研究》，2015(1)；汪明、张睦楚：《大学教学论研究：为何与何为》，载《高等理科教育》，2015(5)；汪明、张睦楚：《大学教学论研究的主题与难题》，载《教育评论》，2015(8)。

续工程教育等三章。对绪论、高等工程教育培养目标、大学教师、教学方法、实践性教学环节及教材等五章作了较多的修改和补充，其余各章也作了必要的增删和调整。"①

由此可见，此次修订更加符合当时的社会发展，符合高等教育实际。

自 1992 年后，高等工程教育学的著作相继出版，大体可分为两类。

一类是高等工程教育学的理论研究，包括学科教材与高等工程教育发展史研究，具体有：谢祖钊、傅雄烈主编的《高等工程教育概论（修订版）》（北京航空航天大学出版社 1992 年版）；马志清主编的《高等工程教育论》（北京理工大学出版社 1993 年版）；张光斗、王冀生主编的《中国高等工程教育》（清华大学出版社 1995 年版）；史贵全著的《中国近代高等工程教育研究》（上海交通大学出版社 2004 年版）；崔军著的《中外高等工程教育课程研究》（南京大学出版社 2013 年版）。

另一类是高等工程教育改革与实践研究，侧重实践中的问题研究，具体有：罗强主编的《高等工程教育人才培养模式》（四川人民出版社 1997 年版）；李瀛心、吴价宝著的《高等工程教育改革探析》（中国矿业大学出版社 1997 年版）；张波、王谦源主编的《高等工程教育发展问题与对策》（石油大学出版社 2000 年版）；左健民编著的《高等工程教育产学研发展战略研究》（机械工业出版社 2006 年版）；李继怀、樊增广著的《现代高等工程教育的嬗变：从回归到卓越》（辽宁大学出版社 2013 年版）；彭静雯著的《高等工程教育改革：对学科规训的突围》（社会科学文献出版社，2014 年版）；赵予新著的《高等工程教育质量保障研究——以河南省为例》（社会科学文献出版社 2014 年

---

① 谢祖钊、傅雄烈：《高等教育工程概论（修订版）》，"修订版前言"1 页，北京，北京航空航天大学出版社，1992。

版）；崔玉祥、艾红著的《高等工程教育创新理论与实践》（科学出版社 2015 年版）；范静波、王孙禺著的《高等工程教育人力资本投资收益研究》（社会科学文献出版社 2016 年版）；吴新开、刘德顺著的《面向"两型社会"的高等工程教育》（中南大学出版社 2016 年版）。

建设有中国特色的社会主义高等工程教育，需要我们长期坚持、不懈努力。在高等工程教育学著作中，马志清主编的《高等工程教育论》，力求从我国高等工程教育的实际出发，注重总结经验，探索规律，研究科技、经济、社会发展对高等工程技术人才的要求，论述我国高等工程教育发展的经验教训。其具体包括：高等工程教育的基本特征，培养目标，教学与学习，高层次人才培养，教师，教学、科研、生产相结合，教学评价，教学管理等。同时，该书对国外高等工程教育的改革与发展也做了概要介绍。

张光斗、王冀生主编的《中国高等工程教育》提到，自 1982 年以来，国家教委高教工委和直属高等工业学校教育研究协作组共同承担了国家教育科学"六五"规划重点课题"高等工程教育结构改革的研究"和国家教育科学"七五"规划重点课题"新时期高等工程教育人才培养规律及其应用的研究"，取得了一批重要成果，为国家教育管理部门的宏观决策提供了科学依据，推动了我国高等工程教育事业的发展、改革和提高，深化了对建设有中国特色的社会主义高等工程教育规律的认识，为编写《中国高等工程教育》奠定了基础。《中国高等工程教育》一书实质上是上述两项研究成果的理论总结，是高等工程教育的一般规律同我国的具体国情结合取得的初步成果。编写《中国高等工程教育》，以邓小平建设有中国特色的社会主义理论和社会主义初级阶段基本路线为指导思想，以"工程师及其形成"为逻辑起点，以高级工程科技人才培养和成长的规律为主干线索，以高等工程本科教育为重点，立足我国实际，着重阐述高等工程教育的一般规律。《中国高等工程教育》是在认真总结我国高等工程教育发展、改革实践经验的基础上编写的。作者致力于提高它的学术性，使它能对我国高等工程教育发展、改革的进一步实践有一定参考价值。

《中国高等工程教育》共有 10 章。第一、二章是理论基础和总论，在论述高等工程教育同社会、人的发展之间的相互关系和总结我国高等工程教育发展、改革的历史经验基础上，着重阐述高等工程教育的性质和主要特征、社会主义初级阶段我国高等教育的基本特征，以及我国高等工程教育进一步发展、改革面临的历史性任务；第三、四、五、六、七、八章，以本科教育为重点，从培养目标、层次结构、专业设置、人才培养过程、教学原理、教育与生产劳动和科学研究的结合七个方面比较系统地阐述了我国高级工程科技人才培养、成长的规律，是全书的核心和重点；第九、十章从高级工程科技人才培养的角度和我国的国情出发，论述对高等工程教育中的教师、学生和高等工程教育的领导管理的一般要求及其趋势。

除高等工程教育学学科的著作外，近年来，有学者对高等工程教育的改革发展问题进行了研究，并形成了系列成果。

李继怀、樊增广著的《现代高等工程教育的嬗变：从回归到卓越》分析了中国高等工程教育思想的起源，研究了国外高等工程教育的发展态势及启示，并对辽宁科技大学进行了个案研究。杨路在序言中指出，《现代高等工程教育的嬗变：从回归到卓越》的付梓出版，既是作者对高等工程教育认知的展示，也管窥了辽宁科技大学高等工程教育改革实践之一斑，对辽宁乃至全国高校的高等工程教育改革及"卓越计划"的实施，都将具有积极的理论支撑意义和实践引领作用。[1]

赵予新著的《高等工程教育质量保障研究——以河南省为例》是国内第一部系统研究高等工程教育质量保障体系建设的专著。该书

---

[1]　李继怀、樊增广：《现代高等工程教育的嬗变：从回归到卓越》，"序"1～2 页，沈阳，辽宁大学出版社，2013。

对地方高等工程教育质量的现状进行了较为深入的考察与分析，设计了适合评价高等工程教育质量的绩效评估指标体系，并对河南省7所地方本科院校进行了抽样评估，以开放性的思维，设计了主体多元的高等工程教育质量保障体系框架，探索了地方高等工程教育质量保障体系的运行机制，提出了若干建议。

崔玉祥、艾红著的《高等工程教育创新理论与实践》一书，根据我国建设创新型国家及新型工业化发展的新要求，把高等工程教育创新放在国家创新体系大系统中，以国家创新驱动发展战略需求为逻辑起点，以观念创新为先导，初涉体制机制创新这一"深水区"，在纵向上对改革人才培养模式、改革课程体系、建立产学研合作实践教学体系等方面展开深入研究。该书分别对高等工程教育理念创新、高等工程教育管理体制与运行机制创新、高等工程教育人才培养模式创新、高等工程教育人才培养体系创新、高等工程教育教学体系创新、高等工程教育产学研合作人才培养机制构建、创新型工程科技人才培养体系构建、高等工程教育教师培养体系构建、高等工程教育人才培养质量评价体系构建等方面进行了深入的阐述。

吴新开、刘德顺著的《面向"两型社会"的高等工程教育》围绕我国的经济、城市化、工业化建设与发展，深入阐述了我国"两型社会"建设的必要性；从我国高等工程教育的起源和发展、教学模式、课程设置、实践教学等方面，剖析了我国高等工程教育的现状与存在的问题；通过与国外高等工程教育在教学模式、课程设置、实践教学等方面的比较，探究了我国高等工程教育与国外先进水平的差距；围绕"两型社会"建设对高等工程教育在合格人才的培养要求、工程教育的发展速度、产业转型时期对知识和能力的需要等方面的要求，阐述了"两型社会"建设与高等工程教育的关系，明确了满足"两型社会"建设需要的合格人才标准；最后，围绕高等工程教育满足"两型社会"建设的合格人才培养的需要，阐述了高等工科院校在教育模式、课程设置、实践教学、创新人才培养、师资队伍建设和育人环境等方面进行改革的方向与模式。

六、发展阶段大学德育论学科建设

以 1986 年朱江、张耀灿主编的《大学德育概论》的出版为标志，大学德育论学科正式建立。此后，关于大学德育的研究逐年增多，大学德育论学科不断发展。

朱江、张耀灿主编的《大学德育概论》由湖北教育出版社出版。该书对大学德育学科的对象、任务、特点、研究意义和方法进行了阐述，随后论述了德育的目的与任务、德育在大学工作中的地位与作用、德育过程及其规律、德育过程中的教育者、德育过程中的受教育者、德育的基本内容、德育的方针和原则、德育的途径、德育的方法、德育的环境、大学德育中的两个转折阶段、大学德育中不同对象的教育、德育的领导与管理等内容。

1992 年后出版的大学德育论著作可分为以下三类。

第一类是大学德育论学科基本理论著作。代表性著作包括：张锡生著的《高校德育导论》(东南大学出版社 1993 年版)；王殿卿、李春玲著的《新编大学德育学》(四川教育出版社 1994 年版)；刘献君著的《大学德育论》(华中理工大学出版社 1996 年版)；蒋笃运、张国臣主编的《高校德育新论》(河南医科大学出版社 1997 年版)；侯万秋、叶进主编的《大学德育》(甘肃人民出版社 1998 年版)；陆钦仪主编的《大学德育工作通论》(四川教育出版社 1998 年版)；姜维茂等主编的《高校德育新论》(青岛海洋大学出版社 1999 年版)；柏昌利编著的《高等学校德育新论》(西北大学出版社 2001 年版)；邱伟光、张云主编的《新编大学德育》(复旦大学出版社 2003 年版)；钟文渊编著的《大学德育工作新论》(四川大学出版社 2004 年版)；孟东方著的《高校德育新论》(中国文史出版社 2004 年版)；刘玉殿、袁付平、于和利主编的《大学德育教程》(山东大学出版社 2005 年版)；李成滨著的

《大学德育论》(辽宁大学出版社 2005 年版);胡金秀、王岚著的《大学德育新论》(河北教育出版社 2010 年版)。

王殿卿、李春玲著的《新编大学德育学》是在 1988 年的《大学德育学》初版基础上修改而成的。该书论述了大学德育学的研究对象、任务、学科特点和研究方法,研究了大学德育的价值、地位、功能、理论基础、过程、教师、规格、对象、内容、原则、方法、管理等问题。

刘献君著的《大学德育论》是作者在多年的德育实践中,对大学德育理论和实践进行系统研究的成果。该书从大学德育基本理论、大学德育对象、大学德育实践及大学德育研究四个方面展开论述。其中,在对学校德育和社会大系统、大学生社会化特征、人的发展阶段性规律、社会偶然因素对人的影响规律等的论述中,该书提出了一些新的理论观点。

上述部分著作具有时代性,在新的社会历史背景下进行大学德育的理论研究,将大学德育与社会背景紧密结合,使大学德育理论更好地服务于实践。

第二类是在大学德育论下进行德育某一方面研究的著作,作为大学德育论学科的下设研究方向而存在。这些著作多是对大学德育论与其他学科交叉后生成的相关理论进行研究,例如,张兆华著的《高校德育管理学》(吉林人民出版社 1995 年版),龚海泉主编的《当代大学德育史论》(华中师范大学出版社 1997 年版),秦尚海著的《高校德育评估论》(中国社会科学出版社 2006 年版),米如群、王小锡等著的《高校德育工程论》(南京师范大学出版社 2006 年版),彭小兰著的《中国大学德育课程发展研究》(人民出版社 2013 年版)等。这些研究很好地丰富了大学德育论的学科体系。

第三类著作研究了大学德育论与其他学科的关系。最具代表性的是"高校德育科学基础理论丛书"。该丛书于 1994—1999 年由东北师范大学出版社出版，论述了高校德育学与哲学、教育学、伦理学、心理学、社会学、法学、美学、逻辑学、管理学和人才学 10 个学科的关系，以借助相关学科研究成果，构建德育学的理论基础，丰富知识体系，丰富方法论，为德育学提供构建学科体系的依据，提供科学的认识工具。该丛书认为，高校德育学的特点在于实践性强和综合性强，德育学需要借助相关学科的研究成果，才能形成完备形态并不断发展。① 该丛书对构建大学德育论的学科体系、推动学科建设具有重要意义。

在学术论文方面，此阶段关于大学德育的学术论文多如牛毛，然而，其中研究大学德育论学科的文章屈指可数。大多数文章将研究的重点放在德育实践层面，体现出德育研究整体的实践性取向。德育论是与时俱进的学科，是与社会结合最为紧密的学科之一，在不同时代背景下大学德育论学科如何建设、学科体系如何构建、如何将时代背景与德育理论相结合，都有待于进一步研究。

七、发展阶段高等教育经济学学科建设

孟明义在其 1991 年主编的《高等教育经济学》中指出："高等教育与经济的关系十分密切，它对经济和社会发展所表现出来的作用尤其明显，从而引起了学者们的广泛重视，许多教育经济学家为高等教育经济学的建立和发展做出了贡献。""党的十一届三中全会以来，我国的社会主义建设进入了一个新的时期，随着改革开放的深入，不仅极大地推动了经济的发展，而且促进了学术的繁荣。我国的高等教育经济学正是在这种形势下产生的。""为了普及高等教育经济学知识，开展高等教育经济学教育，对高等教育经济学进行深入研究，很有必要撰写一本《高等教育经济学》的书，以填补我国在这

① 王守实等：《高校德育学与教育学》，"代序"2 页，长春，东北师范大学出版社，1995。

一学术领域中的空白。"①

　　以孟明义主编的《高等教育经济学》(教育科学出版社 1991 年版)问世为标志,高等教育经济学的创建工作开启。此后 20 余年,又有诸多学者出版了多部这一学科的著作,具体可分为以下三类。

　　第一类是关于高等教育经济学学科的著作,包括:李同明著的《中国现代高等教育经济学》(经济管理出版社 1998 年版);李吾振、张义军编著的《高等教育经济学》(哈尔滨工程大学出版社 2001 年版);史万兵编著的《高等教育经济学》(科学出版社 2004 年版);张万朋著的《高等教育经济学》(广西师范大学出版社 2004 年版);王培根主编的《高等教育经济学》(经济管理出版社 2004 年版);武毅英著的《高等教育经济学导论》(广东高等教育出版社 2008 年版);温明忠著的《高等教育经济学》(高等教育文化事业有限公司 2011 年版);盖浙生、钮方颐著的《高等教育经济学》(高考教育文化事业有限公司 2012 年版)。

　　第二类是关于高等教育经济研究的著作,包括:樊安群著的《高等教育经济学——高等教育规模论》(南海出版公司 1998 年版);过国忠主编的《高等教育的经济觉醒——产业模式》(经济科学出版社 2005 年版);樊华著的《高等教育与经济复合系统协调发展研究》(中国矿业大学出版社 2006 年版);杨德岭著的《高等教育经济热点问题研究》(郑州大学出版社 2009 年版);毛盛勇编著的《中国高等教育与经济发展的协调性研究》(中国统计出版社 2010 年版);崔卫国著的《破解"钱学森之问"——高等教育的经济学分析》(经济科学出版社 2010 年版);张苏著的《高等教育与经济发展关系的实证研究》(中国书籍出版社 2013 年版);刘志民编译的《个人收益政府投入与增值评估高等教育经济国际研究进展》(南京大学出版社 2013 年版)。

---

　　①　孟明义:《高等教育经济学》,"导言"1~2 页,北京,教育科学出版社,1991。

　　第三类是关于地区性高等教育经济问题研究的著作，包括：范明著的《高等教育与经济协调发展——以江苏为例》（社会科学文献出版社 2006 年版）；王长楷主编的《西部高等教育与经济发展关系研究》（海南出版社 2007 年版）；孙希波著的《黑龙江省高等教育与经济协调发展研究》（黑龙江人民出版社 2008 年版）；崔玉平著的《区域高等教育的经济学分析》（黑龙江人民出版社 2011 年版）；黄家庆著的《必由之路探索——广西沿海地区高等教育与经济社会耦合发展研究》（广西人民出版社 2011 年版）；崔宏伟著的《吉林省高等教育与经济协调发展研究》（吉林文史出版社 2015 年版）。

　　孟明义的著作提出，高等教育经济学是一门实验科学，是正在发展中的新兴学科；研究高等教育经济学的方法，总体来说有定性法和定量法，具体而言，包括分析法、统计法、比较法、实验法、个案法等。高等教育经济学的研究对象应是高等教育适应并促进社会和经济发展所需要的投资的数量及其合理的增长、配置和经济效益，以及与此直接相联系的其他问题。① 随后著作对具体的研究对象进行了阐述，并研究了基本理论问题、高等教育经济学的形成和发展、高等教育在经济和社会发展中的地位和作用、高等教育投资、高等教育的供求、高等教育计划的制订和实施、高等教育投资经济效益的综合考察、人才成本考核制度、高等教育人均教育投资的经济效益、高等学校教学管理的经济效益、高等学校科学研究及其管理的经济效益、高等教育结构的合理化与经济效益、高等教育的社会经济效益等问题。作为首部高等教育经济学著作，它对高等教育与社会经济的发展、高等教育内部运行中的经济问题均进行了研究，理论联系实际，具有较强的实用性，同时也对后来的著作具有启发作用。

---

① 　孟明义：《高等教育经济学》，2 页，北京，教育科学出版社，1991。

　　李同明著的《中国现代高等教育经济学》从现代经济与高等教育结合的高度，研究二者之间的关系，积极探索中国现代高等教育经济学的理论体系中极其丰富的内容，具有鲜明的跨世纪的时代特色。该书注重从教育思想与教育观念的转变与创新、办学体制与运行机制的改革与创新、人事干部管理体制的改革与创新、科技管理体制的改革与创新、招生与分配体制的改革与创新、投资体制的改革与创新，以及教学体系的改革与创新等方面进行研究，并提出了独到见解。

　　史万兵编著的《高等教育经济学》以经济学理论及教育学理论为基础，以高等教育经济领域的理论与现实问题为主线，对高等教育经济学的宏观理论、微观理论及现实问题展开研究。该书架构合理，内容新颖、充实且贴近我国高等教育经济领域的现实；系统性强，创新点突出，首次从增长经济学、发展经济学、福利经济学、信息经济学的视角探究了高等教育对经济增长的贡献、高等教育对社会发展的作用、高等教育的公平与效率以及高等教育的信息不对称等高等教育经济学的理论问题，对后人的研究具有启发意义。

　　张万朋著的《高等教育经济学》从问题分类的角度，选取了6个具有较强的内在逻辑递进关系，彼此之间又相对独立的高等教育问题，对其进行了经济学探讨和研究。这6个问题都是当前乃至今后相当长时期内，高等教育理论研究和实践改革中的焦点和难点问题。该书将规范方法与实证方法有机结合，运用了从抽象到具体的分析方法，对高等教育产业及产品问题、高等教育产权问题、高等教育经济规制问题、高等教育产业融资问题、高等学校后勤社会化改革问题、高等教育投资的技术经济分析问题进行了研究。问题式的研究逻辑，使得该书特点鲜明。

　　王培根主编的《高等教育经济学》提出："高等教育经济学在我国还是一门正在发展的年轻学科。近几年，在一批专家、学者的共同努力下，我国已出版了一批颇具特色的论著、教材，使这一学科获得了长足发展。但是，如何置身于市场经济、知识经济，融入教育国际化的社会经济发展大系统之中，并适应其未来发展的要求，对于这一学科的现状来说还远远不够。"①鉴于此，作者通过宏观与微观相结合、理论论述与实证分析相结合，对高等教育经济学的基本理论问题进行探讨，并对一些前沿问题，结合中国实际进行了讨论。

武毅英著的《高等教育经济学导论》提出，高等教育经济学是关于高等教育经济发展相互关系的科学，是一门新型的交叉学科。宏观上，它主要研究高等教育的社会经济功能、高等教育与经济发展的相互关系；微观上，它主要研究高等教育领域的投入—产出现象、经济特征和经济运行规律。它是从教育经济学中分离出来的一门相对独立的学科，形成于 20 世纪 60 年代末，20 世纪 80 年代中期被引入中国。虽然这门学科目前仍然处在探索、研究、发展、充实和完善的阶段，还没有相对完备的理论体系、学科体系和工作体系，但有着自己相对独立的研究对象和研究范畴。随着高等教育社会经济功能的日益增强以及高等教育经济学理论研究和实践发展的不断深入，我们相信高等教育经济学学科在各方面的建设也将日臻完善。该书的最大特点是以"导"的方式，先把高等教育经济学的基本理论、基本内容和基本观点进行归纳和提炼后，再以"论"的方式，将高等教育经济学的认识、理解和感悟进行展现。作者期望《高等教育经济学导论》围绕高等教育经济学学科体系的建构，从历史、逻辑与现实的相互统一中来把握其学科发展的脉络，尽可能突出其不同于一般教育经济学和其他高等教育经济学的写作特点，以形成自己的写作风格与基本框架。② 该书论述了高等教育经济学的经济理论基础，

---

① 王培根：《高等教育经济学》，"前言"1 页，北京，经济管理出版社，2004。

② 武毅英：《高等教育经济学导论》，"前言"1 页，广州，广东高等教育出版社，2008。

高等教育的社会经济功能，高等教育与经济发展、市场经济、知识经济、WTO(世界贸易组织)、第三产业、资本市场等的关系，对高等教育投资、高等教育财政、高等教育资源配置、高等教育成本、高等教育效益进行了研究，最后讨论了毕业生就业、产权理论及收入分配理论在高等教育领域的应用、高等教育投资体制改革等问题。从理论到应用，层次分明。

学者们除编写高等教育经济学学科著作外，还对高等教育的规模发展、高等教育与经济发展的关系、高等教育产业发展等问题进行了研究。

在《高等教育经济学——高等教育规模论》中，作者指出，中国经济对高等教育发展速度的制约和高等教育规模对经济的适应问题，远比发达国家复杂，因此，需要对高等教育规模进行研究。该书从宏观经济学角度、经济与高等教育的函数关系入手，在经济发展水平和经济结构对高等教育规模的制约中寻求二者相互作用的规律性，以期建立一个能够评价高等教育适度规模的综合指标体系。

关于高等教育产业发展研究，涉及高等教育产业及其产业属性、高等教育产业的性质和特征、地位和作用、国外高等教育产业概况及其对我国的启示、我国高等教育产业市场及其机制、我国高等教育产业发展面临的问题及其对策等。

已有的高等教育经济学研究中，关于区域高等教育经济学的研究涉及江苏省、长三角地区、西部地区、吉林省、黑龙江省、广西壮族自治区，研究有针对性，对江苏经济发展与高等教育的关系，长三角地区高等教育投入—产出与经济社会的关系，黑龙江高等教育发展与经济增长协调度的评价，西部地区①高等教育管理、高校人力资源、民办高等教育及高等教育投资体制与经济发展的关系进

---

① 研究涉及青海省、新疆维吾尔自治区、内蒙古自治区、陕西省、甘肃省、宁夏回族自治区、云南省、贵州省、四川省、重庆市、广西壮族自治区。

行了系统研究，成果颇丰。

除对以上 7 个学科进行简要论述外，还有高等教育哲学、高等教育社会学、高等教育政治学等分支学科的代表性著作值得研究和关注。

张楚廷著的《高等教育哲学》于 2004 年由湖南教育出版社出版，是高等教育哲学的代表性著作。该书从 10 个方面对高等教育，尤其是大学教育进行了哲学层面的深入剖析，具体包括：认识论、政治论与生命论，对口、适应与超越，自由教育、普通教育与职业教育，理论、应用与开发，社会化、产业化与学术化，行政权力、学术权力与学术自由，人文、自然与社会，大学生、教授与大学，高等教育、高等教育学与高等教育哲学，人的发展、经济发展与社会发展。

《高等教育哲学通论》于 2010 年由高等教育出版社出版。该书是张楚廷在《高等教育哲学》出版后的 6 年间，对高等教育哲学问题再思考的成果。该书对高等教育哲学发展的历史脉络进行了梳理，提出了高等教育哲学的基本命题之所在，并围绕基本命题做了一系列讨论，涉及大学的特性、大学的使命、大学的文化、大学的哲学自觉，以及大学运行中的权威主义、大学治理中的法律主义等众多问题，充分阐释了大学作为一个独立的共同体所具有的独到观念、独创理论、独特风格，以及其对大学的意义。[①]

张德祥、周润智著的《高等教育社会学》于 2002 年由高等教育出版社出版。该书是高等教育社会学的第一部专著。该书对高等教育社会学的研究对象、研究方法和研究意义进行了阐述，并论述了高等教育的社会功能、高等教育与社会分层、高等教育机会、高等教育组织的社会学分析、高等教育大众化、高等学校教学的社会学分析、高等教育中的师生交往、大学校园文化、高等教育病理、高等

---

① 张楚廷：《高等教育哲学通论》，"内容提要"，北京，高等教育出版社，2010。

教育与社区、高等教育与网络社会等问题。

朱新梅著的《知识与权力：高等教育政治学新论》于 2007 年由教育科学出版社出版。该书以大学的历史发展为线索，将大学与政府、权力与知识间的关系作为研究对象，论述了以下问题：国家治道与大学，知识生产与大学知识生产职能，无序型社会、总体性社会、治理型社会中的大学及其知识生产等。劳凯声认为"该书为我们提供了一种可资借鉴的新的研究思路，因此具有较高的学术价值"①。

高等教育学分支学科作为高等教育学学科群的组成部分，其发展状况对高等教育学的学科发展将产生大的影响。综观这一阶段高等教育学分支学科的发展，每门学科都有专门构建学科体系的著作出现，部分学科的建设问题已引起学者的重视，还有部分学科的建设相对滞后。学者们对高等教育实践活动的研究明显多于学科理论的研究，体现出当前学术研究的实践性特征。如何将学科理论研究同高等教育实践相结合，以更好地建设学科理论，构建学科体系，推动学科发展，是高等教育学学者应关注的一个重点问题。

第四节　发展阶段高等教育学学科的人才培养

一、发展阶段高等教育学学位授权点建设

我们从高等教育学博士研究生和硕士研究生学位授予单位的基本情况来看人才培养的情况。

高等教育学博士点的具体情况见表 4.5。

表 4.5　全国高等教育学博士点基本情况一览

序号	博士点授权单位	批准时间/年	序号	博士点授权单位	批准时间/年

---

① 朱新梅：《知识与权力：高等教育政治学新论》，"序"3 页，北京，教育科学出版社，2007。

1	厦门大学	1986	17	上海师范大学*	2010
2	北京大学	1990	18	陕西师范大学*	2010
3	华东师范大学	1993	19	辽宁师范大学*	2010
4	华中科技大学	1998	20	河南大学*	2010
5	南京师范大学	2000	21	四川师范大学*	2010
6	清华大学	2003	22	北京理工大学*	2010
7	湖南师范大学	2003	23	浙江师范大学*	2013
8	苏州大学	2003	24	天津大学*	2017
9	北京师范大学*	2003	25	河北大学*	2017
10	西南大学*	2003	26	福建师范大学*	2017
11	华南师范大学*	2003	27	安徽师范大学*	2017
12	华中师范大学*	2003	28	广西师范大学*	2017
13	南京大学	2006	29	广州大学*	2017
14	东北师范大学*	2006	30	江西师范大学*	2017
15	西北师范大学*	2006	31	曲阜师范大学*	2017
16	浙江大学*	2006	32	云南师范大学*	2017

注：* 表示获批教育学一级学科博士学位授予权。

截至 2018 年，我国共有高等教育学博士点 32 个（不包括有教育学一级学科博士点授权但未招收高等教育学专业的单位）。在经济较发达的东部地区有 18 个，如北京、江苏、上海等；中部地区与西部地区各 6 个，数量一样；东北地区有 2 个。

我国高等教育学博士点主要分布在东部，其中只有海南省至今没有高等教育学博士点。虽然西部地区有 6 个博士点，但是西部共计 12 个省、自治区、直辖市只有重庆、四川、陕西、甘肃、云南、广西 6 个省、自治区、直辖市有博士点；中部地区只有山西省至今没有高等教育学博士点；东北地区只有黑龙江省没有博士点，虽然哈尔滨师范大学已获批教育学一级学科博士学位授予权，但至今未招收高等教育学博士研究生。

北京是高等教育学博士点数量最多的城市，有 4 个，占总数的12.5％；其次是江苏，有 3 个博士点；上海、浙江、福建、广东、湖北各有 2 个博士点；其余的 15 个博士点平均分布在 15 个不同的省、自治区、直辖市。

从学位点所属院校的类型来看，高等教育学博士学位点主要聚集于师范院校。32 个博士点所属院校中有 19 所是师范院校，其次是11 所综合性院校，最后是 2 所工科院校。

从学位点所属院校的属性来看，高等教育学博士学位点主要集中于"双一流"高校。32 个博士点所属院校中有 10 所一流大学建设高校、9 所一流学科建设高校，其余 13 所非"双一流"高校。

从全国高等教育学博士点招生方向与导师情况一览表(见表 4.6)中我们可知，当前高等教育学专业博士研究生的主要研究方向集中在高等教育原理、高等教育管理、比较高等教育、院校改革与发展等方面。同时，部分授权高校结合自身情况，开展特色研究方向，例如，陕西师范大学和河南大学分别地处西部和中部，结合地理位置，开设区域高等教育研究(发展)，服务地方社会发展；天津大学立足自身工科优势，开展高等工程教育研究，旨在培养高等工程教育研究人才；华东师范大学和苏州大学利用自身教师教育开展时间久、成果丰富的优势，在高等教育学下开设教师教育研究方向，依托雄厚师资力量培养人才。

表 4.6　全国高等教育学博士点招生方向与导师情况一览

学校	研究方向	导师
厦门大学	高等教育理论、考试研究、高校课程与教学论、中外合作办学	刘海峰、邬大光、史秋衡、别敦荣、王洪才、张亚群、林金辉、郑若玲、覃红霞、郭建鹏
北京大学	—	未公布
北京师范大学	高等教育管理、高等教育比较	李奇、姚云、钟秉林、周海涛、周作宇
华东师范大学	高等教育原理、高等教育管理、高等教育政策、高等教育评估、教师教育研究、比较高等教育、学术政策与管理	闫光才、荀渊、韩映雄、戚业国、唐玉光
华中科技大学	高等教育原理、高等教育管理、区域高等教育和高等工程教育研究	未公布
南京师范大学	高等教育学原理、高等教育管理	胡建华、王建华
清华大学	—	史静寰、石中英、李曼丽、叶富贵、Coates Hamish Bennett、王晓阳、钟周、文雯、郭菲
湖南师范大学	高等教育管理	常思亮
苏州大学	高等教育历史与理论、比较高等教育学、高等职业技术教育学、高等教育心理学、教师教育研究	周川、曹永国、许庆豫、赵蒙成、陈羿君、张明、吴继霞、段锦云、朱永新
西南大学	—	未公布
华南师范大学	—	未公布
华中师范大学	—	王俊、欧阳光华、杨杏芳

续表

学校	研究方向	导师
南京大学	高等教育原理、院校改革与发展、中国大学史、高校学生事务与学生发展、大学课程与教学、高等教育与社会、高等教育评估	余秀兰、王运来、汪霞、张红霞
东北师范大学	—	未公布
西北师范大学	高等教育管理、大学课程与教学	王嘉毅、孙百才
浙江大学	高等教育管理、高等教育原理、比较高等教育、高等教育政策、高等教育财政、学术职业	眭依凡、顾建民、王莉华、黄亚婷、韩双淼
上海师范大学	高等教育原理、高等教育管理、职业生涯发展教育	高耀明、黄海涛、范为桥、高德毅
陕西师范大学	高等教育政策与法律、区域高等教育研究	陈鹏、祁占勇、栗洪武
辽宁师范大学	高等教育改革理论与实践问题研究、高等教育管理与政策	宫福清、潘黎
河南大学	高等教育制度与政策、区域高等教育发展	关爱和、宋伟
四川师范大学	—	未公布
北京理工大学	—	张建卫、马永霞、王战军、李林英、刘新刚
浙江师范大学	—	杨天平、鲍嵘
天津大学	比较高等教育、高等教育多样性、校企合作教育、高等工程教育	王世斌、查强、郄海霞、顾佩华
河北大学	—	郭健
福建师范大学	高等教育学	王伟宜
安徽师范大学	—	李子华、李宜江

续表

学校	研究方向	导师
广西师范大学	高等教育原理、高等教育管理	贺祖斌、高金岭、李红惠、马焕灵、陈宗波、付健
广州大学	—	未公布
江西师范大学	—	张意忠、刘小强、万文涛
曲阜师范大学	—	胡钦晓
云南师范大学	院校发展与教育管理	伊继东

注：博士点授权截至 2018 年；"—"表示未查阅到相关资料。
资料来源：整理自中国研究生招生信息网及各授权单位研究生招生网。

在高等教育学硕士点方面，进入 21 世纪后，高等教育学的硕士点数量获得了较快增长，20 世纪只有 19 所高校具备硕士点授权资格，2003 年一年就有 15 所高校获批硕士授权点，说明在 21 世纪初，随着高等教育大众化的发展，高校不断扩张，高校内各学科都获得了一定的发展，各培养单位已经认识到了高级专门人才的重要性，纷纷加快了申请硕士点的进程。据统计，截至 2018 年年底，全国共有高等教育学硕士点 100 个（不包括有教育学一级学科硕士点授权但未招收高等教育学专业的单位），这些高校根据自身师资队伍情况和高校办学条件，开设了不同的研究方向，涉及高等教育学下的 18 个分支学科，主要集中在高等教育原理、高等教育管理、比较高等教育等方向上。各硕士点具体情况见表 4.7。

表 4.7 2018 年全国高等教育学硕士点情况

序号	学校	开设时间/年	研究方向
1	厦门大学	1981	高等教育原理、院校研究、学生发展与指导
2	北京大学	1983	不区分研究方向
3	华东师范大学	1986	高等教育原理、高等教育管理与政策、高等教育评估、院校研究、教师教育研究、学生发展与就业指导、学位与研究生教育

续表

序号	学校	开设时间/年	研究方向
4	华中科技大学	1986	高等教育原理、高等教育政策与管理、高等学校发展战略与规划、比较高等教育、学生事务管理、学位与研究生教育、高等工程教育研究、区域高等教育改革与发展
5	清华大学	1990	不区分研究方向
6	北京师范大学	1991	高等教育原理、高等教育领导与管理、高校人力资源管理、高校学生事务管理、比较高等教育、高等教育社会学
7	复旦大学*	1996	现代大学管理、比较高等教育、学位与研究生教育
8	武汉大学*	1996	高等教育原理、高等教育管理、比较高等教育、学位与研究生教育、中外高教史、医学高等教育
9	湖北大学*	1996	不区分研究方向
10	上海交通大学*	1998	高等教育管理、高等工程教育
11	武汉理工大学*	1998	不区分研究方向
12	汕头大学	1998	高等教育原理、高等教育管理、教育心理学、高等工程教育
13	南京师范大学*	2000	高等教育原理、高等教育管理、大学制度研究
14	山西大学*	2000	高等教育原理、高等教育经济与管理、区域特色与大学发展战略、地方大学绩效管理与评价
15	大连理工大学*	2000	不区分研究方向
16	吉林大学	2000	高等教育理论、高等教育管理、比较高等教育、高等教育政策、院校研究
17	江西师范大学*	2000	高等教育原理、高等教育管理、教师教育
18	湖南农业大学*	2000	不区分研究方向
19	兰州大学*	2000	不区分研究方向
20	南京航空航天大学	2003	高等教育原理、高等教育管理、高校人力资源开发与培训、高等工程教育与高等职业技术教育、学位与研究生教育、教师发展研究

续表

序号	学校	开设时间/年	研究方向
21	黑龙江大学	2003	不区分研究方向
22	西北工业大学	2003	高等教育管理、高校学生事务管理
23	华中师范大学*	2003	不区分研究方向
24	华南师范大学*	2003	高等教育管理、现代高等教育发展理论、国际高等教育
25	西南大学*	2003	不区分研究方向
26	华东理工大学	2003	院校研究、高等工程教育、高等教育管理、大学教育教学
27	苏州大学*	2003	可持续发展与高等教育、高等工程教育、高等教育管理与现代大学管理、院校研究与发展战略、比较高等教育、质量保障与评价
28	淮北师范大学	2003	不区分研究方向
29	曲阜师范大学*	2003	不区分研究方向
30	中国地质大学*	2003	不区分研究方向
31	广西师范大学*	2003	不区分研究方向
32	重庆大学	2003	不区分研究方向
33	云南大学*	2003	高等教育管理、高等教育评估、区域高等教育、民族高等教育
34	云南师范大学*	2003	区域高等教育、教师教育、大学生教育与管理、民族高等教育
35	中国人民大学*	2006	不区分研究方向
36	北京航空航天大学*	2006	不区分研究方向
37	首都师范大学*	2006	外国高等教育研究、高等教育管理
38	湖南大学*	2006	不区分研究方向
39	南宁师范大学*	2006	高等教育管理、高等教育基本理论、比较高等教育学

续表

序号	学校	开设时间/年	研究方向
40	天津职业技术师范大学	2006	高等职业教育、教师教育、外国高等教育
41	三峡大学*	2006	不区分研究方向
42	武汉工程大学	2006	地方高校管理、区域教育发展战略与规划、教育统计与评价、大学德育工程
43	深圳大学*	2006	不区分研究方向
44	西华师范大学*	2006	高等教育原理、高等教育管理、院校研究、大学生心理
45	西安理工大学	2006	高等教育原理、高等教育管理
46	石河子大学*	2006	不区分研究方向
47	长江大学*	2006	高等教育基本理论、高等教育管理、学生事务管理、教师教育
48	河北大学*	2006	高等教育理论、高等教育管理、学位与研究生教育
49	辽宁师范大学*	2006	不区分研究方向
50	沈阳师范大学*	2006	高等教育基本理论、高等教育管理、国际高等教育比较、院校研究、教师教育
51	上海师范大学*	2006	高等教育原理、比较高等教育、高等教育管理、大学生职业生涯发展教育
52	南京大学*	2006	高等教育原理、高等教育管理、高等教育与社会、院校发展与评估
53	浙江大学*	2006	高等教育原理、院校研究与发展战略、比较高等教育、研究生教育
54	浙江师范大学*	2006	不区分研究方向
55	福建师范大学*	2006	高等教育改革与考试评价改革研究、高等职业技术教育改革与发展研究、高等教育基本理论研究
56	山东师范大学*	2006	高等教育原理、高等教育管理
57	河南大学*	2006	不区分研究方向

续表

序号	学校	开设时间/年	研究方向
58	湖南师范大学*	2006	高等教育原理、高等教育管理、比较高等教育
59	四川师范大学*	2006	不区分研究方向
60	陕西师范大学*	2006	高等教育原理、高等教育管理
61	河北科技大学*	2006	不区分研究方向
62	北华大学*	2006	高等教育原理、高等教育管理、大学生心理学
63	西北师范大学*	2006	高等教育管理、大学课程与教学论、大学教师发展与研究生教育
64	哈尔滨理工大学	2006	不区分研究方向
65	安徽大学	2006	不区分研究方向
66	安徽师范大学*	2006	不区分研究方向
67	南昌大学*	2006	高等教育管理研究、高校招生考试研究、地方高等教育研究、成人高等教育研究
68	东北石油大学*	2010	不区分研究方向
69	哈尔滨师范大学*	2010	高等教育原理、高等教育管理
70	南京邮电大学*	2010	高等教育管理、院校发展、大学生心理教育
71	南通大学*	2010	不区分研究方向
72	江苏师范大学*	2010	不区分研究方向
73	浙江工业大学*	2010	包括高等教育原理、现代大学治理与制度框架、高校学生事务管理
74	杭州师范大学*	2010	大学课程与教学、比较高等教育、高等教育管理
75	江西农业大学*	2010	不区分研究方向
76	赣南师范大学*	2010	不区分研究方向
77	河南师范大学*	2010	不区分研究方向
78	中南民族大学*	2010	高等教育原理、高等教育管理、院校发展研究
79	信阳师范学院*	2010	高等教育学原理、高等教育管理学

序号	学校	开设时间/年	研究方向
80	中央民族大学*	2010	不区分研究方向
81	天津大学*	2010	不区分研究方向
82	河北师范大学*	2010	高等教育学原理、比较高等教育、高等教育史
83	山西师范大学*	2010	不区分研究方向
84	湖南科技大学*	2010	不区分研究方向
85	重庆师范大学*	2010	不区分研究方向
86	贵州师范大学*	2010	高等教育政策与法规、高等教育管理、高等职业教育理论与实践
87	西藏大学*	2010	民族地区高等教育问题研究
88	西安外国语大学*	2010	高等教育政策与管理、院校研究
89	青海师范大学*	2010	不区分研究方向
90	青岛大学*	2010	不区分研究方向
91	广州大学*	2010	高等教育原理、高等教育管理
92	扬州大学*	2010	高等教育原理、高等教育管理、比较高等教育、高等职业教育
93	江西科技师范大学*	2010	高等教育管理、大学生心理学、教师教育研究
94	宁波大学*	2010	高等教育管理、区域高等教育发展、比较高等教育和高等教育史
95	海南师范大学*	2010	高等教育基本理论研究、高等教育国际比较研究、高等教育管理研究
96	内蒙古师范大学*	2010	高等教育原理、高等教育政策与管理、民族地区高等院校改革与发展
97	渤海大学*	2010	高等教育治理、院校研究、高等教育理论研究
98	吉林师范大学*	2010	高等教育基本理论、高等教育管理、高校德育与学生事务

续表

序号	学校	开设时间/年	研究方向
99	郑州大学*	2017	不区分研究方向
100	温州大学*	2017	高等教育政策与管理、创新创业教育、高等教育国际化

注：* 表示获批教育学一级学科硕士学位授予权。

资料来源：根据相关大学研究生院（处）及高等教育研究机构网页提供的数据整理。

从硕士点分布来看，经济较发达的东部地区有 42 个，中部地区有 27 个，西部地区有 20 个，东北地区有 11 个。高等教育学硕士点接近 50％分布在东部。目前只有宁夏没有高等教育学硕士点。

江苏和湖北是高等教育学硕士点数量最多的省份，各有 9 个；其次是北京，有 8 个硕士点；浙江、上海、江西各有 5 个硕士点；海南、贵州、青海、西藏、新疆、内蒙古各有 1 个硕士点。

东部地区除海南有 1 个硕士点、天津有 2 个外，其余 8 个省、直辖市每个至少有 3 个硕士点。中部地区，山西硕士点最少，只有 2 个。西部地区 12 个省、直辖市、自治区中，有一半只有 1 个或没有硕士点。东北地区分布均匀，每省最少有 3 个硕士点。

从硕士点所属院校的类型来看，其主要聚集在师范院校，但与综合院校的数量相差也不太多。100 个硕士点所属院校中有 40 所是师范院校，38 所是综合院校，17 所是理工类院校，5 所是农业、民族、外语类院校。

从硕士点所属院校的属性来看，与博士点分布不同的是，高等教育学硕士点的分布主要集中于非"双一流"高校，占总数的 60％。因非"双一流"高校比重大，所以这个特征符合高校分布趋势。这也从一个方面说明，高等教育学博士点主要集中在高水平大学，以在更高层次上为高等教育服务；高等教育学硕士点主要集中在普通高校，由高水平大学作为引领，旨在培养为各地区、各高校服务的专门人才。分布状况体现了高等教育学学位点"广博"与"精深"的结合。

东部地区高等教育学硕士点数量明显多于中西部地区，体现了学位点的地域布局存在严重不均衡。这种不均衡性对高等教育学学科自身的发展和全国高等教育的和谐发展产生了一些不利影响。

就学位点设置而言，招生规模扩张过快，导致部分学校高等教育学学科研究生培养质量难以保证。2016年，中南大学撤销了教育学一级硕士学位点；2017年，北京科技大学、大连大学、西北大学撤销了高等教育学二级硕士学位点，西安电子科技大学撤销了教育学一级硕士学位点；2018年，中国石油大学、南京理工大学撤销了高等教育学二级硕士学位点，南开大学、中国矿业大学、中山大学、华南理工大学、西安交通大学撤销了教育学一级硕士学位点。这些学校学位点的撤销在一定程度上能够说明问题。

针对学位点的建设，有研究者对其存在的问题进行了分析，并提出了未来建设的建议，以推动学位点的改革与发展。有研究者分析了不少高校在学位点建设中存在的多自发欠规划、重申报缓建设、重增设轻需求等问题，认为学科建设应当遵循其内在的需求和规律，注重学科交融，产生大量前沿性、跨学科的增长点来推动学位点的发展。[1] 有研究者提出了完善学位授予审核制度的6项建议，主要包括：科学放权与有序监督相结合，统筹布局学科点和培养单位，学位授权审核与质量保障监督机制相结合，学科工作实行一体化动态管理，优化调整学科结构和人才培养类型，引导学位授予单位合理定位和特色发展等。[2]

---

[1]　陈景春：《学科交融：高校学位点建设中新的增长点》，载《常州大学学报(社会科学版)》，2014(6)。

[2]　胡莹：《关于我国研究生学位授权审核制度的再思考》，载《研究生教育研究》，2015(1)。

除上述高等教育学学位点培养高等教育学人才外，还有其他学科也在研究高等教育的理论问题，如公共管理、管理科学与工程、应用经济学、科学技术史等多个学科。不论是人文学科还是社会科学，都在培养高等教育领域的人才，这些人才都将为高等教育学的发展做出贡献。

二、发展阶段高等教育学研究生培养

(一)高等教育学研究生培养的主要进展

1. 培养了一批从事高等教育活动的人才

这里的高等教育活动既指理论研究活动，也指实践活动。随着高等教育改革的深入，国家和社会层面急需从事高等教育理论研究的人才。高等教育实践发生了深刻变化，高等教育事业的发展急需能适应变化、从事高等教育实践的人才。高等教育学研究生的培养，为高等教育活动输送了大量人才。

培养单位依据培养方案设置课程，组织教学，开展学术训练，全方位培养高等教育学研究生，不仅包括学科知识的习得，还包括思维的训练、道德修养的提升、写作水平的提高、人际交往能力的增强等。高等教育学研究生经过学习、研究和培养，已具备研究人员的基本素养，在毕业后能够尽快开展学术研究，成为高等教育学研究队伍的一员，增强了高等教育学的研究力量。部分研究生经过实习训练参与到高等教育实践中，提升了自己的实践能力，毕业后从事高等教育实践活动，同样为高等教育事业的发展做出了贡献。

2. 培养的研究生产出了一批研究成果

论文写作训练是高等教育学研究生的必修课，发表论文是高等教育学研究生在校学习的目标之一。大批高等教育学研究生在接受学术训练后，产出了一批学术成果。这些研究成果在推动高等教育的理论研究中体现出价值，并对高等教育学学科的建设产生了积极影响。统计每年的高等教育学学术刊物可知，每年的发文作者中，研究生都占一定比例，甚至有不少优秀研究生在高级别刊物上独著或合作发表文章，提出自己的观点。这既说明研究生的研究成果被肯定，也说明培养单位的培养工作受到了肯定。

高质量研究成果除发表的期刊论文外，还包括学位论文。学位论文是高等教育学研究生多年学术研究成果的集中展示。高等教育学研究生的学位论文选题已覆盖到高等教育学各方面。每年都有一批优秀学位论文产生，这些论文有助于丰富高等教育领域的理论，并指导高等教育实践。

3. 各培养单位形成了共性与个性相统一的培养模式

人才培养工作必须根据各单位实际情况进行，尤其是在培养目标的设定和培养方案的制订上。我们以北京大学和北京师范大学为例，管窥高等教育学人才培养的特色与成就。

北京大学教育学院在高等教育学学科研究生培养方面形成了自己的特色。一是研究生教育的国际特色。与国内多数高等教育研究所相比，北京大学教育学院与国外高等教育研究机构的交流更多，而且该院的教师来源比较广泛，有的来自斯坦福大学、哈佛大学、康奈尔大学等国外著名大学，几乎所有教师都有在国外学习的经历。因此，该院研究生教育具有一定的国际特色，尤其重视国外有关理论和方法的利用与引进。二是在课程建设和研究生培养方面，提出研究生应具备的 6 种意识：学理意识、方法意识、问题意识、政策意识、历史意识和国际意识。

高等教育学专业硕士研究生课程及学分要求如下。

(1)学校公共必修课程(5 学分)

①马克思主义社会科学方法论/自然辩证法(二选一)(1 学分)。

②中国特色社会主义理论(2 学分)。

③第一外国语(2 学分)。

（2）学院必修课程（6 学分）

①教育导论（4 学分）。

②教育研究过程与方法（2 学分）。

（3）专业必修课程（8 学分）

①高等教育原理（2 学分）。

②高等教育史（2 学分）。

③比较高等教育（2 学分）。

④教育社会学（2 学分）。

（4）专业限选课程（14 学分）

从以下专业限选课程、教育与人类发展系教师及本系特请兼职教师开设但本培养计划未列举的研究生课程中选择。

①教育哲学（2 学分）。

②教育哲学专题研究（2 学分）。

③教育哲学本土化研究（2 学分）。

④教育中的知识：社会与历史的视角（2 学分）。

⑤大学与知识：科学社会学的视角（2 学分）。

⑥中国近代高等教育（1 学分）。

⑦现代大学的观念与制度：历史与社会学的视角（2 学分）。

⑧课程论与教学论（2 学分）。

⑨国际高等教育治理（2 学分）。

⑩经济全球化与高等教育（2 学分）。

⑪质的研究设计与资料分析（2 学分）。

⑫教育研究论文写作与学术规范（1 学分）。

⑬高等教育与高深知识（博士生课程）（2 学分）。

⑭国际高等教育研究（博士生课程）（2 学分）。

⑮教育学原理博士生读书课（博士生课程）（2 学分）。

⑯教师教育与课程教学专题研讨（博士生课程）（2 学分）。

⑰教师的反思性实践(英文，博士生课程)(2 学分)。

⑱教师发展的社会文化探究(英文，博士生课程)(2 学分)。

(5) 任选课程(5 学分)

可以从教育与人类发展系教师或本系特请兼职教师开设的专业限选课程中选修，也可以从院内其他专业、校内其他院系开设的研究生课程中选修。确定导师后，修习任选课程须与导师协商，征求导师的意见。①

从以上课程设置可看出，北京大学教育学院旨在培养广博与精深相结合的专业人才，课程设置与个人研究兴趣密切结合。

三是在制度建设方面，形成了规范、具有可操作性而又体现个性化培养的特点，对修业年限、提前毕业、硕博连读等均有明确规定。北京师范大学的高等教育学主要研究方向包括高等教育学基本理论、高校治理与评估、高校学生事务管理、高校教师管理等。高等教育学硕士和博士研究生课程见表 4.8 和表 4.9。

表 4.8 北京师范大学高等教育学硕士研究生课程

课程类别	层次	课程中文名称	课程英文名称	学分	学时	开课学期
学位专业课	硕士	高等教育财政	Higher Education Finance	2	36	春季
	硕士	高等教育原理	Higher Educational Philosophy and Theory	2	36	秋季
	硕士	高等教育管理	Higher Education Management	2	36	秋季
	硕士	高等教育专题研究	Higher Education Monographic Study	2	36	秋季
	硕士	比较高等教育	Comparative Higher Education	2	36	秋季
	硕士	高等教育社会学	Sociology of Higher Education	2	36	秋季

---

① 北京大学教育学院：《北京大学教育学院 2016 级硕士研究生培养计划》，http：///www.gse.pku.edu.cn/jyjx/pyfa/ssyjspyfa/33289.htm，2019-09-18。

续表

课程类别	层次	课程中文名称	课程英文名称	学分	学时	开课学期
专业方向课	硕士	高等教育经济学	Economics of Higher Education	2	36	春季
	硕士	学术规范与学位论文写作	Academic Norms and Degree Thesis Writing	2	36	春季
	硕士	学生事务管理	Student Affairs Administration in Higher Education	2	36	秋季
	硕士	高校组织与制度	University Organization and System	2	36	秋季
	硕士	高等教育与现代化	Higher Education and Modernity	2	36	春季

资料来源：《北京师范大学教育学一级学科研究生培养方案》，见北京师范大学教育学部官网。

表 4.9 北京师范大学高等教育学博士研究生课程

课程类别	层次	课程中文名称	课程英文名称	学分	学时	开课学期
学位专业课	博士	高教政策与管理学术研究前沿	Frontier of Academic Studies on Higher Education Policy and Administration	2	36	秋季
专业方向课	博士	高等教育政策与法律问题	Legal and Policy Issues in Higher Education	2	36	春季
	博士	高等教育改革与发展前沿研究	Frontier of the Reform and Development on Higher Education	2	36	春季
	博士	人文社科方法论	Methodology of Humanities and Social Science	2	36	春季
	博士	院校领导与治理	Colleges Leadership and Governance	2	36	秋季

资料来源：《北京师范大学教育学一级学科研究生培养方案》，见北京师范大学教育学部官网。

从以上课程安排可看出，北京师范大学的硕士、博士研究生的课程均与高等教育实践有着紧密的联系，旨在培养研究生通过课程学习参与高等教育实践的能力。同时，博士研究生的课程从难度、深度均在硕士研究生课程之上，体现出很好的培养层次性。

4. 举行研究生教育研讨会，促进经验交流

如何培养高等教育学研究生，是所有学位点单位都要思考的大问题。基于这样一个共同问题，各培养单位积极展开了交流活动，相互借鉴，相互协助，为实现人才培养这一个共同目标而努力。

1992 年 4 月 18 日至 20 日，由厦门大学高等教育科学研究所倡议召开的高等教育学学科研究生培养工作研讨会在北京大学高等教育科学研究所举行。会议交流了各校培养本学科专业研究生的情况和经验，讨论了研究生培养工作中若干共同关心的重要问题。大家一致认为，必须重视本学科研究生培养工作中的以下问题并加以改进：第一，在研究生培养工作中，必须把坚定正确的政治方向放在第一位，要继续加强思想政治教育工作；第二，专业培养目标的口径宽一些为好；第三，专业方向或研究方向应有一定的宽度；第四，学位课程是专业的主干课程，一般需有 4 门或稍多；第五，应特别重视实际能力的培养，同时进一步加强基础理论的功底；第六，要重视社会实践环节；第七，加强协作与交流。①

1996 年 11 月 28 日，第二届全国高等教育学学科研究生培养工作研讨会在厦门大学召开。会议的任务是"交流经验、探讨问题、相互了解、加强合作"②，以使高等教育学学科的研究生培养工作进一步发展。学者们针对高等教育学学科的定位、研究生外语能力要求、培养目标、课程设置、培养方式、教育模式、课题研究、交流合作、课程教材建设等问题进行了交流讨论。

---

① 《高等教育学学科研究生培养工作研讨会纪要》，载《高等教育研究》，1992(3)。

② 赵婷婷：《第二届全国高等教育学学科研究生工作研讨会纪要》，载《上海高教研究》，1997(3)。

　　2002 年 5 月 23 日至 24 日，全国高等教育研究机构协作组组织的全国高等教育学学科硕士、博士学位授予点研讨会在湖北鄂州召开。会议的主题是交流、研讨高等教育学学科的发展和硕士、博士研究生培养工作。会议还讨论了《关于进一步加强高等教育研究机构建设的意见（讨论稿）》。^① 在关于研究生培养的讨论中，与会学者就研究生培养的问题和举措、学位点建设问题进行了交流。

　　2003 年 11 月 22 日至 23 日，由中国高等教育学会、国务院学位委员会高等教育学学科评议组主办，河海大学承办的全国高等教育学研究生培养工作学术研讨会在南京召开。国务院学位办处长孙也刚在会上讲话，中国高等教育学会副秘书长谢桂华做了题为"研究生教育的发展与研究生的培养"的发言，厦门大学、清华大学、华东师范大学、华中科技大学及河海大学的代表就本校研究生培养工作中已取得的经验做了大会交流，北京大学教授陈学飞做了题为"美英德法博士培养模式发展趋势的探讨"及"北大教育学院研究生培养概况及未来设想"的主题报告。^②

　　2006 年 6 月 23 日至 24 日，中国高等教育学会高等教育学专业委员会组织的全国高等教育学硕士点学科建设专题研讨会在浙江师范大学召开。2006 年 12 月 23 日至 24 日，全国高等教育学博士点学科建设专题研讨会在北京师范大学珠海分校召开。与会代表围绕高等教育学博士点和硕士点学科建设与发展的主题，介绍了各自的研究生培养经验，深入分析了研究生培养中存在的问题，并提出了相应的对策和改革建议。概括两次专题研讨会上各博士点和硕士点代表的经验介绍和问题研讨可知，高等教育学专业研究生培养工作的

---

　　① 　张笛梅：《全国高等教育学学科硕士、博士学位授予点研讨会纪要》，载《中国高教研究》，2002(7)。

　　② 　《全国高等教育学研究生培养工作学术研讨会在南京召开》，载《中国高教研究》，2004(1)。

健康有序发展，主要涉及培养目标的定位、师资队伍的建设、课程建设的创新、培养制度的完善、学术环境的营造五个方面。①

此后，各高校间展开了频繁的交流考察，就研究生培养问题相互沟通。不同单位的学者相互合作，展开研究，取得了不错的效果。

2016年8月28日至29日，中国高等教育学会高等教育学学科建设座谈会在厦门大学召开。中国高等教育学会会长瞿振元、厦门大学教授潘懋元出席座谈会并做主旨发言。瞿振元指出，当前高等教育学学科建设任务仍十分紧迫，对于高等教育学的学科建设，要按照时代要求做出新的理解和新的努力，甚至提出新的规范和标准。他希望在已取得的成就上，在新时期，实现高等教育学学科建设的新发展。潘懋元认为，高等教育学是一门复杂学科，理论基础众多，关系到社会的方方面面，对国家未来的发展有着重要作用。重视高等教育学学科建设是新时期的应有之义。② 与会代表围绕高等教育学学科建设和人才培养问题进行了深入交流。

2018年12月15日至16日，由厦门大学教育研究院与华中科技大学教育科学研究院联合主办的首届全国高校高等教育学研究生学术论坛在厦门大学举行。论坛主题为"高等教育学学科建设与人才培养模式变革"，参会学生代表围绕"学科建设基本理论与高等教育学学科建设""人才培养模式变革与高等教育内涵式发展""国际人才培养模式改革的经验解读与反思借鉴"等进行了充分而热烈的交流。

研究生教育相关会议的召开，为进一步规范高等教育学专业研究生培养、提升教育质量做出了积极贡献。

(二)高等教育学研究生培养存在的主要问题

近年来高等教育学研究生教育取得了巨大成就，但存在的问题

---

① 高耀明：《高等教育学专业研究生培养的问题与对策——2006年全国高等教育学博士点和硕士点学科建设研讨会综述》，载《大学(研究与评价)》，2007(4)。
② 《中国高等教育学会"高等教育学学科建设座谈会"在厦门大学召开》，载《中国高教研究》，2016(10)。

也比较突出。

1. 高等教育学的招生问题

高等教育学招生方面存在的问题主要体现在高等教育学的盲目扩招导致导师数量相对不足，培养单位压力大。

随着高等教育大众化进程的加快，高校普遍进行了扩招。一味地扩招，导致学生数量不断增多，而导师的数量增加达不到需求，一名导师往往同时指导多名学生。一旦导师不能兼顾，学生培养质量就可能出现下滑趋势，将达不到预期培养目标，对学生的发展和导师都产生消极影响。随着研究生的增多，培养单位的管理成本将加大，如果没有足够的管理经费来维持基本的研究生教育培养，将使培养单位增添可见的压力。

2. 高等教育学研究生的科研实践问题

高等教育学研究生培养方面存在的问题主要体现在科研不足。高等教育学并非坐而论道的学问，需要通过高等教育实践来获取学科知识，进而生成理论。现有的高等教育学培养，科研主要体现在写论文、发表论文。但这只是科研的一个方面，科研实践同样应该受到重视。论文的写作需要有实践的基础，在发现问题、解决问题的过程中，形成自己对问题的看法，从而表述观点和写作论文，而非想到一个问题，依靠经验和现有理论去论证。这是不科学的。由于大部分高校只将高等教育学作为一个存在的专业，将高等教育学研究生作为一般研究生对待，所以很少出现高校统一组织高等教育学研究生在高校层面进行科研实践、实习的局面。高校是高等教育活动的载体，高等教育学研究生最为直接的科研实践就是进入高校系统展开研究，去发现问题。高校应把高等教育学专业研究生纳入研究者的行列，这不仅有助于提高高等教育学研究生的科研质量，而且有助于改善人才培养效果。

3. 高等教育学研究生的就业问题

现阶段，高等教育学研究生面临的一个尴尬境地是大部分研究生无法在高等教育系统就业。随着高校的扩招，高等教育学研究生数量逐年递增，毕业生数量也逐年递增，但是高等教育系统提供的就业岗位数量增长远低于毕业生人数增长，造成岗位供不应求的局面。高等教育系统对人才的高要求和数量限制与毕业生培养质量参差不齐和数量庞大之间构成了一组矛盾。这组矛盾的有效解决，需要多方面共同应对。

(三)高等教育学研究生培养的改进举措

在1996年11月召开的第二届全国高等教育学学科研究生培养工作会议上，如何提高研究生培养质量已成为重要议题。代表们针对今后的高等教育人才培养，指出：

第一，进一步加强学位与研究生教育的理论研究。今后，既要加强宏观方面的研究，如在研究生教育发展规模、速度、结构、科类、管理体制等方面进行研究，又要重视微观方面的研究，如在培养目标、质量标准、培养模式、课程设置等方面开展研究，使高教学科研究生培养在理论上再上一个台阶。

第二，进一步加强学位与研究生教育培养工作的实践。专职研究人员应与学校(院)管理人员结合起来，共同研究培养方案，以利于理论联系实际，促进高教改革与发展。根据新的专业目录，在培养目标、课程设置、教师提高等方面要采取相应措施以利发展。

第三，加强师资队伍建设。应发挥现在这支队伍的研究优势，组织和实施有关的项目。建议国务院学位办精选20～30个有重要理论和现实意义的课题，拨出相应的研究经费，作为高等教育学学科博士、硕士点科研基金，并给予指导、帮助、支持和协调。

第四，实行高教资源共享。各学科点应进一步加强交流与合作，如资料信息共享、相互兼职、合作培养研究生、合作研究等，发挥资源的综合效益。

第五，加强本专业课程主要参考书的建设。联合各学科点的力量，组织人力编写高水平的教材、专著，翻译国外有关的高教专著，并希望国务院学位办给予支持。

第六，加强评估。对研究生培养进行必要的评估工作，以利改进研究生工作，提高质量，促进学科建设。

第七，稳妥改革。在研究生培养方面，好的经验要付诸实施，同时要继续探索提高研究生教育质量的新思路、新经验、新模式，不断改进和完善培养方案。①

这些措施直到今天，对我们培养高等教育学研究生仍有启发意义。做好高等教育学的研究生培养工作，需要我们不断思考并付出努力。

有研究者认为，提升高等教育学硕士研究生培养质量，应扩大校际免试生比例，鼓励有学科专业基础的优秀本科生报考；依据培养目标，课程设置要兼顾合理性与灵活性；多模式引进高层次人才，加强导师队伍建设；严格开题程序与学位论文评审制度，实行淘汰制。②

有研究者指出，要把好研究生入口关；加大研究生导师队伍建设力度；积极推进产学研合作培养模式；改变教学方法，积极开展丰富多彩的学术研讨活动；逐步完善研究生学位论文授予评估机制与质量保障体系。③

---

① 薛天祥：《努力提高高等教育学学科研究生培养质量》，载《高等教育研究》，1997(2)。引用时有改动。

② 孙冬梅、孙蕊林：《全面提升高等教育学硕士研究生培养质量的思考》，载《高等理科教育》，2009(1)。

③ 王德广、余红梅：《省属综合性大学高等教育学硕士研究生培养现状与对策》，载《黑龙江高教研究》，2009(7)。

有研究者认为，未来高等教育学硕士生教育应该采取"双轨运行"的发展路径，即明确区分学术型和应用型两类模式，"两条腿走路"。学术型作为高等教育博士生的"预备教育"，主要由具有高等教育博士点的高教所承担；应用型以培养高校管理人才为目标，招生主要针对具备 2 年或 3 年以上高校工作经验的管理干部，理论学习和应用实践并重。①

第五节　发展阶段高等教育学面临的主要问题

一、高等教育是学科还是研究领域

对于高等教育是学科还是研究领域的问题，主要有三种观点。

第一种是"学科论"，认为高等教育是一门学科。例如，"高等教育学学科是一门发展迅速并正在走向成熟的新学科"②。学科评判标准有成立标准和成熟标准之分，"高等教育学符合一门学科的成立条件，但还没有达到学科的成熟标准"③。

第二种是"领域论"。"高等教育只是一个研究领域。"④

第三种是"学科与研究领域共存论"。高等教育学"既是一个研究领域，也是一门正在走向成熟的学科"⑤。"在中国，高等教育学既是自成体系的学科，同时也是高度开放的研究领域。""即使西方永远不出现'高等教育学'的提法，中国的'高等教育学'也可以理直气壮

---

① 李均：《当前高等教育学硕士研究生教育的三大困境》，载《江苏高教》，2011(1)。

② 薛天祥：《高等教育理论创新的四种主要形态》，载《江苏高教》，2004(6)。

③ 刘小强：《学科建设：元视角的考察——关于高等教育学学科建设的反思》，24 页，广州，广东高等教育出版社，2011。

④ 赵炬明：《学科、课程、学位：美国关于高等教育专业研究生培养的争论及其启示》，载《高等教育研究》，2002(4)。

⑤ 潘懋元：《关于高等教育学学科建设的若干问题——在全国高等教育学学科建设研讨会上的报告》，见黄宇智：《潘懋元高等教育学文集》，117 页，汕头，汕头大学出版社，1997。

地称之为学科。"①"研究领域与学科是对同一事物的两种描述、两个部分、两种选择。""二者之间不仅存有一种线性的'进化论'关系，更多情况下还是一种共时、共生的关系，是可以和平共处的两种状态，是不同国家、不同学科专业制度下对同一种研究的两种不同选择。"②

针对高等教育是学科还是研究领域的问题，2011 年，以《北京大学教育评论》和《大学（学术版）》为阵地，数十名学者对此问题进行了讨论。学者们的文章有国外的视角，也有国内的观点；有"学科论"者，也有"领域论"者；有"综合论"者，也有"超越论"者。这些观点对我们理解高等教育研究均有贡献。

"领域论"者中，德国学者乌利希·泰希勒认为："在欧洲，高等教育一般不是被看作一门学科或一个子学科，而是被看作一个融入了多学科的专题领域，尤其是教育学、心理学、社会学、政治学、经济学和商学、法律和历史等学科，均为研究高等教育做出了贡献。"③美国学者莱斯特·古德柴尔德认为："高等教育作为一个研究领域的发展及其博士项目在一个多世纪中的增长形成了这个应用型的多学科领域的知识基础。"④可见在欧美，高等教育多被认为是一个研究领域。

"学科论"者中，有研究者认为："'学科还是领域'的提法值得商榷，因为它将'学科'与'领域'割裂甚至对立起来。其实，二者是相互关联、密切关联的。""重提'高等教育研究：学科还是领域'的初衷，更多地是为了推进学科建设，提高研究水准。"⑤

---

① 刘海峰：《高等教育学：在学科与领域之间》，载《高等教育研究》，2009(11)。

② 王建华：《领域、学科之争与高等教育概念体系的建构》，载《现代大学教育》，2006(2)。

③ ［德］乌利希·泰希勒：《欧洲高等教育研究与高等教育政策及实践的关系》，包艳华译，载《北京大学教育评论》，2011(4)。

④ ［美］莱斯特·古德柴尔德：《在美国作为一个研究领域的高等教育：历史、学位项目与知识基础》，载《北京大学教育评论》，2011(4)。

⑤ 龚放：《追问研究本意　纾解"学科情结"》，载《北京大学教育评论》，2011(4)。

有研究者指出，超越"学科论"和"研究领域论"之争，建设作为现代学科的高等教育学，是我国高等教育学发展的方向。①

有研究者认为："高等教育研究需要学科化，学科化的价值和意义在于以此为志业者提供一个安身立命之所，因此，学科化诉求毋宁说是基于现实境遇而不得不为之的一种话语策略。"②

有研究者认为："高等教育研究依旧是一个'制度化'的研究领域，而不是一门'学科'。""'领域'和'学科'并无高低之分，只是在知识的'分化'和'整合'的进程中，各自在不同的层面上建构相应的范式。""高等教育研究未来学科化努力的方向主要是'观念层面上的范式'建构"，表明了高等教育的未来依然呈现学科化状态。③

有研究者认为，"学科"与"领域"之间的矛盾完全是可以调和的，高等教育可以成为一门学科。④

有研究者认为，学科仍然是人类认识的重要工具，坚持学科取向是我国高等教育研究的理性、现实选择。⑤

还有一些研究者认为高等教育学应是一门学科，应加强高等教育学的学科建设，使之不断成熟。⑥

"学科与研究领域共存论"者中，有研究者认为，我国的高等教

---

①　张应强：《超越"学科论"和"研究领域论"之争——对我国高等教育学学科建设方向的思考》，载《北京大学教育评论》，2011(4)。

②　阎光才：《高等教育研究的学科化：知识建构还是话语策略?》，载《北京大学教育评论》，2011(4)。

③　袁本涛：《在学科与领域之间——制度化的高等教育研究》，载《北京大学教育评论》，2011(4)。

④　郭雷振：《学科标准视域中的"高等教育"学科属性探析》，载《北京大学教育评论》，2011(4)。

⑤　刘小强：《学科还是领域：一个似是而非的争论——从学科评判标准看高等教育学的学科合法性》，载《北京大学教育评论》，2011(4)。

⑥　罗丹：《从元视角看高等教育学学科建设》，载《大学(学术版)》，2011(11)；郑宏：《以学科掘进意识深化高等教育学研究》，载《大学(学术版)》，2011(11)；孙凯：《高等教育学学科属性刍议》，载《大学(学术版)》，2011(9)；张征：《高等教育学：学科还是领域》，载《江苏高教》，2010(5)。

育研究是以本质主义思维方式作为指导思想的，并以建设学科理论体系和建立精确、可操作的研究结论作为自己的价值追求。我国高等教育研究将在本质主义与非本质主义之间寻求平衡并获得突破，这将促进中国高等教育研究更趋成熟。[①]

有研究者认为，范式既是方法论，又是世界观。从一定意义上讲，高等教育研究是学科还是领域的争论可认为是高等教育研究的学科范式与领域范式的争论。事实上，两种范式都具有合理性，可以共存。反思学科范式下的高等教育研究，应充分确认它是一门正在走向成熟的学科。[②] 还有一些研究者认为高等教育学既是一门学科又是一个研究领域。[③]

综上所述，关于这一问题，学界观点各异。学者们的争论并非为争论而争论，而是为了夯实高等教育学的理论根基，推动高等教育学的学科建设。对这一问题的讨论还将持续下去。

二、高等教育学的学科独立性

在学科创建初期，潘懋元从"教育内外部关系规律学说"和"高等教育特点论"两个方面论述了高等教育的独特性，构建了高等教育学的学科体系，从高等教育实际谈到了高等教育学学科建立的必要性问题。自那时起，高等教育学便作为一门独立学科而建设发展。

有学者指出："高等教育学作为一门独立学科确定下来，正像社会科学园地中其他许多学科的产生一样，即便我们还没有来得及清楚地理解这一学科研究对象特殊性的含义，作为学科，它却已经存

---

① 王洪才：《高等教育研究的两种取向：本质主义与非本质主义》，载《高等教育研究》，2012(2)。

② 方泽强：《高等教育研究的反思和展望——范式的视角》，载《中国高教研究》，2011(12)。

③ 陈兴德：《高等教育学的"学科""领域"之争——基于知识社会学视角的考察》，载《高等教育研究》，2018(9)；肖兴安、刘建辉：《既是"学科"又是"研究领域"：对当代中国高等教育学定位的再思考》，载《黑龙江高教研究》，2012(2)。

在了。"①

20 世纪 80 年代，我国学者翻译介绍了德罗塞尔和马休的《作为一个研究领域的高等教育》一书，之后，高等教育学在学理意义上能否成为一门独立学科开始引起争论。1992 年 5 月，厦门大学召开了"全国第一届比较高等教育研讨会"，美国学者阿特巴赫应邀参加，与会者对高等教育学是否一门独立学科进行了讨论。时任中央教育科学所副所长周南照提出"高等教育学是一门正在走向成熟的学科"，得到了与会大部分学者的认同。

此后，高等教育学在发展中多次出现关于其独立性问题的探讨，这对于推动高等教育学发展、完善学科自身建设是有积极意义的。

三、高等教育学的学科定位

高等教育学在创建伊始，是同普通教育学并列的。在 1983 年的学科、专业目录中，高等教育学作为二级学科，归在教育学一级学科之下。近年来，教育学的关注重点始终在基础教育领域，高等教育学的一些学者遂开始对目前高等教育学的学科定位进行研究。大部分研究主张将目前作为二级学科的高等教育学重新划分为一级学科，与教育学并列，以便高等教育学在一个更为有利的位置实现自身发展。

有研究者认为，学科不仅是一种知识理论体系，同时也是一种社会建制。我国高等教育学的学科建制发展迅速，但其学科定位问题一直没有得到很好解决。从"学科逻辑"和"社会需求逻辑"两方面分析发现，当今的高等教育学已经突破了教育学的学科框架，不是隶属于教育学的一个研究领域，而是一个独立的研究领域，因此，将高等教育学列为教育学的二级学科已不能适应高等教育学学科知

---

① 张祥云：《论高校对教育范畴的突破及其认识意义——对高等教育学研究对象特殊性的理论探讨》，载《上海高教研究》，1991(2)。

识发展的需要，高等教育学需发展成独立于教育学的一级学科。[1]

有研究者认为，历史上的高等教育学与教育学是两个不同的学科，具有不同的"道统"、不同的发展路线。现实中的高等教育学与教育学相比，在研究对象、知识体系上有不同，理论基础、研究方法也有差异，已基本具备成为一级学科的条件。创建一级学科有利于化解高等教育学的"学科危机"，推动高等教育学走向成熟，使其在未来构建现代大学制度和创建高等教育强国进程中发挥更大的作用。近年来，受建设"教育学一级学科"改革的影响，高等教育学学科出现独立地位动摇、学科建设异化及人才培养特色丧失等一系列严重问题。这些问题已经对高等教育学学科的生存和发展构成威胁。在建设"教育学一级学科"的背景下，高等教育学争取建成一级学科，是化解学科危机、推动学科持续发展的理想路径。[2]

有研究者认为，传统的"三独立"学科标准在现代科学背景下已过时。在以对象和规律为内容的新的"两要素"学科标准视域下，高等教育学的独立学科地位已确认无疑。高等教育学与教育学存在分离、并列和借鉴关系：分离关系体现为高等教育的科研活动、社会服务活动超越了教育学范畴；并列关系体现为高等教育学与教育学的理论基础大致相同，但又独具特点；借鉴关系体现为高等教育学能够应用教育学的一些知识。这种混合关系不仅意味着高等教育学不隶属于教育学，更为高等教育学作为一级学科在理论上提供了合理性证据。高等教育学新定位为一级学科建制，既有机遇，又有挑战，是一种可能的学科发展道路。[3]

有研究者认为，在目前的一级学科管理政策下，作为二级学科

---

[1]　张应强、郭卉：《论高等教育学的学科定位》，载《教育研究》，2010(1)。

[2]　李均、李鸿：《建设"教育学一级学科"背景下高等教育学学科的困境与出路》，载《大学教育科学》，2016(2)。

[3]　方泽强：《论高等教育学的学科地位和新定位——高等教育学作为一级学科之探讨》，载《西南交通大学学报(社会科学版)》，2012(6)。

的高等教育学受到了严重削弱，面临重大危机。基于学科自身的个性特点和强烈的社会需要，必须建设高等教育学一级学科。建设高等教育学一级学科是当前高等教育学发展的唯一路径，需要我们不断丰富高等教育学的学科内涵，大力加强高等教育学基本理论研究，同时要弱化高等教育学的学科边界。①

　　有研究者认为，建设高等教育学一级学科，实现高等教育学的"再学科化"，关键在于完善我国现行的学科制度。将体育学、心理学两个一级学科从教育学学科门类中分离出来，再按照不同的教育活动领域设置相应的行业性学科，就可以实现高等教育学从二级学科发展到一级学科。从我国学科制度的变革趋势、矛盾冲突以及国（境）外学科设置制度的现状来看，以这种思路实现"高等教育学"再学科化，具有合理性与可行性。②

　　有研究者认为，我国现有学科制度仍然将高等教育学视为教育学的分支学科，在这种学科设置思维框架下，高等教育学学科学术独立的空间很小，内涵很窄，逐渐地被系科化，成为教育学门下一个无足轻重的二级学科。但高等教育学是针对高等教育的，教育学则主要关注基础教育。二者虽然都属于教育类的学科，但差异明显。从学科发展现实情况出发，借鉴历史学门下撤销历史学一级学科而增设中国史、世界史与考古学三个一级学科的成功范例，教育学门下可以考虑撤销教育学一级学科，增设普通教育学和高等教育学两个一级学科。③ 将来如果（普通）教育学与高等教育学并列为一级学科，肯定不意味着高等教育不属于教育，而只是意味着高等教育学研究高等教育，教育学则研究高等教育以外的所有教育。④

---

　　①　刘小强：《关于建设高等教育学一级学科的思考》，载《高等教育研究》，2017(1)。
　　②　付八军：《学科制度改革与高等教育学学科建设——对建设高等教育学一级学科的再思考》，载《高等教育研究》，2017(1)。
　　③　王建华：《教育学：学科门类还是一级学科?》，载《复旦教育论坛》，2012(2)。
　　④　王建华：《高等教育学的三重境界》，载《江苏高教》，2012(6)。

至于学者们的观点是否可行，未来高等教育学的学科定位如何，还需要理论与实践的不断检验。

第六节　发展阶段高等教育学与高等教育问题研究

一、发展阶段高等教育课题研究

（一）高等教育课题开展概况

高等教育研究课题规划在全国教育科学规划系列中始终占有重要地位，为繁荣教育科学研究、促进教育改革实践做出了积极贡献。我们统计了 2001—2018 年的课题情况，全国教育科学规划各级各类立项课题中，涉及高等教育领域课题的达 2560 项，占所有课题的 1/3 以上。这说明高等教育课题研究在国家教育事业发展中占据着重要位置，高等教育研究成果对国家高等教育决策和高等教育研究事业的发展有重要作用和影响，高等教育课题研究的成效对高等教育理论学科化即形成高等教育学学科理论具有重要影响。

我们通过考察 2001 年以来高等教育领域的研究，发现研究主题集中在高等学校管理、高校师生、高校课程与教学、比较高等教育等方面，体现出实践性的特征。

“十五”期间，全国教育科学规划高等教育学学科组共批准立项课题 548 项。其中，国家重点课题 11 项，国家一般课题 23 项，国家青年基金课题 8 项，教育部重点课题 199 项，教育部规划课题 79 项，教育部青年专项课题 32 项，单位资助教育部规划课题 129 项，自筹经费教育部规划课题 61 项，其他部委课题 6 项。高等教育立项课题占“十五”期间全国教育科学规划立项课题总数的 15.7%，与“七五”“八五”和“九五”同期相比，分别增加 4.6、3.6 和 7.1 个百分点，高等教育科研课题立项工作取得了长足发展。“十五”期间是我国高等教育发展的关键时期，也是高等教育研究取得历史性突破的重要时期。随着 1999 年以来高校扩招政策的连续实施，我国高等教育的规模迅速扩张，出现了许多前所未有的新情况和新矛盾，高等教育研究面临着许多新问题和新任务。"十五"期间，高等教育科研课题研究成果主要集中在大众化背景下的高等教育发展战略研究、市场经济条件下高校办学体制与内部管理机制改革研究、高校人才培养模式与教学改革研究、研究生教育改革研究、高等教育基本理论问题和学科建设的局部突破等方面。[①]

根据全国教育科学规划领导小组办公室在网上公布的资料，在"十一五"期间立项的课题中，可归入高等教育研究的课题共计 649 项，其中，2006 年 76 项，2007 年 100 项，2008 年 116 项，2009 年 173 项，2010 年 184 项。这些数字反映出高等教育研究立项课题几年来在数量上的增长是明显的。随着高等教育改革发展走向纵深，高等教育系统愈加复杂，许多现实问题需要梳理本原，提出应对办法，探索理论的依据与内在规律，高等教育研究因而受到更多的重视与支持。

通过对"十一五"期间全国教育科学规划高等教育立项课题的分析，我们可以发现我国高等教育研究发展的特征在于：首先，高等教育研究主题明显受到社会热点问题影响，尤其是为政府政策或行政指向所引导，如有关高等教育强国、一流大学的研究、网络与思想政治教育的讨论、教学质量保障、高等教育国际化、办学特色等，而超前的基础理论研究相对稀缺。其次，微观应用研究是当前高等教育研究的主要类别。再次，人才培养与大学生研究是高等教育研究的重中之重。随着高等教育大众化的推进，以及高等教育的国际化，对学生的研究必然成为高等教育研究的重心。最后，高等教育理论研究比较薄弱。理论研究课题仅占 10％左右，作为高等教育学

---

① 全国教育科学规划领导小组办公室：《全国教育科学"十五"规划学科发展报告》，北京，教育科学出版社，2008。

学科的基础分支之一的"高等教育史"课题这 5 年只有 10 项。长此以往，有可能会导致高等教育学学科发展乏力，甚至可能会演变成学科合法性危机。①

进入 21 世纪后，虽无学者直接进行高等教育学学科发展的研究，但也有关于高等教育发展史的研究。有学者相继申报关于高等教育研究发展的课题。2001 年，中国高等教育学会的周远清申报全国教育科学"十五"规划重点课题"20 世纪的中国高等教育"，对 20 世纪中国高等教育发展史进行梳理，涉及高等教育体制、本科专科成人高职教育教学、学位制度与研究生教育、高等教育研究、地方高等教育等领域，为高等教育学的学科发展提供了有益借鉴。2006 年，深圳大学李均申报全国教育科学"十一五"规划重点课题"中国高等教育学学科的发展与反思"，从理论、历史、比较等多维视角展开研究，对中国高等教育学学科的发展历程、学科发展的主要经验、学科发展的主要问题、学科发展的主要对策、未来中国高等教育学学科发展的道路选择等进行了深入探讨，推动了高等教育学的学科发展与研究。

（二）高等教育重大课题研究

国家社会科学基金项目中设置国家重大课题，旨在发挥国家社会科学基金的示范引导作用，加快构建中国特色哲学社会科学，为党和国家工作大局服务，为繁荣发展哲学社会科学服务。我们考察了 2015—2018 年的重大课题中的高等教育研究，可探究高等教育学与高等教育实践的密切联系。

2015 年的国家重大课题中，浙江大学徐小洲主持的"经济转型升级中的创新创业教育研究"及河南大学李申申主持的"高校培育和践

---

① 全国教育科学规划领导小组办公室：《全国教育科学"十一五"规划学科发展报告》，北京，教育科学出版社，2011。

行社会主义核心价值观长效机制研究"属高等教育方向课题。

创新创业教育紧贴时代背景。在"大众创业、万众创新"大潮的背景下，高校作为参与社会服务的重要平台，如何开展创新创业教育是需要深入研究的问题。创新创业教育不仅涉及高等教育管理的问题，还涉及大学课程与教学、高等学校评估等，是一个系统的、全盘性的研究问题。高校作为思想政治教育的前沿阵地，通过在大学生中开展思想政治教育，锤炼大学生品性，坚定大学生信仰，对大学生成人成才具有重要影响。鉴于此，建立高校培育和践行社会主义核心价值观长效机制便提上日程。李申申的课题同样来源于高等教育实践，对高校的长足发展具有重要作用，其中涉及高等学校管理问题、大学课程与教学问题、大学生心理学理论等。

2016 年，中国高等教育学会陈浩主持的"高等教育强国的内涵、标准、实现路径和监测指标研究"成为国家重大课题。随着高等教育毛入学率的不断提升，高等教育人才培养质量不断提升，高等教育事业不断向好发展，国家适时提出建设高等教育强国的战略目标。此课题与高等教育实践高度契合，从理论上为高等教育强国进行了学理阐释，从实践上推动了高等教育强国的进程。截至 2019 年 4 月，课题组召开了 5 次课题推进会，成果颇丰，已到结题阶段。

2017 年的国家重大课题包括：华东师范大学杨小微主持的"我国教育 2030 年发展目标及推进战略研究"，上海市教育科学研究院胡卫主持的"民办教育分类管理制度建设与推进策略研究"，北京师范大学冯刚主持的"高校思想政治教育工作质量评价体系研究"，南京师范大学胡建华主持的"'双一流'建设背景下高校学科调整与建设研究"。其中，除冯刚和胡建华主持的课题明确属高等教育方向外，杨小微和胡卫的课题也均涉及高等教育的内容。

2017 年，中共中央、国务院印发《关于加强和改进新形势下高校思想政治工作的意见》。该文件强调指出，高校肩负着人才培养、科学研究、社会服务、文化传承创新、国际交流合作的重要使命。加强和改进高校思想政治工作，事关办什么样的大学、怎样办大学的根本问题，事关党对高校的领导，事关中国特色社会主义事业后继有人，是一项重大的政治任务和战略工程。在此背景下开展高校思想政治教育工作质量评价体系研究，有助于合理评估思想政治教育工作，找出高校思想政治教育运行的现实问题，并指导具体实践。"高校思想政治教育工作质量评价体系研究"符合该文件提出的"要健全高校思想政治工作评价体系，研究制定内容全面、指标合理、方法科学的评价体系，推动高校思想政治工作制度化"的精神。

2015 年 8 月 18 日，中央全面深化改革领导小组第 15 次会议审议通过了《统筹推进世界一流大学和一流学科建设总体方案》。2017年 1 月，经国务院同意，教育部、财政部、国家发展和改革委员会（以下简称"国家发展改革委"）印发《统筹推进世界一流大学和一流学科建设实施办法（暂行）》。2017 年 9 月，《教育部　财政部　国家发展改革委关于公布世界一流大学和一流学科建设高校及建设学科名单的通知》出台。国家一系列文件的颁布，对于推动国家战略实施、规范"双一流"建设具有重要影响。在此背景下，具体到高校层面，对高校学科调整与建设进行研究，以点带面，全面搭建起科学的学科建设框架，对于高校持续健康发展具有重要意义。

2018 年的国家重大课题中，虽然没有明确的高等教育方向的课题，但华中师范大学周洪宇主持的"建设教育强国的国际经验与中国路径研究"、教育部基础教育课程教材发展中心田慧生主持的"教材建设中创新性发展中华优秀传统文化研究"、华东师范大学吴遵民主持的"适应老龄社会的教育体系完善研究"课题，均与高等教育有密切联系。教育强国必然要求高等教育强国。大学作为教学、科研、社会服务的载体，有责任通过参与教材建设弘扬中华优秀传统文化。当前构建的终身教育社会强调老年大学的建设，通过落实大学的社会教育责任及社会的高等教育责任来推动教育体系的完善。

开展国家重大课题研究，其旨归不只在高等教育实践，也在完善高等教育理论，从而建设高等教育学，从多方面推动高等教育学学科的发展。

二、高等教育与社会发展的关系研究

作为高等教育理论研究的重要课题，高等教育与社会发展的关系研究在不同时期有不同的主题，这是教育外部关系规律在高等教育研究中的体现。20世纪80年代，高等教育与新技术革命、商品经济、文化传统的关系先后成为研究的主题。1992年以后，高等教育与社会发展关系研究的范围进一步扩大，不仅高等教育与市场经济、高等教育与文化等老课题继续得到重视，高等教育与知识经济、高等教育与区域经济等新课题也受到广泛关注。与过去相比，这一领域的理论探讨更加深入，研究视野更加开阔，理论研究与高等教育改革实践的关系更加密切。

(一)高等教育与经济的关系研究

高等教育与经济的关系包括高等教育与市场经济的关系、高等教育与知识经济的关系、高等教育与区域经济的关系等问题。学者们在这些方面进行了研究。

1. 高等教育与市场经济的关系

20世纪80年代，我国开始进行经济体制改革，市场经济的发展对高等教育事业产生了影响，研究者对二者的关系进行了研究。

关于高等教育与市场经济的关系，研究者大体有3种观点。第一种观点主张将高等教育纳入市场，提倡教育商品化、学校企业化。第二种观点主张市场经济会扰乱高等教育的运行秩序，不赞成加速和深化高等教育改革，主张教育要恪守自身的规律，冷静对待市场经济的发展。第三种观点主张市场经济对高等教育的冲击是不可避免的，高等教育必须主动适应商品经济的冲击。

潘懋元是第三种观点的提出者。他指出，市场经济是商品经济的发展，分析市场经济对高等教育的冲击，可以从商品经济对高等教育的冲击说起。他认为，商品经济冲击高等教育是符合教育规律的，高等教育必须主动适应商品经济的冲击。①

其他研究者针对二者关系，也提出了自己的观点。

有研究者认为，市场经济对高等教育具有积极和消极双重影响。② 有研究者认为，对待高等教育与市场经济的关系，明确我国社会主义市场经济的本质与发展的特点，明确教育的规律和高等教育的特点，全面理解高等教育与社会主义市场经济的关系。③ 有研究者认为，要重视和借鉴市场经济规律对高等教育的作用，利用市场经济规律中的积极因素，解决高等教育领域的问题。④

2. 高等教育与知识经济的关系

研究者的研究集中在知识经济的特征、知识经济对高等教育的影响、知识经济时代高等教育如何应对挑战等问题。

有研究者认为，随着知识经济时代的到来，高等教育的社会经济功能将会使"服务"领域进一步扩展到"生产"领域，并可能引起高等教育的行业属性及其产业级次的相应变化。⑤ 有研究者指出，面对经济全球化、市场化、智能化知识经济的挑战，21 世纪的高等教育必然更加趋向国际化、现代化、大众化和社会化。⑥ 有研究者认为，知识经济时代的高等教育发展，应改革培养目标，革新教材、教法，改善教学条件，强化知识创新功能，继续创建高层次的"教

---

①　潘懋元：《高等教育改革与社会主义市场经济的关系》，载《中国高等教育》，1992(11)。

②　刘太林：《社会主义市场经济与高等教育的关系》，载《华中理工大学学报（社会科学版）》，1993(3)。

③　朱国仁：《关于高等教育与社会主义市场经济关系讨论之回顾》，载《高等教育研究》，1993(4)。

④　杜玉波：《浅谈市场经济条件下的高等教育改革》，载《中国高教研究》，1994(6)。

⑤　武毅英：《知识经济及其对高等教育的挑战》，载《教育研究》，1999(6)。

⑥　任元军：《知识经济的兴起对高等教育发展趋势的影响》，载《高教研究》，1998(3)。

育—科研—生产"联合体，推动高校内部管理的深层改革。① 有研究者认为，面对知识经济涌动的浪潮，高等教育层面应着眼未来，大力加强高素质人才的培养；超前起步，认真抓好基础研究和高技术研究；产学结合，共同推动工农业领域的科学技术进步。②

关于高等教育与知识经济的关系的研究，1998—2000 年成果最多，此后研究成果数量趋于稳定。2010 年后，学者们更多地将知识经济作为时代背景来研究，对二者关系的研究不多。

3. 高等教育与区域经济的关系

随着高等教育大众化的进程加快，高等教育事业进一步改革与发展，培养了大批人才。高等教育为社会服务的功能在各地区得以实现，由此带来了人们对高等教育与区域经济关系的理论研究。

综观已有研究，按研究对象划分，高等教育与区域经济的研究可分为两类：一类是高等教育与区域经济关系的一般性理论研究；另一类是对某地区的高等教育与经济发展问题的个案研究。按研究侧重点划分，高等教育与区域经济的研究也可以分为两类：一类是发表在教育学期刊上的文章，该类文章以高等教育为切入点，研究区域经济对高等教育的影响及高等教育的改革策略；另一类是发表在经济学期刊上的文章，该类文章侧重对经济问题进行研究，以高等学校为载体，研究经济的改革与发展问题。按研究方法划分，高等教育与区域经济的研究可分为两类：一类是运用规范研究方法，即进行理论演绎和归纳研究，多出现在关系类文章中；另一类是运用实证研究方法，即运用数据分析、调查统计等方法，获取资料信息进行分析，多出现在现状调查和策略类文章中。

研究者对我国高等教育与区域经济发展存在的问题进行了分析，

---

① 周海涛：《知识经济与高等教育发展》，载《有色金属高教研究》，1998(5)。

② 陈清龙：《谈知识经济与高等教育》，载《中国高教研究》，1998(3)。

如区域发展不平衡①、高等教育参与区域经济发展的程度不高②、科研成果与区域市场需求脱节③、地方高校与区域经济的协同模式单一④等，并根据问题提出了具体的措施，以促使高等教育与区域经济发展形成良性互动机制。

(二)高等教育与政治的关系研究

综观我国高等教育事业的发展，不论在哪个年代，都离不开政治的引领；反过来，高等教育政治功能的发挥也在一定程度上影响着我国社会主义事业的建设。高等教育通过培养人才为社会政治服务，高等教育推动政治民主化进程。有研究者指出，发挥社会主义政治职能是由我国高等教育的上层建筑属性决定的，发挥高等教育为政治服务的职能也是高等教育历史发展的必然。他还指出，高等教育是多职能的，要全面发挥其人才培养职能、经济建设职能和政治服务职能。只有发挥高等学校的多种职能，才能使我国高校沿着社会主义道路健康发展，也才能使我国高校在国际"双重挑战"（新技术革命挑战和意识形态挑战）中培养和造就大批有社会主义觉悟的、有道德的、有高深科学文化知识的、有创造能力的大学生。⑤

有研究者指出，高等教育是社会上层建筑的重要组成部分，它不但必须为占统治地位的生产关系即生产资料所有制关系服务，而且体现生产资料所有制关系的性质。因此，社会政治上层建筑或政治结构必然决定高等教育的根本性质。高等教育作为一种特殊的社会制度形式和上层建筑的重要组成部分，其政治属性决定着它具有

① 古蕴华:《高等教育与区域经济和社会发展的关系》，载《上海高教研究》，1995(1)。
② 徐文俊、刘志民:《高等教育与区域经济互动发展的问题与对策》，载《江苏高教》，2011(3)。
③ 董杰:《我国高等教育与区域经济发展研究》，载《江苏高教》，2010(3)。
④ 吴战勇:《地方高校与区域经济创新发展的协同机制研究》，载《黑龙江高教研究》，2017(1)。
⑤ 郁中秀:《为政治服务是高等教育不可忽视的职能》，载《上海高教研究》，1989(4)。

独特的社会政治功能，包括生产的功能、行为导向的功能、控制的功能、社会化的功能、传播的功能、创造的功能、整合的功能，因此要正确处理高等教育与政治的关系。①

有研究者指出，国家的政治体制决定高等教育的政府管理模式；国家的政治价值观规定高等教育的基本理念，并干预和指导高校的教学实践活动，以实现政治社会化的功能；不仅如此，国家或地方权力还对高等学校内部管理活动进行或多或少的、直接或间接的渗透和干预，高等学校的自主权相当有限。②

有研究者指出，理论和现实的证据表明，高等教育在受到政治决定和影响的同时，也具有自身独特的政治功能和强大的影响力，建设高等教育强国具有重要的政治意义。在建设社会主义民主政治、推进我国政治建设的进程中，高等教育要承担更大的历史使命，主要是：提高公民政治素养，加强政治理论创新，培养优秀政治人才，加强国际宣传和国际理解教育。③

(三)高等教育与文化的关系研究

20世纪90年代，有研究者开始研究高等教育与文化的关系。进入21世纪后，经济的改革与发展对文化产生了影响，研究者开始重视高等教育与文化的关系问题，并开展了系列研究。高等教育与文化的关系是研究者至今仍在不断探索的问题。

通过研究，研究者对高等教育与文化研究意义的认识更加明确，对高等教育与文化关系的理论探讨更加深入、细致和完善。相关理论研究对高等教育的改革实践发挥了积极作用。

有研究者对开展高等教育与文化的关系研究进行了论述，认为

①　杨峻、杨魁：《高等教育与政治关系的研究》，载《上海高教研究》，1996(1)。
②　蒋国河：《论政治结构与高等教育控制》，载《高教探索》，2005(6)。
③　瞿振元、韩晓燕：《建设高等教育强国的意义与使命——政治建设的视角》，载《中国高教研究》，2009(11)。

高等教育与文化关系研究的理论意义首先表现在教育学，特别是高等教育学的学科建设上，即摆脱苏联教育学模式，使其形成完整的并具有中国特色的高等教育学理论体系。同时，这也有利于人们加深对教育内外部关系规律的理解，更进一步说明和论证教育内外部关系规律的客观性与科学性。高等教育与文化关系的研究还能推动和深化人们对教育与政治、经济关系的理论研究与认识。高等教育与文化关系研究的实践意义主要集中在高等教育的改革与发展上。①

潘懋元在原有研究的基础上，经过进一步分析，把高等教育与文化的关系简约为"两种关系""两重作用""两大功能"。"两种关系"即外部关系和内部关系。作为社会子系统的文化系统，对高等教育起外部的制约作用；同时，文化又以知识为形态，以课程为载体，进入教育过程中，构成教育内部的基本要素。"两重作用"即直接作用与中介作用。无论外部关系还是内部关系，文化都对教育起直接作用；同时，文化又是经济、政治对教育起作用的"中介"，即经济、政治对高等教育的制约作用一般要通过文化的折射。"两大功能"即传承与创新。普通教育对文化一般只有选择与传承的功能，而高等教育还具有批判与创新的特殊功能。②

有研究者在理解潘懋元观点的基础上认为，高等教育与文化的关系表现为相互制约和相互促进的辩证统一。一方面，文化制约和影响高等教育的目标、模式和内容等；另一方面，高等教育又通过文化的传播、选择、批判、改造和创造等，促进或阻碍文化的发展。高等教育与文化关系的相互作用，在不同的历史时期和不同的国家或地域又呈现出不同的形态和特征。③

有研究者认为，文化与高等教育的关系是一种潜在的、深层次

①　张应强：《高等教育与文化关系的研究》，载《上海高教研究》，1995(3)。
②　张应强：《文化视野中的高等教育》，"序"，南京，南京师范大学出版社，1999。
③　黄福涛：《谈谈高等教育与文化的关系》，载《教育研究》，1996(11)。

的联系。比起经济和政治因素来，文化对高等教育的制约影响较为迟缓且不明显，却是较为久远和深刻的。中国高等教育不仅仅是经济形态的产物，也无法仅用政治体制的制约来解释，还应探寻较为深隐的传统文化因素。①

　　有研究者认为，高等教育与文化的关系是一种潜在的、深层次的、互动的关系，它与政治、经济对高等教育的影响相比，后者是显性的、表层的，容易为人们所觉察和把握。而文化作用的方式是潜藏于人类主体行为之后的，是难以被发现的，它与高等教育的关系是互动的，即相互影响的潜在关系。②

　　有研究者指出，文化与高等教育密切相关，高等教育负有重要的文化使命。中国高等教育在中华文化的形成与发展中始终发挥着重要的作用。当代中国正处在文化大发展大繁荣的新时期，建设社会主义文化强国、增强国家文化软实力已成为中国文化发展的主要目标。当代中国高等教育的文化使命就是通过发挥人才培养、知识创新、社会服务和文化交流等功能，积极推进中国特色社会主义文化建设和发展目标的实现。③

　　关于高等教育与社会的关系问题研究，除有文章发表外，还有一批著作问世。这些研究成果推动着高等教育理论的研究进展，从而推动着高等教育学学科的发展。

三、高等教育改革与发展研究

　　20世纪90年代至今，中国高等教育事业快速发展，在人才培养、科学研究和社会服务方面取得了可喜的成就，高等教育的理论研究工作开展顺利。学者们对高等教育改革和发展问题进行研究，取得了一些成果，并推动了实践的发展。

---

① 刘海峰：《传统文化与中国高等教育》，载《教育研究》，1996(11)。
② 李轶芳：《高等教育与文化的关系透视》，载《大学教育科学》，2003(1)。
③ 朱国仁：《当代中国高等教育的文化使命》，载《大学教育科学》，2016(1)。

（一）高等教育改革研究

这一阶段，学者们对高等教育改革开展了大量的研究。总体而言，1992—2000 年，学者们在社会主义市场经济条件下研究高等教育改革；2001—2010 年，学者们在知识经济时代、中国加入 WTO 及高等教育大众化背景下研究高等教育改革；2010 年至今，学者们重点对高等教育综合改革进行研究。

在 20 世纪 90 年代的高等教育改革中，学者们分析了时代背景下存在的问题，并提出了改革的思路和举措。

有研究者认为，高等教育要解放生产力，必须建立起适应竞争、充满生机的办学机制。[1] 高校要建立起主动适应经济和社会发展需要的运行机制，全面提高培养高级专门人才的质量，必须改革教育思想、教育体制、教育结构、教育内容和教育方法，尤其应把重点放在优化结构和提高质量上来。[2] 高等教育体制改革的 5 种主要形式有共建、合作办学、合并、转制、产学研结合。[3] 以转变教育思想、深化体制改革和教学改革三个方面为主要内容的全方位、深层次改革，反映了世纪之交中国高等教育改革的时代特征和中国特色。[4]

20 世纪 90 年代的这些研究为当时背景下的高等教育实践做出了重要贡献，有效引导着高等教育事业的改革。

进入 21 世纪后，学者们对 WTO 与高等教育改革关系进行了研究。他们主要研究了加入 WTO 对高等教育正、反两方面的影响，以及加入 WTO 为高等教育发展带来的机遇与挑战等问题。还有研究者对 21 世纪的高等教育改革进行了研究，认为确立新的理念，完成所有权的剥离、办学权的回归和管理权的回位是高等教育体制和

---

[1]　张晓明：《解放生产力与高等教育改革》，载《上海高教研究》，1992(4)。
[2]　李德焕：《关于深化高等教育改革的几个问题》，载《高等教育研究》，1992(3)。
[3]　刘玉柱：《关于高等教育改革的几个问题》，载《高教研究》，1996(3)。
[4]　陈祖福：《面向 21 世纪的中国高等教育改革》，载《中国高教研究》，1996(5)。

制度的一场变革。①

2010年12月,《国务院办公厅关于开展国家教育体制改革试点的通知》颁布,标志着国家教育体制改革试点工作全面启动。文件提出,要改革高等教育管理方式,建设现代大学制度;适应经济社会发展需求,改革高等学校办学模式;高等教育进入综合改革阶段。学者们结合大数据、供给侧、智库建设、军民融合、"双一流"建设等背景开展了系列研究。

有研究者认为,我国高等教育改革路径依赖十分严重,要依法厘清政府、学校的职能界限与活动方式,推进领导权与治理权分置,进行三级改革,落实社会参与治理的机制与途径。② 有研究者以相关政策文本为依据,回顾了我国高等教育管理体制改革的历程,指出了改革目标、改革对象和主体等方面存在的问题,并提出了新时代高等教育管理体制改革的路径。③ 有研究者提出,未来我国高等教育改革应注意以下问题:一是避免隐形的造成极端结果的改革措施;二是改革要尊重高等教育自身规律;三是改革要发挥高等教育这一主体自身的主观能动性;四是改革中要减少计划手段的使用;五是对外国高等教育改革经验要理性看待。④

(二)高等教育发展研究

高等教育的发展同世界高等教育总体趋势保持一致,高等教育大众化和国际化的推进,使这一问题成为21世纪初学者们关注的焦点。随着一流大学理念的提出和国家相关政策文件的出台,关于一流大学的研究逐渐成为近年来的重点。

---

① 袁振发:《论高等教育改革的理念和思路》,载《教育发展研究》,2001(11)。

② 查自力、郑方贤:《我国高等教育综合改革的二重逻辑与路径选择》,载《清华大学教育研究》,2017(6)。

③ 周川:《高等教育管理体制改革之反思》,载《北京大学教育评论》,2018(2)。

④ 李硕豪、陶威:《我国高等教育改革历程回顾与建议》,载《现代教育管理》,2017(3)。

1. 高等教育大众化研究

20 世纪 90 年代中期以前，高等教育界很少有学者注意到高等教育大众化问题，但当时对高等教育发展的规模和速度问题的争论已相当热烈。20 世纪 90 年代中期以后，对于是否要实现高等教育大众化，学者们展开了广泛而热烈的讨论。最初学者讨论的重点主要集中在高等教育大众化的内涵和指标、高等教育大众化的必要性和可能性、高等教育大众化的实现途径等方面。

1999 年，国务院批转教育部制定的《面向 21 世纪教育振兴行动计划》。该文件提出到 2010 年，高等教育的入学率接近 15％，正式吹响了向高等教育大众化进军的号角。高等教育大众化进程的加快，使质量、经费、师资、结构、资源配置、招生与就业等问题成为关注的重点，学者们对高等教育大众化的质量保障、政府在高等教育大众化中的职责、精英教育与高等教育大众化的关系、马丁·特罗的高等教育大众化理论、高等教育大众化中的公平与效率、毕业生就业、高等教育毛入学率的计算等问题进行了研究。①

我国学者对高等教育大众化的探讨虽然起步晚，但取得了诸多成果。这些成果丰富了高等教育大众化理论，推动了高等教育大众

---

① 相关论文参见潘懋元：《高等教育大众化的教育质量观》，载《中国高教研究》，2000(1)；辜胜阻、岳颖：《推进我国高等教育大众化的战略选择》，载《教育研究》，2001(6)；潘懋元：《中国高等教育大众化的理论与政策》，载《高等教育研究》，2001(6)；张应强：《高等教育质量观与高等教育大众化进程》，载《江苏高教》，2001(5)；项贤明：《高等教育大众化：理念与结构》，载《教育研究》，2002(9)；潘懋元：《大众化阶段的精英教育》，载《高等教育研究》，2003(6)；邬大光：《高等教育大众化理论的内涵与价值——与马丁·特罗教授的对话》，载《高等教育研究》，2003(6)；李从浩：《马丁·特罗的高等教育大众化理论再探讨》，载《教育评论》，2006(2)；钟秉林、赵应生：《我国高等教育大众化进程中教育公平的重要特征》，载《北京师范大学学报(社会科学版)》，2007(1)；杨德广、张瑞田：《60 年来中国高等教育大众化进程》，载《现代大学教育》，2009(6)；杨德广：《进入大众教育阶段后的中国高等教育面临的 10 个问题》，载《上海师范大学学报(哲学社会科学版)》，2011(3)；袁振国：《高等教育大众化之后需要怎样的质量观——大学变革的历史轨迹与启示之二》，载《中国高等教育》，2016(Z3)；武毅英、黄芳：《日本高等教育大众化时期大学生就业特点及启示》，载《中国高教研究》，2018(8)。

化进程。

2. 高等教育国际化研究

高等教育国际化是当代世界高等教育发展的重要趋势。20 世纪90 年代以来，随着中国高等教育国际交流的增多，尤其是中国加入WTO，高等教育国际化成为学者们关注的一个热点问题。直到今天，高等教育国际化的研究仍在继续，学者们不断发现新问题、研究新问题，推动着理论的完善和高等教育实践的发展。

高等教育国际化研究中，学者们对国际化的概念、高等教育国际化的影响、中国高等教育国际化问题、中外合作办学、留学生教育、研究生教育国际化、高职教育国际化、高等教育课程国际化、国际化战略、国际化人才、未来国际化的趋势等进行了研究，成果丰富。①

3. 一流大学的建设研究

关于一流大学研究的大范围兴起，始于 1999 年。查阅中国知网，以"一流大学"为主题或关键词，在 1998 年只有 51 篇，1999 年跃至 102 篇，2000 年又升至 168 篇，自此呈不断上升趋势。可以说，进入 21 世纪后，一流大学成为研究的一个热点。至 2016 年，"双一流"研究的兴起，使一流大学的讨论进入一个高峰，2017 年关于一流

---

① 相关论文参见舒志定：《高等教育国际化的内涵、特征与启示》，载《外国教育资料》，1998(3)；叶笃、沈红：《中国高等教育国际化的发展对策》，载《中国高等教育》，2002(7)；夏人青、张民选：《高等教育国际化：从政治影响到服务贸易》，载《教育发展研究》，2004(2)；张树泉：《我国高等教育国际化的若干对策》，载《江苏高教》，2006(2)；陈昌贵、翁丽霞：《高等教育国际化与创新人才培养》，载《高等教育研究》，2008(6)；袁本涛、潘一林：《高等教育国际化与世界一流大学建设：清华大学的案例》，载《高等教育研究》，2009(9)；周作宇：《国家语言战略与高等教育国际化》，载《中国高教研究》，2013(6)；钟秉林：《推进高等教育国际化是高校内涵建设的重要任务》，载《中国高等教育》，2013(17)；陆根书、康卉：《我国"985 工程"大学高等教育国际化政策分析》，载《高等工程教育研究》，2015(1)；夏辽源、曲铁华：《我国高等教育国际化"内涵式"发展探析》，载《东北师大学报(哲学社会科学版)》，2018(2)；胡建华：《高等教育国际化与中国模式》，载《高等教育研究》，2018(3)。

大学的文章已达 1438 篇之多。

　　笔者通过对一流大学研究的主题进行分析，发现关于一流大学的研究首先集中在世界一流大学这一主题上，具体包括对世界一流大学的介绍、世界一流大学的比较研究、世界一流大学发展的历史研究和如何建设世界一流大学的研究等；其次是对一流学科和一流大学的研究，二者共同构成了建设世界一流大学的两条途径。排名其后的"研究型大学""北美洲""综合性大学""本科教育"等主题文章分别从不同的角度切入，对一流大学进行研究，以此助力学科和学校不断发展。

　　学者们具体针对一流大学的内涵、特征和标准进行了研究，使得这一概念更为清晰。学者们还对一流大学的理念、与其他国家的比较、一流大学内部管理、一流大学的政策文本、建设一流大学的思路和策略等问题展开了研究，成果丰富。相关论文包括：周谷平，《创新：建设一流大学的灵魂》，载《高等教育研究》，2002 年第 1 期；潘懋元，《一流大学与排行榜》，载《求是》，2002 年第 5 期；袁本涛，《世界一流大学建设中的政府角色研究：以日本和韩国为例》，载《清华大学教育研究》，2006 年第 1 期；顾秉林，《建设世界一流大学的战略与政策建议》，载《中国高等教育》，2009 年第 10 期；钟秉林、周海涛，《世界一流大学的校长权力制衡机制探析——世界一流大学校长管理比较研究》，载《国家教育行政学院学报》，2012 年第 2 期；耿有权，《论我国世界一流大学建设的初级阶段》，载《江苏高教》，2012 年第 6 期；邱均平、王菲菲，《中国高校建设世界一流大学与学科进展》，载《重庆大学学报年第社会科学版期》，2014 年第 1 期；别敦荣，《一流大学本科教学的性质、特征及建设路径》，载《中国高教研究》，2016 年第 8 期；车如山、邢曙，《我国建设一流大学的历程及展望——基于国家历次高等教育重大战略举措的分析》，载《兰州大学学报年第社会科学版期》，2017 年第 4 期；孙绵涛、郭玲，《知

识创新是创建一流大学的关键》，载《高等教育研究》，2017 年第 7
期；施晓光，《一流大学治理："双一流"建设所必需》，载《探索与争
鸣》，2017 年第 8 期；阎凤桥、闵维方，《从国家精英大学到世界一
流大学：基于制度的视角》，载《北京大学教育评论》，2017 年第 1
期；史静寰，《"形"与"神"：兼谈中国特色世界一流大学建设之路》，
载《中国高教研究》，2018 年第 3 期。

　　不少学者编写了关于一流大学研究的著作。相关著作包括：林
一著的《走进世界一流大学》(当代世界出版社 2003 年版)；丁学良著
的《什么是世界一流大学?》(北京大学出版社 2004 年版)；王英杰、
刘宝存著的《世界一流大学的形成与发展》(山西教育出版社 2008 年
版)；刘道玉著的《创造一流大学之魂》(武汉大学出版社 2009 年版)；
摩洛哥萨米著，孙薇、王琪译校的《世界一流大学：挑战与途径》(上
海交通大学出版社 2009 年版)；张东海著的《美国联邦科学政策与世
界一流大学发展》(上海教育出版社 2010 年版)；郭鑫著的《世界一流
大学战略联盟》(北京师范大学出版社 2011 年版)；崔宇红主编的《一
流大学图书馆建设与评价研究》(中国科学技术出版社 2011 年版)；
别敦荣等著的《世界一流大学教育理念》(厦门大学出版社 2016 年
版)；赵跃宇主编的《世界一流大学内部治理体系研究》(高等教育出
版社 2016 年版)；储召生著的《问道"双一流"：中国一流大学建设回
顾与反思》(中国科学技术大学出版社 2017 年版)；汪霞、钱小龙主
编的《世界一流大学教学助理制度研究》(南京大学出版社 2017 年
版)；刘莉、刘念才著的《世界一流大学建设与中国梦》(上海交通大
学出版社 2018 年版)。

　　从 2016 年至今，学者们对"双一流"建设进行了研究，大部分研
究将"双一流"作为背景来研究高校的建设问题。相关论文包括：倪
亚红、王运来，《"双一流"战略背景下学科建设与人才培养的实践统
一》，载《江苏高教》，2017 年第 2 期；郭书剑、王建华，《"双一流"

建设背景下我国大学高层次人才引进政策分析》，载《现代大学教育》，2017 年第 4 期；李立国，《"双一流"背景下需求导向的学科专业调整优化》，载《大学教育科学》，2017 年第 4 期；刘小强、孙桂珍，《"双一流"建设背景下地方高校学科建设的机制创新——基于江西师范大学学科建设"六定"工作的反思》，载《学位与研究生教育》，2017 年第 11 期；朱玉成、周海涛，《"双一流"背景下高校创新人才培养困境分析——基于组织分析的新制度主义视角》，载《研究生教育研究》，2018 年第 1 期；贺祖斌，《"双一流"建设背景下地方高校的内涵式发展》，载《中国大学教学》，2018 年第 9 期；周海涛、闫丽雯，《"双一流"建设背景下高校文科建设的意蕴、困境与对策》，载《高等教育研究》，2018 年第 10 期；陈鹏、李威，《"双一流"建设背景下西部高等教育的挑战与政策供给》，载《教育研究》，2018 年第 11 期。对"双一流"的持续关注，表明学者们对高校在新形势下的新发展满怀期待，对中国高校的发展壮大寄予希望。随着我国高等教育改革的深化，对"双一流"的研究将会持续下去。

　　除上述研究外，学者们还针对高等教育质量、高等教育评估、高等教育结构、院校问题等进行了研究，成果丰富。相关著作包括：陈玉琨等著的《高等教育质量保障体系概论》（北京师范大学出版社2004 年版），韩映雄著的《高等教育质量研究——基于利益关系人的分析》（上海科技教育出版社 2003 年版），史秋衡、余舰等著的《高等教育评估》（贵州教育出版社 2004 年版），刘徐湘著的《高等教育评估论》（云南科技出版社 2008 年版），王建华著的《多视角的高等教育质量管理》（广东高等教育出版社 2010 年版），宋波著的《中国高等教育评估三十年（1985—2015 年）》（安徽师范大学出版社 2018 年版），刘献君主编的《院校研究》（高等教育出版社 2008 年版），常桐善著的《院校研究的发展与应用》（同济大学出版社 2016 年版）。

第五章

高等教育学 70 年来发展的
反思与展望①

高等教育学学科自新中国成立以来，走过了 70 年历程。回顾 70 年的学科发展之路，既能看到高等教育学学科在教育学之林中稳步前进，又能感受到每一位高等教育学人的努力与拼搏。回首过去，是为了更好地发展未来。我们对高等教育学学科 70 年的发展进行反思，发现问题，并提出应然走向，探索可供操作的完善与改进策略，以使高等教育学学科进一步走向独立和成熟，为高等教育事业的繁荣做出理论与实践上的贡献。

第一节　高等教育学 70 年来发展的反思

中国的强大离不开人才建设，人才建设离不开高等教育，高等教育离不开高等教育学学科发展。因此，我们应加快高等教育学学科发展前进的步伐。纵观高等教育学学科发展历程，我们从中发现了高等教育学学科发展中的问题。为使学科发展更具紧迫感，更有

① 参见侯怀银、王霞：《高等教育学发展面临的主要问题》，载《教育研究》，2006(4)；侯怀银、李艳莉：《21 世纪初高等教育学学科建设的探索》，载《苏州大学学报（教育科学版）》，2014(4)；侯怀银：《高等教育学学科未来发展亟待解决的几个问题》，载《中国高教研究》，2016(10)。

使命感，我们用 4 个"亟待"来展现问题，提出期望。系统反思学科发展之路，我们应以史为鉴，更新自我，实现超越。

一、高等教育学的学科独立性问题亟待解决

高等教育学作为一门学科在我国的确立，对人们的生产和生活的价值已毋庸置疑。但由于高等教育学学科的理论体系尚不成熟，高等教育学的学科独立性不强，在一定程度上还存在着"学术合法性"的危机。高等教育学要真正获得独立发展并逐步走向成熟，必须处理好高等教育学与其他相关学科的关系。

（一）高等教育学与普通教育学的关系

高等教育学是以普通教育学为生长点创立起来的，我们既应充分认识并重视普通教育学对高等教育学发展所起的作用，也应该正视普通教育学给高等教育学发展所带来的负面影响。不少学者形成了"由普通教育学而高等教育学"的研究方式，这种方式虽然促进了高等教育学的初建和成形，但也使高等教育学成为普通教育学的直接延伸和简单移植，高等教育学自身的概念、范畴和体系不完善。因此，必须突破普通教育学研究定式的束缚，尽快摆脱高等教育学对普通教育学的依赖，站在高等教育学立场上，以自身逻辑为线索，进行学科的研究和建设。同时，高等教育学的建设有助于促进普通教育学的改造和完善。

（二）高等教育学与其他高等教育学学科的关系

高等教育学要充分认识自身在高等教育学学科中的角色以及应起的特殊作用。高等教育学的学科使命不仅要建立起宏大的高等教育学学科群，还要强化本学科的基础学科性质，成为高等教育学学科群中最为基础的学科，为高等教育学各分支学科提供理论依据。高等教育学不必涵盖各种各样的高等教育问题，而应以高等教育的一般性问题为研究对象，对高等教育活动进行高度抽象，在理性层面对高等教育做整体的辩证的把握，对高等教育的发展提出合理的取向并加以理论导引。当前高等教育学应继续进行两方面研究：一是如何在高等教育中体现一般教育原理，二是具体研究高等教育的特殊原理。高等教育学要对现存的高等教育概念和原理进行系统化的梳理，为人们认识并解决高等教育问题提供一系列由概念、原理、原则、范畴、规律等构成的具有逻辑自洽性的知识体系。

（三）高等教育学与教育学之外的其他相关学科的关系

我国学者越来越重视运用多学科的观点研究高等教育学，并初步构建了高等教育学的交叉学科、边缘学科。目前在处理高等教育学与其他相关学科的关系中，一些研究者还存在着简单从其他相关的"母体"学科中摄取、借用、移植相关的概念、范畴、理论、原理及研究方法的思想，致使高等教育学在某种意义上成为其他学科的"殖民地"。高等教育实践是检验相关学科是否有价值的试金石，只有当其他学科的研究成果在高等教育活动中产生了作用，它们才能成为高等教育学的内容。而其他学科成果，"在别的领域也许是科学的，但在教育上说来，则不是，等到它们对教育的目的有所贡献时，才可以说是科学的，至于它们是否真正对教育有贡献，只能在实践中发现"①。直面实践，这是解决在多学科研究的挟裹下，高等教育学仍能保持学科独立性最为有效的举措。

为此，不能仅仅以学科的概念、方法去组织高等教育问题，而应该根据高等教育问题的性质来组织所需要的概念与研究方法。要直面高等教育实践，把高等教育学的建设与高等教育实际问题的解决紧密结合起来，坚持高等教育学成人、培养人的学科立场，在高等教育学与哲学、伦理学、心理学、社会学、政治学、法学、经济

---

① John Dewey, *The Sources of A Science of Education*, New York, H. Liveright, 1929, p. 16.

学等相关学科之间开展跨学科的研究。整合各门学科的研究成果，把与相关学科知识的互补作为高等教育学知识产生的重要途径，以利用其他学科的知识资源，从中获取新的概念、原理、视角和方法，拓展自身的发展空间，使高等教育学成为能够真实地反映高等教育规律、解释高等教育现象且概念清晰、体系完整而又独立的学科。

（四）加强高等教育学研究，建设我国高等教育学学科群

我国高等教育学尚不成熟，其研究应当是一种具有自我意识、自我反思性的研究。通过理论来自我证明、自我否定或自我修正，以宏观的、系统的、超越的视角和高度对高等教育学的研究对象、性质、体系、方法等进行分析、论证和评论，及时对学科的发展做出总结、评价，力求避免学科建设中实用主义倾向而引起的研究的非系统性和非持续性的短期行为。通过对高等教育学的研究，可以更好地寻找到改进学科建设的路径和方向，使高等教育学有更明确的自主发展意识，真正由"自在"走向"自为"。

学科群的形成是高等教育学成熟的标志。以高等教育学为主干的高等教育学学科群，虽然在近 20 年得到了较大的发展，形成了一个多序列、多维度的立体网络状结构体系，但是，在这一体系中，各分支学科的发展水平、在学科体系中的地位迥异。在众多分支学科中，高等教育学、高等教育管理学、比较高等教育学、高等教育心理学、高等教育社会学、高等教育经济学、成人高等教育学是高等教育学学科体系中具有较强代表性的主要分支学科，发展较为迅速，成果也较为显著。但是，一些基础学科，如高等教育史、高等教育哲学发展较为缓慢，研究人员也较少。一些正在形成的学科，如高等教育文化学、高等教育政治学等领域的发展还有较大的空白。分支学科发展的不平衡，除纵向发展进程不均等外，还缺乏横向的联系和综合，学科研究者都局限于自己所熟悉的学科，缺乏与其他领域、其他同类学科的交流与沟通，造成了视域的狭隘。学科群的

发展还没有形成系统、综合、全面发展的整体格局，从而极大地制约着学科群整体功能的发挥和学科体系的完善与健全。高等教育学学科建设的总体目标就是要对高等教育现象进行全方位的理论描述和多角度的系统分析，逐步形成反映高等教育规律的具有内在结构联系的学科群。

二、高等教育学理论与实践的关系问题亟待梳理

高等教育学学科自建立以来，大体沿着两条脉络发展：以建立学科、构建学科体系为重点的理论研究；以改革实际中的问题研究为重点的应用研究。由于没有现成的学术范式可供借鉴，高等教育学的理论原创性工作异常艰难，而热点问题的研究则比较容易见"成效"、出"成果"。这导致热点问题的研究日益成为高等教育学学科发展的主线，而有望生成有创造性意义的理论模型的基础研究备受冷落。高等教育实践是我们进行高等教育学学科建设发展的基础和来源，高等教育学的学科发展必须直面实践，把高等教育学的发展与高等教育实际问题的解决紧密结合起来。我们不能仅仅以学科的概念、方法去演绎高等教育实践，而应该根据高等教育实践去提炼所需要的概念与研究方法，去解释、批判和指导高等教育实践，并形成对高等教育实践的话语权，真正使高等教育学学科成为高等教育实践者所重视并信服的学科。

一方面，重视实践来源，提升问题的理论品质。学科发展的根本动力在实践，高等教育学的学科发展原本就是在高等教育改革与发展的实践推动下进行的。高等教育学的理论源于三个方面的高等教育实践：前人的实践、他国的实践、当前自己的实践。我们要从高等教育史中挖掘前人的实践经验，要从高等教育的比较研究中借鉴其他国家的实践模式。当然，更为直接的是密切关注国家或地区高等教育改革和发展的一些前沿性问题，例如，高等教育生存和发展中具有决定性意义的重点、难点，学术界与社会关注的热点，高

等教育理论与实践中的焦点、被忽视的盲点等。然而，问题具有多样性，并不是所有问题都能成为高等教育学研究的重点，要对其进行研究、分析、抽象，从而提炼出真正符合学科内在逻辑、关乎学科发展的重要问题。对这些问题的研究也不是简单的现象分析或实用性的问题解决，而要以高等教育学学科特有的方式、特有的视角，将其转化为具有理论思维的课题，追溯其理论内涵，提升其理论品质，使其具有更强的普适性和解释力，并构建起一个由一系列比较稳定的概念、原理、原则等要素组成的具有逻辑自洽性的知识体系。这样，高等教育学才更具有生命力，才能对高等教育的实践起到解释、预测、指导和规范的作用。

另一方面，强化理论的实践意识，加强应用研究。高等教育学是实践性极强的学科，如果不接触高等教育实践，理论就会脱离实践，高等教育学也难以走向成熟。应充分认识高等教育学对高等教育实践的服务功能，进一步深化对高等教育与科学研究和生产劳动相结合、高等学校人才培养、高等教育发展规模、高等教育大众化、高等教育质量、高等教育体制改革、民办高等教育的发展与立法等问题的应用研究。

应用研究的加强，不仅促使高等教育学关注我国高等教育改革和发展的现实，而且使高等教育学焕发出学科生命的活力。由于高等教育的发展和学科发展的需要，理论研究与应用研究越来越多地表现出交叉和融合的趋势，体现出高等教育学学科发展的规律性。当前高等教育学学科建设，在理论研究方面，必须多学科、多角度地把高等教育的若干基本概念以及高等教育的本质、规律、功能、价值、目的、结构等基本理论的研究推向深入，并进一步探讨学科的自身建设问题；在应用研究方面，必须时刻关注高等教育改革与发展的现实，进一步加强中介理论的研究和建立健全高等教育的中介组织，借鉴潘懋元的观点："如果基本理论是正确的，要转化为实践，它必须经过这样一些中介环节：基本理论→应用研究（开发研究）→政策（一般指宏观的）→操作性措施→实践，或基本理论→应用研究（开发研究）→操作性措施（一般指微观的）→实践。"①要运用新生成的高等教育学理论探讨和解决现实问题，在应用研究中充实和发展高等教育学理论，进而促进高等教育学的学科发展。

三、高等教育学研究队伍的素养亟待提高

高等教育学研究者是高等教育研究领域的核心群体，代表着中国高等教育学术研究的整体能力和水平。我们要建立相应的学术制度和学术规范，提高高等教育学研究者的准入标准，提升研究者的基本文化素养，加强学术规范和研究能力的训练，从实质上改善目前中国高等教育研究一定程度上还存在的"非专业化"现象。中国高等教育学研究者目前急需两种精神。第一，顶天立地精神。这种精神应该是把握高等教育学学术前沿与草根精神紧密相结合的精神。一方面，我们要有世界眼光，站在国际高等教育研究的前沿，把握最新的成果和趋势；另一方面，我们必须有草根精神，主动、积极地深入我国高等教育改革与发展实际，拓宽中国高等教育学的研究视野，提升高等教育学研究者的研究境界和水平。第二，精雕细刻精神。中国高等教育学研究者要具有鲜明的中国高等教育的情境意识，要开阔视野，并超越个人的生活视界，跃出自我直接体验的具体限制，将自己的研究放置于更大的社会结构现象和事件过程的背景之中，把个人的生活与社会的历史这两者放在一起认识，形成高等教育学的想象及穿透力，并通过自己富于创意的学术表达和陈述，精雕细刻，使中国高等教育学走向成熟和完善。

四、高等教育学的国际交流和合作亟待开展

中国高等教育学是在中国本土产生与发展的。这就意味着中国

---

① 潘懋元：《高等教育理论研究必须更好地为实践服务》，载《高等教育研究》，1997(4)。

高等教育学要重视本国的优秀传统文化，从本国文化中汲取养分，但是这不意味着排斥国外高等教育的研究成果。我们在加强高等教育学学科建设时，需要加强国际交流和合作，吸收外国先进的理念和宣传本国的高等教育研究成果，扩大国际影响。通过吸收外国文化和借鉴外国经验，最终形成具有中国特色的高等教育学问题域，着力探索、回答中国语境下的高等教育学理论问题，形成有"中国作风和中国气派"的，富有学理解释力、指导力和预测力的高等教育概念、教育命题和理论体系。为此，我们要传承、延续并更新我国高等教育学传统和高等教育传统，探寻中国高等教育政策和体制下中国高等教育学发展的特有逻辑，特别要探寻并研究具有中国特色的世界性高等教育问题，形成对这些问题的中国话语，提高中国高等教育理论在全球范围的可借鉴程度。

第二节　高等教育学发展的未来展望①

高等教育学在我国已成为一门独立的学科。中国高等教育学学科要进一步走向独立和成熟，必须处理好学科、学术、学派、学院和学生彼此之间的关系，使高等教育学学科建设越来越完善。

一、强化高等教育学学科的独特地位

高等教育学目前在中国，已经以教育学一级学科下的二级学科的身份独立存在，并进行专业人才的培养，但高等教育学的学科独特地位仍需要在以下几方面进一步提升。

第一，确立高等教育学学科在教育学学科体系中的独特地位。国内研究者目前要进一步改变"由普通教育学而高等教育学"的简单

①　参见侯怀银：《高等教育学学科未来发展亟待解决的几个问题》，载《中国高教研究》，2016(10)。

演绎的研究思维方式。研究者要站在高等教育学的立场上，以高等教育自身的问题为逻辑和线索进行高等教育学的学科建设和研究，进而促进普通教育学的改造和完善，推进和反哺教育学一级学科的建设。

第二，确立高等教育学学科在社会科学和人文科学中的独特地位。运用多学科观点研究高等教育学，并构建高等教育学的交叉学科、边缘学科，这是高等教育学学科建设的重要特点。但高等教育哲学、高等教育心理学、高等教育经济学、高等教育管理学、高等教育社会学等学科绝不应是哲学、心理学、经济学、管理学、社会学等学科在高等教育中的应用，而应是高等教育的哲学、高等教育的心理学、高等教育的经济学、高等教育的管理学、高等教育的社会学。高等教育学与其他学科的交叉绝对不是运用其他学科的理论、命题、概念等看待高等教育，否则，高等教育学只能是其他学科的"殖民地"，而毫无发展的主动性和特殊性。在高等教育学与其他学科的交叉中，我们要以高等教育学为母体学科进行交叉，立足高等教育学育人的立场。站在高等教育学的立场上，利用其他学科的知识资源，从中获取新的概念、原理、视角和方法，拓展高等教育学自身的发展空间，使高等教育学成为能够真实地反映高等教育规律、解释高等教育现象并且概念清晰、体系完整而又独立的学科，在社会科学和人文科学中保持其独特地位。

第三，确立高等教育学学科在高等教育实践中的独特地位。学科建设是高等教育学的"上天"工程，问题研究是高等教育学的"入地"工程，这两项任务是高等教育学自建立以来的双重任务。由于高等教育学在我国的建制路径是"由外而内"，没有现成的学术规范可资借鉴，因而其理论的原创性极为困难。但也要注意，高等教育实践是高等教育学建设的基础和来源，若无高等教育实践，断无高等教育学学科建设这一问题。国内研究者在进行高等教育学学科建设的过程中，一定要把学科建设和高等教育实践中遇到的问题及其解决结合起来。我们不能用理论研究者构建的概念、原理、命题等去演绎高等教育实践，而要根据高等教育实践去生长出基本的概念、原理、命题等，从而实现高等教育理论和高等教育实践的交互生成，进而形成对高等教育实践的话语权，真正使高等教育学学科成为高等教育实践者所重视并信服的学科。[①]

第四，确立高等教育学学科在高等学校学科建设中的独特地位。一流大学，必须有一流的高等教育学学科。高等学校要充分发挥高等教育学学科在学校人才培养、科学研究和社会服务中的作用，而不应把高等教育学学科视为学校的学科负担，甚至将其淘汰。

二、强化高等教育学学科建设的中国立场

教育学在中国的发展受到"双重殖民"：一方面，来自其他学科的"殖民"；另一方面，来自国外教育学的"殖民"。前一个"殖民"导致教育学立场的缺失，后一个"殖民"导致中国立场的缺失。在高等教育学研究中，"双重殖民"的情况也存在。就他国的"殖民"来说，其实高等教育学是具有中国特色的学科，但是在其发展过程中，随着我国改革开放的推进和经济全球化的进程加快，在国际交流中，中国高等教育学受到了国外高等教育学的"殖民"。学术研究虽无国界，但是学术研究有文化的传统。引进国外的高等教育学理论对中国高等教育学的发展和高等教育实践的推进具有促进作用，但是我们也应看到其"殖民"所带来的不利后果。在高等教育学的学科建设过程中，我们要基于"中国立场"，回到中国的文化传统中，汇聚中国高等教育学研究的经验、知识等。坚持"中国立场"，这是形成理论体系、增强学科研究统一性和凝聚力的必要选择。[②]

---

① 李均：《元高等教育学引论》，载《江苏高教》，2002(4)。
② 侯怀银、李艳莉：《21 世纪初高等教育学学科建设的探索》，载《苏州大学学报（教育科学版）》，2014(4)。

三、强化高等教育学学科的学术品质

高等教育学学科群的形成是高等教育学发展和走向成熟的一个标志。[1] 完整的高等教育学学科群应覆盖高等教育的所有方面和高等教育实践的一切领域。高等教育学学科群的形成正是研究者全方位地理论描述和多角度地系统分析高等教育实践的成果。高等教育学学科群中的众学科在高等教育学学科结构中虽所处的位置和发挥的作用不同，但都是我们全面理解和阐释高等教育所不可或缺的。现实中，这些分支学科的发展速度却是参差不齐的。高等教育学学科还没有真正建立起自身的概念、范畴和体系，学术品质需要进一步提升，我们要尽快处理好高等教育学和高等教育实践的关系，加强理论对实践的适度超前性和方向指导性，形成高等教育学的学科累积机制，探索建构我国高等教育学自身国际荣誉和学术尊严的途径。

当前特别要注意提升高等教育学、高等教育史和高等学校课程与教学论在整个高等教育学学科中的地位。特别要处理好高等教育学的"学"和"术"的关系。高等教育学作为一门学科，在我国的建设基本上是作为"术"而存在的。学者们编写《高等教育学》的设想基本上就是"供综合大学和其他具有培养高等学校教师任务的院校的本科生，特别是研究生学习，也可以供高等学校的教师和干部学习"[2]。高等教育学主要作为高校干部、教师和研究生学习高等教育理论的一门课程或教学科目而形成和发展起来，没有真正作为一个学术研究领域而充分受到中国学者的重视。虽然有的学者已提出高等教育学学科建设的努力方向，应当一方面努力探索如何形成本学科的科

---

[1]　侯怀银：《我国新时期高等教育学学科体系建设和发展的回顾与反思》，载《中国高教研究》，1998(5)。

[2]　潘懋元：《在〈高等教育学〉教材听取意见座谈会上的发言》，载《高等教育研究》，1984(1)。

学理论体系，另一方面如何编写出符合认知心理与教学原则的课程教材。[1] 但高等教育学更多地被视为一门课程，而未被真正当作一门学术科目，高等教育学更多的是作为"术"，而不是作为"学"来发挥其作用。中国学者所建立的高等教育学体系实际上主要是教材体系，而不是学术体系。编写教材已成为高等教育学发展的重要方式。高等教育学的建设主要立足学科和课程，而高等教育学作为一种知识门类、理论体系、思想领域的研究实际被边缘化了。这是导致高等教育学目前学术品位不高的重要原因之一。

高等教育学在高等教育学学科群中所扮演的角色和应发挥的作用，需要研究者很好地定位。高等教育学在高等教育学学科群中的使命不在于建立一个包罗万象的、宏大的高等教育学学科，而在于强化高等教育学的基础，为高等教育学的分支学科提供理论依据。高等教育学应致力于对高等教育学中的基本概念、术语体系、基本命题等进行理性的、学理上的深层次认识，并对高等教育的发展提出合理的取向并加以理论上的导引。当前的高等教育学研究应接着中国高等教育学形成的研究传统"接着讲"，一方面，研究高等教育学中最一般的原理，具体对何谓高等教育学、高等教育学的研究对象、高等教育学的学科性质、高等教育学的功能、高等教育学的体系、高等教育学的研究方法等进行深入的研究；另一方面，对高等教育中的一般原理进行研究，具体对何谓高等教育、高等教育的本质、高等教育的产生和发展、高等教育的规律、高等教育的功能、高等教育的价值、高等教育的目的、高等教育的内容、高等教育的结构等进行深度研究，为推进高等教育学学科建设奠定扎实的理论基础。

---

[1] 潘懋元：《关于高等教育学科建设的若干问题——在全国高等教育学科建设研讨会上的报告》，载《高等教育研究》，1993(2)。

四、强化中国高等教育学学派的建设

纵观教育学的发展历程，学派在学科发展过程中所起的作用至关重要。中国高等教育学学科的发展也需要建立学派，以推进中国高等教育学的发展。中国高等教育学的发展离不开研究者所具有的学科意识，更需要研究者具有学派意识。没有学派意识的高等教育研究者是不会产生真正的学术创新和学术争鸣的，更没有丰富多彩的高等教育思想之间的对话和交流。学派也可以促进高水平的研究团队和真正的高等教育学家的诞生和成长。在中国高等教育学的学科建设上，我们也很有必要从学科发展走向学派的发展。目前最为重要的是尽快培育"70 后""80 后"学派传人和领袖。学派建设必须有一批优秀的研究者。研究者作为学派的集中代表，需要不断提升自己的研究素质和水平，既要坚持为政策服务的目的，又要以应对实践为目标，更要从高等教育学学科自身的特点出发，尊重学科的内在逻辑，以真实、客观地反映规律为己任，用一个相当长时期的追求，完成理论体系的创造，树立学科的学术尊严，并通过研究者个体的创造性活动，影响、改造、建构学科群体，共同进行高等教育学学科理论体系的创新性建设，确立高等教育学独立自主的研究领域、学术地位、价值体系和方法策略，从而体现高等教育学学科发展的整体性、系统性和连续性，形成高等教育学的知识积淀，实现高等教育学的国际责任。

五、强化以学院和学生为载体的学科制度建设

在社会学意义上，学科制度是指学科规范体系及其物质体现，其背后的支撑是深层次的理念。我们这里所说的学科制度，强调学科发展的规范或者学术规范、规则等问题，也即研究者常说的学科的内在制度问题。学科的制度精神，作为学科的重要组成部分，预先地存在并隐含弥漫在整体的科学共同体中，它是学科活动潜在的制度律令，需要内化到每个研究者的心智结构中，进而形成一种普

遍的研究、认识规范。① 就高等教育学而言，高等教育学的学科制度包括学科的划分、课程的设置、学科的研究规范、学科的评价标准、学科的奖惩制度等。从一定意义上可以说，学科的制度化过程就是学科独特性体现的过程。高等学校必须重视高等教育学学科建设，通过本科专业设置高等教育学课程、硕士和博士进行高等教育学专业人才培养等方式，培养高等教育学学科建设人才，推进中国高等教育学学科的持续建设和发展。

20 世纪，高等教育学在中国已作为一门独立、系统的教育学二级学科成长、发展起来了。21 世纪的中国高等教育学发展必须重视中国高等教育学派的建设，以学派促学科发展。中国文化博大精深，若认为中国古代的成均、书院等已具有高等教育的特征，则中国高等教育思想渊源久远，高等教育经验丰富，加上现阶段中国高等教育发展的地域特征明显，不同地域的高等教育发展面临的问题不尽相同。在这样的认识基础上，中国高等教育学的发展必须植根于中国文化的土壤中，直面中国高等教育发展的问题，形成真正具有中国风格、中国气派和中国智慧并多样化的中国高等教育学学派。这是高等教育学在 21 世纪真正成为一门自立、自为、成熟学科的重要标志之一。②

---

① 侯怀银：《高等教育学》，101 页，太原，山西人民出版社，2014。
② 侯怀银、王霞：《高等教育学发展面临的主要问题》，载《教育研究》，2006(4)。

主要参考文献

[1]蔡克勇：《高等教育简史》，武汉，华中工学院出版社，1982。

[2]熊明安：《中国高等教育史》，重庆，重庆出版社，1983。

[3]潘懋元：《高等教育学讲座》，北京，人民教育出版社，1983。

[4]朱九思、蔡克勇、姚启和：《高等学校管理》，武汉，华中工学院出版社，1983。

[5]潘懋元：《高等教育学（上）》，北京，人民教育出版社；福州，福建教育出版社，1984。

[6]《中国教育年鉴》编辑部：《中国教育年鉴（1949—1981）》，北京，中国大百科全书出版社，1984。

[7]潘懋元：《高等教育学（下）》，北京，人民教育出版社；福州，福建教育出版社，1985。

[8]郑启明、薛天祥：《高等教育学》，上海，华东师范大学出版社，1985。

[9]潘懋元：《高等教育学讲座》（增订本），北京，人民教育出版社，1985。

[10][美]菲利浦·G. 阿特巴赫：《比较高等教育》，符娟明、陈树清译，北京，文化教育出版社，1985。

[11][英]J. D. 贝尔纳：《科学的社会功能》，陈体芳译，北京，商务印书馆，1982。

[12][美]约翰·S. 布鲁贝克：《高等教育哲学》，王承绪等译，杭州，浙江教育出版社，1987。

[13]符娟明：《比较高等教育》，北京，北京师范大学出版社，1987。

[14][法]迪尔凯姆：《社会学研究方法论》，胡伟译，北京，华夏出版社，1988。

[15][美]伯顿・克拉克：《高等教育新论——多学科的研究》，王承绪等译，杭州，浙江教育出版社，1988。

[16]国家教育委员会教育发展与政策研究中心：《当代国际高等教育改革的趋向》，北京，高等教育出版社，1988。

[17]郭笙：《新中国教育四十年》，福州，福建教育出版社，1989。

[18]田建国：《高等教育学》，济南，山东教育出版社，1990。

[19]刘光：《新中国高等教育大事记(1949—1987)》，长春，东北师范大学出版社，1990。

[20]辽宁省高等教育研究所办公室：《全国高等教育研究室所简介》，沈阳，辽宁人民出版社，1990。

[21]张诗亚、王伟廉：《教育科学学初探：教育科学的反思》，成都，四川教育出版社，1990。

[22]眭依凡、欧阳侃、李佛铨：《高等教育学》，南昌，江西高校出版社，1991。

[23]邓晓春、王华春：《高等教育研究的组织与管理》，沈阳，辽宁大学出版社，1991。

[24]孙绵涛：《高等教育学概论》，武汉，华中师范大学出版社，1991。

[25][法]G. 米亚拉雷等：《教育科学导论》，思穗等译，北京，教育科学出版社，1991。

[26]陈燮君：《学科学导论：学科发展理论探索》，上海，上海三联书店，1991。

[27]杨德广：《高等教育学概论》，上海，上海交通大学出版社，1991。

[28]孟明义：《高等教育经济学》，北京，教育科学出版社，1991。

[29]《潘懋元高等教育文集》，北京，新华出版社，1991。

[30]曲士培：《中国大学教育发展史》，太原，山西教育出版社，1993。

[31]潘懋元：《高等教育学讲座》，北京，人民教育出版社，1993。

[32]郑登云：《中国高等教育史》上册，上海，华东师范大学出版社，1994。

[33]余立：《中国高等教育史》下册，上海，华东师范大学出版社，1994。

[34][美]伯顿・克拉克：《高等教育系统——学术组织的跨国研究》，王承绪等

　　　译，杭州，杭州大学出版社，1994。

[35]胡建华、陈列、周川等：《高等教育学新论》，南京，江苏教育出版社，
　　　1995。

[36]王明达：《中国教育科学研究概况》，北京，教育科学出版社，1995。

[37]潘懋元、王伟廉：《高等教育学》，福州，福建教育出版社，1995。

[38]潘懋元：《新编高等教育学》，北京，北京师范大学出版社，1996。

[39]黄宇智：《潘懋元高等教育学文集》，汕头，汕头大学出版社，1997。

[40]金吾伦：《跨学科研究引论》，北京，中央编译出版社，1997。

[41]涂又光：《中国高等教育史论》，武汉，湖北教育出版社，1997。

[42]安文铸、贺宏志、陈峰：《教育科学学引论》，南昌，江西教育出版
　　　社，1997。

[43][美]华勒斯坦等：《开放社会科学》，刘锋译，北京，生活·读书·新知三
　　　联书店，1997。

[44]谢安邦：《高等教育学》，北京，高等教育出版社，1999。

[45]张应强：《文化视野中的高等教育》，南京，南京师范大学出版社，1999。

[46][美]华勒斯坦等：《学科·知识·权力》，刘健芝等编译，北京，生活·读
　　　书·新知三联书店，1999。

[47]李文长、朱国仁、秦国柱：《高等教育科学发展研究》，北京，光明日报出
　　　版社，2000。

[48]郝维谦、龙正中：《高等教育史》，海口，海南出版社，2000。

[49]王坤庆：《20 世纪西方教育学科的发展与反思》，上海，上海教育出版社，
　　　2000。

[50]金林祥：《20 世纪中国教育学科的发展与反思》，上海，上海教育出版社，
　　　2000。

[51]陈学飞：《中国高等教育研究 50 年(1949—1999)》，北京，教育科学出版
　　　社，1999。

[52]薛天祥：《高等教育学》，桂林，广西师范大学出版社，2001。

[53][美]克拉克·克尔：《高等教育不能回避历史——21 世纪的问题》，王承绪
　　　译，杭州，浙江教育出版社，2001。

［54］李政涛：《教育学科与相关学科的"对话"——从知识、科学、信仰和人的角度》，上海，上海教育出版社，2001。

［55］王伟廉：《高等教育学》，福州，福建教育出版社，2001。

［56］潘懋元：《多学科观点的高等教育研究》，上海，上海教育出版社，2001。

［57］薛天祥：《研究生教育学》，桂林，广西师范大学出版社，2001。

［58］［法］埃德加·莫兰：《方法：天然之天性》，吴泓缈、冯学俊译，北京，北京大学出版社，2002。

［59］周川：《简明高等教育学》，南京，河海大学出版社，2002。

［60］郑金洲、瞿葆奎：《中国教育学百年》，北京，教育科学出版社，2002。

［61］［美］托马斯·库恩：《科学革命的结构》，金吾伦、胡新和译，北京，北京大学出版社，2003。

［62］潘懋元：《中国高等教育百年》，广州，广东高等教育出版社，2003。

［63］孙喜亭、刘淑兰、李志英：《高等教育概论》，北京，北京师范大学出版社，2003。

［64］潘懋元：《高等教育：历史、现实与未来》，北京，人民教育出版社，2004。

［65］李铁君：《大学学科建设与发展论纲》，北京，中国社会科学出版社，2004。

［66］戚万学：《高等教育学》，济南，山东人民出版社，2004。

［67］张楚廷：《高等教育哲学》，长沙，湖南教育出版社，2004。

［68］侯定凯：《高等教育社会学》，桂林，广西师范大学出版社，2004。

［69］上海市社会科学界联合会：《二十世纪中国社会科学·教育学卷》，上海，上海人民出版社，2005。

［70］李均：《中国高等教育研究史》，广州，广东高等教育出版社，2005。

［71］［美］朱丽·汤普森·克莱恩：《跨越边界——知识、学科、学科互涉》，姜智芹译，南京，南京大学出版社，2005。

［72］钟玉海：《高等教育学》，合肥，合肥工业大学出版社，2005。

［73］毛礼锐、沈灌群：《中国教育通史（第 6 卷）》，济南，山东教育出版社，2005。

［74］庞青山：《大学学科论》，广州，广东教育出版社，2006。

［75］傅树京：《高等教育学》，北京，首都师范大学出版社，2007。

[76]张斌贤、刘慧珍:《西方高等教育哲学》,北京,北京师范大学出版社,2007。

[77]肖海涛、殷小平:《潘懋元教育口述史》,北京,北京师范大学出版社,2007。

[78]潘懋元:《高等教育研究方法》,北京,高等教育出版社,2008。

[79]全国教育科学规划领导小组办公室:《全国教育科学"十五"规划学科发展报告》,北京,教育科学出版社,2007。

[80]方文:《学科制度和社会认同》,北京,中国人民大学出版社,2008。

[81]顾建民:《高等教育学》,杭州,浙江大学出版社,2008。

[82]王建华:《高等教育学的建构》,广州,广东高等教育出版社,2009。

[83]侯怀银:《教育研究方法》,北京,高等教育出版社,2009。

[84]喻岳青、谢维和:《20世纪的中国高等教育·高等教育研究卷》,北京,高等教育出版社,2009。

[85]张应强:《精英与大众:中国高等教育60年》,杭州,浙江大学出版社,2009。

[86]刘海峰:《高等教育历史与理论研究》,北京,中国海洋大学出版社,2009。

[87]张楚廷:《高等教育学导论》,北京,人民教育出版社,2010。

[88]刘海峰、史静寰:《高等教育史》,北京,高等教育出版社,2010。

[89]林金辉:《潘懋元高等教育思想》,广州,广东高等教育出版社,2010。

[90]侯怀银:《西方教育学在20世纪中国的传播和影响》,长春,东北师范大学出版社,2011。

[91]侯怀银等:《20世纪中国教育学发展问题研究》,北京,北京师范大学出版社,2011。

[92]谢桂华:《高等学校学科建设论》,北京,高等教育出版社,2011。

[93]刘小强:《学科建设:元视角的考察——关于高等教育学学科建设的反思》,广州,广东高等教育出版社,2011。

[94]叶忠海:《成人高等教育学》,上海,同济大学出版社,2011。

[95]张楚廷:《张楚廷教育文集·第12卷·高等教育学卷》,长沙,湖南人民出版社,2012。

［96］韩延明：《高等教育学新论》，济南，山东人民出版社，2012。

［97］张忠华：《高等教育专题新论》，北京，光明日报出版社，2013。

［98］方泽强：《高等教育学的学科建设研究》，广州，广东高等教育出版社，2014。

［99］侯怀银：《高等教育学》，太原，山西人民出版社，2014。

［100］胡弼成：《高等教育学》，长沙，湖南师范大学出版社，2015。

［101］叶澜：《回归突破——"生命·实践"教育学论纲》，上海，华东师范大学出版社，2015。

［102］赵国祥、刘志军：《高等教育研究》，开封，河南大学出版社，2016。

［103］潘懋元、陈兴德：《中国高等教育自主发展路径研究——学术理念、学术语言与学术评价的视角(修订版)》，北京，高等教育出版社，2016。

［104］［德］马克斯·韦伯：《社会科学方法论》，韩水法、莫茜译，北京，商务印书馆，2013。

［105］田建荣：《高等教育学基础》，西安，陕西师范大学出版总社，2018。

［106］王战军：《世界一流大学世界一流学科建设政策汇编》，北京，中国科学技术出版社，2018。

［107］刘海峰、史秋衡：《高等教育研究的国家队——厦门大学教育研究院 40 年的研究贡献》，厦门，厦门大学出版社，2018。

［108］王英杰、刘宝存等：《中国教育改革开放 40 年·高等教育卷》，北京，北京师范大学出版社，2019。

［109］厦门大学高等教育科学研究室：《必须开展高等教育的理论研究——建立高等教育学学科刍议》，载《厦门大学学报》，1978(4)。

［110］张健：《教育科学研究必须为社会主义四个现代化服务》，载《教育研究》，1979(2)。

［111］潘懋元：《在〈高等教育学〉教材听取意见座谈会上的发言》，载《高等教育研究》，1984(1)。

［112］叶澜：《关于加强教育科学"自我意识"的思考》，载《华东师范大学学报(教育科学版)》，1987(3)。

［113］李文长：《浅议高等教育学学科建设》，载《江苏高教》，1989(3)。

[114]王周、李怒云：《高等教育科学研究的现状、问题及对策》，载《上海高教研究》，1990(3)。

[115]潘懋元：《教育外部关系规律辨析》，载《厦门大学学报》，1990(2)。

[116]张祥云：《论高校对教育范畴的突破及其认识意义——对高等教育学研究对象特殊性的理论探讨》，载《上海高教研究》，1991(2)。

[117]潘懋元：《关于高等教育学学科建设的若干问题——在全国高等教育学学科建设研讨会上的报告》，载《高等教育研究》，1993(2)。

[118]潘懋元：《加强高等教育基本理论的研究工作》，载《高等教育研究》，1994(1)。

[119]薛天祥、谢安邦、唐玉光：《建立高等教育学理论体系的思考》，载《上海高教研究》，1994(1)。

[120]王冀生：《要重视和加强宏观高等教育学的研究》，载《上海高教研究》，1995(3)。

[121]王伟廉：《学科基本问题与高等教育学的发展》，载《中国高教研究》，1995(2)。

[122]方展画：《对高等教育学学科建设的若干理论思考》，载《高等教育研究》，1996(3)。

[123]杨德广：《关于建立现代高等教育学的思考》，载《高等教育研究》，1996(2)。

[124]朱国仁：《关于高等教育学的研究对象、体系与方法的思考》，载《教育研究》，1997(2)。

[125]潘懋元：《高等教育研究在中国发展的轨迹——为〈高等教育研究在中国〉（英文本）而作》，载《高等教育研究》，1998(1)。

[126]侯怀银：《我国新时期高等教育学学科体系建设和发展的回顾与反思》，载《中国高教研究》，1998(5)。

[127]闵维方、丁小浩：《对我国高等教育经济学研究的回顾和展望》，载《高等教育研究》，1999(3)。

[128]王建华：《多学科研究与高等教育学学科建设》，载《高等教育研究》，2003(2)。

[129]李硕豪:《高等教育学学科性质辨析》,载《高等教育研究》,2002(1)。

[130]李均:《元高等教育学引论》,载《江苏高教》,2002(4)。

[131]林金辉:《高等教育学学科建设的基本轨迹及其走向》,载《教育研究》,
　　　2003(2)。

[132]李均、梁仕新:《论多学科研究方法与高等教育学学科建设》,载《现代大
　　　学教育》,2003(6)。

[133]文雯:《高等教育学学科建设研究综述》,载《高等教育研究》,2005(6)。

[134]潘懋元、陈兴德:《依附、借鉴、创新?——中国高等教育学学科建设之
　　　路》,载《北京大学教育评论》,2005(1)。

[135]侯怀银、王霞:《高等教育学发展面临的主要问题》,载《教育研究》,2006
　　　(4)。

[136]李志峰:《高等教育学学科研究:反思与批判》,载《黑龙江高教研究》,
　　　2006(7)。

[137]王建华:《领域、学科之争与高等教育概念体系的建构》,载《现代大学教
　　　育》,2006(2)。

[138]刘志文:《中国高等教育学分支学科发展的历史脉络》,载《江苏高教》,
　　　2007(2)。

[139]陈玉祥:《略论高等教育学学科群研究的意义及其演进》,载《中国高教研
　　　究》,2007(2)。

[140]高田钦:《论高等教育学理论体系的逻辑法构建》,载《高教探索》,2007
　　　(3)。

[141]杨德广:《潘懋元教授与我国第一本〈高等教育学〉》,载《高等教育研究》,
　　　2008(4)。

[142]刘志文:《潘懋元与中国高等教育学分支学科的发展》,载《高等教育研
　　　究》,2008(12)。

[143]祝爱武:《我国高等教育学学科发展的特点分析》,载《中国高教研究》,
　　　2009(2)。

[144]王青、陈亦强:《高等学校高等教育研究机构发展路径的探讨》,载《苏州
　　　大学学报(哲学社会科学版)》,2009(4)。

[145]刘小强：《高等教育学理论体系建设：来自周边学科的启示》，载《江苏高教》，2009(3)。

[146]刘海峰：《高等教育学：在学科与领域之间》，载《高等教育研究》，2009(11)。

[147]雷家彬：《高等教育学教材体系建设的回顾与思考》，载《高等理科教育》，2010(6)。

[148]张忠华、吴莉：《高等教育学教材建设30年：历程、经验与问题》，载《高校教育管理》，2010(1)。

[149]龚放：《追问研究本意 纾解"学科情结"》，载《北京大学教育评论》，2011(4)。

[150]袁本涛：《在学科与领域之间——制度化的高等教育研究》，载《北京大学教育评论》，2011(4)。

[151]阎光才：《高等教育研究的学科化：知识建构还是话语策略?》，载《北京大学教育评论》，2011(4)。

[152]张应强：《超越"学科论"和"研究领域论"之争——对我国高等教育学学科建设方向的思考》，载《北京大学教育评论》，2011(4)。

[153]郭雷振：《学科标准视域中的"高等教育"学科属性探析》，载《北京大学教育评论》，2011(4)。

[154]刘小强：《学科还是领域：一个似是而非的争论——从学科评判标准看高等教育学的学科合法性》，载《北京大学教育评论》，2011(4)。

[155]方泽强：《高等教育研究的反思和展望——范式的视角》，载《中国高教研究》，2011(12)。

[156]王洪才：《高等教育学：成就、难题与展望》，载《高校教育管理》，2013(2)。

[157]方泽强：《高等教育学学科建设基本理论问题研究述评》，载《西南交通大学学报(社会科学版)》，2013(5)。

[158]侯怀银、李艳莉：《21世纪初高等教育学学科建设的探索》，载《苏州大学学报(教育科学版)》，2014(4)。

[159]方泽强：《高等教育学：一门"特殊"的教育学科及其发展》，载《现代教育

论丛》，2014(2)。

[160]潘懋元：《关于高等教育学学科建设的反思》，载《中国教育科学》，2014
    (4)。

[161]方泽强：《论高等教育学的学科性质》，载《现代教育管理》，2014(6)。

[162]李均：《潘懋元高等教育思想的渊源与中国高等教育学学科的创建——基
    于我国第一部〈高等教育学〉编写过程及贡献的论述》，载《山东高等教育》，
    2015(1)。

[163]王中宽：《我国高等教育学硕士学位论文的共词聚类分析》，载《现代教育
    科学》，2016(9)。

[164]侯怀银：《高等教育学学科未来发展亟待解决的几个问题》，载《中国高教
    研究》，2016(10)。

[165]解瑞红：《当前高等教育学学科建设中的不足与展望》，载《复旦教育论
    坛》，2016(5)。

[166]刘志忠、张琼：《我国高等教育学学科建设的历程与逻辑走向——基于研
    究方法的视角》，载《高教探索》，2016(8)。

[167]卢晓中：《高等教育学的学科性质及相关问题》，载《中国高教研究》，2016
    (11)。

[168]张应强：《当前我国高等教育学的危机与应对》，载《高等教育研究》，2017
    (1)。

[169]李均：《高等教育学如何走出学科发展危机》，载《高等教育研究》，2017
    (1)。

[170]李海龙：《高等教育学的常识、传统与想象》，载《高等教育研究》，2017
    (10)。

[171]刘志忠：《高等教育学学科建设路径研究》，载《黑龙江高教研究》，2017
    (7)。

[172]付八军：《学科制度改革与高等教育学学科建设——对建设高等教育学一
    级学科的再思考》，载《高等教育研究》，2017(1)。

[173]王建华：《高等教育是否需要高等教育学》，载《高等教育研究》，2017(1)。

[174]刘小强：《关于建设高等教育学一级学科的思考》，载《高等教育研究》，

2017(1)。

[175]李明忠、杨丽娜、李盼盼等：《我国优秀高等教育研究机构的主要特征》，载《高等教育研究》，2018(12)。

[176]胡建华：《中国高等教育学学科发展40年》，载《教育研究》，2018(9)。

[177]陈兴德：《高等教育学的"学科""领域"之争——基于知识社会学视角的考察》，载《高等教育研究》，2018(9)。

[178]王洪才、赵祥辉：《论高等教育学的整合品性》，载《高等教育研究》，2018(8)。

[179]王洪才：《论高等教育学的功用与使命》，载《复旦教育论坛》，2018(3)。

[180]卢彩晨：《走出高等教育学学科建设的困境》，载《中国高等教育》，2018(10)。

[181]李俊义：《高等教育学学科建设之困惑及其破解》，载《现代教育管理》，2018(5)。

[182]叶桂仓：《制度性危机：高等教育学的学科危机新趋向》，载《江苏高教》，2018(5)。

[183]朱平：《略论高等教育学的学科地位与未来走向》，载《黑龙江高教研究》，2018(3)。

[184]方泽强：《高等教育学学科的历史争论、建设反思和未来发展》，载《西南交通大学学报(社会科学版)》，2019(1)。

[185]黄长麒：《高等教育学学科文化的内涵分析》，载《高教学刊》，2019(10)。

[186]李海龙：《高等教育学的想象力》，载《高等教育研究》，2019(1)。

[187]王洪才、汤建：《高等教育跨学科研究：源起·机理·实践》，载《现代大学教育》，2019(1)。

[188]付八军：《"高等教育学"再学科化三重奏》，载《现代大学教育》，2019(1)。

[189]张继明：《论我国高等教育学的学科危机及其范式改造》，载《现代大学教育》，2019(1)。

[190]薛天祥、张万朋：《高等教育学理论体系的构建与在实践中的发展——薛天祥教授专访》，载《苏州大学学报(教育科学版)》，2019(2)。

[191]张晓报、易红郡：《论高等教育学的生存逻辑》，载《大学教育科学》，2019

（3）。

［192］John Lockwood，"Conference on the Development of Higher Education"，
The Journal of Modern African Studies，1963(1).

［193］Gu Mingyuan，"The Development and Reform of Higher Education in Chi-
na"，*Comparative Education*，1984(1).

［194］John Dreijmanis，"The Development of Higher Education and Social
Change: An Ethiopian Experience"，*African Studies Review*，1996(2).

［195］Mahdi Fadaee Khorasgani，"Higher Education Development and Economic
Growth in Iran"，*Education，Business and Society: Contemporary Middle
Eastern Issues*，2008(3).

［196］Jung Cheol Shin，"Higher Education Development in Korea: Western Uni-
versity Ideas，Confucian Tradition，and Economic Development"，*Higher
Education*，2012(1).

［197］James Archibald，"Careers in Student Affairs: A Holistic Guide to Profes-
sional Development in Higher Education"，*Journal of Student Affairs Re-
search and Practice*，2018(3).

［198］Simon Marginson，"Mass Higher Education Development in East Asia:
Strategy，Quality，and Challenges"，*Frontiers of Edu-cation in China*，
2018(1).

附　录　本学科发展大事记

1949 年

11 月，《新华月报》创刊号转载了费孝通的《论考大学》、胡庆钧的《清华社会学系的改造》等文章，对旧中国高等教育的改造问题进行了讨论。

12 月，第一次全国教育工作会议在北京召开。会议讨论了如何对旧教育进行有计划、有步骤的改革问题。

1950 年

6 月，中央人民政府教育部在北京召开了第一次全国高等教育会议，到会的正式代表和列席代表 300 多人，毛泽东主席、周恩来总理等中央领导出席了会议。

9 月，新教育社编写了《稳步改革高等教育》一书。

《大学的改造》一书出版，该书是由费孝通所写的 11 篇文章汇编而成的。

1952 年

我国的高等学校开始学习苏联经验，进行教学改革，包括：改变原有系科，重新设置专业；制订全国统一的专业教学计划；制定与教学计划配套的、统一的教学大纲；翻译借用苏联教材，逐步自编统一教材；增加教学环节，加强教学管理；建立基层教学组织，

加强教学工作的计划性；聘请苏联专家到高等学校讲学，指导教学
改革等。

全国高等学校进行了史无前例的大规模院系调整，同时开展教
学改革。

1953 年

5 月，为适应高等教育改革新形势的需要，新成立的高等教育部
创办了不定期出版的内部刊物《高等教育通讯》。

高等教育部《高等教育通讯》编辑室编印了《苏联高等学校的教学
方法》一书。

1954 年

高等教育部教学指导司编印了《论高等学校的科学研究工作》。

付克在参观并访问苏联高等学校后撰写了《我所看到的苏联高等
学校》一书，由时代出版社出版。

中国人民大学副校长胡锡奎在中央人民政府高等教育部举行的
中国人民大学教学经验讨论会上，对中国人民大学学习苏联经验的
情况进行了报告。

1955 年

芮沐等翻译的苏联学者康士坦丁诺夫主编的《高等学校的讲课方
法问题》由五十年代出版社出版。吴培德等也翻译了这本书，书名译
为《高等学校讲课方法问题》，由高等教育出版社出版。

1956 年

11 月，《高等教育译丛》创刊。

《高等教育通讯》改名为《高等教育》，重点仍然是教学研究。

厦门大学教研组开始在学校试开"高等学校教育学"课程，并着
手筹划编写《高等学校教育学讲义》。

1957 年

1 月，高等教育部在北京召开了修订高等工业学校教学计划座谈

会，与会代表对学习苏联经验进行了中肯的评价。

《高等学校教育学讲义》初稿完成。后由厦门大学教务处教材科印刷成册，并作为校际交流讲义，分送全国综合性大学和师范院校进行交流。

1958 年

《高等教育》停刊。

《高等教育译丛》被迫停办。

教育界掀起"教育大革命"运动，在"以十五年的时间来普及高等教育"等口号下，高等教育获得异乎寻常的飞速发展。

高等教育出版社编辑出版一套"教育与生产劳动相结合展览会经验交流资料"。

1961 年

3 月 22 日，教育部颁布了《关于解决高等学校理科各专业全部课程及工科各类专业基础课程和共同的基础课程的教材问题和计划》，提出了选编理科教材的原则。

在高等教育领域，根据"八字方针"的精神，国家先后对高等学校及专业设置进行调整，制订了《教育部直属高等学校暂行工作条例（草案）》（俗称《高校六十条》或《高教六十条》），使高等教育得到充实和提高。

1962 年

3 月 2 日，周恩来在广州由国家科委召开的科学工作会议和文化部、剧协召开的剧本创作座谈会联席大会上，做了《论知识分子问题》的报告。

教育部制定了《关于编写高等工业学校基础课程和基础技术课程教材的几项原则（草案）》，提出了理论与实际相结合、"少而精"、循序渐进等九项原则。

1963 年

中国人民大学创办了"剪报资料图书卡片社"，专门转载和发行各类专题的报刊资料，高等教育是其中一个专题。

1965 年

教育部创办《高教战线》杂志。

1966 年

5 月 25 日，北京大学哲学系率先开始"文化大革命"。

1968 年

7 月 21 日，毛泽东看了《从上海机床厂看培养工程技术人员的道路》的调查报告后批示："大学还是要办的，我这里主要说的是理工科大学还要办，但学制要缩短，教育要革命，要无产阶级政治挂帅，走上海机床厂从工人中培养技术人员的道路。要从有实践经验的工人农民中选拔学生，到学校学几年以后，又回到生产实践中去。"是为"七二一指示"。

1971 年

4 月至 7 月，全国教育工作会议召开。在这次会议上，由迟群主持起草，经张春桥、姚文元定稿，炮制出一份《全国教育工作会议纪要》。该纪要否定了 1949—1966 年的教育工作成绩，抛出所谓"两个估计"。

1973 年

上海师范大学（现华东师范大学）外国教育研究室翻译了美国巴巴拉・伯恩等编著的《九国高等教育》。

1975 年

6 月至 10 月，由教育部主办的《教育革命通讯》连续发表文章和评论，倡导青少年学生努力学习科学文化知识，批判错误认识，批判了"教育革命"中以干代学的实用主义倾向，并强调，不引导青少年学习科学文化知识，"就势必拖四个现代化的后腿"。这些文章和评论有力地配合了教育领域的全面整顿。

《红旗》杂志第 12 期发表了北京大学、清华大学大批判组的文章

《教育革命的方向不容篡改》。该文发表后，很快被《人民日报》转载，成为"反击右倾翻案风"的进攻信号。

1976 年

朝阳农学院党委在《人民日报》上发表文章，把"朝农经验"总结为"坚决同十七年的修正主义教育路线对着干的经验"，具体为 10 个方面。

教育界掀起批判"教育界的修正主义谬论"的高潮，1949—1966 年的高等教育再次遭受猛烈的攻击和诋毁。

教育部和国务院科技干部局联合组织的学位小组，拟订了《中华人民共和国学位条例（草案）》。

1978 年

5 月 27 日，潘懋元在厦门大学建立了我国第一个以高等教育为研究对象的专门研究机构——厦门大学高等学校教育研究室，这是中国最早成立的以高等教育为研究对象的专门机构。

《厦门大学学报》第 4 期刊发了厦门大学高等教育科学研究室的文章《必须开展高等教育的理论研究——建立高等教育学学科刍议》。

8 月 3 日，厦门大学高等学校教育研究室更名为"厦门大学高等教育科学研究室"。

10 月，厦门大学高等教育科学研究室创办了外国高等教育研究的专业刊物《外国高等教育资料》。

1979 年

6 月，上海师范大学（现华东师范大学）成立高等教育研究会。

10 月 15 日，由厦门大学高等教育科学研究室和上海师范大学高等教育研究会倡议，联合北京师范大学、南京大学、兰州大学、清华大学、上海交通大学和上海市高教局共 8 个单位的高等教育研究组织，共同发起筹备全国高等教育研究会（后改名为"中国高等教育学会"）。

11 月，上海市高等教育研究会正式召开成立大会，推举上海市高教局副局长余立为会长。这是中国第一个由多所院校参加的地区性高等教育研究组织。

1980 年

1 月 19 日至 2 月 1 日，河北省高等教育研究会成立大会在保定举行。

8 月 26 日至 29 日，全国高等教育学会筹备会在厦门鼓浪屿举行了第二次筹备会议。

10 月，华中工学院设立高等教育研究室。

北京大学高等教育研究室成立，主要发起人为陈德威、郝克明、曲士培、陈学飞。

由华中科技大学与中国高等教育学会共同主办的中国高等教育学会会刊《高等教育研究》创刊，面向国内外公开发行。

1981 年

4 月 21 日，北京市高等教育研究会正式成立。

10 月 25 日，湖南省高等教育学会成立。

厦门大学高等教育科学研究室招收了国内第一个高等教育学专业研究生。

1982 年

3 月 18 日至 24 日，云南省高等教育学会第一次代表大会在昆明召开。

10 月，教育部部属高等工业学校教育研究协作组筹备会议在安徽合肥举行。

11 月，湖北省高等教育研究会成立。

《高教战线》复刊。

蔡克勇编写的《高等教育简史》一书由华中工学院出版社出版。

1983 年

1 月 5 日至 10 日，教育部部属高等工业学校教育研究协作组第一次会议在清华大学举行。

3月9日至12日，中国冶金高等教育学会召开了冶金院校思想政治工作专题学术讨论会。

3月15日，国务院学位委员会第四次会议决定公布《高等学校和科研机构授予博士、硕士学位的学科、专业目录（试行草案）》。国务院学位委员会公布的学科、专业目录，将高等教育学正式列为教育学的二级学科。

5月28日，中国高等教育学会正式成立。

11月14日至19日，《高等教育学》教材听取意见座谈会在华中工学院召开。

《高等工程教育研究》创刊。

潘懋元著的《高等教育学讲座》一书由人民教育出版社出版；熊明安编著的《中国高等教育史》一书由重庆出版社出版。

北京大学设立高等教育学硕士点。

1984 年

2月，厦门大学高等教育科学研究室正式改建为厦门大学高等教育科学研究所。

2月，北京大学高等教育科学研究所由教育部批准成立。

7月，由潘懋元主编的我国第一部《高等教育学（上）》由人民教育出版社和福建教育出版社联合出版，这是中国高等教育学的第一部系统著作。

11月26日至12月1日，中国高等教育管理研究会成立会暨学术讨论会在北京召开。

1985 年

2月，潘懋元主编的《高等教育学（下）》由人民教育出版社出版。

4月22日至26日，教育部部属高等工业学校教育研究协作组年会在天津大学举行。

7 月 15 日至 18 日，中美大学校长会议第一次会议在北京举行。

8 月 4 日至 10 日，中国高等教育学会第一届理事会暨学术讨论会在哈尔滨召开。

11 月，潘懋元著的《高等教育学讲座》（增订本）由人民教育出版社出版。

12 月 16 日至 21 日，中国高等教育管理研究会第二次学术讨论会在柳州召开。

12 月，郑启明、薛天祥主编的《高等教育学》由华东师范大学出版社出版。

1986 年

2 月 19 日至 3 月 3 日，教育部部属高等工业学校教育研究协作组第一次高等工程教育理论讨论会在华侨大学举行。

朱江、张耀灿主编的《大学德育概论》由湖北教育出版社出版；齐亮祖、刘敬发主编的《高等教育结构学》由黑龙江教育出版社出版。

经国务院学位委员会批准，厦门大学获批高等教育学二级学科博士学位授予权。华东师范大学和华中工学院获教育学一级学科授权，可招收高等教育学专业研究生。北京航空航天大学和北京科技大学开始招收培养教育管理硕士研究生（高等教育方向）。

任宇编写的《高等教育学选讲》一书由高等教育出版社出版。

1987 年

2 月，中央教育行政学院编写的《高等教育原理》由北京师范大学出版社出版。

4 月 13 日至 18 日，全国高等教育管理理论体系研讨会在华东师范大学召开。

5 月 22 日至 31 日，教育部部属高等工业学校教育研究协作组第二次高等工程教育理论讨论会在华南工学院举行。

8 月 12 日至 19 日，教育部部属高等工业学校教育研究协作组第五次高等工程教育专题研究会在四川举行。

8月14日，中国高等教育学会第二届会员代表大会暨学术年会在北京召开。

符娟明主编的《比较高等教育》一书由北京师范大学出版社出版；陈列、陆有德、袁君毅编著的《大学教学概论》一书由浙江大学出版社出版。

1988 年

4月11日至17日，教育部部属高等工业学校教育研究协作组第三次高等工程教育理论讨论会在南京工学院举行。会议主题是"新时期工科大学生的身心特点及其发展规律"。

5月10日至12日，全国省级高教研究期刊首次联席会议在江苏扬州召开。

7月，厦门大学高等教育科学研究所经国家教委批准为全国高等教育学重点学科点。

10月29日至11月2日，第二届大学教育思想研讨会在江苏南京召开。

11月24日至27日，教育部部属高等工业学校教育研究协作组理论工作会议在华中理工大学举行。会议主题是"讨论协作组的研究工作和理论队伍建设"。

中国高等教育学会首次举办了"高等教育科学研究成果奖"评选活动。

陈谟开主编的《高等教育评价概论》由吉林教育出版社出版；杨异军等编著的《高等教育评价原理与方法》由陕西师范大学出版社出版；周复昌等著的《高等师范专科教育概论》由浙江大学出版社出版。

1989 年

4月13日至17日，教育部部属高等工业学校教育研究协作组第六次专题研究会在重庆大学举行。会议主题是"高等工程教育与社会、经济发展的关系"。

10 月 18 日至 21 日，由北京大学、厦门大学发起的全国校际高等教育研究所(室)工作讨论会在厦门大学召开。

王冀生著的《高等工程教育概论》由电子科技大学出版社出版；谢祖钊和傅雄烈主编的《高等工程教育概论》由北京航空航天大学出版社出版；叶忠海、高本义主编的《成人高等教育学》由辽宁教育出版社出版；中央教育行政学院编的《高等专科教育研究》由高等教育出版社出版。

1990 年

4 月 17 日至 21 日，"国际高等工程教育学术讨论会"(International Symposium on Higher Engineering Education)在浙江杭州举行。会议主题是"高等工程教育的现状、改革和发展趋势"。

4 月 20 日至 23 日，全国高等职业技术教育研究会第二届第二次理事会在金陵职业大学召开。

6 月 21 日至 23 日，第二次全国省(市、区)级高教研究期刊负责人联席会议在天津召开。

9 月 11 日至 20 日，教育部部属高等工业学校教育研究协作组高等工程教育第五次理论讨论会在华东冶金学院举行。

11 月 12 日至 17 日，教育部部属高等工业学校教育研究协作组第七次专题研究会在华侨大学举行，同时举行了全国高等工程教育研究会筹备会。

12 月 23 日至 24 日，高等职业技术教育研究会第二届第四次会长会议在江汉大学召开。

经国务院学位委员会批准，北京大学获批高等教育学二级学科博士学位授予权；清华大学获批高等教育学二级学科硕士学位授予权。

田建国著的《高等教育学》一书由山东教育出版社出版。

1991 年

5 月 10 日至 12 日，中国高等工程教育研究会成立大会暨第一届第一次理事会在北京举行。

6 月 4 日，由福建省高教学会、福建省教委高教室主办的部分省级高教研究期刊负责人座谈会在福建福州召开，5 家期刊负责人参加了这次会议。

6 月 25 日至 28 日，全国高等教育评估第三次学术讨论会在天津大学召开。

7 月 2 日至 5 日，由《广西高教研究》编辑部承办的全国省（市、区、部）级高教研究期刊负责人第三次联席会议在广西桂林召开。

10 月 21 日至 26 日，全国高等职业技术教育研究会第四次会员大会暨第四次学术年会在河南郑州举行。

11 月 7 日至 11 日，中国高等工程教育研究会全国高等工程教育第一次学术讨论会在电子科技大学举行。

经国务院学位委员会批准，北京师范大学获批高等教育学二级学科硕士学位授予权。

孙绵涛主编的《高等教育学概论》由华中师范大学出版社出版；叶春生主编的《高等职业技术教育概论》由南京出版社出版；李煌果、王秀卿主编的《研究生教育概论》由科学技术文献出版社出版；杨德广主编的《高等教育学概论》一书由上海交通大学出版社出版；眭依凡、欧阳侃、李佛铨编著的《高等教育学》一书由江西高校出版社出版；孟明义主编的《高等教育经济学》一书由教育科学出版社出版。

1992 年

4 月 18 日至 20 日，由厦门大学高等教育科学研究所倡议召开的高等教育学学科研究生培养工作研讨会在北京大学高等教育科学研究所举行。

5 月 24 日至 27 日，国内首次比较高等教育研讨会在厦门大学高等教育科学研究所召开。

9 月 7 日至 9 日，中国高教学会高教研究期刊研究会筹备会在吉林长春召开。

10 月 6 日至 9 日，全国高等学校高教研究所（室）第二次工作会议在上海国际教育交流中心举行。

10 月 28 日至 30 日，中国高教学会高教研究期刊研究会筹委会成立大会暨学术讨论会在安徽黄山召开。

12 月 19 日至 22 日，由中国高等教育学会、福建省高等教育学会、厦门大学高等教育科学研究所联合发起的"全国高等教育学学科建设研讨会"在厦门大学召开。会议主要对高等教育学学科建设问题进行了讨论。这次会议筹备成立了"中国高等教育学会高等教育学研究会"。

张坼福主编的《大学课程论》由江苏教育出版社出版。

1993 年

8 月 2 日至 5 日，全国高教研究期刊研究会成立大会暨学术研讨会在云南大理召开。

10 月 19 日至 22 日，全国高等教育学研究会成立大会暨第二届学术研讨会在上海华东师范大学召开。这次会议由中国高等教育学会、上海高等教育学会、华东师范大学高等教育科学研究所和研究会筹备组主持。这次会议正式成立了"中国高等教育学会高等教育研究会"。本次会议主题是"建设有中国特色的社会主义高等教育理论体系"。

忻福良著的《高等专科教育学》由山西教育出版社出版。

经国务院学位委员会批准，华东师范大学获批高等教育学二级学科博士学位授予权。

1994 年

5 月 6 日至 8 日，全国高教期刊研究会常务理事扩大会暨研讨会在福建建阳举行。

1995 年

3 月 27 日至 31 日，全国高等教育学研究会第三届学术研讨会在汕头大学召开。会议由全国高等教育学研究会、广东省高等教育学会和汕头大学高等教育科学研究所联合举办。本届学术研讨会的主题为"在新形势下需要重新认识的基本理论问题"。

10 月 20 日至 24 日，中国高教学会高教期刊研究会学术年会在湖南张家界召开。

潘懋元与王伟廉主编的《高等教育学》由福建教育出版社出版；胡建华、陈列、周川、龚放著的《高等教育学新论》由江苏教育出版社出版。

1996 年

11 月 10 日至 15 日，中国高教学会高教期刊研究会第二次会员代表大会暨 1996 年学术年会在海南海口举行。

11 月 28 日，第二届全国高等教育学学科研究生培养工作研讨会在厦门大学召开。

潘懋元主编、国家教育委员会人事司组织编写的《新编高等教育学》一书由北京师范大学出版社出版。

1997 年

4 月 27 日至 29 日，全国高等教育学研究会第四届学术研讨会在天津举行，由天津市教育科学研究院承办。本届学术研讨会的主题是"高等教育理论研究如何更好地为高等教育发展与改革实践服务"。

黄宇智编的《潘懋元高等教育学文集》一书由汕头大学出版社出版。

1998 年

12 月，全国高等学校教学研究会在北京成立。

经国务院学位委员会批准，华中科技大学获批高等教育学二级学科博士学位授予权。

1999 年

1 月，全国高等学校教学研究中心正式成立。

5 月 5 日至 7 日，全国高等教育学研究会第五届学术研讨会在山东烟台召开，由全国高等教育学研究会主办、烟台师范学院协办，并获得联合国教科文组织亚太地区办事处和中国教科文组织的支持。会议的主题是"知识经济与大学教育改革和发展的关系"。

10 月 24 日至 28 日，全国高教期刊研究会年会在大理医学院召开。

谢安邦主编的《高等教育学》一书由高等教育出版社出版。

2000 年

1 月，厦门大学组建成立了高等教育发展研究中心。

北京大学高等教育科学研究所、教育经济研究所与电化教育中心部分机构合并成立北京大学高教研究所。

经国务院学位委员会批准，南京师范大学获批高等教育学二级学科博士学位授予权。

方展画主编的《高等教育学》一书由浙江大学出版社出版；姚启和著的《高等教育管理学》一书由华中理工大学出版社出版。

2001 年

4 月 3 日至 5 日，由《江苏高教》杂志社和南京理工大学高教所联合承办的全国高教期刊研究会第三次代表大会暨学术研讨会在江苏南京召开。

5 月 26 日至 28 日，全国高等教育学研究会第六届学术年会暨会员代表大会在华中科技大学召开。会议主题为"21 世纪中国高等教育质量及其保障"。

12 月 25 日至 26 日，中国高等教育学会在北京科技大学召开了全国教育科学研究机构工作座谈会。

浙江教育出版社出版了王承绪任总主编的"汉译世界高等教育名著丛书"。

薛天祥主编的《高等教育学》一书由广西师范大学出版社出版；王伟廉主编的《高等教育学》一书由福建教育出版社出版。

中国高等教育学会周远清申报了全国教育科学"十五"规划重点课题，课题名称为"20 世纪的中国高等教育"。

2002 年

5 月 23 日至 24 日，全国高等教育研究机构协作组在湖北鄂州召开了全国高等教育学学科硕士、博士学位授予点研讨会。

6 月 14 日至 16 日，全国高等教育学研究会 2002 年学术年会在广西师范大学召开。26 位与会专家就当前我国高等教育发展过程中的若干热点问题和女性高等教育发展问题展开了深入的讨论。

8 月 8 日至 10 日，全国高等教育研究机构协作组举办、天津市教委和天津高教学会承办的省市级高教研究机构协作会议在天津召开。

张德祥、周润智著的《高等教育社会学》由高等教育出版社出版。

2003 年

4 月 1 日至 4 日，全国高等教育学研究会在云南大学召开当代高等教育前沿问题学术研讨会，与会代表围绕高等教育前沿问题进行了探讨和交流。

11 月 15 日至 17 日，全国高等教育学研究会 2003 年学术年会在中山大学珠海分校召开。本次年会由全国高等教育学研究会与中山大学共同举办。本次年会是全国高等教育学研究会的第七届年会，适逢全国高等教育学研究会成立 10 周年、中国高等教育学会成立 20 周年。会议的主题是"现代大学精神、大学文化与大学制度创新"。

11 月 22 日至 23 日，由中国高等教育学会、国务院学位委员会高等教育学学科评议组主办，河海大学承办的全国高等教育学研究生培养工作学术研讨会在江苏南京召开。

经国务院学位委员会批准，北京师范大学、西南大学、华南师范大学、华中师范大学获批教育学一级学科博士学位授予权，即已具有招收高等教育学博士研究生资格；清华大学、苏州大学、湖南师范大学获批高等教育学二级学科博士学位授予权。

2004 年

4 月 22 日，《教育部办公厅关于进一步加强高等教育研究机构建设的意见》印发。

8 月 2 日至 4 日，全国高等教育学研究会 2004 年学术年会在贵州师范大学召开。与会代表围绕科学发展观和高等教育改革这一会议主题进行了热烈的讨论。

10 月 9 日至 12 日，中国高等教育学会在北京召开了加强高等教育研究机构建设工作研讨会。

张楚廷著的《高等教育哲学》由湖南教育出版社出版。

侯定凯著的《高等教育社会学》一书由广西师范大学出版社出版。

2005 年

11 月 3 日至 5 日，2005 年中国高等教育学会高等教育学专业委员会学术年会在上海交通大学举行。会议主题是"经济全球化背景下的高校改革与发展"。

11 月 12 日至 13 日，中国高等教育学会在北京召开了全国优秀高等教育研究机构表彰大会暨高等教育研究机构协作组会议。

2006 年

6 月 23 日至 24 日，中国高等教育学会高等教育学专业委员会在浙江师范大学召开全国高等教育学硕士点学科建设专题研讨会。

12 月 23 日至 24 日，中国高等教育学会高等教育学专业委员会在北京师范大学珠海分校召开全国高等教育学博士点学科建设专题研讨会。

周川主编的《简明高等教育学》一书由河海大学出版社出版；胡建华等著的《高等教育学新论（新世纪版）》一书由江苏教育出版社出版；田建国著的《高等教育学》一书由山东教育出版社出版。

深圳大学李均申报了全国教育科学"十一五"规划重点课题，课题名称为"中国高等教育学学科的发展与反思"。

经国务院学位委员会批准，东北师范大学、西北师范大学、浙江大学获批教育学一级学科博士学位授予权，即已具有招收高等教育学博士研究生资格；南京大学获批高等教育学二级学科博士学位授予权。

2007 年

7月12日至13日，中国高等教育学会高等教育学专业委员会召开高等教育机会公平与高考制度改革学术研讨会。

朱新梅著的《知识与权力：高等教育政治学新论》由教育科学出版社出版。

中国高等教育学会院校研究分会成立。

潘懋元、王伟廉主编的《高等教育学》一书由福建教育出版社出版；傅树京主编的《高等教育学》一书由首都师范大学出版社出版；侯怀银主编的《高等教育学》一书由山西人民出版社出版。

2008 年

1月3日至6日，全国高等教育学专业委员会2007年度学术年会在齐齐哈尔职业学院召开。本次会议由中国高等教育学会主办、齐齐哈尔职业学院承办。会议的主题是"回顾与展望中国高等教育改革"。

10月24日至26日，中国高等教育学会高等教育学专业委员会2008年度学术年会在三峡大学召开。年会的主题是"改革开放30年与中国高等教育改革和发展"。

顾建民主编的《高等教育学》一书由浙江大学出版社出版。

2009 年

3 月 13 日至 15 日，中国高等教育学会全国高等教育研究机构协作组和厦门大学教育研究院联合主办的 2009 年中国高等教育学会全国高等教育研究机构协作组会议在厦门大学召开。

9 月 27 日至 29 日，中国高等教育学会高等教育学专业委员会 2009 年学术年会在春城昆明召开。本次会议由中国高等教育学会高等教育学专业委员会主办、云南大学高等教育研究院协办。会议主题是"中国高等教育改革开放 30 年发展基础上进一步创新的理论与实践探讨"。

潘懋元主编的《新编高等教育学》一书由北京师范大学出版社出版；王建华著的《高等教育学的建构》一书由广东高等教育出版社出版。

2010 年

7 月 9 日至 11 日，中国高等教育学会院校研究分会第四届国际学术研讨会暨 2010 年年会在江苏苏州召开。会议主题是"经济全球化时代的高校人力资源管理"。

12 月 13 日至 14 日，中国高等教育学会高等教育学专业委员会第五届会员代表大会暨 2010 年学术年会在上海师范大学召开。会议主题是"现代大学制度建设"。

张楚廷著的《高等教育学导论》一书由人民教育出版社出版；张楚廷著的《高等教育哲学通论》一书由高等教育出版社出版。

经国务院学位委员会批准，首都师范大学、天津师范大学、哈尔滨师范大学、山东师范大学、上海师范大学、陕西师范大学、辽宁师范大学、河南大学、四川师范大学、北京理工大学获批教育学一级学科博士学位授予权，即理论上已具有招收高等教育学博士研究生资格。

2011 年

7 月 12 日至 13 日，第四次全国院校研究学术研讨会暨中国高等教育学会院校研究分会 2011 年年会在北京理工大学召开。会议主题是"现代信息技术与院校研究"。

9 月 17 日至 18 日，由石河子大学师范学院承办的中国高等教育学会高等教育学专业委员会 2011 年学术年会在戈壁明珠新疆石河子市召开。基于探索我国高等教育研究范式的需要和高等教育学学科建设面临的新形势，本次年会以"高等教育研究的使命与挑战"为主题。

叶忠海著的《成人高等教育学》一书由同济大学出版社出版。

2012 年

7 月 14 日至 15 日，中国高等教育学会院校研究分会第五届国际学术研讨会暨 2012 年年会在华中科技大学召开。会议主题是"院校研究：'以学生为中心'的本科教育变革"。

8 月 11 日至 12 日，由吉林大学高等教育研究所承办的中国高等教育学会高等教育学专业委员会 2012 年学术年会在吉林大学召开。立足我国高等教育改革实践与探索高等教育制度建设的需要，本届年会以"大学治理的理论与实践"为主题。

2013 年

10 月 26 日至 27 日，中国高等教育学会高等教育学专业委员会成立 20 周年庆典暨 2013 年学术年会在华中科技大学举行。本次学术年会以"变革中的高等教育：理论、动向与趋势"为主题，与会人员基于高等教育学专业委员会成立 20 周年的背景，围绕变革中的高等教育及其对高等教育研究的挑战等议题各抒己见，展开了较为深入的探讨。

经国务院学位委员会批准，浙江师范大学获批教育学一级学科博士学位授予权，即理论上已具有招收高等教育学博士研究生资格。

张忠华著的《高等教育专题新论》由光明日报出版社出版。

2014 年

7 月 17 日至 18 日，由中国高等教育学会高等教育学专业委员会主办，兰州大学教育学院承办的中国高等教育学会高等教育学专业委员会 2014 年学术年会举行。本次年会以"全面深化高等教育改革的理论与实践"为主题，以期深化高等教育改革的相关研究，进而推动我国高等教育改革。

2015 年

4 月 18 日至 19 日，由中国高等教育学会高等教育研究机构协作组主办、大连理工大学高等教育研究院承办的 2015 年全国高等教育研究机构协作组会议暨第四届全国优秀高等教育研究机构表彰大会在大连举行。

7 月 10 日至 12 日，"院校研究与高校综合改革"学术研讨会暨中国高等教育学会院校研究分会 2015 年年会在山东济南召开。

10 月 23 日至 25 日，中国高等教育学会高等教育学专业委员会第六届会员代表大会暨 2015 年学术年会在安徽工业大学召开。与会学者围绕"高等教育改革发展的新思维、新常态与新趋势"主题，深入探讨了大学内部治理、大学治理的外部环境、依法治校等议题。

2016 年

7 月 9 日至 10 日，"院校研究与高等教育质量提升"国际学术会议暨中国高等教育学会院校研究分会 2016 年年会在湖南长沙召开。

8 月 28 日至 29 日，中国高等教育学会"高等教育学学科建设座谈会"在厦门大学召开。

12 月 16 日至 18 日，中国高等教育学会高等教育学专业委员会 2016 年学术年会在汕头大学召开。本届年会主题是"'双一流'建设背景下高等教育学学科发展"。

经动态调整，撤销中南大学教育学一级学科硕士学位授权点。

2017 年

10 月 19 日至 20 日，中国高等教育学会高等教育学专业委员会 2017 年学术年会在信阳师范学院召开。本次学术年会以"面向 2030

的高等教育现代化：国家行动和高校发展"为主题。

姜国钧著的《大学课程与教学论》一书由电子工业出版社出版。

经国务院学位委员会批准，天津大学、河北大学、福建师范大学、安徽师范大学、广西师范大学、广州大学、江西师范大学、曲阜师范大学、云南师范大学获批教育学一级学科博士学位授予权，即理论上已具有招收高等教育学博士研究生资格。

经动态调整，撤销北京科技大学、大连大学、西北大学高等教育学二级学科硕士学位授权点；撤销西安电子科技大学教育学一级学科硕士学位授权点。

2018 年

7 月 16 日至 17 日，"大数据时代的院校研究与个性化教育"国际会议暨中国高等教育学会院校研究分会 2018 年年会在广西桂林举行。

10 月 13 日至 14 日，中国高等教育学会高等教育学专业委员会 2018 年学术年会在曲阜师范大学召开。本次年会以"新时代我国一流本科教育的理论与实践"为主题。

12 月 15 日至 16 日，由厦门大学教育研究院与华中科技大学教育科学研究院联合主办的首届全国高校高等教育学研究生学术论坛在厦门大学举行。

经动态调整，撤销中国石油大学（北京）、南京理工大学高等教育学二级学科硕士学位授权点；撤销南开大学、中国矿业大学、中山大学、华南理工大学、西安交通大学教育学一级学科硕士学位授权点。

后　记

　　《共和国教育学 70 年·高等教育学卷》是"共和国教育学 70 年"丛书中的一部。本书从学科发展史角度，对教育学一级学科下设的二级学科——高等教育学学科发展进行了研究，不仅梳理了新中国成立 70 年来高等教育学学科发展的历程，而且比较详细地论述了高等教育学学科发展的状况，并对 70 年来高等教育学的发展进行了反思，进而对新时代高等教育学的发展进行了展望。

　　从史学角度来研究高等教育学这门学科的发展，是"共和国教育学 70 年"丛书的要求。据笔者了解，当前高等教育学学科建设和发展的研究，多是对学科理论进行的研究，或是对学科范畴、制度建设和话语的研究。虽然也有关于学科发展历程研究方面的论文，但缺少以学科发展史为切入点，对高等教育学学科自身发展进行研究的专著。高等教育学作为在中国本土创建的学科，已有一定的历史积淀，以专著的方式去研究高等教育学学科发展史，既有助于高等教育学摆脱普通教育学的影响，构建属于自身的高等教育学学科体系，又有助于反思和总结高等教育学学科发展的特点和规律，进行新时代的高等教育学学科建设，并使高等教育学更好地服务于高等教育实践。高等教育学是对高等教育学史的总结，高等教育学史是高等教育学的展开，我们应该把高等教育学史既作为高等教育学学科体系的重要组成部分，又作为高等教育学的重要研究领域，自觉并有效地去开展研究。

正是基于上述想法，我们对高等教育学的学科发展史进行了研究，并形成了本书稿，试图实现以下目标。

第一，厘清高等教育学的学科发展脉络。这是本书的基本目标。学术研究应有底线思维，厘清高等教育学的发展脉络，这就是本书的底线。就学科发展而言，新中国成立 70 年来高等教育学的发展分哪几个阶段，每个阶段都取得了哪些进展，高等教育学的未来如何，这三个问题在本书都进行了一定程度的回答。

第二，揭示高等教育学的发展趋势。读史明智，知往鉴今。我们在了解过去的基础上把握现在，才能合理展望未来。本书在明晰高等教育学的发展历程及其经验基础上，以建设中国特色、中国风格、中国气派的高等教育学为总目标，对高等教育学学科的发展进行了展望。

第三，拓展并丰富中国教育学史研究。中国教育学史是笔者从事的主要研究领域和主攻方向。开展中国教育学史研究，不仅是对作为一门学科的教育学在中国的发展进行研究，而且需要对复数形式的教育学，即教育学学科群进行研究，其中必然涉及教育学分支学科发展史的研究，包括对高等教育学学科发展史的研究。本书的研究，从一个侧面反映了教育学学科在中国的发展及其趋势，丰富和拓展了中国教育学史的研究领域，推动了中国教育学史学科的建设。

如何用文字有逻辑地呈现新中国成立 70 年来高等教育学学科的发展状况，这是我们煞费苦心的事情。本书的呈现方式是先学科外部建设、理论进展、学科群发展、人才培养问题，后回到高等教育实践的研究逻辑。我们试图通过这个逻辑，研究和展现高等教育学学科发展的历史、现实和未来。根据这一逻辑，很可能对高等教育学学科发展的事实和史实有遗漏之处，敬请鉴谅！

　　作为学科史的研究成果，我们特别注重文献资料的收集、整理、选取和参考，并把重点放在高等教育学学科层面的教材和高等教育学学科建设的其他著作和论文上。由于时间仓促，阅读量大，有的文献可能在本书中未能呈现，也敬请鉴谅！

　　本书参考了不少相关研究成果和文献资料，直接引用的已以脚注形式标明，有些则并未一一注出，在此一并表示感谢！感谢北京师范大学出版社鲍红玉编辑的支持，感谢责任编辑周鹏的辛勤工作。由于水平有限，本书疏漏和错误在所难免，恳请专家和读者批评指正。

　　　　　　　　　　　　　　　　　　　　　　2019 年 11 月 26 日

图书在版编目(CIP)数据

　　共和国教育学 70 年·高等教育学卷 / 侯怀银主编；侯怀银，王
耀伟著. —北京：北京师范大学出版社，2020.5
　　ISBN 978-7-303-25563-4

　　Ⅰ. ①共…　Ⅱ. ①侯…　②王…　Ⅲ. ①高等教育—教育史—中
国—现代　Ⅳ. ①G529.7

　　中国版本图书馆 CIP 数据核字(2020)第 016264 号

营　销　中　心　电　话　010-58802135　010-58802786
北师大出版社教师教育分社微信公众号　京师教师教育

GONGHEGUO JIAOYUXUE 70 NIAN · GAODENG JIAOYUXUE JUAN
出版发行：北京师范大学出版社　www. bnupg. com
　　　　　北京市西城区新街口外大街 12-3 号
　　　　　邮政编码：100088
印　　刷：北京盛通印刷股份有限公司
经　　销：全国新华书店
开　　本：710 mm×1000 mm　1/16
印　　张：25
字　　数：328 千字
版　　次：2020 年 5 月第 1 版
印　　次：2020 年 5 月第 1 次印刷
定　　价：132.00 元

策划编辑：郭兴举　鲍红玉　　　　　责任编辑：周　鹏
美术编辑：王齐云　　　　　　　　　装帧设计：王齐云
责任校对：段立超　陶　涛　　　　　责任印制：马　洁